Michael Phillips / Judith Pella

Triumph der Hoffnung

Дорогой
Ромочка!
С днем
Конфирмации тебя.
Желаем тебе светлого солнца
чистого неба! яркого много,
Радостного детства,
много счастья.

Семья Эрхардт
Конн-
Райхерт

RUSSLAND-SAGA

Michael Phillips/Judith Pella

Triumph der Hoffnung

Schulte & Gerth

Die amerikanische Originalausgabe erschien im Verlag
Bethany House Publishers, Minneapolis, MN 55438,
unter dem Titel „Travail and Triumph“.

Aus dem Amerikanischen übersetzt von Eva Weyandt

Best.-Nr. 15 261
ISBN 3-89437-261-3
1. Auflage 1993
Umschlaggestaltung: Bethany House / Ursula Stephan
Satz: Typostudio Rücker & Schmidt
Druck und Verarbeitung: Ebner Ulm
Printed in Germany

Inhalt

Personen

Anna Jewnowna Burenin
Prinzessin Katrina Viktorowna (Fedortschenko) Remisow
Graf Dmitri Gregorowitsch Remisow
Prinz Sergei Viktorowitsch Fedortschenko
Leutnant Michail Grigorow (Mischa)

In St. Petersburg

Prinz Viktor Michailowitsch Fedortschenko
Prinzessin Natalja Wassiljowna Fedortschenko
Graf Cyril Wlasenko – Chef der Dritten Sektion, Geheimpolizei
Zar Alexander II. Romanow
General Michael Loris-Melikow
Alexander Alexandrowitsch Romanow (Zar Alexander III.)
Pobedonostew – Mentor und Hauslehrer Alexanders III.

Angehörige und Bedienstete der Familien Fedortschenko und Remisow

Eugenia Pawlowna Remisow – Dmitris Mutter
Mrs. Remington
Leo Moskalew
Nina Chomski
Polja
Peter
Iwan

In Katyk

Jewno Pawlowitsch Burenin
Sophia Iljanowna Burenin
Tanja
Vera
Ilja
Mariana Natalja Dmitriewna Remisow
Pater Korigow

Revolutionäre und deren Freunde

Paul Jewnowitsch Burenin (Pawlikow)
Basil Pjotrowitsch Anickin
Andrei Zheljabow
Sophia Perowskaja
Stepniak
Iwan Remiga
Dr. Bobow
Evie

In der Armee und in Sibirien

Hauptmann Rustaweli – Kaspisches Meer
General Skobelew – Kaspisches Meer
Leutnant Plaksa – Dmitris Freund
Kaplan – Sergeis Freund
Robbie Taggart – China

Prolog

Kurzes Zwischenspiel der Hoffnung

1

April 1880

Zum achten Mal an diesem Tag fuhr Anna liebevoll über die goldgeprägten Buchstaben auf dem Ledereinband:

SERGEI
VIKTOROWITSCH
FEDORTSCHENKO

Immer wieder las sie die Worte, die er erst vor wenigen Stunden für sie auf die erste Seite seines Buchs geschrieben hatte. Endlich war sie nach den nicht enden wollenden Empfängen am Nachmittag allein in ihrem Zimmer. Sie starrte auf den Titel des Romans, den Namen des Autors und die Widmung, die auf der ersten Seite stand. Jedesmal, wenn sie versuchte, das kostbare Buch zu lesen, verschwamm die Geschichte des fiktiven Bagraew vor der erregenden Wirklichkeit der auf der ersten Seite geschriebenen Worte.

Für meine Anna Jewnowna, stand da in der vertrauten Handschrift, *in tiefer Liebe und Zuneigung und mit der festen Hoffnung auf eine gemeinsame Zukunft.*

„*Meine Anna*", flüsterte sie. „*Meine Anna!*"

Langsam schloß sie das Buch und drückte es an ihre Brust. Zärtlich strich sie über das weiche Leder des Einbandes. Dieses Buch würde zu ihren kostbarsten Besitztümern gehören, zusammen mit der Bibel und dem goldenen Kreuz ihres Vaters. Niemals würde sie sich davon trennen. Selbst in vierzig Jahren sollte es noch immer ihr kostbarster Besitz sein, auch wenn es bis dahin alt und zerlesen war! Sie würde es ihren Kindern zeigen und ihnen erzählen, daß dies das *erste* der vielen Bücher ihres Vaters war, und zwar ein ganz besonderes. Obwohl sein Name nun in ganz Rußland, ja in ganz Europa bekannt sei, sei dieses Buch, das nun alt und zerlesen im Schrank stünde, das erste, das von ihm in St. Petersburg erschienen war. Und er hatte es *ihr* – Anna Jewnowna, einer einfachen Zofe –, geschenkt!

Wieder öffnete Anna das Buch, und wieder begann sie, die Geschichte zu lesen, die aus Sergeis Feder geflossen war.

Aus dem Adel kam ein junger, russischer Mann, voll von jugendlichem Optimismus. In seiner Brust schlug ein Herz voll Liebe zu seinem Vaterland und voller Engagement für alle Überzeugungen, für die er einstand. Als er fortging, war er fast noch ein Junge mit hohen Idealen. Bei seiner Rückkehr würde er ein Mann sein, der alle seine Hoffnung verloren hatte.

Er hieß Bagraew. Dies ist seine Lebensgeschichte. Er verließ sein geliebtes St. Petersburg im …

Anna konnte nicht weiterlesen.

Wieder blätterte sie zur ersten Seite zurück und blickte auf die Worte. Sie würde Sergeis Buch lesen. Sie würde es sogar zweimal lesen … dreimal! Aber heute abend war sie zu müde, und sie wollte sich nur an ihrem Namen auf der ersten Seite erfreuen.

Für meine Anna Jewnowna.

2

Die zweite Hälfte des Jahres 1880 brachte Rußland einige willkommene Monate des Friedens.

Die Kampfgebiete im Ausland waren, wenn auch nicht ruhig, so doch wenigstens nicht so unruhig, daß das Kampfgeschrei bis in den hohen Norden nach St. Petersburg drang. An den Grenzen des riesigen Weltreiches gab es vereinzelt immer wieder Kämpfe, besonders in den Gebieten südöstlich des Schwarzen Meeres. Doch nach dem Ende des Balkankrieges schenkten die meisten Bürger diesen vereinzelten Kämpfen nur wenig Beachtung.

In St. Petersburg hatte das Bombenattentat auf den Winterpalast im Februar eine Regierungskrise ausgelöst; so war letztendlich doch Gutes daraus entstanden. Dieser Anschlag auf sein Leben, der beinahe gelungen wäre, brachte Alexander II., den Zaren von Rußland, endlich dazu, auf die Stimmen zu hören, die Mäßigung und Veränderung forderten.

Der Zar hatte General Michael Loris-Melikow in die Hauptstadt beordert, ihm eine umfassende Vollmacht erteilt und ihn zum Leiter der neugegründeten Obersten Exekutiv-Kommission gemacht. Dann hatte er eine gründliche Überprüfung auch der ausgefallensten Vorschläge Melikows – nach denen dem russischen Volk eine Verfassung gegeben und die Regierung in eine konstitutionelle Monarchie umgewandelt werden sollte – angeordnet.

Nicht alle Ratgeber Alexanders waren erfreut über diese Wende, obwohl die vorsichtigen und gemäßigten am Hofe im allgemeinen optimistisch waren, Melikow als einen vernünftigen Mann akzeptierten und seine Pläne für durchführbar hielten. In den Augen der Monarchisten und Konservativen jedoch, und besonders nach Meinung des Zarewitsch, war Melikows Politik zum Scheitern verurteilt. Man konnte nicht leugnen, daß Melikow die Aufmerksamkeit und Sympathie des Zaren besaß – zumindest für den Augenblick. Doch Alexander änderte zu leicht seine Meinung, und das war eine der Hauptursachen für die gegenwärtigen Schwierigkeiten des Landes. Seine Ratgeber mußten für sich abwägen, wem ihre persönliche Unterstützung galt.

Es konnte auch nicht geleugnet werden, daß unter der Führung Melikows die aufständischen Aktivitäten im ganzen Land fürs erste zum Stillstand gekommen waren. Seine Erfolge bei der Festnahme und Bestrafung der Terroristen hatte die Bewegung in den Untergrund getrieben, so daß die Straßen in St. Petersburg wieder sicher waren. Wie lange dieser Friede allerdings dauern würde ... man konnte nur hoffen. In diesem Land war es unklug, irgendwelche Prognosen zu wagen. Und es war weise, keine politischen Ratschläge von sich zu geben.

Ob der Zar auch weiterhin eine grundlegende Reform des politischen Systems befürworten würde, war fraglich.

In der Zwischenzeit sahen alle Aristokraten und Adeligen, alle kaiserlichen Minister und Ratgeber mit bangem Herzen in die Zukunft. Rußland bewegte sich auf eine Veränderung zu, soviel stand fest.

Welcher Art diese Veränderung sein würde, war ungewiß.

Auch konnte niemand vorhersagen, wie sich die Schicksale der Politiker in einem Jahr verändert haben würden. Das beste war, vorsichtig zu sein, seine Zunge im Zaum zu halten und nichts zu sagen, das später falsch ausgelegt werden könnte.

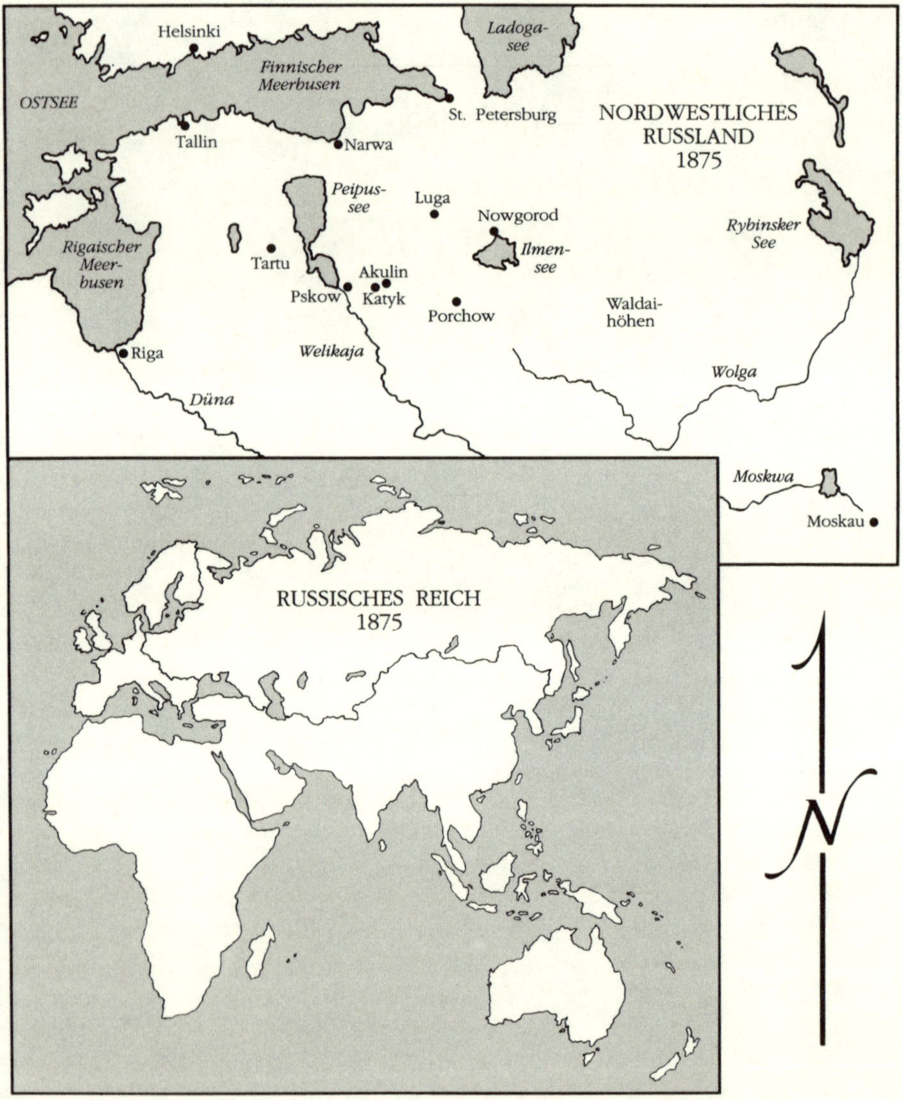
Helsinki
Ladoga-see
Finnischer Meerbusen
OSTSEE
St. Petersburg
NORDWESTLICHES RUSSLAND 1875
Tallin
Narwa
Peipus-see
Luga
Nowgorod
Rybinsker See
Rigaischer Meerbusen
Tartu
Ilmen-see
Akulin
Pskow
Katyk
Porchow
Waldai-höhen
Riga
Welikaja
Wolga
Düna
Moskwa
Moskau
RUSSISCHES REICH 1875
N

April 1880

Konflikt und Abschied

1

Cyril Wlasenko, ehemaliger Bojar, Richter und Polizeichef in Akulin und Pskow, nun Chef der Dritten Sektion in St. Petersburg, war gar nicht glücklich über die veränderte politische Lage.

Seine langersehnte Stellung in der Regierung, die er nur durch Erpressung seines verhaßten Cousins Viktor erhalten hatte, hing plötzlich an einem seidenen Faden. Die erfolgreichen Verhaftungen von Terroristen und aufrührerischen Aktivisten durch Loris-Melikow machten den Polizeichef zum Narren. Nach und nach kam Wlasenko dahinter, daß Melikow beabsichtigte, die Dritte Sektion dem Innenministerium zu unterstellen und ihn abzulösen.

Doch Wlasenko hatte für diese Position zu lange buckeln und kriechen müssen, um sie jetzt kampflos aufzugeben!

Unglücklicherweise stand Melikow beim Zaren in außerordentlich hohem Ansehen. Ganz St. Petersburg lag ihm zu Füßen. Er war, zumindest für den Augenblick, unantastbar. Selbst wenn Wlasenko irgendeinen teuflischen Einfall gehabt hätte – was nicht der Fall war –, wäre es gefährlich gewesen, gegen Melikow zu intrigieren. Die widerlichen Liberalen waren auf einmal bei Hofe wohlangesehen und brachten Veränderungen in den *status quo*. Aber die Wurzel allen Übels war Melikows wachsender Druck auf den Zaren, eine konstitutionelle Monarchie einzuführen. Dieser Narr würde Rußland zu einem ebenso schwächlichen Land machen wie es Amerika oder Großbritannien waren. Aber was hatte er wirklich im Sinn? Wollte er in Rußland die Demokratie einführen? Allein der Gedanke, daß ein Volk von unwissenden Bauern sich selbst regieren und ohne die starke, eiserne Hand eines Autokraten auskommen könnte, war mehr als lächerlich – er war absurd!

Und doch ... im Augenblick wurden solche idiotischen

liberalen Ansichten wohlwollend erwogen. Und darum mußte er auf der Hut sein.

Cyril war nicht der einzige Konservative, der um seine Stellung bangte. Dmitri Tolstoi war aus dem Kultusministerium entfernt und von seinem Amt als Bevollmächtigter der Heiligen Synode abberufen worden. Konservative in Positionen, wie Wlasenko sie innehatte, fürchteten nicht ohne Grund um ihre Stellung. Melikow hatte deutlich gemacht, daß er entschlossen war zu handeln, und es war offensichtlich, daß der Zar ihn unterstützen würde.

Bei der Neubesetzung dieses Amtes hatte Melikow wahrscheinlich seinen ersten schweren Fehler gemacht. Cyril wagte zu hoffen, daß es ein fataler Fehler war. In seinem Wunsch, sich beim Zarewitsch beliebt zu machen, berief er den ultra-reaktionären und durch und durch imperialistisch eingestellten Pobedonostew, den Mentor des Zarewitsch, in dieses Amt. Dieser Mann war ein überzeugter Gegner Melikows. Darum war die Berufung um so erstaunlicher.

Wenn Cyril ein geduldiger Mensch gewesen wäre, hätte er sich nur in seinem Sessel zurücklehnen und abzuwarten brauchen, bis der Günstling des Zaren sich selbst zerstörte bei dem erfolglosen Versuch, beide Seiten des politischen Lagers miteinander zu vereinen. Genau das würde früher oder später passieren.

Aber er war nicht geduldig, und er überlegte ununterbrochen, was er tun konnte, um den Sturz Melikows zu beschleunigen oder seine eigene Stellung zu sichern. Bevor das Fallbeil fiel, würde er sein Amt abgeben und sich auf sein Gut im Süden zurückziehen. Doch es würde eine unrühmliche Rückkehr sein – nach weniger als zwei Jahren in der Hauptstadt. Der Gedanke, in St. Petersburg zu bleiben und so wenig Einfluß zu haben, war auch nicht viel besser. Aber immerhin blieb er so im Zentrum des Geschehens und konnte Augen und Ohren offenhalten für alles, was Melikow vielleicht in Mißkredit bringen könnte.

Wlasenko hatte den leisen Verdacht, daß sein Cousin zusammen mit Melikow versucht hatte, ihn, den Polizeichef, in ein schlechtes Licht zu rücken, um ihn dann seiner Macht zu berauben. Fedortschenko hatte Cyril nie verziehen, daß er ihn sozusagen gezwungen hatte, ihm Zutritt zu den Toren der

Macht in St. Petersburg zu verschaffen. Und obwohl Cyril es geschafft hatte, konnte er seine tiefwurzelnden Vorbehalte gegenüber dem seiner Meinung nach ungerechterweise bevorzugten Teil der Familie nicht überwinden. Cyril war besessen von dem Wunsch, ein für allemal die Oberhand über den Stachel in seiner Seite – Viktor Fedortschenko – zu gewinnen. Vor einem Jahr hatte er miterlebt, wie Viktor aufgrund seiner gemäßigten Haltung beim Zaren immer mehr in Ungnade fiel und beinahe seinen Abschied hätte nehmen müssen. Aber Alexander war so schwankend in seinen Ansichten. Niemand konnte voraussehen, nach welcher Seite das Pendel als nächstes ausschlagen würde. Jetzt war Viktor mit Melikow eng befreundet, und die beiden waren der Augapfel des Zaren geworden. Alexander war sogar bei der Hochzeit von Viktors Tochter zu Gast gewesen! Auch Cyril war eingeladen worden, zweifellos nur aus Pflichtgefühl heraus. Viktor hatte ihn fast gar nicht beachtet.

Doch wenn Wlasenko den neuen Diktator des Zaren, Melikow, schon nicht direkt angreifen konnte, war es ihm genauso recht, ihn indirekt zu treffen. In der Tat würde es ihm vielleicht sogar größere Befriedigung verschaffen, wenn er sich auf Viktor konzentrieren würde. Ein Schlag gegen Viktor würde in bezug auf Melikow denselben Erfolg haben.

Darum vergeudete er keine Zeit, als ihm das Buch mit dem Titel *Soldatenehre* in die Hände fiel.

Das Buch war voll von aufrührerischem Gedankengut – harmlos in die Geschichte eines jungen Mannes verpackt, der den Krimkrieg miterlebt. Wie dieser Blödsinn die Zensur überhaupt hatte passieren können, war ihm unklar. Vielleicht war es einigen von Melikows liberalen Beamten oder, was wahrscheinlicher war, einigen gut plazierten Schmiergeldern zu verdanken.

Der Zar hatte Angst. Angst vor den Rebellen, Angst vor der Öffentlichkeit, Angst um seinen Ruf. Und in seiner Angst gab er dem ganzen liberalen Geschwätz nach. Aber Cyril bezweifelte, daß er auch die Augen vor aufrührerischen Schriften aus der Feder des Sohnes eines seiner höchsten Minister verschließen würde. Er wollte es auf jeden Fall herausfinden.

2

Wlasenko hatte um eine Audienz beim Zaren gebeten und auch eine Zusage erhalten. Aber er war sehr unsicher, wie der Herrscher über ganz Rußland auf die Neuigkeiten des Polizeichefs reagieren würde. Es könnte durchaus sein, daß der Zar in höchste Wut geriet über den heuchlerischen Prinzen Fedortschenko – einen Mann, von dem er geglaubt hatte, daß er loyal sei –, weil er nun erkennen mußte, daß er einen Rebellen in seinem Haus duldete. Vielleicht würde der Zar ihn mit sofortiger Wirkung entlassen und Viktors Sohn – wenn Cyril Glück hatte, sogar Vater und Sohn – ins Exil schicken.

Auf der anderen Seite könnte sich die Situation aber auch gegen Wlasenko wenden. Den Zaren bedrückte im Augenblick so vieles, nicht zuletzt die schwere Krankheit seiner Frau. Vielleicht stufte er die Sache auch als unbedeutend ein und war verärgert, daß Wlasenko ihn damit behelligte. Vielleicht fand er sogar die ungewöhnlichen Ideen des jungen Fedortschenko amüsant. Schließlich hatte der Vater des Zaren vor einigen Jahren die gesamte russische Gesellschaft in Erstaunen versetzt, als er den Rebellen Gogol begnadigte.

Ja, dieser Schuß könnte auch nach hinten losgehen. Doch Cyril beruhigte sich damit, daß er so, wie die Dinge im Augenblick standen, nichts zu verlieren hatte.

Als Alexanders Sekretär Totjew sich ihm näherte, war Wlasenko völlig ruhig, sogar ziemlich gelassen, wie ein Mann, der noch irgendwo einen Trumpf parat hatte. Der Sekretär brachte Wlasenko in das Arbeitszimmer des Zaren.

Der Zar saß hinter seinem Schreibtisch, verschiedene Papiere lagen vor ihm ausgebreitet. Cyril fragte sich flüchtig, ob unter den Papieren wohl die Vorschläge für Melikows lächerliche Verfassung waren. Aber eigentlich war es selbst für einen so ehrgeizigen Narren wie den armenischen Diktator noch zu früh, etwas Schriftliches vorzulegen. Schnell wandte Cyril seine Gedanken der Angelegenheit zu, die er dem Zaren unterbreiten wollte.

„Meine Zeit ist begrenzt", sagte der Zar. „Fassen Sie sich bitte kurz."

„Selbstverständlich, Euer Majestät!“ erwiderte Wlasenko. „Ich bin Ihnen äußerst dankbar, daß Sie mich empfangen konnten. Und ich würde es nicht gewagt haben, Ihre kostbare Zeit in Anspruch zu nehmen, wenn es sich nicht um eine brisante Angelegenheit handelte.“

Er machte eine Pause und räusperte sich.

„Bitte fahren Sie fort“, sagte Alexander ungeduldig.

„Die Sache ist äußerst delikat, Euer Majestät“, sagte der Polizeichef, „und ich möchte ausdrücklich darauf hinweisen, daß ich mich zwar kurz fassen werde, dies aber nicht als Oberflächlichkeit ausgelegt werden darf.“

Cyrils Haltung drückte höchste Unterwürfigkeit aus. „Ich habe lange darüber nachgedacht“, fuhr er fort, „bevor ich zu dem Entschluß kam, daß ich auf Grund meiner Loyalität Euer Hoheit gegenüber verpflichtet bin, diese Angelegenheit Euer Hoheit zu Gehör zu bringen, so schlimm ich das persönlich auch finde.“

Wieder unterbrach er sich und hob dann das Buch hoch, das er in der einen Hand hielt. „Dieses Buch, erst in diesem Monat erschienen, fiel mir kürzlich in die Hände.“

Der Zar streckte seine Hand aus, und Cyril gab es ihm. Alexander schaute kurz auf den Titel, öffnete das in wertvolles Leder gebundene Buch und blätterte es durch.

„Hmm ... Das ist vom Sohn des Prinzen Fedortschenko, nicht wahr?“ fragte der Zar nachdenklich.

„Ja, Euer Majestät“, antwortete Cyril und bereute sofort seine vorschnelle Antwort. Er hatte sich zu eifrig gezeigt. Er mußte sich besser beherrschen.

„Stimmt irgend etwas mit dem Buch nicht?“ fragte der Zar.

„Ich habe einen Bekannten bei der Zensur, Euer Majestät. Zufällig geriet dieses Buch auf seinen Schreibtisch, und beim Lesen sind ihm einige ... sagen wir ... fragwürdige Passagen aufgefallen.“

„Und warum verfahren Sie nicht in der üblichen Weise? Warum kommen Sie damit zu mir?“

„Dafür gibt es verschiedene Gründe, Euer Hoheit. In Anbetracht der Person des Autors aber waren wir der Meinung, daß Sie vielleicht von der Situation in Kenntnis gesetzt werden wollten.“

„Ja ... ja, das stimmt. Was gibt es noch?“

„Das, Euer Majestät, ist der Punkt, an dem die Angelegenheit delikat wird", fuhr Cyril fort. Er sprach jetzt noch unterwürfiger. „Wie Sie sehen können, ist das Buch bereits erschienen. Ich kann mir allerdings nicht vorstellen, daß es schon der breiten Öffentlichkeit zugängig ist. Wie Sie der ersten Seite entnehmen können, wurde es in Kiew veröffentlicht. Ich bin der Überzeugung, daß der Verleger, oder vielleicht auch der Autor, Verbindungen zur Zensur haben mußte, damit das Buch zugelassen wurde. Es widerstrebt mir zu glauben, daß einer der Prinzen Fedortschenko seine Stellung mißbraucht haben könnte, um eine Behörde der Regierung in dieser Weise zu beeinflussen. Jedoch ..."

Er ließ den Satz unvollendet, als wagte er einen solchen Gedanken nicht einmal auszusprechen.

Der Zar blickte ihn eine Weile an und dachte über seine Worte nach.

„Was ist anstößig an diesem Buch?" fragte er schließlich. Nicht einmal der aufmerksame Polizeichef konnte das Motiv für diese Frage heraushören.

„Wenn Sie gestatten, Euer Hoheit, würde ich gern ein oder zwei Abschnitte zitieren. Dann können Euer Hoheit sich selbst ein Urteil bilden."

„Selbstverständlich." Der Zar gab Wlasenko das Buch zurück.

Cyril hatte sich die markantesten Stellen angestrichen, und so brauchte er nicht lange zu suchen. Er holte seine Brille aus der Tasche, setzte sie auf und begann:

„‚An diesem Tag sah der junge Bagraew viel Mut und große Tapferkeit auf dem Schlachtfeld. Dieses Bild paßte gar nicht zu dem Hintergrund, wo Männer in vergoldeten Equipagen an den Fäden zogen, als führten sie Marionetten und keine Menschen.'"

Wlasenko machte eine bedeutungsvolle Pause. Dann überschlug er einige Seiten und zitierte einen anderen Abschnitt:

„‚Es war Nacht, und die ohrenbetäubenden Donnerschläge der Artillerie waren einer gespenstischen Stille gewichen. Die Pause, die dem Geist, der durch den vielfachen Tod tapferer Soldaten aufgewühlt war, eigentlich Erholung bringen sollte, brachte nur noch mehr Verwirrung und Abscheu. Voller Furcht konnte Bagraew nur darauf warten, daß alles von vorne beginnen würde. Er fragte sich, ob er seine Waffe wieder würde aufnehmen und einen neuen, endlosen Tag lang ein Werkzeug des Todes würde sein können.

War er etwa ein Feigling? Oder hatte die Wirklichkeit vielleicht seinen Blick getrübt für die sogenannte *ruhmreiche Sache,* für die er sich hier glaubte einzusetzen? Hatte er vielleicht die ganze Zeit nur für eine Illusion gekämpft? Eine vielleicht ganz falsche Vorstellung von seinem Land hatte ihn auf diesen Weg der Soldatenehre getrieben. Für dieses Rußland, das geliebte Vaterland – heiliges Rußland! – war er bereit gewesen zu kämpfen, zu töten und vielleicht sogar zu sterben, mit dem Eifer eines Besessenen.

Doch jetzt fragte sich der junge Soldat, ob er dieses Opfer für eine Fiktion brachte – für ein Land, das nur in seiner Phantasie existierte. Wie konnten diejenigen, die die Macht in seinem geliebten Vaterland in Händen hielten, Leibeigene zwingen, für ein Land zu kämpfen, in dem sie ihrer Freiheit beraubt waren? Wo gab es denn Gerechtigkeit in diesem System, in dem die Rechte der Menschen so ungleich verteilt waren? Wie konnten sie minderwertige und unzuverlässige Waffen in die Hände der Ungeübten legen, unter dem Kommando von Generälen, die nichts als Gehorsam kannten und wenig von militärischer Taktik wußten?

Und doch begegnete der junge Soldat all dem und noch viel mehr. Er mußte der Realität ins Auge sehen, so schmerzlich die Erkenntnis auch war, daß sein geliebtes Vaterland dem Untergang geweiht war. Die darauf folgende Desillusionierung und Feigheit, die er um sich herum sah, und auch bei sich selbst feststellte, hätten ihn eigentlich nicht überraschen dürfen.‘“

Als Wlasenko zu lesen aufhörte, lastete ein schweres Schweigen im Raum.

Der Zar verschränkte die Finger ineinander und legte sie gegen seine Lippen. Nachdenklich zog er die Augenbrauen zusammen.

Wlasenko wartete. Es wäre anmaßend gewesen, jetzt das Wort zu ergreifen. Zwar fiel es ihm schwer, geduldig zu sein, aber er wußte, daß der Kaiser jetzt seine eigenen Schlüsse ziehen mußte. Wlasenko hoffte im stillen, daß er die *richtigen* Schlüsse ziehen würde.

Endlich ergriff Alexander das Wort. „Kann ich das Buch eine Weile behalten?“

„Selbstverständlich, Euer Hoheit!“ Wlasenko legte es auf den kaiserlichen Schreibtisch zurück.

„Vielen Dank, Wlasenko“, sagte der Zar. „Ich werde mich um die Angelegenheit kümmern.“

„Ja. Vielen Dank ...“

Alexander machte eine Pause und schaute angewidert auf das Buch. Mit demselben Ausdruck schaute er den Polizeichef an. „Sie können gehen.“

„Vielen Dank, Euer Majestät!“

Cyril verbeugte sich und entfernte sich in gebückter Haltung aus dem Arbeitszimmer des Zaren. Er wünschte, der Zar hätte sich klarer über seine Absichten geäußert. Aber der Mann war eindeutig verunsichert, das war offensichtlich. Und es wäre höchst unklug gewesen, die Sache noch weiter vorantreiben zu wollen.

3

Anna saß allein in ihrem Zimmer. Es war still. Seit Tagen hatte sie nichts Sinnvolles mehr zu tun.

Sie vermißte ihre Herrin und war sehr einsam. Ihre Gedanken wanderten zu ihrem geliebten Zuhause auf dem Lande.

Schnell nahm sie ein Blatt Papier, öffnete ihr Tintenfläschchen und tauchte den Federhalter hinein. Sie begann zu schreiben:

„Meine liebe Familie,

Seit der Hochzeit ist erst eine Woche vergangen, nur eine Woche, seit Prinzessin Katrina und der Graf Remisow nach Griechenland abgereist sind. Das große Haus erscheint mir so leer und still. Kaum zu glauben, daß eine einzelne Person so viel Leben in ein Haus bringen kann, in dem noch so viele andere leben. Aber ein solcher Mensch ist meine Herrin. Wo immer sie sich aufhält, verbreitet sie Fröhlichkeit und gute Laune. Ich habe sie so lieb. Ich kann nur hoffen, daß ich bei ihr bleiben kann, wenn sie nach ihrer Rückkehr in ihr neues Heim einzieht. Irgendwie habe ich auch ein wenig Angst davor, weil ich den Grafen Remisow noch nicht so gut kenne. Aber er ist ein Freund von Prinz Sergei, und das spricht für ihn.

Ich bin froh, daß es Dir bessergeht, Papa. Der Winter ist jetzt vorüber, und die Wärme wird dir guttun. Bald muß wieder gepflanzt werden. Wie schnell doch die Zeit vergeht! Ich bin so froh, daß du noch so viel Korn von der letzten Ernte übrig hast. Es macht mich glücklich, daß ich dabei helfen konnte und daß Du Prinz Sergei als Freund kennengelernt hast. Es geht ihm gut. Er erkundigt sich oft nach Dir und sendet Dir viele Grüße.

Ich muß Euch von Prinzessin Katrinas Hochzeit erzählen! Sie sah wunderschön aus, und ich war sehr stolz auf sie. Am Morgen der Hochzeit haben wir uns lange unterhalten. Die Prinzessin war sehr nett und sagte, ich hätte viel dazu beigetragen, daß sie sich jetzt reif genug fühlte für die Ehe. Könnt Ihr Euch das vorstellen? Dann hat sie mir einen Kuß gegeben. Oh, Papa und Mama, so sehr ich Euch manchmal auch vermisse – zum Beispiel gerade jetzt –, ich bin Euch doch sehr dankbar, daß Ihr mich in die Stadt geschickt habt. Gott ist so gut zu mir gewesen!

Aber ich wollte ja von der Hochzeit erzählen. Die Prinzessin war ganz in Weiß gekleidet. Sie trug ein wunderschönes Satinkleid, das über und über mit Diamanten und Perlen besetzt war. Als ich sie sah, konnte ich die Tränen nicht zurückhalten! Die Hochzeit fand an ihrem neunzehnten Geburtstag statt. Wie sehr hatte sie sich verändert, seit ich sie vor dreieinhalb Jahren zum ersten Mal gesehen hatte. Sie wirkte so erwachsen und strahlte Ruhe und Gelassenheit aus. Wahrscheinlich habe ich mich auch stark verändert, aber ich fühle mich nicht anders. Die Veränderungen bei der Prinzessin dagegen sind so offensichtlich, daß es allen aufgefallen ist. Besonders dem Grafen Remisow! Für ihn war sie immer nur ein Kind gewesen. Und jetzt ist sie seine Frau geworden!

Paul habe ich seit meinem Besuch bei Euch nicht wiedergesehen. Ich bin ja erst einige Monate wieder hier, und ich glaube nicht ...“

Anna legte die Feder aus der Hand und schaute auf. Sie hatte nicht die Absicht gehabt, Paul ihren Eltern gegenüber zu erwähnen. Aber plötzlich stand sein Name auf dem Papier. Sie wußten nur, daß er sich in St. Petersburg aufhielt, nicht mehr. Eigentlich wußte Anna auch nicht mehr als das. Allerdings hatte sie einen Verdacht. Doch diesen Verdacht wollte sie lieber für sich behalten.

Sie tauchte die Feder wieder in die Tinte und beendete den Satz.

„... daß ich ihm in der nächsten Zeit begegnen werde. Es ist immer noch sehr kalt hier, und die Menschen gehen nicht sehr oft nach draußen. Ich bin sicher, daß er sehr damit beschäftigt ist, sich ein neues Leben aufzubauen."

Das war ein unbefriedigender Schluß. Aber da sie nun einmal seinen Namen erwähnt hatte, konnte sie ihn nicht wieder wegstreichen. Zweifellos würden ihre Eltern durchschauen, daß sie nur versuchte, ihre eigenen Befürchtungen zu verbergen.

Anna wurde traurig, und Tränen stiegen ihr in die Augen. Sie wischte sie weg, legte die Feder beiseite und stand auf. Im Augenblick war sie nicht in der Lage, den Brief zu beenden. Sie mußte nach draußen an die frische Luft.

Anna stieg die Treppe hinunter. Sie verließ das riesige Haus und trat in den Garten.

So viele Gedanken gingen ihr durch den Kopf. Sie befand sich in einer Situation, um die jedes russische Bauernmädchen sie beneiden würde. Es ging ihr gut, sie hatte genug zu essen, wohnte in einem wunderschönen Haus und war zudem die Zofe einer Prinzessin, die sie gern hatte. Und, was noch viel besser war, der junge Prinz des Hauses liebte sie und wollte sie eines Tages heiraten! Sie hatte wirklich allen Grund, froh und glücklich zu sein.

Warum war sie dann aber auf einmal so traurig? War es wegen ihres Bruders? Oder vielleicht, weil ihre Familie und die Prinzessin so weit fort waren?

Anna wußte es nicht; manchmal war es nicht so einfach, die eigenen Gefühle zu verstehen. Wieder wischte sie die Tränen fort. Fast mußte sie dabei lachen.

„Lieber Gott", betete sie laut, „was ist bloß los mit mir? Warum bin ich so niedergeschlagen?" Aber sie bekam keine Antwort.

Schweigend ging sie weiter und erinnerte sich an den Tag, an dem sie die Prinzessin in diesem Garten zum ersten Mal getroffen hatte. Auch an ihre Spaziergänge mit dem Prinzen mußte sie denken.

Ihre Gedanken wanderten zur Hochzeit zurück. Es war ein so fröhliches Fest gewesen. Aber damit tauchten auch neue Fragen auf, Veränderungen standen bevor. Was würde geschehen, wenn Prinzessin Katrina bei ihrer Rückkehr nicht mehr dieselbe wäre? Was, wenn sie Katrina nicht mehr brauchte? Was, wenn ihre Freundschaft ...?

Auf einmal war Anna voller Fragen und Zweifel. Wenn sie genau nachdachte, war ihre Besorgnis mit jedem Tag gewachsen; sie fragte sich, was ihr die Zukunft wohl bringen mochte. Als sie ihren Eltern in dem Brief von der Hochzeit geschrieben hatte, waren die unseligen Gedanken wieder mit Macht in ihr hochgestiegen. So sehr sie sich auch um ihren Bruder Paul sorgte, in Wirklichkeit war es nicht die Angst vor seiner Zukunft, die auf ihr lastete, sondern die vor ihrer eigenen.

Was würde aus ihr werden?

„Lieber Gott, nimm dich meiner an!" brach es aus ihr hervor. „Gib, daß die Prinzessin mich als Zofe und Freundin behalten möchte. Und bewahre bitte Prinz Sergei –"

Anna hatte immer Schwierigkeiten, ein Gebet für Sergei zu formulieren. Immer wenn sie es versuchte, wurde sie von ihren Gefühlen überwältigt. Aber allein der Gedanke an den Prinzen vermochte ihr über das Schlimmste hinwegzuhelfen.

Sie lächelte und schaute zu den Bäumen auf, die immer noch kahl waren. Tief atmete sie die eisige Luft ein.

Sie wanderte noch bis ans Ende des Gartens und ging auf einem der vielen Wege zum Haus zurück. Das Nachdenken über Sergei hatte ihr den Tag wieder erhellt. Vielleicht würde sie doch heute noch in der Lage sein, den Brief an die Eltern zu beenden. Sie würde ihnen von dem Besuch des Prinzen bei seinem Vater erzählen, und wie er es angestellt hatte, daß er sie allein sehen konnte.

Unwillkürlich mußte sie dabei lachen! Als Anna ins Haus

zurückkehrte, konnte sie sich schon wieder über den Frühling freuen.

Sie ging in ihr Zimmer, setzte sich wieder an ihren Schreibtisch und nahm die Feder zur Hand, um den Brief an ihre geliebte Familie zu beenden. Sie würde ihnen jetzt von dem jungen Prinzen schreiben, dem ihr Herz gehörte.

„Bestimmt werdet ihr über das lachen, was vor zwei Tagen passierte. Prinz Sergei kam nach Hause, um seine Eltern zu besuchen. Ich wußte, daß er im Haus war, aber ich traute mich nicht, mein Zimmer zu verlassen, weil ich Angst hatte, daß mein Gesicht meine Gefühle verraten könnte. Doch mitten in der Unterhaltung mit seinem Vater stand der Prinz auf und ..."

*

Jewno brach in brüllendes Gelächter aus, als Vera Annas Brief zu Ende gelesen hatte.

„Dieser Prinz ist unserer Anna wirklich würdig!" rief er. „Ich würde so gern seinen Vater, den älteren Prinzen, kennenlernen und ihm sagen, was für einen prachtvollen Sohn er hat!"

„Anna sagt, die beiden haben Streit miteinander", meinte Sophia traurig. „Es ist nicht gut, wenn ein Vater sich mit seinem Sohn nicht versteht." Die Bedeutung ihrer Worte wurde ihr erst klar, als sie in das Gesicht ihres Mannes blickte. Alle Fröhlichkeit war aus seinem Blick gewichen.

„Oh, Jewno, ich habe doch nicht dich gemeint!" sagte Sophia entschuldigend.

„Du hast recht, Frau, ob du es nun so gemeint hast oder nicht. Es ist nicht gut, und ich bin schuld daran, genau wie der Vater des Prinzen."

„Nein, Jewno. Unser Pawuschka ist seinen eigenen Weg gegangen und hat sich uns allen entzogen. Anna ist derselben Meinung. Das kann man ihren Worten entnehmen."

Jewno erwiderte nichts. Er konnte nicht verstehen, was ihn und seinen Sohn einander so entfremdet hatte. Vielleicht würde er es nie begreifen. Aber er empfand den Schmerz, den nur ein liebender Vater empfinden konnte.

„Manchmal geht ein Kind seinen eigenen Weg. Die Eltern trifft dabei keine Schuld. Du solltest keine Schuldgefühle haben, Jewno. Pawuschka war immer unabhängig, immer erfüllt von so vielen Fragen, die die Rebellion in sich trugen."

„Ja, Sophia ... ja, ich weiß."

„Anna stellte Fragen, weil sie viel wissen wollte. Paul wollte immer nur in Frage stellen."

„Ach ja. Und wir konnten ihm in keiner seiner Fragen weiterhelfen", seufzte Jewno. „Wie kommt es nur, daß so einfache Leute wie wir zwei Kinder haben, die so voll sind mit Dingen, von denen wir keine Ahnung haben?"

Verwirrt schüttelte Sophia den Kopf. „Ich weiß es nicht, Jewno", erwiderte sie. „Aber nun sind sie beide da draußen in der großen Stadt und suchen nach den Antworten auf ihre Fragen."

„Gott beschütze sie beide!" sagte Jewno nach einer Weile.

„Amen!" flüsterte Sophia.

Eine lange Stille folgte. Es gab so vieles, über das sie nachdenken mußten. Das nächste, was gesprochen wurde, war die Fortsetzung von Jewnos kurzem Gebet.

„... und Annas Prinzen", fügte Sophia hinzu.

4

Die Mitglieder der Bewegung *Wille des Volkes* waren in der Regel nicht so leicht einzuschüchtern. Doch so, wie die Dinge im Augenblick standen, waren sie lieber ein wenig vorsichtig.

Wlasenkos erfolgreiche Aktion gegen ihre provisorische Druckerei in der Grafski-Straße ließ erahnen, daß ihrer Bewegung schwere Zeiten bevorstanden. Nicht, daß sie Wlasenko wirklich fürchteten. Aber immerhin hatte er ihre Druckerpresse aufgespürt, und deren Verlust bedeutete für sie eine große Einschränkung ihrer Möglichkeiten, das, was sie „die Wahrheit" nannten, zu verbreiten. Andere nannten es Propaganda, und für Wlasenko waren ihre Pamphlete das „Gift ihrer Sache“.

Viel gefährlicher als Wlasenkos bescheidene Erfolge war für sie die rigorose Vorgehensweise von Loris-Melikow. Ihn durfte man nicht unterschätzen. Sie hatten versucht, ihn zu töten, waren damit aber nicht erfolgreich gewesen. Einer von Zheljabows Schützlingen war daraufhin gehängt worden.

Einige forsche Mitglieder der Bewegung forderten einen erneuten Versuch. Andere waren besonnener. Sogar Paul Jewnowitsch Burenin reagierte ernüchtert auf die Nachricht. Er hatte sich freiwillig für die Ausführung des Attentats gemeldet, aber Zheljabow hatte ihn übergangen. Und wie sehr er auch beteuerte, daß er bereit sei, für die Sache der Freiheit zu sterben, mußte er doch immer wieder an jenen schrecklichen Tag zurückdenken, als er Zeuge von Kazans Hinrichtung gewesen war. Wenn er ehrlich war, mußte er sich eingestehen, daß ihm die Vorstellung, an einem Seil zu hängen, gar nicht behagte – zumindest im Augenblick noch nicht. Er war noch so jung. Durch eine Bombe ums Leben zu kommen, könnte er akzeptieren, besonders wenn er die Bombe selbst gebaut hätte. Aber nicht durch den Strang.

Er war nicht ängstlich, sondern nur entschlossen, vorsichtig zu sein. Zwar stand er nach wie vor zu seiner Entscheidung, sich den Rebellen anzuschließen, er mußte aber in letzter Zeit doch häufiger über Anna nachdenken. Auch die Gedanken an Katyk und seinen Vater ließen ihn immer noch nicht los.

Doch er mußte versuchen zu vergessen – auch Anna, jetzt, da sie in Sicherheit und dieser Dummkopf Anickin hinter Schloß und Riegel war. Es machte nichts aus, daß sie es warm und bequem hatte, während er die meiste Zeit fror und hungrig war. Wahrscheinlich hätte sie ihm geholfen, wenn er es zugelassen hätte. Aber das zählte jetzt nicht mehr. Er durfte einfach nicht mehr daran denken. Die Vergangenheit war für ihn tot. Seine Zukunft lag bei seinen neuen Freunden.

Zheljabow nahm Paul mehr und mehr unter seine Fittiche. Paul lernte sehr viel über Sprengstoff. Er war froh, daß er zum Kern der Bewegung gehörte. Zwar war das Zusammenleben in der Gruppe dem Familienleben nicht vergleichbar, doch kam es diesem Zustand am nächsten.

Paul zog sich den alten, dünnen Mantel fester um die Schultern und hastete weiter. Er und Zheljabow hatten sich zwei Straßen weiter an einem Treffpunkt verabredet, den die Polizei noch nicht kannte. Von dort aus wollten sie zusammen den Fluß überqueren und in einen Teil der Stadt gehen, in dem solche Leute wie er gewöhnlich nicht verkehrten. Dort sollte eine Druckerpresse zu bekommen sein. Allerdings würden sie sie transportieren müssen, was bestimmt nicht einfach sein würde. Sie mußten einen Ort finden, an dem sie sie aufstellen und betreiben konnten, möglichst weit von Wlasenkos und Melikows wachsamen Augen entfernt. Auch das würde nicht leicht werden.

Doch die Druckerpresse war billig zu haben, und es wurden keine Fragen gestellt. Gelegentlich fanden sie Unterstützung bei einigen Aristokraten, die mit ihrer Sache sympathisierten. Zu diesen gehörte auch der Adelige, der die Druckerpresse für Sie organisiert hatte. Sie sollten den Mann heute treffen, um die weiteren Details abzusprechen.

Pamphlete und Flugblätter waren genauso wichtig für das Gelingen ihres Aufstands wie Bomben und Attentate. Seit Wlasenko vor zwei oder drei Monaten ihre Druckerpresse beschlagnahmt hatte, waren sie in ihren Aktivitäten erheblich eingeschränkt. Vielleicht würde es ihnen doch nicht so schnell gelingen, den Zaren zu töten, wie sie eigentlich gedacht hatten. Alle ihre Versuche waren bisher gescheitert. Aber es war wichtig, durch das gedruckte Wort Unzufriedenheit im Volk zu verbreiten. Die Zeit für einen erfolgreichen Aufstand würde schon noch kommen.

Paul bog um eine Ecke. Der kalte Frühlingswind drang durch seinen dünnen Mantel und ließ ihn frösteln. Es nützte nichts, daß er den Mantel fester um sich zog. Er würde einfach schneller gehen müssen. Auch gut, dachte er. Wahrscheinlich wartete Zheljabow sowieso schon auf ihn.

5

Sergei war immer der Meinung gewesen, es würde ihm nichts ausmachen, beim Zaren in Ungnade zu fallen.

Ihm war klar, daß sein Buch einige Passagen enthielt, die bei den Regierungsbehörden nicht unbedingt auf Beifall stießen. Aber er war immer noch naiv genug zu glauben, daß die Wahrheit schließlich siegen würde; daß die russischen Beamten tief in ihrem Innern wußten, wie schlecht es um das Militär stand, und daß sie es begrüßen würden, wenn jemand diese Zustände einmal aufdeckte. Er hatte tatsächlich geglaubt, daß selbst der traditionsbewußteste Großfürst oder Prinz – oder sogar der Zar selbst! – dankbar war für eine exakte Schilderung der wirklichen Zustände beim Militär.

Unbewußt hatte er auch gedacht, obwohl er das nie zugeben würde, daß der Einfluß seiner Familie ihn wie immer schützen würde. Zwar meinte er, frei von allem Stolz auf seinen Titel zu sein. Ihm war aber dabei gar nicht bewußt, wie abhängig er doch von dem Namen und dem Einfluß seiner Familie war, die ihn bisher vor allen möglichen unangenehmen Konsequenzen seines Handelns beschützt hatte.

Durch einen einfachen kaiserlichen Erlaß, der ihm kurz nach der Hochzeit seiner Schwester mit seinem besten Freund zugegangen war, waren alle diese Illusionen auf einmal wie Seifenblasen zerplatzt.

Schweigend las er den Befehl. Jedes Wort traf ihn wie ein Peitschenhieb:

Abgelöst … zugewiesen … Regiment in Zentralasien … General Skobelew … verlassen St. Petersburg am …

Dieser unerwartete Schlag war demoralisierend und hatte ihm einen Schock versetzt. Wie betäubt taumelte er aus seiner Baracke, seine Finger umklammerten den unseligen Befehl. Er schritt vorwärts, ohne zu wissen, wohin, kam an den Fluß, ging eine Weile am Ufer entlang und kam schließlich zwei Stunden später wieder zu seinem Quartier zurück. Allmählich konnte er wieder klar denken, und obwohl ihm diese

Nachricht immer noch wie ein schlechter Witz erschien, hatte er doch wenigstens angefangen, sich an den Gedanken zu gewöhnen. Er *mußte* sich an den Gedanken gewöhnen, und zwar schnell, denn ihm war nun endgültig klargeworden, daß die Veröffentlichung seines Buches seine Zukunft vielleicht für immer einschneidend verändern würde.

Von wem auch immer dieser Befehl stammte, es war klar, daß er als direkte disziplinarische Maßnahme gegen ihn gemeint war. Er hatte es gewagt, unbequeme Fragen aufzuwerfen. Wie konnte man anders mit einem Dissidenten verfahren, der sich in aller Öffentlichkeit über die Unfähigkeit des Militärs ausgelassen hatte, als ihn an einen Ort zu versetzen, wo es permanent Kämpfe wegen irgendwelcher Grenzstreitigkeiten gab, die von vielen Vertretern des russischen Militärs in Frage gestellt wurden? Nirgendwo sonst wurde er stärker mit den Dingen konfrontiert, die er in seinem Buch angeprangert hatte! Diese Versetzung, die einer Verbannung gleichkam, war perfekt, äußerst wirkungsvoll und für ihn erniedrigend. Das Buch würde in Mißkredit geraten, vielleicht sogar dem Zugriff der Öffentlichkeit entzogen werden, und seine militärische Karriere war ruiniert.

Das einzige, was Sergei bei der ganzen Geschichte ein wenig zu trösten vermochte, war die Aussicht, daß er unter dem kosakischen „Weißen General" dienen würde, dessen Mut und Tapferkeit er schon im Balkankrieg bewundert hatte.

Und doch fragte er sich, genau wie der Soldat in seinem Buch, wie er überhaupt noch einmal in der Lage sein sollte, wieder zu den Waffen zu greifen. Der Gedanke, kämpfen zu müssen, machte ihn krank. Er konnte es nicht! Er konnte nicht mehr töten ... er *würde* nicht mehr töten!

Desertieren ... ?

Diese Idee begann sich bei ihm festzusetzen.

Die Durchführung dieses Plans wäre schwierig!

Er könnte Anna mitnehmen. Vielleicht schon heute abend! Sie konnten im Schutz der Dunkelheit in Bauerngewändern den Zug nach Westen besteigen, aus dem Land fliehen und in England glücklich werden. Dort könnte er schreiben – Artikel für militärische Zeitschriften oder Märchen über Prinzen und Bauernmädchen! Sie könnten zusammen Byron und Wordsworth lesen und in einem kleinen Bauernhäuschen zusammen alt werden. Die Schwierigkeiten mit seinem Vater, die ganze Heimlichtuerei und Unsicherheit in bezug auf seine Verbindung zur Zofe seiner Schwester – alle seine Probleme wären auf einen Schlag gelöst. Sie wären frei!

Aber war das nicht alles *zu* einfach?

Sergei war zwar ein Dissident, aber kein Deserteur. Er war ein Aristokrat mit festen Ehrbegriffen. Und das nicht nur wegen des blauen Blutes, das durch seine Adern floß.

Er war viel zu sehr Ehrenmann, als daß er vor Schwierigkeiten davonlaufen würde. Er würde sich den Konsequenzen seines Handelns stellen. Wie könnte er Anna in die Augen schauen, wenn er die Grundlage für ihre Ehe durch Feigheit geschaffen hätte, wenn er mitten in der Nacht vor seinem eigenen Schicksal davongelaufen wäre! Wie könnte er jemals wieder einem Menschen in die Augen blicken ... wie könnte er jemals wieder in den Spiegel sehen?

Außerdem suchte Sergei – auch wenn er sich das nicht eingestehen wollte – immer noch zu stark die Anerkennung seines Vaters, als daß er ihm noch mehr Schaden zufügen und ihn noch mehr erniedrigen konnte. Das Buch und seine öffentliche Mißbilligung, die durch die Versetzung zum Ausdruck gebracht worden war, waren schon schlimm genug für den Vater. Wie könnte Sergei es zulassen, daß sein Vater eines Morgens aufwachen würde und feststellen müßte, daß sein einziger Sohn sich feige davongemacht hatte? Außerdem würde er durch seine Flucht nur bestätigen, was Viktor seiner Meinung nach sowieso von ihm glaubte, nämlich, daß er eine Schande für den guten Namen seiner Familie war. Auf keinen Fall wollte er, daß sein Vater recht behielt.

Sergei wußte, daß er sich dem stellen mußte, was auf ihn wartete – seinem Schicksal, dem Willen Gottes ... oder wie man es nennen mochte. Trotzdem fragte er sich, ob es nicht vielleicht doch noch einen anderen Weg, eine Alternative, einen Kompromiß gäbe.

Mehr als seine Abneigung gegen das Kämpfen trieb ihn der Gedanke an Anna und seine Sorge um sie dazu, seinen Stolz zu vergessen und einen Versuch zu unternehmen, eine Begnadigung zu erreichen. Wenn er auch zu stolz war, vor seinem Schicksal davonzulaufen, so war er doch nicht zu stolz, sich vor dem Mann zu demütigen, der ihn zu dem gemacht hatte, was er war.

Viktor empfing seinen Sohn in seinem Arbeitszimmer.

Es paßte zu ihrem Verhältnis, daß Vater und Sohn sich in dieser geschäftsmäßigen Atmosphäre trafen. Der riesige Schreibtisch stand wie eine Brustwehr zwischen ihnen.

„Vater, ich bitte dich, daß du meinetwegen beim Zaren intervenierst", begann Sergei nach den anfänglichen Höflichkeiten, die von beiden Seiten ausgetauscht wurden. Er sprach fest und ruhig, ohne bittenden Unterton.

„Du erwartest viel von mir", erwiderte Viktor. Seltsamerweise versuchten sowohl der junge als auch der ältere Prinz jegliches Gefühl füreinander zu verbergen.

„Tatsächlich?" Sergeis Stimme klang bitter. „Ich habe vergessen, ich bin ja nur dein Sohn."

Viktor seufzte. „Ich habe bereits mit dem Zaren gesprochen", sagte er.

„Meinetwegen?" fragte Sergei hoffnungsvoll. Hatte er seinen Vater vielleicht doch falsch eingeschätzt? Hatte er sich etwa schon für seinen Sohn eingesetzt? Hatte der Zar seinen langjährigen Freund zurückgewiesen?

„Seine Majestät hat mich wegen deiner Aktivitäten befragt", erwiderte Viktor steif. „Du kannst dir meine Überraschung vorstellen, als ich von keinem Geringeren als dem Zaren von den literarischen Versuchen meines Sohnes erfahren mußte. Es war äußerst peinlich, dem Zaren eingestehen zu müssen, daß ich keine Ahnung von deinen Standpunkten hatte. Ich hatte gedacht, daß du in dem vergangenen Jahr nur deine Zeit vergeudet hättest, aber statt dessen hast du ein Buch geschrieben, in dem du den Mann demütigst, dessen Dienst ich mein ganzes Leben gewidmet habe."

„Das war niemals meine Absicht, Vater."

„Vielleicht nicht. Aber das ist auf jeden Fall das Ergebnis. Die Kränkung war um so größer, als ich der letzte war, der davon erfuhr."

„Ich hätte es dir vielleicht erzählen sollen –"

„Es ist offensichtlich, warum du nicht über deine aufrührerische, vielleicht sogar verräterische Schriftstellerei gesprochen hast."

„Ja, Vater, du hast ganz recht", erwiderte Sergei kalt. „Ich wollte einer Konfrontation mit dir aus dem Wege gehen. Es hat mir wenig gebracht."

„Darum bin ich um so erstaunter, daß du jetzt den Nerv hast, herzukommen und mich um einen Gefallen zu bitten."

„Ich *bitte* dich um gar nichts!" Sergeis Stimme zitterte, und er begann, die Fassung zu verlieren. „Ich war ein Narr zu glauben, ich könnte von meinem Vater so etwas wie Erbarmen, geschweige denn Vergebung erwarten."

„Ich habe nicht gehört, daß du mich um Vergebung gebeten hättest."

„Vermutlich deshalb, weil ich keine Reue empfinde. Ich habe nur die Wahrheit geschrieben, zumindest so, wie ich sie gesehen und in meinem Herzen gefühlt habe. Wenn das in diesem Land ein Verbrechen ist, dann habe ich meine Strafe verdient. Wenn du mein Buch lesen würdest, würdest du mir bestimmt in vielem, was ich geschrieben habe, zustimmen. Du warst auch dabei – du hast dasselbe gesehen wie ich."

Viktor schwieg. Sergei hatte ins Schwarze getroffen. Beide wußten, daß er das Buch niemals lesen würde.

„Eins noch, Vater", fügte Sergei hinzu. Er hatte sich etwas beruhigt. „Ich hätte dir wirklich sagen sollen, was ich vorhatte."

„Ja, das hättest du."

„Es tut mir jetzt leid, daß ich geschwiegen habe."

„Ich bezweifle, daß dadurch diese Konfrontation vermieden worden wäre. Anscheinend *müssen* wir uns immerzu streiten."

Viktor machte eine Pause. Er wirkte etwas melancholisch, aber in seiner Stimme lag kein Bedauern.

„Die Tatsachen bleiben dieselben, Sergei", fuhr er fort. „Ich kann mich in dieser Angelegenheit nicht noch einmal an den Zaren wenden. Wahrscheinlich ist schon andere aufrührerischere Literatur durch die Maschen der kaiserlichen Zensur geschlüpft, aber wohl kaum ein Buch, das gegen den Zaren *persönlich* gerichtet war, so wie deines. Du mußt verstehen, wie tief verletzt Seine Majestät sich durch dieses Buch aus der Feder eines Mitglieds einer Familie fühlte, der er immer vertraut und auf deren Loyalität er sich immer verlassen hat. Das war für ihn wie ein Schlag ins Gesicht."

„Das lag nicht in meiner Absicht."

„Vielleicht nicht. Aber so ist es aufgefaßt worden."

„Ich nehme an, ich kann froh sein, daß du nicht auch noch dafür bestraft worden bist."

„Jawohl."

„Es tut mir leid, Vater. Ich wollte nicht, daß du durch meine Ansichten Schaden nimmst. Aber ich kann es nicht ändern, daß ich so denke."

„Ich habe das auch nicht erwartet."

Wenn sein Vater doch wenigstens für einen Augenblick seine kühle Distanziertheit hätte ablegen können! Anna hatte versucht, Sergei klarzumachen, daß sein Vater ihn liebte, aber selbst in diesem Moment konnte er nur eine feste Mauer aus Eis sehen. Warum konnte sein Vater nur nicht wenigstens für kurze Zeit zeigen, was er fühlte? Warum konnte er ihm nicht entgegenkommen? War es diesem Mann wirklich so unmöglich, auch nur einen Anflug der Liebe zu zeigen, von der Anna behauptete, daß er sie für ihn, Sergei, empfinde?

Und doch ... Sergei war durch diese Mauer des Schweigens zu gehemmt. Er konnte seine Fragen und seine Vorwürfe seinem Vater nicht entgegenschleudern.

„Dann gibt es also nichts mehr zu sagen", brachte Sergei endlich heraus. Seine Kehle war wie zugeschnürt.

„Zentralasien ist nicht das Ende der Welt, wie du weißt", sagte Viktor.

Soll das etwa ein Versuch sein, einzulenken? fragte sich Sergei. *Oder versucht er nur, seine eigenen Schuldgefühle zu beschwichtigen, indem er so tut, als sei die Strafe gar nicht so schlimm?*

„Im Dienst für sein Vaterland muß ein Soldat oft Dinge tun, die ihm vielleicht nicht zusagen", fuhr Viktor fort. „Aber ich zweifle nicht daran, daß du dich dort unten auszeichnen und bald wieder in dein Regiment zurückgerufen werden wirst."

„Du meinst, wenn ich ein braves Kind bin, würde der Zar es eines Tages gestatten, daß ich wieder bei Hofe erscheinen darf?"

„Sei nicht unverschämt, Sergei. Das wird deiner Stellung nur noch mehr schaden."

„So, wie es im Augenblick aussieht, kann es wohl kaum noch schlimmer werden", erwiderte Sergei kurz angebunden. „Ich hätte wissen müssen, daß ich meine Situation nicht dadurch verbessern kann, daß ich zu einer Steinmauer spreche!"

Sergei drehte sich abrupt um und wollte das Zimmer verlassen. Doch eine scharfe Erwiderung von der anderen Seite des Schreibtisches zwang ihn stehenzubleiben.

„Ich dulde es nicht, daß du in diesem Ton mit mir sprichst!" sagte Viktor und erhob sich. Es war das erste Anzeichen, daß Sergeis Vater überhaupt zu Gefühlen fähig war.

Sergei öffnete den Mund, um eine wütende Antwort zu geben, aber er konnte es nicht. Noch nie hatte er es gewagt, so mutig, ja respektlos, mit seinem Vater zu reden. Es war ihm jetzt unmöglich, noch weiterzugehen. Wenn er mehr gesagt hätte, wären die Folgen vermutlich fatal gewesen – falls nicht sowieso schon alles zu spät war.

„Es tut mir leid, Vater." Mehr brachte er nicht heraus. Seinem Ton konnte man nicht entnehmen, ob er auch meinte, was er gesagt hatte.

Schnell verließ er das Zimmer.

6

Schwer ließ Viktor sich auf seinen Stuhl zurückfallen. Seine sorgfältig gewahrte militärische Haltung verließ ihn.

So war es immer. Wie sehr er sich auch bemühte, mit Sergei zu sprechen, immer trennten sie sich im Streit.

Er war vernünftig genug zuzugeben, daß der Fehler größtenteils auf seiner Seite lag. Anscheinend konnte er niemals das ausdrücken, was er eigentlich wollte. Und was immer er auch sagte, Sergei faßte es falsch auf. Er hatte noch nicht herausgefunden, wie er mit seinem Sohn umgehen mußte.

Konnte es möglich sein, daß er ihn nun ganz und gar verloren hatte? Schließlich war er nach dem einen Jahr des Umherziehens wieder zu ihm zurückgekommen. Viktor hatte sich über Sergeis Rückkehr gefreut, wenn er es auch nicht hatte zeigen können. Doch diesmal, und unter diesen besonderen Umständen, war es nicht unmöglich, daß er ihn für immer aus dem Haus getrieben hatte.

Leise klopfte es an die Tür. Viktor faßte neuen Mut. Vielleicht war Sergei doch noch einmal zurückgekommen!

Aber es war nur Natalja. Ihre zarten Gesichtszüge verrieten die Anspannung, unter der sie stand. Viktor war klar, daß ihr Besuch etwas zu bedeuten hatte.

„Ich bin gerade Sergei begegnet", sagte sie. „Er erzählte, daß er dich gebeten hat, mit dem Zaren zu sprechen."

„Ja, und ich habe ihm gesagt, daß ich bereits mit ihm gesprochen habe, und daß es nichts genützt hat."

„Viktor, ich möchte dir nicht widersprechen, aber als du mir davon erzählt hast, sagtest du, der Zar habe mit *dir* gesprochen – und daß du nur wenig dazu gesagt hast."

„Soll ich mich mit dem Zaren auseinandersetzen, Natalja? Ist es das, was ihr zwei von mir erwartet?"

„Ich habe dich niemals für einen Dummkopf gehalten, Viktor."

Der Prinz zog die Augenbrauen hoch. Eine solche Unverfrorenheit war er von seiner Frau nicht gewohnt. Auch war es ihm neu, daß sie so schnell zur Sache kam. Es schockierte ihn ein wenig, erfüllte ihn aber auch mit Hochachtung.

„Natalja, ich hätte seine Meinung nicht ändern können, selbst wenn ich ihn auf Knien darum gebeten hätte. Er ist tief verletzt und sehr verärgert über das, was unser Sohn über die Regierung und andeutungsweise auch über ihn selbst geschrieben hat – jemand, den er für einen loyalen Untertan gehalten hat! Wir können uns glücklich schätzen, daß nicht die ganze Familie nach Sibirien verbannt worden ist."

„Aber es *muß* doch etwas geben, was wir tun können, Viktor!"

„Ich fürchte, nein."

„Ich hätte ihn schon einmal fast in einem Krieg verloren. Für mich ist es unerträglich, immer Angst um sein Leben zu haben."

„Beruhige dich doch, Natalja", unterbrach sie Viktor. Es war, als weise er ein Kind zurecht.

„Ich bin so verzweifelt. Ich werde selbst zum Zaren gehen und für ihn bitten."

„Ich glaube, du mißt dem Ganzen zu viel Bedeutung bei."

„Zu viel Bedeutung? Wo das Leben deines Sohnes auf dem Spiel steht?"

„Sergei zieht doch nicht in den Krieg. Die Aufgabe der Truppen ist in erster Linie, den Frieden zu erhalten. Dort gibt es doch nur einige kleinere Grenzscharmützel, nicht mehr."

„Das ist mir egal." Einen Augenblick lang sah sie genauso aus wie ihre Tochter. „Es sollte dir aber zumindest etwas ausmachen, daß er in Ungnade gefallen ist – nur weil er seine Gefühle zu Papier gebracht hat. Vielleicht haben die Intellektuellen ja recht. Es ist wirklich schlecht um ein Land bestellt, wenn man noch nicht einmal das tun kann."

Um Himmels willen! dachte Viktor. *Ist jetzt sogar meine sanfte Frau von dem revolutionären Eifer angesteckt worden?*

„Du weißt nicht, wovon du sprichst, Natalja", sagte er.

„Nun, vielleicht weiß ich das nicht. Das einzige, was ich wirklich weiß, ist, daß ..."

Ihre Stimme erstarb, und Tränen stiegen ihr in die Augen. „Ich weiß nur, daß ich es nicht ertragen kann, wenn mein Sohn so behandelt wird. Auch nicht von dir. Es ist alles so ungerecht!"

Ihre Tränen flossen reichlich, und Schluchzer brachen aus ihr hervor. Sie wirkte so hilflos und zerbrechlich.

Wie gewöhnlich fühlte Viktor sich überfordert. Er wußte nie, wie er sich verhalten sollte, wenn seine Frau weinte. Schließlich erhob er sich und ging zu ihr hinüber. Tröstend legte er seine Hand auf ihre zitternde Schulter.

„Natalja, Liebes ...", sagte er zärtlich. „Mir gefällt ganz und gar nicht, was mit unserem Sohn geschieht. Aber was er getan hat, war nun einmal falsch."

„Soll er denn für einen so kleinen Fehler so hart bestraft werden?" schluchzte die Prinzessin.

„Ich weiß nicht ... ein Buch zu veröffentlichen scheint mir keine Bagatelle zu sein." Sein Tonfall verriet, wie unsicher er selbst war.

„Bitte, Viktor! Ich *bitte* dich ... tu etwas, um ihm zu helfen!"

Nur selten konnte er seiner Frau einen Wunsch abschlagen, schon gar nicht, wenn sie weinte.

„Ich werde es versuchen", sagte er.

„Oh, ich danke dir, Viktor!" Sie nahm seine Hand und küßte sie dankbar. „Du wirst es niemals bereuen, Viktor."

„Selbst wenn ich es bereuen müßte; ich nehme an, es muß getan werden!"

„Wirst du es Sergei sagen? Es würde ihn so glücklich machen."

„Sicher ist er jetzt schon weg."

„Ich bat ihn zu warten." Natalja schneuzte sich und wischte sich mit ihrem Taschentuch die Tränen aus den Augen. „Ich glaube, er ist in den Garten gegangen."

„Warum soll man ihm Hoffnung machen?" fragte Viktor, aber es war nur eine Entschuldigung für sein Zaudern. Er konnte sich nicht mit dem Gedanken anfreunden, seinen Sohn so bald wiederzusehen.

„Er ist schrecklich durcheinander, Viktor. Er muß wissen, daß du deine Meinung geändert hast."

„Warum sagst du es ihm nicht?"

„Es muß von dir kommen, Viktor."

Der Prinz zuckte mit den Schultern. Anscheinend war seine Frau klüger, als sie allgemein eingeschätzt wurde. Zumindest wußte sie, wie sie mit ihm umgehen mußte. Vielleicht hatte Katrina doch mehr von ihrer Mutter, als er gedacht hatte.

7

Sergei hatte Anna eine Nachricht geschickt, daß sie im Garten auf ihn warten sollte. Sie hatte schon von seiner Versetzung erfahren. So gern hätte er ihr von einer erfolgreichen Unterredung mit seinem Vater erzählt. Er hätte es besser wissen sollen!

Liebevoll nahm er sie in seinen Arme. Anna entzog sich ihm nicht. Sie spürte, daß die Unterhaltung mit seinem Vater nicht gut verlaufen war und daß sich die Kluft zwischen Vater und Sohn noch verbreitert hatte. Sie wußte auch, wie verletzt er durch eine erneute Zurückweisung sein mußte. Darum erwiderte sie seine Umarmung so fest sie konnte. Er klammerte sich an sie wie ein Ertrinkender. Und als er sprach, hörte sie die Tränen in seiner Stimme, wenn sie sie auch nicht sehen konnte.

„Anna, ich habe mich entschlossen, das Land zu verlassen", sagte er eher verzweifelt als entschlossen. „Ich kann nicht länger einer Nation dienen, an die ich nicht mehr glaube."

„Sergei", sagte sie zärtlich, „sprich nicht so."

„Ich meine es ernst."

„Du bist im Augenblick verstört. Sicher wirst du in ein oder zwei Tagen anders darüber denken."

„Nein, Anna. Ich habe es satt – ich habe es satt, ständig erfolglos zu versuchen, meinem Vater und dem Zaren zu gefallen. Jetzt sind wir an der Reihe, Anna – jetzt sind wir an der Reihe, glücklich zu werden. Ich werde dir nie wieder Lebewohl sagen. Ich möchte, daß du mit mir kommst! Wir werden heute abend reisen."

„Sergei ... ich weiß nicht", sagte Anna zögernd.

„Ich weiß, es kommt alles ein wenig überraschend, aber es ist der einzige Weg!"

„Aber Sergei ... auf diese Weise kannst du niemals glücklich werden. Es würde dir immer zu schaffen machen, daß du Rußland in Ungnade verlassen hast."

„Noch vor einiger Zeit hättest du damit wohl recht gehabt, aber jetzt nicht mehr."

„Ich kann das nicht zulassen, Sergei. Nicht, weil ich um mich Angst hätte. Mit dir würde ich überall hingehen. Aber ich weiß, daß du diese Entscheidung letztendlich doch bereuen würdest."

„Ich sage dir doch, das berührt mich jetzt nicht mehr! Ich pfeife auf die, die gegen mich sind."

„Auch auf mich, Sergei?"

„Was sagst du da?" Er ließ sie los und wendete sich ab. „Ich hatte gehofft, daß du in meiner Nähe sein wolltest. Sagst du jetzt auch, daß du gegen mich bist, daß du auf der Seite meines Vaters stehst?" fragte er kalt. So hatte er noch nie mit ihr gesprochen.

„Natürlich bin ich nicht gegen dich. Und natürlich möchte ich in deiner Nähe sein. Aber nicht so."

Sie ging um ihn herum, damit sie ihm ins Gesicht sehen konnte. „Ich bin nur gegen deinen Plan, mitten in der Nacht zu fliehen. Nichts weiter. Du würdest dich dann immer verachten. Wir beide würden uns dabei nicht wohl fühlen. Das ist kein Weg, ein gemeinsames Leben zu beginnen."

Wieder wendete er sich ab. Er bedeckte sein Gesicht mit den Händen. Eine lange Stille folgte.

„Du bist immer die Stimme der Vernunft, Anna, nicht wahr?“ seufzte er schließlich. Traurig schüttelte er den Kopf. „Manchmal hasse ich es, vernünftig zu sein!“

Sie zog seine zitternden Hände von seinem Gesicht und legte sie an ihre Lippen. „Ich bin sicher, deine Versetzung in den Süden ist nicht von langer Dauer“, sagte sie. „Es ist der beste Weg, Sergei.“

Eine lange, nachdenkliche Stille folgte.

„Du hast recht“, erwiderte er schließlich. „Vermutlich wußte ich es die ganze Zeit über.“ Wieder nahm er sie in seine Arme. „Aber wie soll ich es ertragen, dich schon wieder zu verlassen?“

„Es wird ja nicht für lange sein.“

„Vielleicht hat mein Vater recht, wenn er sagt, daß ich die kaiserliche Gunst zurückgewinnen kann.“

„In diesem Punkt stimme ich mit ihm überein!“ lächelte Anna.

Sergei lachte leise. „Es fällt mir nicht leicht zuzugeben, daß er recht hat.“

„Aber aus seinen Worten können wir Hoffnung schöpfen.“

„Anna, ich liebe dich so!“ sagte er zärtlich und küßte eine ihrer hellen Locken.

Sie waren so nahe daran gewesen, endlich für immer zusammenzusein ... eine nächtliche Flucht aus St. Petersburg. Aber die Stimme der Vernunft hatte gesiegt. Würden sie jemals vereint sein? Oder würden sie ihr Leben lang Schachfiguren in dem grausamen Spiel des Schicksals sein, die von der Stimme der Vernunft, von autokratischen Herrschern und lieblosen Vätern herumgeschoben würden?

Fast wie eine Antwort auf unausgesprochene Fragen hörte Sergei plötzlich Schritte auf dem Gartenweg. Er und Anna fuhren auseinander, aber es war schon zu spät. Viktor hatte genug gesehen und zog seine eigenen Schlüsse daraus.

„Vater!“ rief Sergei. Anna sank in sich zusammen.

„Wie ich sehe, hatte ich recht“, sagte Viktor so ruhig, daß Sergei sich fast nicht mehr beherrschen konnte. „Du hast wirklich kein Ehrgefühl.“

„Denk, was du willst, Vater."

„Ich habe dich also doch richtig eingeschätzt. Auch die Tränen deiner Mutter können jetzt nichts mehr daran ändern."

„Das ist mir egal!"

„Das ist nur zu offensichtlich."

„Was meinst du damit?" fragte sein Sohn bitter.

„Nur die allerunterste Sorte Männer benutzt ein armes Dienstmädchen, um seine Bedürfnisse zu befriedigen. Ich hatte gehofft, ich hätte dich besser erzogen."

„Du kannst so schlecht von mir denken, wie du willst – das hast du sowieso schon immer getan. Aber ich bin froh, daß du jetzt über Anna und mich Bescheid weißt. Und deshalb will ich dir jetzt auch gleich alles sagen. Wir haben keine schmutzige Affäre, wie du zu denken scheinst. Anna und ich kennen uns seit zwei Jahren etwas besser. Ich liebe sie und schätze mich glücklich, daß sie meine Liebe erwidert. Wir haben die Absicht zu heiraten. Leider muß das jetzt noch warten, da ich ja in den Süden versetzt worden bin und meine Befehle befolgen muß. Aber wir werden auf jeden Fall heiraten. Nichts wird uns davon abbringen."

„Sei doch kein Narr, Sergei", sagte Viktor fast bittend. „Dein Leben für ein Dienstmädchen wegzuwerfen ..."

„Wag es nicht, auch nur ein Wort gegen Anna zu sagen."

„Ich meinte doch nur –"

„Ich habe es satt, dir noch länger zuzuhören!"

„Wenigstens bist du vernünftig genug, deinen Befehlen zu gehorchen. Unter den gegebenen Umständen denke ich mehr denn je, daß es das Beste für dich ist."

„Zweifellos hast du das mit dem Zaren zusammen geplant."

„Sergei –!" Anna versuchte zu sprechen, aber die Tränen und ihre Angst vor dem älteren Prinzen erstickten ihre Stimme.

„Und das eine will ich dir noch sagen", fuhr Sergei fort. „Meine Entscheidung, meinen Befehlen Folge zu leisten, hat nichts mit dir zu tun. Wenn es nach mir gegangen wäre, wäre ich desertiert und hätte das Land verlassen, selbst wenn es bedeutet hätte, den Rest meines Lebens in Schande zu leben. Aber um Annas willen habe ich mich entschlossen, das nicht zu tun. Trotz allem habe ich immer noch Ehrgefühl, Vater.

Unglücklicherweise unterscheiden sich meine Ehrbegriffe von deinen und denen deiner Kollegen am Hofe."

Darauf wußte Viktor nichts zu erwidern. Er war von den Ereignissen beinahe so überwältigt wie die Zofe seiner Tochter.

„Auf Wiedersehen, Vater. Du bist mich endlich los."

Sergei ging zu der blassen, zitternden Anna hinüber, nahm ihren Arm und wendete sich zusammen mit ihr zum Gehen. Doch dann drehte er sich in einem Anflug von Bitterkeit noch einmal zu seinem Vater um. „Vielleicht hast du ja Glück, Vater", sagte er, „und ich werde von der Kugel eines Tataren getroffen und komme nicht zurück!"

8

Nachdem Anna den Prinzen an der Tür zum Haus seines Vaters verlassen hatte, ging sie geradewegs in ihr Zimmer. Sie hatte darüber nachgedacht, ob sie nicht doch mit Sergei davonlaufen sollte. Aber diese schreckliche Vernunft – auch sie fing langsam an, sie zu hassen! – hinderte sie daran.

Anna wußte noch nicht, was sie tun würde. Auch sie konnte nicht einfach davonlaufen, genausowenig wie Sergei.

Lange Zeit saß Anna auf ihrem Bett und weinte. Sie wollte nachdenken, war aber so durcheinander, daß sie keinen klaren Gedanken fassen konnte.

Einige Stunden später klopfte es an ihrer Tür. Sie hatte keine Ahnung, wer das sein konnte. Katrina war bereits seit drei Wochen auf Reisen. In der ganzen Zeit hatte sie nur einen Besucher gehabt, und das war ihre alte Freundin Polja gewesen. Vielleicht wurde sie von Nina oder einem der anderen Mädchen gebraucht. Fast hoffte sie, daß es so wäre. Arbeit war im Augenblick genau das richtige für sie. Ihr Vater pflegte immer zu sagen: *Die Hand am Pflug ist das beste Mittel gegen Spinnweben im Gehirn.*

Anna trocknete ihre Tränen, atmete tief durch und öffnete die Tür.

Prinz Viktor Fedortschenko stand vor ihr. Anna stockte der Atem, und ihre Knie wurden weich.

„Ich denke, du bist wie ich der Meinung, Anna Jewnowna", sagte er, „daß wir miteinander reden müssen."

Anna nickte schweigend. Im stillen betete sie verzweifelt, daß sie nicht nur ihre Stimme wiederfinden, sondern auch den Mut haben würde, offen mit diesem Mann – ihrem Arbeitgeber, ihrem Herrn – zu reden.

„Wir sollten den Salon von Prinzessin Katrina benutzen", fuhr der Prinz fort und führte Anna ins andere Zimmer. „Setz dich ... bitte."

Anna gehorchte, noch ganz betäubt. Der Prinz ging während der Unterredung im Zimmer hin und her und blieb gelegentlich beim Kamin stehen.

„An dieser Stelle, Anna", begann der Prinz – er sprach viel ruhiger als noch vor wenigen Stunden mit seinem Sohn –, „möchte ich dir Gelegenheit geben, die Sache zu erklären. In den vergangenen Jahren hatte ich wenig persönlichen Kontakt mit dir. Aber das heißt nicht, daß ich deine Tätigkeit in diesem Hause nicht mit Interesse verfolgt hätte. Niemals habe ich auch nur den kleinsten Fehler an dir entdecken können. Ganz im Gegenteil, du hast einen äußerst positiven Einfluß auf meine Tochter ausgeübt, wofür ich dir sehr dankbar bin. Dein Vorbild hat sie zum Lernen motiviert, wo niemand sonst in der Lage war, sie zu motivieren. Fingal sagte mir, daß du sogar noch mehr Interesse an den Studien gezeigt hättest als sie. Katrina hat mir auch anvertraut, daß dein Eingreifen sie von ihrer eigenwilligen Entscheidung abgebracht hat, diesen Basil Anickin zu heiraten. Kurz, du bist ein treuer und loyaler Dienstbote gewesen, Anna Jewnowna. Und daher bin ich mehr als erstaunt über diesen höchst uncharakteristischen Fehltritt deinerseits. Ich denke mir – tatsächlich kann ich keine andere Schlußfolgerung daraus ziehen –, daß du von der Position meines Sohnes überwältigt worden bist und dich aus Angst vor Repressalien und gegen jegliche Vernunft nicht in der Lage gesehen hast, dich zu wehren gegen das, was mein Sohn dir gesagt haben mag. Ich weiß, wie überzeugend er sein kann, besonders wenn er so eigensüchtig und verabscheuungswürdig handelt –"

Auf einmal fand Anna ihre Sprache wieder. Sie konnte

nicht länger mit anhören, daß Sergei so falsch eingeschätzt wurde.

„Bitte verzeihen Sie, Euer Exzellenz", unterbrach sie ihn, „Ihre Schlußfolgerungen in bezug auf Sergei sind von Grund auf falsch." Sie hatte nicht nur ihre Stimme wiedergefunden, sondern auch noch ihrem Herrn widersprochen!

Der Prinz zog mißbilligend die Augenbrauen in die Höhe. Eine solche Unverfrorenheit war ihm neu; er war von seinen Untergebenen uneingeschränkten Gehorsam gewohnt. Offensichtlich hatte Sergeis Verhalten schon mehr auf das Mädchen abgefärbt, als er zuerst angenommen hatte!

„Wie meinst du das, Anna Jewnowna?" fragte er. Erstaunlicherweise konnte er die Fassung bewahren.

„Ich bin der Meinung, daß Sie Ihre Kinder besser kennen sollten, Euer Exzellenz", sagte Anna. „Wenn das der Fall wäre, könnten Sie Ihren Sohn niemals eines solchen Verhaltens bezichtigen."

„Mein Sohn ist also unschuldig. Dann warst du diejenige, die ihn zu dieser ungewöhnlichen Verbindung verführt hat?"

„Muß immer einer einen anderen verführen?"

„Ich verstehe nicht."

„Ist es nicht möglich, daß ein junger Mann und eine junge Frau, ja sogar ein Prinz und ein Dienstmädchen, entdecken, daß sie dieselben Gedanken und Interessen haben und daß aus der Freundschaft, die zwischen ihnen herrscht, eines Tages Liebe geworden ist? Ist das so ungewöhnlich ... oder so unmöglich, Euer Exzellenz?"

„Mein Sohn hätte das Ganze beenden müssen, bevor es dazu gekommen war."

„Vielleicht haben wir darin falsch gehandelt, Euer Exzellenz. Aber selbst jetzt habe ich nicht den Eindruck, daß das, was wir füreinander empfinden, falsch ist. Und ob Sie es glauben oder nicht, Prinz Sergei hat sich mir gegenüber immer ehrenhaft verhalten. Sie können das Schlimmste von ihm annehmen, und auch von mir. Aber wir haben nichts getan, dessen wir uns schämen müßten. Vielleicht haben wir nur die Situation falsch eingeschätzt."

„Es liegt mir fern, das Schlimmste annehmen zu wollen", erwiderte Viktor. „Und ich kann auch den Überschwang der Jugend in diesem Punkt verstehen. Aber Tatsache bleibt, daß ihr beide einen Fehler gemacht habt, nicht nur in der Einschätzung der Situation. Mein Sohn hat sich dir gegenüber vielleicht ehrenhaft verhalten, aber er hat trotz allem seine Familie und seine Stellung mißachtet."

Er machte eine Pause und fuhr dann fort. „Aber das hat nichts mit dir zu tun, Anna Jewnowna. Ich bin hergekommen, weil ich dir Gelegenheit geben wollte, dich zu verteidigen. Statt dessen verteidigst du meinen Sohn."

Wieder machte er eine Pause. Er stand jetzt beim Kamin, mit dem Arm stützte er sich auf dem Kaminsims ab und schaute Anna einen kurzen Moment an. „Das allein spricht schon für sich."

„Was soll ich tun, Euer Exzellenz?"

„Sergei hat die Absicht, seinen Befehlen Folge zu leisten. Ich habe also die Hoffnung, daß er noch nicht vollkommen auf dem falschen Weg ist. Ihr zwei solltet diese Zeit der Trennung nutzen, um eure Beziehung neu zu überdenken. Natürlich steht es dir frei, in dein Elternhaus auf dem Lande zurückzukehren. Aber du kannst auch gerne hierbleiben, Anna. In Kürze wird meine Tochter aus Griechenland zurückkehren, und du wirst mit ihr in das Haus des Grafen Remisow ziehen – falls du das willst. Ich werde dich nicht davon abhalten. Ich bin sogar davon überzeugt, daß sie ohne dich verloren wäre."

„Und wenn Ihr Sohn zurückkommt ...?"

„Ich will hoffen, daß ihr beide dann zur Vernunft gekommen seid. Vielleicht glaubt mein Sohn wirklich, daß er dich liebt, Anna. Aber ich bin davon überzeugt, daß seine rebellische Veranlagung der Grund dafür ist. Er würde alles tun, um mein Mißfallen zu erregen. Ich muß mich auf deine Vernunft verlassen, Anna – von der ich glaube, daß du sie reichlich besitzt –, damit du diese Situation wieder ins Lot bringst. Wenn du meinen Sohn wirklich liebst, wirst du sicher nicht zusehen wollen, wie er sein Leben durch eine solche ... übereilt eingegangene ... Verbindung ruiniert."

„Euer Exzellenz, ich möchte ehrlich Ihnen gegenüber sein." Zum ersten Mal hob sie den Kopf und blickte den Prinzen fest an. „Ich kann nicht guten Gewissens irgend etwas versprechen, hinter dem ich nicht stehe. Ich gebe zu, daß ich im Augenblick sehr verwirrt bin. Und doch kann ich mich nicht einfach von Ihrem Sohn abwenden, nur weil wir aus einer unterschiedlichen sozialen Schicht stammen. Wenn sich zeigt, daß das für ihn das Beste ist, werde ich es um seinetwillen selbstverständlich tun. Aber im Augenblick ... bin ich mir einfach noch zu unsicher. Vielleicht ist es wirklich das Beste, alles der Zeit zu überlassen. In der Zwischenzeit würde ich gerne hierbleiben, falls Prinzessin Katrina mich noch behalten will, wenn sie erfährt –"

„Anna, über diese Angelegenheit bewahren wir am besten Stillschweigen. Niemand braucht zu erfahren, was sich heute ereignet hat."

„Wie Sie wünschen, Euer Exzellenz."

Als Prinz Fedortschenko den Raum verlassen hatte, blieb Anna ungläubig staunend zurück. War jetzt etwa alles schon entschieden? Sie war nicht sicher. Auf jeden Fall hatte Sergeis Vater, zumindest teilweise, die Entscheidung in *ihre* Hände gelegt.

Langsam stand sie auf und ging in ihr kleines Zimmer zurück. Sie schloß die Tür und setzte sich auf ihr Bett. Innerhalb von vierundzwanzig Stunden war ihr Leben vollkommen auf den Kopf gestellt worden.

Nach einer Weile kniete sie vor ihrem Bett nieder.

„Lieber Gott", betete sie, „ich weiß nicht, wie ich die Entscheidung treffen soll, die vor mir liegt! Aber ich weiß, daß du mein Leben in der Hand hältst, und auch Sergeis Leben – wenn er es vielleicht auch nicht weiß – und unser gemeinsames Schicksal. Hilf mir zu erkennen, was ich tun, denken und sagen soll. Sei auch bei Sergei, wo immer er hingeht und was immer ihm auch geschieht. Beschütze ihn, und wache über ihm. Wie diese Sache auch ausgeht, Herr, gib uns Kraft ... gib *mir* Kraft, und mache mich zu einer Frau, auf die du stolz sein kannst. Hilf Sergeis Vater, seinen Sohn zu sehen, wie ich ihn sehe, und ihn zu lieben, wie ich ihn liebe. Oh, Gott ... ich möchte die Zukunft und das, was sie uns bringt – mir, Sergei, unseren beiden Familien –, in deine Hände legen. Hilf mir, dir zu vertrauen und zu tun, was das Beste für uns beide ist!"

Anna schwieg noch eine Weile und erhob sich dann. Sie ging zu ihrem Schrank und holte die Bibel heraus, die ihr Vater ihr geschenkt hatte. Sie schlug eine ihrer Lieblingsstellen auf, und beim Lesen der bekannten Stelle aus dem Johannesevangelium mußte sie an Sergei denken: *Noch eine kleine Weile, dann werdet ihr mich nicht sehen; und abermals eine kleine Weile, dann werdet ihr mich sehen. Wahrlich, wahrlich, ich sage euch: Ihr werdet weinen und klagen, aber die Welt wird sich freuen; ihr werdet traurig sein, doch eure Traurigkeit soll in Freude verwandelt werden.*

Sie atmete tief durch und sprach noch ein Gebet. „Oh, Gott, hilf mir, dir zu vertrauen, auch wenn Schmerz und Traurigkeit auf mich warten. Hilf mir, auf den Tag zu vertrauen, wo du die Traurigkeit in Freude verwandeln willst. Behalte Sergei in deiner Hand, Herr."

9

Wenn es Sergei möglich gewesen wäre, die Gebete seines geliebten Mädchens zu hören, hätte er sie sicher nicht leichtfertig abgetan; es war ja Anna, die sie sprach. Und doch fiel es ihm schwer zu glauben, daß ein Gebet irgendeine Bedeutung für sein Leben haben könnte. Bitterkeit und Wut erfüllten sein Herz und verschlossen es vor der Stimme des Einen, die Anna sich demütig bemühte zu hören.

Sergei kehrte zu seinem Quartier zurück und packte seine Sachen zusammen. Er sollte mit dem ersten Zug am nächsten Morgen gen Süden reisen. Zwei Dinge hatte er noch zu erledigen. Als letztes wollte er sich von Anna verabschieden. Doch vorher hatte er ein anderes Gespräch zu führen.

Leutnant Grigorow hatte dienstfrei. Er hielt sich in seinem Quartier neben dem Palast auf. Der Leutnant bat den Prinzen herein, stellte ihm einen einfachen Holzstuhl zurecht und setzte sich selbst auf sein Bett.

„Ich habe von Ihrem Ärger mit dem Zaren gehört", sagte Grigorow. „Es tut mir so leid für Sie."

„Vielen Dank, Leutnant. Aber deshalb bin ich nicht gekommen."

„So etwas habe ich auch nicht erwartet. Was kann ich für Sie tun?"

„Anna hat mir erzählt, daß Sie beide Freunde geworden sind und daß sie Ihnen anvertraut hat, wie es um uns steht." Sergei machte eine Pause. Offensichtlich empfand er die Situation als peinlich.

„Ja, ... das stimmt", erwiderte Mischa langsam.

„Ehrlich gesagt, weiß ich nicht so recht, wie ich Ihnen erklären soll, was ich meine, ohne wie ein melancholischer Dummkopf zu wirken", sagte Sergei nervös lachend.

„Sagen Sie nur, was Sie auf dem Herzen haben, Prinz Fedortschenko, ich halte Sie bestimmt weder für einen Melancholiker noch für einen Dummkopf. Schließlich verdanke ich Ihnen mein Leben. Ich weiß, was für ein Mensch Sie sind."

„Gut, ich will offen sprechen. Ich habe erst gestern den Befehl erhalten, mich in den Süden des Landes zu begeben. Seither hatte ich eine böse Vorahnung, die dadurch verstärkt wurde, daß sich in den vergangenen Tagen aber auch wirklich alles gegen mich verschworen hatte."

Er machte eine Pause und suchte nach den richtigen Worten.

„Mein Vater hat alles über Anna und mich herausgefunden. Zwar habe ich keine Angst, daß er ihr in irgendeiner Weise schaden könnte, doch er könnte sie zwingen, sein Haus und St. Petersburg zu verlassen und vielleicht weit weg zu gehen, einfach zu verschwinden. Und selbst, falls sie in seinem Haus bleiben sollte – oder bei meiner Schwester –, könnte er jeglichen Kontakt zwischen uns unterbinden. Alles mögliche kann passieren, Leutnant, und ich möchte nicht eines Tages nach Hause kommen und feststellen müssen, daß ich sie verloren habe oder daß sie verschwunden ist."

„Ich kann kaum glauben, daß Ihre Angst berechtigt ist."

„Vielleicht nicht. Auf jeden Fall würde ich mich viel besser fühlen, wenn ich wüßte, daß jemand, der über die Situation Bescheid weiß, ein Auge auf Anna hat und aufpaßt, daß sie nicht eines Nachts einfach nach Spanien oder vielleicht sogar nach Sibirien geschafft wird."

„Trauen Sie Ihrem Vater so etwas wirklich zu?"

Sergei nickte langsam. „Er könnte etwas Übereiltes tun und dabei fest davon überzeugt sein, daß es zu meinem Besten ist", sagte er. „Aber ich weiß es natürlich nicht, ich habe einfach nur dieses schreckliche Gefühl, daß ich, wenn ich erst einmal fort bin, Anna vielleicht nie wiedersehen werde. Und doch … ich muß gehen, aus Gründen, die ich selbst kaum begreife."

„Was kann ich tun?" fragte Mischa ernst.

„Es würde mich beruhigen zu wissen, daß jemand für Anna da ist, jemand anderes als meine Schwester, die meines Wissens nicht über unsere Beziehung Bescheid weiß."

„Es würde mir eine Ehre sein, Ihnen in dieser Weise behilflich zu sein."

„Und falls mir etwas passieren sollte", fügte Sergei hinzu, „wäre es gut zu wissen, … daß sie hier einen Freund hat."

„Ich bete dafür, Prinz Fedortschenko, daß Ihre Befürchtungen unbegründet sind", sagte Mischa fest. „Und ich bin sicher, daß es so ist! Aber Sie brauchen sich um Anna keine Sorgen zu machen. Ich werde ihr Freund bleiben, und durch sie auch der Ihre. Falls es notwendig wäre, würde ich mein Leben einsetzen, um Anna zu beschützen – nicht nur um ihretwillen, sondern auch wegen dem, was ich Ihnen seit dem Balkankrieg schuldig bin."

„Vielen Dank, Leutnant."

„Bitte … für meine Freunde bin ich Mischa."

„Ich bin glücklich, daß ich dazugehöre", erwiderte Sergei und erhob sich. „Und Sie müssen mir die Ehre erweisen, auch mich bei meinem Vornamen zu nennen. Ich bin sehr glücklich über Ihre Freundschaft."

Beide Männer umarmten sich und besiegelten nach alter russischer Art ihre Freundschaft. „Gott beschütze Sie, Sergei!"

„Und Sie auch, mein Freund."

10

Jetzt mußte Sergei sich nur noch von zwei Personen verabschieden.

Seine Mutter hatte darauf bestanden, ihn zum Bahnhof zu

bringen. Von ihr würde er am nächsten Morgen Abschied nehmen. Er bedauerte es, Katrina und Dmitri vor seiner Abreise nicht mehr sehen zu können.

Irgendwie verstärkte sich sein ungutes Gefühl, wenn er an seine Schwester dachte. Wie würde sie reagieren, wenn sie von ihm und Anna erfuhr? Würde sie ihn dafür hassen? Oder schlimmer, würde sie Anna vielleicht zurückweisen? Oder würde sie ihn verstehen, wie sie ihn immer verstanden hatte? Er wünschte, er könnte es ihr selbst erzählen, doch er würde weit weg sein von St. Petersburg, wenn sie zurückkehrte. Er konnte alles nur Gott überlassen, obwohl sein Glaube im Augenblick so schwach war, daß dieser Gedanke ihn wenig tröstete.

Als er Anna am Abend traf, war er so deprimiert wie vielleicht noch nie zuvor in seinem Leben. Sie hatten verabredet, sich in einer kleinen Teestube in der Nähe des Marinski-Theaters zu treffen. Seit Katrina fort war, konnte Anna praktisch kommen und gehen, wann sie wollte. Sie bestellten Tee, der dreißig Minuten später immer noch unberührt dastand.

Anna versuchte, den Druck, der auf ihnen lastete, zu überspielen. Es gelang ihr nicht so recht.

„Ich erinnere mich noch an mein erstes Ballett im Marinski-Theater", sagte sie. „Ich konnte gar nicht glauben, daß irgend etwas unter einem Dach so wunderschön sein konnte."

„Und ich konnte nicht glauben, daß Augen so groß sein konnten", lächelte Sergei. „Ich war eifersüchtig, daß dieser Blick nicht mir galt."

„Und ich dachte, dir läge nur meine Bildung am Herzen."

„Mein Interesse war rein egoistischer Natur. Je mehr ich Katrina dazu bewegen konnte, etwas für deine kulturelle Bildung zu tun – natürlich nur mit mir als Begleitung und Ratgeber –, desto öfter konnte ich dich sehen."

„Oh, Sergei!" Anna schloß die Augen, um ihre Tränen zurückzuhalten.

„Wir sagen uns immer bloß Lebewohl, nicht wahr?" Sergei ergriff ihre Hände. „Aber dieses Mal wird es das letzte Mal sein. Wenn wir uns wiedersehen – und das wird schon bald sein –, dann gibt es keine Abschiede mehr. Das schwöre ich dir!"

Anna konnte nichts erwidern. Sie hoffte von ganzem Herzen, daß es eine gemeinsame Zukunft für sie geben würde. Aber im Augenblick war sie verwirrt, weil sie nicht wußte, was das Beste für sie war, so daß sie Sergei nicht das sagen konnte, was er doch so gern hören wollte.

Sie konnte ihm keine Zusagen machen. Sie konnte ihm nur Liebe geben. Und sie hoffte, daß ihm das genug sein würde an dem so weit entfernten Ort, an den er jetzt reisen mußte.

„Sergei“, sagte sie, „wenigstens einmal komme ich zu unserem Abschiedstreffen nicht mit leeren Händen.“ Sie lächelte. „Ich habe ein Geschenk für dich. Ich weiß, es ist nur ein armseliger Ersatz, aber es ist ein Zeichen dessen, was ich fühle.“

„Anna, ich brauche nichts –“

Sie ließ ihn nicht ausreden. „Bitte. Du hast immer etwas für mich. Du hast mir Bücher und andere Sachen geschenkt, und jetzt bin ich an der Reihe. Ich möchte dir gern etwas von mir schenken.“

Er lächelte und nickte zustimmend.

Ihrer Manteltasche entnahm sie einen kleinen Beutel aus weichem Wildleder. Vorsichtig öffnete sie das Band, durch das der Beutel zusammengehalten wurde, und griff hinein.

„Dies hat mir mein Vater geschenkt, an dem Tag, als ich von zu Hause fortgegangen bin“, sagte sie. „Es war das einzig Wertvolle, das er besaß. Seither habe ich es immer in Ehren gehalten und es nur hervorgeholt, wenn ich besonders traurig war oder eine Bestätigung brauchte, daß meine Mama und mein Papa mich lieben. Und jetzt möchte ich es dir gern schenken.“

Sie reichte ihm ein wunderschön gearbeitetes byzantinisches Kreuz aus reinem Gold, in das dreizehn hervorragend geschliffene Lapislazuli-Steine eingelassen waren. Die Wirkung des tiefen Blautons auf dem Gold war erstaunlich.

„Anna, es ist wunderschön! Wie kannst du mich bitten, so etwas von dir anzunehmen – ein Erbstück deiner Familie? Ich könnte nie –“

Liebevoll verschloß sie seine Lippen mit ihrem Finger.

„Willst du mich um dieses Vergnügen bringen? Jedesmal, wenn ich an dich denke, würde ich mich freuen, daß du es hast. Bitte Sergei, du mußt es nehmen. Dann werde ich wissen, daß ich bei dir bin, wo du auch bist. Laß es ein Band zwischen unseren Herzen sein."

Sergei spürte, wie wichtig ihr das war. Er nickte und nahm das Kreuz. Vorsichtig hielt er es ins Licht und betrachtete es genau.

Das Kreuz war nicht groß, nur etwa vier Zentimeter lang und etwa zweieinhalb Zentimeter breit. Ein tiefblauer Lapislazuli saß in der Mitte des Kreuzes, zwölf kleinere Steine um ihn herum auf den goldenen Armen des Kreuzes. Seine Ränder waren mit kleinen Goldperlen versehen.

„Weißt du, was die Steine bedeuten, Anna?" fragte Sergei, nachdem er es lange Zeit liebevoll-bewundernd angeblickt hatte.

„Das habe ich meinen Vater auch gefragt", antwortete Anna. „Er erzählte mir, daß der größte Stein das Königtum und die Macht Christi verdeutlichen soll. Die zwölf kleineren Steine stehen für die zwölf Jünger des Herrn. Und die Goldperlen am Rand sollen die vielen Höhen und Tiefen des Lebens darstellen."

„Abgesehen von der Tatsache, daß *du* es mir gegeben hast, soll es mich in besonderer Weise an Katyk, an deinen Vater, deine Familie und meine Zeit dort erinnern", sagte er. „Ich werde es immer in Ehren halten."

„Vielen Dank. Damit machst du mich sehr glücklich."

„Aber", fügte er noch hinzu, „indem ich dieses Geschenk annehme, mache ich es nicht zu meinem Eigentum. Ich nehme es als ein Stück von dir, wie du selbst gesagt hast. Gerne leihe ich es mir für eine Weile von dir aus, während ich von dir getrennt bin ... einverstanden?"

Anna lächelte. „Einverstanden", sagte sie.

„Und weil es nur geliehen ist", fuhr Sergei fort, „werde ich zu dir zurückkehren, unverletzt, um es dir persönlich zurückzugeben."

„Das wird das Beste von allem sein", sagte Anna, „diesen Tag freudig zu erwarten!"

„Das ist mein Versprechen an dich, Anna Jewnowna Burenin, daß ich dir dieses goldene Kreuz wieder zurückgeben werde."

„Ich nehme dich beim Wort", sagte Anna. „Das Warten auf diesen Tag wird meinem Herzen Frieden geben in allem, was in der Zwischenzeit passieren wird. Und bis dieser Tag kommen wird, werde ich den leeren Wildlederbeutel meines Vaters behalten als eine Erinnerung daran, daß du mein Herz mit dir genommen hast."

Sergei steckte das wertvolle Kreuz vorsichtig in die Tasche seiner Uniformjacke, in die Nähe seines Herzens. „Wir beide werden diese Erinnerung an unsere Hoffnung auf ein baldiges Wiedersehen mitnehmen", sagte er und ergriff wieder Annas Hand.

Sie lächelte. „Dafür wird unser Gott schon sorgen!"

„Aber ich glaube nicht, daß Gott viel dagegen hat, daß ich, wenn ich mir dieses Kreuz anschaue, mehr an dich als an ihn denke."

„Ich bin sicher, daß er nichts dagegen hat. Vielleicht kannst du an uns beide denken – an meine Liebe und daran, daß er diese Liebe unter *seinen* Schutz gestellt hat."

Sergei lächelte. „Ich werde an dich und an Gott denken, wenn ich dieses kostbare Stück betrachte. Und dann werde ich jedesmal ein Gebet für dich sprechen."

„Du kannst nicht wissen, wie glücklich du mich gemacht hast", sagte Anna leise.

„Du sprichst oft davon, daß Gott für seine Kinder einen bestimmten Plan hat und für sie sorgt", meinte Sergei jetzt wieder ernster. „Glaubst du immer noch daran?"

„Ja, natürlich", erwiderte Anna.

„Bist du also auch der Meinung, daß es für alles, was passiert, einen bestimmten Grund gibt?"

„Ja."

„Auch dafür, daß ich fortgeschickt werde?"

„Ich weiß nicht, aus welchem Grund das geschieht", antwortete Anna, „aber ja, Sergei, ich glaube wirklich, daß Gottes Kinder alles, was in ihrem Leben geschieht, unter diesem Blickwinkel annehmen müssen, wenn sie seinen Frieden kennenlernen wollen."

Sergei schwieg lange und schaute ihr ernst ins Gesicht.

„Dann, Anna", sagte er schließlich, „werde ich dir noch ein Versprechen geben, bevor ich gehe." Er machte eine Pause, atmete tief durch und fuhr fort: „Ich verspreche dir, daß ich von nun an versuchen werde, alles, was in meinem Leben passiert, auch so anzunehmen. Ich muß gestehen, daß ich die

Dinge bisher nicht so gesehen habe. Aber von nun an möchte ich es, und ich werde es versuchen. Du mußt also für mich beten."

„Oh, Sergei, natürlich werde ich das tun!"

„Vielleicht kann Gott mir helfen zu glauben, daß alle diese Ereignisse – daß ich dich verlassen muß, mein Streit mit meinem Vater und was immer die Zukunft noch bringen wird – sich am Ende doch noch zum Guten wenden werden."

„Ich werde beten, daß er dir hilft, das zu glauben."

„Ich danke dir", sagte Sergei ernst.

„Ich danke *dir,* Sergei! Du hast mir ein Geschenk gemacht, das viel wertvoller ist als jedes Goldkreuz."

„Es wird spät", meinte er schließlich. „Sollen wir aufbrechen und vor der Sperrstunde noch ein wenig spazierengehen?" Er erhob sich, und sie verließen die Teestube.

Die Sperrstunde war erst vor kurzem eingeführt worden, doch sie hatten noch gut eine Stunde Zeit, in der sie sich unterhalten konnten. Dann mietete Sergei eine Droschke, die Anna nach Hause bringen sollte. Ein gutes Stück vor den Toren des Anwesens hielten sie an. Sie wollten das Feuer nicht noch schüren, indem sie riskierten, noch einmal miteinander gesehen zu werden.

Als die Droschke stand, lehnte Sergei sich vor und küßte Anna zärtlich auf die Lippen. Keiner sprach ein Wort. Ihre Tränen vergossen sie im Schutz der Dunkelheit.

Dann stieg Sergei aus der Kutsche und half Anna heraus.

In einer letzten Umarmung standen sie auf der Straße. Als sie sich endlich voneinander lösten, sagten ihre Blicke alles, was noch zu sagen war.

Anna wendete sich zum Gehen.

„Ich liebe dich, Anna Jewnowna!" hörte sie Sergeis Stimme hinter sich.

Sie blieb stehen, drehte sich noch einmal um und versuchte zu lächeln trotz der Tränen, die ihr aus den Augen strömten. Vergeblich öffnete sie den Mund, um ihn ihrer Liebe zu versichern. Sie brachte kein Wort heraus. Ihre Kehle war wie zugeschnürt.

Schnell drehte sie sich um und eilte auf die schwarzen Tore des Fedortschenko-Anwesens zu.

Mai 1880

Neues Leben

11

Die Neuvermählten kehrten in der ersten Maiwoche nach St. Petersburg zurück. Am Bahnhof wurden Katrina und Dmitri von vielen Freunden und Familienangehörigen willkommen geheißen. Nach der schönen Zeit an der griechischen Küste und der Kreuzfahrt über das Mittelmeer, wo sie ausruhen und entspannen konnte, wurde Katrina auf einmal wieder mitten ins gesellschaftliche Treiben geworfen. Wie schon vor und während ihrer Hochzeit, fanden auch jetzt wieder Empfänge und Feste ihnen zu Ehren statt. Zwar war Katrina ein Gesellschaftsmensch und liebte Feste, Fröhlichkeit und alles, was damit zusammenhing – besonders, wenn sie und Dmitri im Mittelpunkt standen. Aber allmählich begannen die vielen Feierlichkeiten, die sich schon über Monate hinzogen, auch sie zu ermüden.

Zudem hatte sie Probleme, sich an ihre neue Umgebung zu gewöhnen. Während ihrer Flitterwochen hatte Katrina die Vorstellung, nicht mehr länger im Haus und unter dem Schutz ihres Vaters zu leben, erfolgreich aus ihren Gedanken verdrängt. Jetzt auf einmal war sie nicht nur von zu Hause fort, sondern im zarten Alter ihrer neunzehn Jahre auch schon die Herrin eines eigenen Hauses. Zumindest hatte Dmitri ihr versichert, daß sie es sein werde, wenn seine Mutter nach Moskau zurückgekehrt sei.

Das Haus der Remisows im Süden von St. Petersburg war viel kleiner als das der Fedortschenkos. Sie beschäftigten nur fünfzehn bis zwanzig Bedienstete, ein Anzeichen dafür, daß es um ihr Vermögen nicht gut bestellt war. Als Dmitris Vater noch gelebt hatte, hatten die Remisows ein Haus bewohnt, das dem der Fedortschenkos ebenbürtig war. Auch hatten sie, wie Katrinas Familie, zwei oder drei Anwesen auf dem Lande besessen.

Nach dem Tod des älteren Grafen jedoch schmolz ihr Vermögen immer mehr zusammen. Gräfin Eugenia Pawlowna Remisow war gezwungen, in ein kleineres Haus in St. Petersburg zu ziehen und alle Besitzungen, bis auf das Haus in Moskau, aufzugeben. Kurz darauf zog sich die Gräfin, die selbst in Moskau aufgewachsen war und St. Petersburg und seine Gesellschaft haßte, auf das Anwesen in Moskau zurück. Mit der Hochzeit ihres Sohnes wurde das Haus in St. Petersburg jetzt zum ersten Mal seit vielen Jahren wieder richtig bewohnt. Das war nur möglich, weil Dmitri eine gute Partie gemacht hatte – viel besser, als eine Eheschließung mit diesem Nabatow-Mädchen gewesen wäre. Sie hatten nun wieder die finanziellen Mittel, das Haus unterhalten zu können.

Katrina mochte das Haus, sie war sich nur nicht ganz sicher, ob man es ein *Anwesen* nennen konnte. Es war etwas klein, mit nur ungefähr dreißig Zimmern. Und es befand sich nicht gerade in der besten Lage von St. Petersburg. Auf jeden Fall war es geschmackvoll eingerichtet. Natürlich würde sie eines Tages einige Veränderungen vornehmen, aber das hatte noch Zeit. Der Garten war wunderschön und von einer hohen Mauer umgeben, so daß man, wenn man nicht darüber nachdachte, gar nicht merkte, daß die Umgebung des Hauses nicht optimal war.

Sie konnte hier glücklich sein. Mit Dmitri konnte sie überall glücklich sein. Doch als sie ihren Fuß in dieses Haus setzte, war sie sich darüber im klaren, daß sie hier noch viel glücklicher sein würde, wenn die Gräfin sich wieder nach Moskau zurückgezogen haben würde.

Eugenia Pawlowna war eine eigenartige Frau. Sie liebte die Einsamkeit, nicht, weil sie besonders nachdenklich war, sondern weil sie fast alle anderen Menschen ermüdend, heuchlerisch und in der Regel langweilig fand. Ihrer Meinung nach stand sie so weit über den Menschen, die sie bisher in ihrem Leben getroffen hatte, daß es unter ihrer Würde war, eine Unterhaltung mit ihnen zu führen. Darum blieb sie für sich, und in ihrer eigenen Gesellschaft war sie so zufrieden, wie das ein Mensch ihres Charakters nur sein konnte.

Sie war eine gute Musikerin und verbrachte viele Stunden am Klavier. Doch sie wollte niemanden mit ihrem Talent erfreuen, da ihrer Meinung nach die Menschen das ja doch nicht richtig zu würdigen wußten. Weil sie sich nun aber immer nur um sich selbst drehte und nur zu ihrem eigenen Vergnügen spielte, wurde ihr Klavierspiel mit der Zeit leblos. Selbst die Dienstboten, die nur selten Gelegenheit hatten, Musik von so hoher Qualität zu hören, fanden sie eher deprimierend als vergnüglich.

Eugenia hatte geheiratet, weil man es von ihr erwartet hatte, aber sie fand kein Glück in dieser Verbindung. Natürlich fühlte sich auch ihr Mann in dieser Ehe nicht wohl. Deshalb wendete er sich dem Alkohol zu, tätigte unkluge Investitionen im Ausland und ließ sich auf leichtsinnige Abenteuer in und um St. Petersburg herum ein, um sich das Leben etwas erträglicher zu machen. So schwand der jahrhundertealte Reichtum der Remisows langsam dahin – durch eine Lebensweise, die Dmitri als Sohn und Erbe noch bis vor kurzem geneigt war fortzusetzen.

Die Gräfin hätte ihren Sohn am liebsten zum Abbild ihrer selbst gemacht, denn nur so hätte sie ihn akzeptieren können. Und als seine Mutter fühlte sie die Verpflichtung, ihn wenigstens zu akzeptieren. Dmitri hingegen war nicht der Typ, der wie seine Mutter als Einsiedler, nur von seiner Musik gefangengenommen, leben konnte, obwohl er erstaunliche Fähigkeiten beim Klavierspielen entwickelte. Wenn er schon wählen mußte, dann entschied er sich für den lockeren Lebensstil seines Vaters, und er hätte auch so weitergelebt, wenn er nicht auf einmal über die Schwester seines besten Freundes gestolpert wäre. Irgendwie schien er sich entscheidend, wenn nicht sogar gänzlich verändert zu haben. Die Zeit würde zeigen, wie dauerhaft diese Veränderung war.

Katrina war, wie Dmitri, davon ausgegangen, daß die Gräfin sofort nach der Hochzeit nach Moskau zurückkehren würde. Während der Feierlichkeiten hatte sie sich immer wieder darüber beklagt, wie schrecklich das Klima im Norden sei, und davon gesprochen, wie wunderbar es sein würde, wieder nach Moskau zurückzukehren. Daher waren die Neuvermählten bei ihrer Ankunft sehr überrascht, sie immer noch in St. Petersburg vorzufinden.

Katrina konnte sich des Gedankens nicht erwehren, daß ihre Schwiegermutter vielleicht den natürlichen Wunsch hegte, die Frau ihres Sohnes etwas näher kennenzulernen. Doch die Gräfin unternahm in dieser Hinsicht wenig Anstrengungen. Wenn irgend möglich vermied sie es, mit Katrina zusammenzutreffen. Die Mahlzeiten vergingen in quälendem Schweigen. Auch die wenigen anderen Begegnungen waren nicht sonderlich vergnüglich.

Ein Kopfnicken, ein oder zwei Worte – mehr hatte Katrina von ihr nicht zu erwarten. Niemals lächelte die Gräfin sie an, niemals unterhielt sie sich mit ihr. Fast schien es der Gräfin unangenehm zu sein, ihrer Schwiegertochter zu begegnen. Und selbst wenn Dmitri zugegen war, konnte Eugenia nur selten etwas Positives äußern, was nicht sie selbst oder Moskau betraf.

Dmitri duldete es. Er hatte es sein Leben lang nicht anders gekannt. Katrina achtete darauf, der Gräfin so weit wie möglich aus dem Weg zu gehen. Sie kannte ihr eigenes Temperament und wollte es nicht auf eine Auseinandersetzung ankommen lassen.

Eugenia Remisow blieb auch noch, als der in St. Petersburg unerträgliche Sommer sich näherte. Katrina und Dmitri mußten das Beste daraus machen.

In den ersten Wochen und Monaten ihrer jungen Ehe war die Stimmung im Haus daher nicht so, wie Katrina es sich eigentlich gewünscht hätte.

Eines Nachmittags saß Anna mit Katrina in deren Boudoir, als Katrina sie plötzlich fragte: „Anna, wie empfindest du denn die Situation hier im Haus?"

„Ich muß zugeben, ich vermisse die alte Umgebung", erwiderte Anna ernst, „und einige der Leute, die ich kennengelernt habe. Aber ich bin zufrieden, weil ich bei Ihnen sein kann, Prinzessin, und das ist alles, was zählt."

„Ich danke dir, Anna. Aber vermutlich würdest du, wie ich, viel lieber in unserem alten Zuhause sein, mit Mamas Kopfschmerzen, unter Ninas mißbilligenden Blicken, und mit diesem lästigen kleinen Hund, der einem immer auf den Fersen ist, mit dem Geruch von Papas Tabak und mit seiner tiefen, tröstlichen Stimme."

Sie seufzte. „Alle Schwierigkeiten und Nöte, die ich vorher durchgemacht habe, sind nichts gegen dieses schreckliche, ununterbrochene Klavierspielen und ihre bohrenden Blicke. Neulich ging ich ins Musikzimmer, um einfach zuzuhören – ich weiß nicht, vielleicht wollte ich auch zum hundertsten

Mal versuchen, mich mit der alten Dame zu unterhalten. Sofort hörte sie auf zu spielen und schaute mich von ihrem Platz am Klavier mit einem Blick an, der mir nur zu deutlich machte, daß ich nicht willkommen war. Sie sagte nicht ein einziges Wort!“

„Ich weiß, Prinzessin“, sagte Anna. „Ich habe gesehen, wie sie sich Ihnen gegenüber verhält. Es tut mir so leid.“

„Aber worüber beklage ich mich überhaupt? Ich rede schon fast so wie die Gräfin – Gott bewahre! Ich bin mit Dmitri verheiratet, Herrin eines eigenen Hauses – ich könnte nicht glücklicher sein. Nun ... fast die Herrin. Wie auch immer, ich habe wahrhaftig keinen Grund, so melancholisch zu sein.“

„Es ist doch ganz natürlich, daß Sie Ihr Zuhause vermissen. So glücklich ich auch hier in St. Petersburg bin, manchmal überkommt mich doch das Heimweh nach meinen Eltern und meinem Dorf.“

„Du hast recht“, sagte Katrina. Sie atmete tief durch, so als könnte sie damit alles abschütteln. „Auf jeden Fall bin ich froh, daß du dich gut in unserem neuen Zuhause eingelebt hast. Ich habe mir schon Sorgen gemacht. Seit wir aus Griechenland zurückgekommen sind, warst du irgendwie abwesend und hast dich so zurückgezogen. Ich hatte schon Angst, du wärst unglücklich oder vielleicht sogar krank.“

„Es tut mir leid, Euer Hoheit“, sagte Anna verlegen. „Es geht mir gut, ganz bestimmt ... Mir ist gar nicht aufgefallen –“

„Du machst dir immer noch Sorgen um die Gesundheit deines Vaters, nicht wahr, Anna?“

„Seit dem Frühling geht es ihm zwar besser, aber ja, ich denke schon, daß ich mich um ihn sorge ... wahrscheinlich mehr, als mir bewußt war“, erwiderte Anna. „Es tut mir leid, wenn ich Sie irgendwie vernachlässigt habe.“

„Oh, überhaupt nicht, Anna – denk nicht mehr daran.“

Anna war erleichtert über die Entschuldigung für ihr Verhalten, die ihr die Prinzessin unbewußt in den Mund gelegt hatte. Ja, sie machte sich wirklich Sorgen über den Gesundheitszustand ihres Vaters, aber noch mehr machte es ihr zu schaffen, daß sie der Prinzessin nicht die ganze Wahrheit über Sergei erzählen durfte. Vor langer Zeit einmal hatte Katrina Vermutungen über die Zuneigung ihres Bruders zu Anna angestellt. Aber sie hatte keine Ahnung, wie ernst die Geschichte geworden war. Annas Furcht, Katrina könnte sich gegen diese Verbindung stellen, war größer als ihr Wunsch, ihrer Herrin ihre Liebe zu Sergei anzuvertrauen.

Bei ihrer Rückkehr aus Griechenland waren Katrina und Dmitri entsetzt gewesen zu hören, daß Sergei wegen seines Buchs beim Zaren in Ungnade gefallen war. Dmitri hatte Katrina beruhigt und ihr versichert, daß Sergei noch sein ganzes Leben vor sich habe. Dort draußen an den äußersten Grenzen des Weltreichs hatten die Mitglieder der Armee Seiner Majestät jede Möglichkeit, zu Ruhm und Ansehen zu kommen. Das Abenteuer lockte. Warum sollte man es nicht in vollen Zügen genießen, solange man noch jung und alleinstehend war?

Katrina hatte fast den Eindruck gewonnen, als beneide ihr Mann Sergei ein wenig. Aber er hatte sie ausgelacht und gesagt, mit ihr verheiratet zu sein, sei großartiger als jedes Abenteuer, das ein Mann sich nur wünschen könnte. Das Glitzern in seinen Augen rief ihr jedoch wieder ins Bewußtsein, daß der Mann, den sie geheiratet hatte, noch nicht ganz gezähmt war.

So zogen sich die Tage im Haus der Remisows hin. Allmählich kehrte eine gewisse Routine ein, und Katrina und Anna fühlten sich immer mehr zu Hause.

12

Eines Morgens im Frühsommer wurde in der Hauptstadt die Nachricht verbreitet, die Zarin Marie Alexandrowna sei gestorben. Ihr Tod kam nicht unerwartet, war sie doch schon lange krank gewesen; aber trotzdem waren die Menschen bestürzt.

Das ganze Land trauerte über den Verlust. Die Zarin war zwar keine gebürtige Russin, sondern eine Prinzessin aus Hessen-Darmstadt, doch sie war zur Russin geworden, und alle Russen hatten sie ins Herz geschlossen. Das ganze Land hatte sich empört über die Art und Weise, wie der Zar seine Frau behandelte. Alle Mitglieder des Hofstaates wußten – vielleicht war das beim einfachen Volk nicht so bekannt –, daß Alexander nach dem Bombenattentat seine Geliebte samt deren Kinder in den Winterpalast gebracht hatte. Die sterbende Kaiserin war dazu verdammt gewesen, ihre letzten Tage in Hörweite der unehelichen Kinder ihres Mannes zu verbringen, die in den Fluren des Palastes spielten. Nicht einmal an ihrem Ende blieb ihr die Demütigung erspart, die sie seit Jahren hatte erdulden müssen. In seinem Mangel an Sensibilität rieb der Zar noch Salz in ihre Wunden, die bereits so tief waren.

Schon zwei Monate nach ihrem Tod heiratete Alexander II. Katharina Dolgoruki. Die Gesellschaft von St. Petersburg war schockiert. Sein Sohn, der Zarewitsch, verließ nicht nur die Hauptstadt, sondern sogar das Land und zog mit seiner Familie nach Dänemark. Seit vielen Jahrhunderten war es das erste Mal, daß ein russischer Herrscher eine Russin heiratete und damit die alte Tradition brach, nach der der Thronerbe in eines der europäischen Königshäuser einheiratete. Alexander rechtfertigte sein Tun mit der Bemerkung: „Ich bin kein Thronerbe, ich bin ja schon der Zar! Ich kann tun, was mir gefällt."

Der Hof befürchtete nun, daß Alexander II. noch einen Schritt weitergehen und Katharina zur Zarin machen würde. Als Alexanders Frau war sie es schon fast. Doch um endgültig Zarin zu werden, mußte sie offiziell in der Kirche gekrönt werden. Es wäre sogar im Bereich des Möglichen gewesen, daß der Zar den Zarewitsch Alexander als Thronerben zurückweisen und statt dessen Georg Alexandrowitsch, seinen ältesten unehelichen Sohn, zu seinem Nachfolger bestimmen würde.

Am Hofe und in ganz St. Petersburg rätselte man nun, ob der eheliche oder der uneheliche Sohn der nächste Zar würde. Einige, darunter auch Loris-Melikow, fanden die Vorstellung, daß Georg der nächste Zar werden könnte, gar nicht so schlecht. In den Augen dieser Männer, die dem fortschrittlichen, liberalen Lager angehörten, bedeutete der gegenwärtige Thronerbe, Alexander Alexandrowitsch, der sich mit seinem reaktionären Mentor und Ratgeber im selbstgewählten Exil in Dänemark befand, einen Rückschritt in die Repression für das bereits aufgewühlte Land.

Im Spätsommer riß eine freudige Nachricht den Remisow-Haushalt aus seiner Routine. Katrina hatte Anna gegenüber häufiger davon gesprochen, daß sie sich nicht wohl fühlte. Schließlich wurde es so schlimm, daß sie das Bett hüten mußte. Nach einer Woche bestanden Dmitri und Anna darauf, den Arzt zu rufen.

Seiner Diagnose nach hatte sie weder die Grippe noch eine Blinddarmentzündung.

„Passen Sie gut auf sie auf, Fräulein." Mehr sagte der Arzt beim Hinausgehen nicht zu Anna.

Sofort betrat Anna Katrinas Schlafzimmer. Die Prinzessin, die wochenlang sehr blaß gewesen war, glühte vor Freude.

„Oh, Anna, du wirst es nicht glauben! Dmitri und ich bekommen ein Baby!" rief sie. Tränen strömten ihre Wangen hinunter.

Anna lief, um Dmitri zu holen. Es war ihr nicht klar, ob er die Neuigkeit bereits aus ihrem strahlenden Gesicht gelesen hatte – auf jeden Fall wußte er sofort Bescheid, als er Katrina sah. Anna hatte die Tür kaum hinter sich geschlossen, als sie mehrere Freudenrufe vernahm.

Den Rest des Tages und noch einige Tage danach grinste er unaufhörlich. Er hielt die Dienstboten in seinem Haus, Droschkenkutscher und sogar Fremde auf der Straße an und erzählte ihnen die weltbewegende Neuigkeit, daß seine hübsche junge Frau, mit der er erst drei Monate verheiratet war, ein Kind erwartete und daß er Vater wurde!

„Er wird ein kleiner Graf sein ... ganz wie der Vater ... ein Soldat in der Armee des Zaren! Vielleicht wird er einmal General!"

Seine Freunde kamen, um ihm zu gratulieren. Zigarren wurden geraucht, Witze gemacht und viel gelacht und getrunken.

Etwa eine Woche später nahmen Katrina und er nach dem Abendessen den Kaffee im Wohnzimmer ein. Mitten in einer Unterhaltung, die nicht das Geringste mit Kindern oder Kindererziehung zu tun hatte, wurde der Graf auf einmal totenblaß. Schnell setzte er seine Tasse ab, aus Angst, den Kaffee zu verschütten. Katrina sah seine Blässe und dachte, ihm sei übel geworden. Schnell sprang sie auf und lief zu ihm hin.

„Was ist los?" fragte sie.

„Du meine Güte, Katrina!“ rief er leise und etwas ängstlich. „Ich werde Vater!“

Katrina entspannte sich wieder.

„Und *das* hat dich so aufgeregt?“ fragte sie. „Ich dachte, du freust dich.“

„Ja ... natürlich“, stammelte er. „Aber ... aber wirklich Vater werden!“

„Das wird man nun mal, wenn man ein Baby bekommt, Dmitri“, erwiderte sie lächelnd und setzte sich wieder auf das Sofa. „Du wirst Vater, und ich werde Mutter.“

„Aber ... siehst du denn nicht ... hast du denn einmal darüber nachgedacht, was das bedeutet?“ fragte er mit zitternder Stimme.

„Es macht einem ein wenig Angst, das muß ich zugeben.“

„Ein wenig! Was wissen wir denn schon über Kinder, Katrina?“

„Wir werden es schon schaffen.“

„Wie denn nur? Du bist doch erst neunzehn – was weißt du schon vom Muttersein? Und ich bin erst dreiundzwanzig!“

„Ich werde eine wundervolle Mutter und du ein hervorragender Vater sein.“

„Wie kannst du dir da so sicher sein? Woher willst du das wissen?“ Er sprang auf und begann erregt herumzulaufen.

„Dmitri, das ist alles ganz normal. Wir werden es lernen. Bitte setz dich wieder hin, und beruhige dich.“

Sie klopfte neben sich auf das Sofa.

„Ich habe bereits mit meiner Mutter darüber gesprochen“, fuhr Katrina fort. „Zugegeben, sie war mir keine besonders große Hilfe. Ich kann mir kaum vorstellen, daß sie *zwei* Kinder großgezogen hat. Aber das ist genau der Punkt, Dmitri. Wenn meine Mutter das konnte, dann kann es jeder!“

„Das ist kein besonders tröstlicher Gedanke! Deine Mutter strahlt nicht gerade Ruhe und Kraft aus.“

„Aber sieh doch, was aus Sergei und mir geworden ist. Du scheinst uns beide doch ohne allzu große Vorbehalte zu mögen.“ Katrina schaute ihn kokett an und schenkte ihm ein bezauberndes Lächeln. Doch auch das konnte ihren Mann nicht von seiner Furcht befreien.

„Wir werden Hilfe haben, Dmitri, genau wie meine Mutter“, fuhr Katrina fort. „Eine Kinderschwester, Gouvernanten – und Anna! Sie hat so viel Verstand. Anna wird unsere Nina, Mrs. Remington und unser Fingal Aonghas zusammen sein. Sie kommt aus einer Familie, in der noch vier andere Kinder waren. Sie hat geholfen, die jüngeren großzuziehen. Besser könnte es doch gar nicht sein, meinst du nicht, Dmitri? Wenn sonst auch alles schiefgehen sollte, wir haben immer noch Anna!“

„Du setzt großes Vertrauen in sie.“

„Und warum auch nicht? Sie hat mein Vertrauen verdient. Außerdem, was soll schon schiefgehen?“

„Aber ich habe noch nie zuvor ein Baby angefaßt.“

„Dmitri“, sagte Katrina jetzt sehr ernst, „warum sprichst du nicht einfach einmal mit meinem Vater, wenn dir das helfen kann?“

„Warum mit deinem Vater?“

„Nun, dein Vater ist fort. Und du kannst keinen besseren Vater als meinen finden.“

„Nicht nach Meinung deines Bruders.“

„Oh! Sergei ist ein wundervoller Bruder, und ich liebe ihn. Aber ich glaube nicht, daß er Papa wirklich kennt.“

„Das könnte er auch von dir sagen. Er ist der Meinung, daß er die richtige Seite deines Vaters kennt.“

„Vielleicht ... aber ich denke trotzdem, daß du mit Papa sprechen solltest.“.

Dmitri schüttelte den Kopf. „Ich weiß nicht ...“

Eine lange Stille folgte.

Schließlich erhob sich Dmitri und ging zur Tür.

„Wo gehst du hin?“ fragte Katrina. „Es ist jetzt zu spät, um mit meinem Vater zu sprechen.“

„Ich will nicht zu ihm ... ich muß einfach ... ich bin bald wieder zurück.“ Dabei konnte er Katrina nicht in die Augen schauen.

„Dmitri ... es ist schon so spät.“

Er antwortete nicht, drehte sich um und verschwand hinter der Tür.

13

Als Dmitri sehr viel später in der Nacht nach Hause kam, war Katrina schon lange zu Bett gegangen, hatte aber noch nicht schlafen können und döste vor sich hin.

Sie war sofort wach, als sich die Tür zu ihrem Zimmer öffnete. Langsam kam Dmitri herein, offensichtlich war er sehr wackelig auf den Beinen. Er taumelte vorwärts, stolperte, als er auf das Bett zukam, und konnte sich gerade noch an einem Bettpfosten festhalten, sonst wäre er zu Boden gefallen.

Katrina hatte eine Lampe brennen lassen. In ihrem Schein erkannte sie, als sie sich umdrehte, um ihn zu begrüßen, ein schiefes, albernes Grinsen in seinem Gesicht.

„Weißt du eigentlich, wie spät es ist?" fragte sie. Sie machte nicht einmal den Versuch, ihren Ärger zu verstecken.

„Spät …?" nuschelte Dmitri. „Wer weiß das schon … es ist Herbst, und draußen wird es so schnell dunkel, weißt du." Wieder grinste er.

„Ich habe mir Sorgen um dich gemacht."

„Es gibt nichts, worüber du dir Sorgen machen müßtest, mein Liebling."

„Wenn ich gewußt hätte, daß du dich betrinken wolltest, hätte ich ja auch schlafen können. Ich habe gedacht, dir sei etwas zugestoßen."

„Habe ich dich wach gehalten, liebes kleines Weib? Ach, es tut mir so leid, daß ich ein solcher –" Vor lauter Kichern konnte er den Satz nicht zu Ende sprechen.

„Du bist betrunken!"

„Bin ich das?"

„Ja, und du hast mich wirklich wach gehalten", sagte Katrina wütend. „Aber es ist schon gut!" Sie zog sich die Decke unters Kinn und drehte sich um.

Er sprach jetzt so deutlich, wie das in seinem Zustand nur möglich war. „Darf ich vielleicht nicht ausgehen, wenn ich Lust dazu habe? Bin ich etwa ein Gefangener in meinem eigenen Hause?"

Katrina antwortete nicht.

„Das hat sich wirklich gut entwickelt, das muß ich schon sagen! Wir können morgen früh darüber sprechen, wenn du wieder nüchtern bist", sagte sie schließlich, ohne sich umzudrehen.

„Nein! Ich möchte aber jetzt darüber sprechen! Bin ich nun der Herr in meinem Haus oder nicht?"

„Oh, Dmitri!"

„Antworte mir jetzt, *Frau*!" sagte er kurz angebunden, ergriff ihren Arm und zwang sie, ihn anzusehen.

„Dmitri ... mein Arm!" weinte sie. Nicht sein Griff war die Ursache dafür, daß sie die Fassung verlor, sondern seine unerwartet wütende Geste. Immer hatte er sich ihr gegenüber zärtlich und rücksichtsvoll verhalten. Ihre weit aufgerissenen Augen sagten nur zu deutlich, wie sehr er sie erschreckt hatte. Selbst in seinem betrunkenen Zustand wußte Dmitri, was dieser Blick zu bedeuten hatte.

Dieser Ausdruck in den Augen, die er so sehr liebte, rüttelte ihn wach. Er keuchte und ließ sofort ihren Arm los – voller Abscheu vor sich selbst und über das, was er getan hatte. Er drehte sich um und ging weg.

Schnell schlüpfte Katrina aus dem Bett und eilte auf ihn zu.

„Dmitri, was ist mit dir passiert ... mit uns?" fragte Katrina fast verzweifelt.

Eine ganze Zeit lang sagte er gar nichts. Er atmete tief und versuchte, wieder zu sich zu kommen.

„Ich ... ich fühlte mich plötzlich ... so hilflos", sagte er. „Es tut mir leid, Katrina ... auf einmal fühlte ich mich so eingeengt." Seine Stimme klang leise und zögernd; keine Spur von Betrunkensein lag mehr darin.

„Es tut mir so leid, Dmitri", sagte Katrina. „Ich war verletzt, daß du mich plötzlich alleingelassen hast und ausgegangen bist. Aber ich wollte nicht böse auf dich sein. Ich wußte einfach nicht ... ich fühlte mich so allein und hatte Angst."

Tränen strömten aus ihren Augen und erstickten ihre Stimme.

„Liebe ... Katrina ... " Er zog sie an sich und legte seine Arme um ihren zitternden Körper. „Es tut mir leid, daß ich einfach gegangen bin ... Ich werde es nie wieder tun."

*

Dmitri hielt sich nicht an seinen Entschluß. Im Laufe des Herbstes wurde er immer häufiger in der Gesellschaft seiner alten Freunde vom Militär gesehen. Das gefiel Katrina ganz und gar nicht, doch um des lieben Friedens willen schwieg sie.

Ihre Geduld wurde eines Tages durch die unerwartete Ankündigung der Gräfin Eugenia belohnt, sie werde wieder nach Moskau zurückkehren. Niemand wußte genau, warum sie so lange geblieben war, wo sie doch die meiste Zeit über das Wetter in St. Petersburg und die drückende Atmosphäre der Hauptstadt geschimpft hatte.

Da mit ihrer Abreise nun der Vorhang düsteren Schweigens von dem Haus genommen worden war, faßte Katrina neuen Mut für die Zukunft. Endlich konnten sie anfangen zu leben. Ein oder zwei Wochen lang blieb Dmitri auch tatsächlich zu Hause, und es gelang ihm, Katrina davon zu überzeugen, daß seine Ruhelosigkeit von der Gegenwart seiner Mutter hergerührt hatte. Auch trug das neue Leben in ihr dazu bei, daß Katrina wieder Hoffnung schöpfte.

Doch es dauerte nicht lange, bis Dmitri seinen früheren Lebenswandel wieder aufnahm – er trank, spielte Karten und saß bis spät in die Nacht mit seinen Freunden vom Militär zusammen. Katrina schwankte zwischen Hoffnung und Verzweiflung. Einen Tag glaubte sie, nicht glücklicher sein zu können, und am nächsten schon wußte sie nicht, wie sie weiterleben sollte. Dr. Anickin beruhigte sie: Solche Gefühlsschwankungen seien für junge Frauen in ihrem Zustand ganz normal. Katrina jedoch fiel es schwer, damit zu leben.

Wenn sie sehr deprimiert war, wünschte sie sich in jene Zeit zurück, als sie ein normales, fröhliches junges Mädchen gewesen war, das sich in den besten Freund ihres Bruders verliebt hatte.

Aber das schien Jahre zurückzuliegen!

14

Der Blick aus dem schmutzigen Fenster der Taverne diente nicht unbedingt dazu, den Glauben an die Menschheit zu stärken. Zwei Jungen mit dreckigen Gesichtern, in Lumpen gekleidet, zankten sich um ein Stück altes Brot, das sie in einer Mülltonne gefunden hatten.

Aber Paul Burenin hatte schon seit langem aufgehört, an irgend etwas zu glauben, egal ob menschlicher oder geistlicher Natur.

Tatsächlich berührte ihn die häßliche Szene draußen im Hof gegenüber der Taverne kaum mehr. Solche Zwischenfälle waren ganz normal in dem Teil der Stadt, wo er wohnte, einer Stadt, wo die Kluft zwischen arm und reich unendlich groß war. Die dicken, zufriedenen Prinzen und Prinzessinnen, die Grafen und Gräfinnen, deren Tische mit den feinsten Speisen überladen waren, kannten das nagende Gefühl des Hungers nicht.

Doch das, was er sah, ließ Paul noch nicht völlig kalt. Es rührte etwas in ihm an, das über Wut und Erschrecken hinausging – etwas, das er vor einem Jahr aus den kalten, harten Worten eines Anwalts mit Namen Anickin gehört hatte.

„Sieh genau hin! Und laß es sich tief in deine Seele brennen."

Weder Zynismus noch moralische Gleichgültigkeit konnte das Feuer der Wut löschen, das jetzt in ihm brannte. Seelenruhig konnte er die hungernden Jungen beobachten, aber nur, weil er sich ins Gedächtnis rief, daß all dies bald ein Ende haben würde. Es würde Gerechtigkeit herrschen. Vielleicht konnte das die Mägen dieser beiden nicht mit Nahrung füllen – zumindest nicht sofort. Aber auf lange Sicht würde Gerechtigkeit einkehren.

Paul führte sein Glas Kwaß an die Lippen und nahm einen tiefen Zug, jedoch ohne großen Genuß. Mit seinen neunzehn Jahren war er an dieses faulig schmeckende Getränk gewöhnt und tat so, als ob es ihm schmeckte. Aber er war immer noch jung genug, um sich zu fragen, warum die Menschen in ganz Rußland ein solches Gebräu tranken.

Wann war er eigentlich das letzte Mal glücklich oder zufrieden gewesen? Selbst der Haß gab ihm keine echte Befriedigung, ebensowenig wie dieses starke Getränk, auf jeden Fall nicht die Art von Befriedigung, die es einigen seiner Kameraden zu geben schien. Aber so etwas wie Glück erwartete er gar nicht mehr vom Leben. Er hatte seine Wahl getroffen und schon vor langer Zeit alle seine Ansprüche aufgegeben. Das gehörte zu dem Opfer, das er für die Sache bringen mußte. Ein Opfer, nicht seines Lebens – obwohl auch das eines Tages von ihm verlangt werden könnte –, sondern, wie Kazan ihm einmal gesagt hatte, seiner „Menschlichkeit". Noch vor zwei Jahren hatten ihn solche Gefühle schockiert. Jetzt waren sie sein Glaubensbekenntnis.

Die Tür der Taverne öffnete sich. Zwei Männer, die Paul beide kannte, kamen herein und schlenderten auf ihn zu. Sie hätten keinen besseren Ort für ein Treffen auswählen können. Um diese Zeit war viel Betrieb in der Taverne. Die Arbeiter der Baumwollmühle hatten gerade Feierabend. Nur einige konnten die paar Kopeken für ein Glas Kwaß oder Wodka erübrigen, das sie reichlich genossen. Aber noch weniger konnten sie in nüchternem Zustand die hungrigen, ausgezehrten Gesichter ihrer Familie ertragen. Es wäre alles gar nicht so schlimm gewesem, wenn ihr Vierzehn-Stunden-Arbeitstag ihnen etwas eingebracht hätte. Aber wenn die Fabrikbesitzer und die Regierungsbeamten erst einmal die verschiedenen Steuern und Abgaben von dem mageren Lohn abgezogen hatten, blieb kaum noch etwas übrig. Der Wodka und die daraus resultierende Gleichgültigkeit war für einige dieser Männer genauso lebenswichtig wie ein Laib Brot.

Daher drängten sich die Arbeiter in dieser schmutzigen Taverne, die zufällig auf ihrem Nachhauseweg lag. Ein solcher Ort war ein guter Treffpunkt für Männer, die aus einem ganz anderen Grund zusammenkamen.

Paul schaute flüchtig auf, als die beiden Neuankömmlinge sich ihm gegenüber an den Tisch setzten. Er dachte an die Zeit zurück, in der ein solches Treffen ihm noch heftiges Herzklopfen und Magenschmerzen verursacht hatte. Aber mittlerweile hatte er eine gewisse Routine darin bekommen. Es gehörte zu seiner Arbeit. Dies waren die Leute, die sein Leben bestimmten. Sie waren seine Kameraden.

Die beiden Männer hatten sich auf ihrem Weg zum Tisch je

ein Glas Kwaß geholt. Sie stellten das Gebräu vor sich auf den Tisch. Der jüngere war groß, mit einem feingeschnittenen, intelligenten Gesicht. Bis vor einigen Monaten hatte er Medizin studiert, war dann jedoch von der Universität verwiesen worden, weil er an einem Treffen radikaler Gruppen teilgenommen hatte. Der andere Mann war stämmiger und gröber, obwohl auch er einst studiert hatte. Ihn hatte man von der Ingenieurschule gewiesen. Jetzt arbeitete er in der Baumwollmühle als Reinigungsmann, doch seine Hauptaufgabe sah er immer noch in der radikalen Bewegung.

Paul kannte den Fabrikarbeiter. Er hieß Stepniak und hatte mit ihm in der Mühle gearbeitet. Der ehemalige Medizinstudent war erst vor kurzem zu den Rebellen gestoßen. Paul hatte ihn zwar schon gesehen, aber noch nie mit ihm gesprochen. Stepniak stellte ihn vor.

„Das ist Iwan Remiga", sagte er zu Paul.

Paul nickte. „Ich heiße Pawlikow", sagte er. Schon vor einiger Zeit hatte er sich diesen Decknamen zugelegt, und da viele aus der Organisation seinen richtigen Namen kannten, hatte er einen ausgewählt, der diesem sehr ähnlich war.

„Ich freue mich, dich kennenzulernen", sagte Remiga eifrig. Paul fühlte sich fast schon wie ein alter Hase in der Bewegung.

„Warum seid ihr beide gekommen, um die Nachricht zu überbringen?" fragte Paul.

„Es gibt da noch etwas anderes, das dich interessieren könnte", sagte Stepniak. „Doch zuerst unser Hauptanliegen."

Er zog unauffällig ein gefaltetes Blatt Papier aus seiner Tasche und reichte es unter dem Tisch zu Paul hinüber. „Wir brauchen davon mehrere hundert Kopien."

„Das dürfte kein Problem sein", antwortete Paul und steckte das Papier in seine Manteltasche.

„Wir brauchen sie so schnell wie möglich."

„Warum?"

„Melikow bringt die Regierung immer mehr dahin, eine Verfassung zu akzeptieren –"

„Was eine Katastrophe wäre", warf Remiga ein. „Eine konstitutionelle Monarchie würde die Massen beruhigen und unsere Anstrengungen zunichte machen."

Paul schaute die beiden fast mitleidig an. Waren sie wirklich der Meinung, sie müßten *ihm* das alles erzählen?

„Melikow wußte genau, was er tat, als er die Regierung dahingehend beeinflußte, weniger die Radikalen zu verfolgen und sich mehr auf die Beruhigung der Massen zu konzentrieren", fügte Remiga hinzu.

„Eine konstitutionelle Monarchie würde in Rußland niemals funktionieren", meinte Paul desinteressiert. Er hoffte, damit die Diskussion beenden und wieder zum eigentlichen Grund ihres Treffens kommen zu können.

„Sie brauchte gar nicht zu funktionieren, solange sie nur gut auf dem Papier aussähe", sagte Stepniak. „Sie bekommen allmählich Angst. Sie würden alles tun, um die Öffentlichkeit wieder auf ihre Seite zu bringen."

„Ja, natürlich", sagte Paul. „Aber wir drei brauchen uns davon nicht gegenseitig zu überzeugen. Wir haben uns schon so oft darüber unterhalten, und wir alle wissen, wo wir und der andere stehen. Also, was ist los?"

„Die Dringlichkeit der Situation erfordert es, daß diese Flugblätter sofort verteilt werden. Das Volk muß die Wahrheit erfahren. Der Zar hat gar nicht vor, seine Versprechen zu halten."

„Sprich bitte etwas leiser", ermahnte Paul ihn ruhig. „Auch eine Taverne mit einem hohen Geräuschpegel ist nicht der richtige Ort für eine solche Diskussion."

Remiga, der unerfahrenste der drei, schaute sich im Schankraum um. Sein Blick verriet eine plötzliche Unruhe.

„Gut", meinte Stepniak flüsternd. „Wirst du dich um die Flugblätter kümmern?"

„Ich werde mit Zheljabow sprechen", erwiderte Paul. „Das sollte kein Problem sein."

„Aber ich wollte noch über etwas anderes mit dir reden", sagte Stepniak. „Wir müssen es hier tun."

„Dann zügle bitte etwas deinen Enthusiasmus", ermahnte ihn Paul wieder.

„Du kennst doch Basil Anickin, oder?"

Paul nickte skeptisch. „Aber nur oberflächlich."

„Er war ein wichtiges Mitglied unserer Organisation", sagte Stepniak. „Es ist eine Schande, daß bisher noch nichts für ihn getan worden ist."

„Was hätte man schon tun können? Er ist irgendwohin gebracht worden, der Himmel allein weiß, wohin."

„Mach dich doch nicht lächerlich, Pawlikow. Zheljabow haßt ihn und hat es strikt abgelehnt, sich für ihn einzusetzen."

„Das sind harte Worte gegen unseren Führer."

„Aber es stimmt. Das weißt du selbst."

„Es gab andere Prioritäten."

„Pah! Was sind wir schon, wenn wir uns nicht um die kümmern, die zu uns gehören?"

Stepniak machte eine Pause, rieb sich nachdenklich den Bart und nahm einen Schluck aus seinem Glas. Endlich sprach er wieder, sorgfältig jedes Wort abwägend.

„Ich hatte den Eindruck, Pawlikow, daß du Anickin sehr nahegestanden hast."

„Überhaupt nicht", erwiderte Paul.

„Hat er nicht deinen Freund Kazan verteidigt?"

„Ja, und Kazan ist gehängt worden."

„Und dafür machst du ihn verantwortlich?"

„Nein, aber es hat uns auch nicht gerade zu engen Freunden gemacht. Um ehrlich zu sein, ich hatte vor ihm immer ein wenig Angst."

„Hatten wir das nicht alle – ein wenig?"

„Du hast wahrscheinlich recht. Auf jeden Fall weiß ich, daß Andrei nicht vor Anickin selbst Angst hatte, sondern nur vor dem Schaden, den er anrichten könnte."

„Die Sache braucht mehr Männer wie ihn!"

Paul wußte nicht, was er darauf antworten sollte. Bisher hatte er Stepniak immer respektiert. Was war nur der Grund für die beginnende Kluft zwischen Zheljabow und Stepniak? Zheljabow war Stepniak in jeder Beziehung weit überlegen, und seiner Meinung nach konnte der Bewegung nichts Besseres passieren, als daß Basil Anickin hinter Schloß und Riegel saß. Paul dachte über Stepniaks Worte nach und sagte nichts.

„Du bist also nicht daran interessiert", fuhr Stepniak fort, „einen Plan für seine Flucht auszuarbeiten?"

„Flucht?"

„Wir haben vor kurzem Verbindung zu einem Mann aufgenommen, der an dem Ort arbeitet, wo Anickin gefangengehalten wird – ein Wärter, der mit unserer Sache sympathisiert. Er hat uns davon in Kenntnis gesetzt, daß Anickin bald in die

Festung zurückverlegt wird. Diese Überstellung wäre genau der richtige Zeitpunkt, eine Flucht zu arrangieren."

„Ich weiß nicht ... ", sagte Paul zögernd. Das Letzte, was er wollte, war eine Flucht Anickins, aber es schien ihm nicht angebracht, jetzt stärker dagegen anzugehen. In diesem „Spiel" mußte man sich ständig unter Kontrolle haben und aufpassen, daß man starke Verbündete hatte. Wenn Stepniak genügend Unterstützung bekam, konnte er eines Tages die Führung der Organisation *Wille des Volkes* übernehmen. Was würde dann aus Paul werden? Er wollte im Augenblick nichts sagen, das Stepniak falsch verstehen und von daher Paul des Verrats verdächtigen könnte. „Man sprach von einem erneuten Attentat auf Melikow", sagte Paul ausweichend. „Ich würde nicht wollen –"

„Alles nur Gerede! Zheljabow hat kalte Füße bekommen, seit das Bombenattentat auf den Zaren mißlungen ist und Melikow die Macht übernommen hat. Einige von uns sind der Meinung, daß wir nicht länger darauf warten sollten, daß er die Initiative ergreift. Glaub mir, alles wird sich ändern, wenn wir Anickin freibekommen. Er hat vor nichts Angst."

Paul zuckte mit den Schultern. „Auf jeden Fall würde es viel Zeit erfordern, einen Fluchtplan zu entwerfen."

„Du klingst schon wie Zheljabow. Bist du etwa auch schon so verweichlicht wie er? Das hätte ich von *dir* nicht gedacht. Darum hatte ich dich auch um dieses Treffen gebeten."

„Wir haben wichtigere Aufgaben zu erfüllen. Die Organisation hat doch schon einen Zeitplan für das nächste –"

„Dann willst du also nicht mitmachen?" unterbrach ihn Stepniak.

„Ich möchte erst mit Andrei sprechen, um zu sehen, was er dazu sagt."

„Du läßt Zheljabow aus allem heraus! Ich frage *dich,* was du davon hältst. Deine Zukunft in der Bewegung könnte auf dem Spiel stehen, Pawlikow."

Es dauerte eine Weile, bevor Paul antwortete. „Ich werde über alles nachdenken. Laß mir ein paar Tage Zeit."

„Wie du willst. Aber wir können nicht auf deine Entscheidung warten."

„Wir alle müssen die Entscheidung treffen, die wir für die beste halten – die beste für die Sache", sagte Paul.

Der Fabrikarbeiter zuckte mit den Schultern. „Natürlich, ich verstehe“, sagte er kalt. „Es hat den Anschein, als hätte ich unklugerweise deine Zeit für eine Sache in Anspruch genommen, die dich offensichtlich sehr wenig interessiert.“ Er lehnte sich über den Tisch. „Wirst du diese Unterhaltung für dich behalten, Pawlikow?“ Es klang eher wie ein Befehl.

Paul nickte. „Ich kann nur sagen, daß ich euch Erfolg wünsche. Wenn ich helfen kann, werde ich es tun.“ Er hoffte, dadurch zu verhindern, daß Stepniak und er sich entfremdeten.

„Ich glaube dir. Ich habe immer gewußt, daß du ein kluger junger Mann bist.“

Stepniak erhob sich und trank sein Glas leer. „Ich hoffe, daß du auf der richtigen Seite stehst, wenn der Staub sich gelegt hat. Wenn Anickin wieder bei uns ist, wird sich alles ändern. Komm, Remiga“, sagte er zu seinem jungen Schützling.

Der ehemalige Medizinstudent erhob sich und verließ mit seinem Kameraden die Taverne. Mit einem unguten Gefühl beobachtete Paul, wie die beiden hinausgingen.

Basil Anickin war ein Name, den er lieber vergessen wollte. Und noch vor kurzem hatte er gehofft, diesen Mann nie wiedersehen zu müssen. Doch wenn es nach Stepniak ginge, würde das Gegenteil eintreten.

Es bestand natürlich die Möglichkeit, daß die Flucht mißlang. Anickin wurde unter höchsten Sicherheitsvorkehrungen gefangengehalten, und selbst der Ort, wo er sich aufhielt, war all die Monate über geheimgehalten worden. Ganz sicher bestand nur eine geringe Chance, ihn zu befreien.

Doch Paul mußte unwillkürlich darüber nachdenken, was passieren würde, wenn er tatsächlich freikäme. Für die Organisation *Wille des Volkes* würde es bedeuten, daß sie einen Irren in Zaum halten mußte. Aber gerade diese Besessenheit würde ihn bei der passenden Gelegenheit zu einer wertvollen Waffe machen – falls man nichts dagegen hatte, auf einem Pulverfaß zu sitzen!

Doch Pauls Besorgnis hatte in erster Linie weniger mit der Sache zu tun. Anickin hatte geschworen, die Fedortschenkos zu vernichten, und Paul erinnerte sich immer noch an den wilden Ausdruck in den Augen des Anwalts, als er diesen Schwur getan hatte. Das war keine leere Drohung gewesen. Paul zweifelte keinen Augenblick daran, daß in dem Augenblick, wo Anickin freikam, Anna in Gefahr sein würde. Das machte ihm nun genauso viele Sorgen wie damals vor einigen Monaten, als er erfolglos versucht hatte, seine Schwester zu warnen.

Paul befand sich in einem Dilemma. Wenn er Zheljabow oder irgend jemanden sonst warnte und Stepniaks Plan scheiterte, würde er sofort als Verräter entlarvt sein. Dann würde er selbst das Ziel der Rache dieses Mannes sein, falls er jemals freikommen sollte!

Er mußte versuchen, eine Lösung für dieses Problem zu finden, ohne den Plan zu verraten. Am besten war es, sich über Stepniaks Plan auf dem laufenden zu halten. Vielleicht konnte er ihm das alles doch noch ausreden.

Aber er mußte vorsichtig sein. Was immer er tat, er mußte dafür sorgen, daß Anickin da blieb, wo er war – hinter Gittern, wo er hingehörte!

15

Es hatte den Anschein, als wären alle üblen Gerüche der Welt in der Nogrow-Irrenanstalt gesammelt und potenziert. Der Gestank betäubte die Sinne und bewirkte, daß sich einem der Magen umdrehte. Doch wenn diese anfängliche Übelkeit überwunden war, nahm man etwas noch viel Schlimmeres wahr: die Geräusche des Wahnsinns.

Schreie, Stöhnen, monotoner Gesang, irres Gelächter und gemurmelte Unterhaltungen mischten sich zu einem unglaublichen Durcheinander – viele Stimmen, unwissend, isoliert voneinander in ihrer eigenen Welt, sprachen von geheimen Ängsten und verborgener Ekstase, Dinge, die niemand im entferntesten verstehen konnte – und wollte. Die Geräusche summten unaufhörlich, und niemand verlangte eine Erklärung dafür, weil niemand zuhörte. Eine Handvoll Lebewesen, die man kaum als Menschen erkennen konnte, waren zusammengepfercht in diesem dunklen, schmutzigen, fensterlosen Raum ... aber niemand war da, der ihre Stimmen hörte.

Gelegentlich hörte einer der Bewohner dieses Raumes auf zu brabbeln und schaute die anderen Kreaturen an, als würde er sie zum ersten Mal sehen. Zwar war er in solchen Momenten nicht vollkommen klar, doch der Ausdruck in seinen Augen zeigte, daß er seine Umgebung wahrnahm. Das Gelächter und der unsinnige Singsang steigerten sich dann zu Schreien und lautem Stöhnen. Denn die Wirklichkeit war zu schrecklich, als daß man sich ihr stellen konnte, und die Flucht in den Wahnsinn war so willkommen wie ein friedlicher Schlaf.

Basil Anickin hatte diese Unterwelt der Wirklichkeit erlebt. Er war sich der Gegenwart seiner Leidensgenossen bewußt. Sein ganzes Wesen war so von Haß und Rachsucht zerfressen, daß die Gefängnisärzte ihn als geistig verwirrt eingestuft hatten. Aber selbst nachdem er in diese Anstalt gebracht worden und mit Medikamenten und anderen „geeigneten Heilmethoden" behandelt worden war, sah er immer noch das Blut seiner Feinde fließen. Weder in der Wirklichkeit noch im Wahnsinn existierte für ihn etwas anderes als Haß, Blut und Gewalt.

Sie gaben ihm Drogen und andere Medikamente, bis seine Augen hervorquollen und sein Körper vor Verzweiflung zusammensackte. Er stieß keine Flüche mehr aus. Seine geballten Fäuste entkrampften sich. Seine Augen verloren ihre tödliche Intensität. Er schien gezähmt worden zu sein. Das war das Ziel der Therapie, und wie es schien, hatte sie zum Erfolg geführt.

Langsam reduzierten die Ärzte die Medikamente und stellten die Medikation schließlich ganz ein. Nach und nach erinnerte sich Basil wieder, warum er hier war. Allmählich wurde ihm klar, daß er anders war als die anderen, daß sie verrückt waren, er aber nur aus dem Gleichgewicht gebracht worden war. Nachdem er sich erst einmal wieder in dieser anderen Welt befand – ob nun der wirklichen oder unwirklichen, vermochte er nicht zu sagen –, wurde er von irgend etwas angetrieben. Er fühlte wieder Leidenschaft und Leben. Er erinnerte sich, daß er ein Lebensziel hatte.

Wie war er nur in diesen Abgrund menschlichen Schmutzes geraten ...?

Als die Wirkung der Drogen nachließ, kam ein neues Gefühl tief aus seinem Innern an die Oberfläche. Neu, und doch nicht neu. Er begann etwas zu entdecken, das alt war und ihm sehr bekannt vorkam ... und langsam wuchs der Haß in ihm wieder.

Irgendwo da draußen, wo die Luft nicht von diesem Gestank verpestet war und diese schrecklichen Schreie nicht zu hören waren, gab es jemanden, dem er Gerechtigkeit schuldete – seine Gerechtigkeit! Irgend jemand hatte ihm Unrecht getan, jemand hatte ihn zum Narren gehalten.

Irgend jemand ... Aber wer konnte das sein ...?

Basil suchte nach Antworten auf seine Fragen. Doch sein Geist war noch zu betäubt, zu langsam. Mit äußerster Willenskraft versuchte er, deutlich zu sprechen und sich normal zu verhalten, damit sie ihm keine Medikamente mehr gaben oder – Gott stehe ihm bei – ihn wieder in dieses winzige Verließ bringen würden. Es gab etwas, an das er sich erinnern mußte! Aber er konnte nicht richtig nachdenken, wenn sie seinen Geist lahmlegten.

Die anderen Bewohner von Basils Zelle waren zu weit entfernt in ihrer eigenen Welt, um von dem Anwalt Notiz zu nehmen. Sie lebten und atmeten in verschiedenen Lebensbereichen, keiner hatte auch nur den geringsten Berührungspunkt mit der Welt des anderen. Ein alter Mann jedoch, der sich schon seit langer Zeit in dieser Anstalt befand, ließ Basil gelegentlich an seiner selbstgesponnenen Wirklichkeit teilnehmen. Er hielt sich für ein Mitglied der kaiserlichen Familie, für einen Großfürsten, der seine Zeit damit verbrachte, darüber zu trauern, daß er, der rechtmäßige Thronerbe, in dieses entsetzliche Exil geschickt worden war. Wie nun ausgerechnet Basil in seinen eingebildeten Hofstaat paßte, war unklar. Vielleicht auf Grund der Tatsache, daß er hin und wieder äußerte, der Sohn des Doktors habe Ähnlichkeit mit einem polnischen Prinzen, den er einmal gekannt hatte.

Eines Tages gesellte sich der „Großfürst" zu Basil. „Ich hatte einen Besuch von meiner Schwester ... der Großfürstin Alexandra."

Gelangweilt schielte Basil zu dem alten Mann hinüber. „Was geht mich das an?" fragte er.

„Ich denke, sie mag dich."

„Mich?"

„Du bist vielleicht zu bescheiden, es zuzugeben, aber du bist ein recht hübscher Bursche – auf jeden Fall für einen Polen."

„Laß mich in Ruhe!"

„Es könnte dir Schlimmeres passieren, als die Hand einer Großfürstin zu gewinnen."

Basil wendete sich ab. Er brauchte diesem Verrückten nicht zuzuhören. Doch noch bevor er den Rückzug antreten konnte, sprach der alte Mann weiter.

„Sie hat mir eine Nachricht für dich gegeben", sagte er.

„Wovon sprichst du überhaupt?" fragte Basil. Er war jetzt verärgert.

„Sei nicht zu eingebildet", sagte er und warf ihm ein zusammengeknülltes Stück Papier ins Gesicht. „Eine Verbindung zwischen unseren beiden Häusern ist unumgänglich."

Basil reagierte nicht.

Ungeduldig stopfte der „Großfürst" das Papier in Basils Hand und schlurfte zu einer „wichtigen Audienz" mit, wie er sagte, seinem Außenminister.

Mechanisch öffnete Basil die Hand und glättete das Papier mit seinen Fingern. Die Nachricht war genauso verrückt wie ihr Überbringer:

Der Termin der Krönung ist endlich festgesetzt, für den 29. Tag des Oktobers im Jahr des Herrn 1880. Die Krone wird dich freimachen.

Er schüttelte den Kopf und wollte das Papier wieder zerknüllen, als er plötzlich innehielt. Auf einmal kam ihm die Erinnerung an eine frühere Zeit.

Auch er hatte seine Geheimnisse – Geheimnisse vor denen, die er haßte. Er und seine Kameraden hatten einander verschlüsselte Nachrichten geschickt. Codes wie …

Diese Nachricht hörte sich an wie die von damals … Nachrichten, die er selbst geschickt hatte! Allmählich drangen Bilder, Worte, Botschaften wieder in sein Bewußtsein.

„Die Krönung …" Das konnte alles mögliche bedeuten – aber ganz sicher ein wichtiges Ereignis!

Aber welches Ereignis? Wann?

Ah, *wann*? Das war der interessante Teil der Nachricht. Es hatte etwas mit den Zahlen zu tun – soweit konnte er sich noch erinnern! Aber ganz so einfach war es doch nicht. Es war nicht der 29. Oktober. Wenn die Zahlen so ausgeschrieben waren, bedeutete es etwas anderes. Etwas …

Jawohl, die Zahlen selbst! Eine zwei und eine neun … zwei und neun …

Das war's! Der zweite Tag des neunten Monats! Jetzt wußte er wieder, wie die Nachricht zu entschlüsseln war. Er hatte sich den Code selbst ausgedacht! Der zweite September 1880.

Ein großes Ereignis sollte am zweiten September stattfinden. Wann konnte das sein? Er hatte keine Ahnung, welches Datum man schrieb. In der vergangenen Zeit hatte er sich kaum darum gekümmert. Wie lange war er schon hier? Er wußte nicht einmal, welche Jahreszeit es war!

Und um welches Ereignis handelte es sich?

Konnte es wirklich eine Krönung sein? War der Zar vielleicht tot? Konnte es sein, daß das Unmögliche möglich geworden war, und er hatte nichts davon gehört?

Nein, das wäre zu offensichtlich gewesen. Wenn es sich hierbei wirklich um eine verschlüsselte Nachricht handelte, dann war etwas anderes gemeint.

Was macht es schon aus? überlegte Basil. *Diese Botschaft stammt von einem verrückten alten Mann, der sich für den rechtmäßigen Erben des russischen Thrones hält.*

Oder vielleicht doch nicht?

Er untersuchte das Stück Papier etwas eingehender. Die Handschrift war fest und klar. Offensichtlich stammte sie nicht von der zitternden Hand dieses alten Mannes. Jemand mußte ihm eine Nachricht übermittelt haben.

Jemand von draußen!

Basil schüttelte mehrmals seinen Kopf und versuchte, die durcheinandergeratenen Bruchstücke seiner Erinnerung zu ordnen.

Ja, er hatte auch Freunde da draußen. Soweit konnte er sich noch erinnern. Es gab nicht nur Feinde. Er hatte Kameraden, die derselben Überzeugung waren wie er. Kameraden, die sich über eine Krönung nicht freuen, sondern eher trauern würden. Was könnte das Wort Krönung bedeuten, außer, daß sie versagt hatten?

Er seufzte und las erneut die Notiz. In seinem Bemühen, einen Sinn darin zu finden, las er Wort für Wort …

Und plötzlich fiel es ihm auf – das Wort, das ihm den Sinn der ganzen Botschaft klarmachte:

... wird dich FREI MACHEN.

Vielleicht hatte diese Botschaft überhaupt nichts mit dem Zaren zu tun – sondern mit *ihm*. Könnte es möglich sein?

Sprach die Botschaft von *seiner* Freiheit und nicht von der Krönung des Zaren? Vielleicht ... es konnte nicht schaden, darüber nachzudenken ... sich zu fragen ... zu warten. Es könnte sein, daß, falls er lange genug warten würde, dieser Tag kommen würde – der zweite September – und er irgendwie befreit werden würde.

Wenn er nur wüßte, wann das war. Vielleicht war es schon morgen!

Aber egal, wann die Zeit für die Freiheit oder Krönung oder was immer gemeint war kommen würde, er mußte bereit sein! Er *würde* bereit sein. Er mußte sich selbst von dieser schrecklichen Wolke befreien, in die die Drogen ihn eingehüllt hatten. Er mußte sich zwingen, seine Erinnerung zu schulen ... sich an alles zu erinnern. Er mußte sich einfach erinnern!

Aber das angekündigte Ereignis fand nicht am nächsten Tag statt ... auch nicht am übernächsten.

Dadurch hatte er genügend Zeit, mit äußerster Willensanstrengung auch die letzten Spinnweben in seinem Gedächtnis zu beseitigen und den verschwommenen Nebel mit der Klarheit seines wirklichen Wahnes zu vertauschen.

Die Erinnerung kehrte zurück. Der Haß war wieder da und entfachte seine Leidenschaft neu. Wenn die Pfleger nicht hinschauten, biß er die Zähne zusammen, und hinter seinem Rücken ballten sich seine Hände zu Fäusten. Wenn er in seinem Bett lag, seine Augen von dem faulen Gestank um ihn herum brannten und er nichts hörte als das Murmeln der Stimmen, in die er auch einst miteingestimmt hatte, fand sein Haß endlich einen Namen, auf den er sich konzentrieren konnte – Remisow. Und auch seine Gewalttätigkeit kannte wieder ihr Ziel – Fedortschenko.

Basil Anickin war zu neuem Leben erwacht.

Herbst 1880 – Winter 1881

Ein in Ungnade gefallener Soldat

16

Obwohl nur schwach, war die Brise, die von der südöstlichen Küste des Kaspischen Meeres herüberwehte, doch sehr willkommen. Aber sie reichte kaum aus, um die Erinnerung an die sengende Hitze in der Wüste zu verdrängen, die sie in den vergangenen zwei Wochen hatten ertragen müssen.

Sergei Fedortschenko lehnte sich auf seinem Feldbett zurück, den Kopf und die Schultern gegen die dünne Zeltwand gestützt. Er hielt einen Notizblock auf seinem Schoß, eine Feder in der Hand und versuchte, den Sinn dieser Expedition zu finden.

Die Scharmützel der letzten Tage mit aufrührerischen türkischen Stämmen waren nur zum Teil die Ursache von Sergeis gegenwärtigem Seelenzustand. Er begann, seine Gedanken niederzuschreiben:

„Ich bin jetzt wieder in Krasnowodsk, unserem Stützpunkt an der Südküste des Kaspischen Meeres. Nie hätte ich gedacht, daß mir dieser elende Ort jemals so willkommen sein würde. Doch als ich gestern nachmittag bei unserer Rückkehr die Zinnen seiner Türme in der Wüstensonne funkeln sah, war ich tatsächlich froh, wieder hier zu sein. Alles – *wirklich alles* – ist der Wüste vorzuziehen. Sogar der Ort, wo ich während der letzten Monate so unglücklich war.

Sicherlich habe ich nie erwartet, hier glücklich zu sein. Vielleicht hatte ich damit gerechnet, ein Minimum dessen zu bekommen, was ich von den Angehörigen des Hochadels in St. Petersburg gewöhnt war – Respekt, Kameradschaft, Anerkennung. Ich wollte hier ja gar keine engen Freundschaften schließen, aber ich hatte auch keinen Grund anzunehmen, daß unter denen, die gemeinsam in diesem Dienst stehen, nicht eine gewisse Anerkennung, wenn nicht sogar Höflichkeit herrschen sollte.

Aber das ist nicht der Fall. Anscheinend sehen die Offiziere hier nichts lieber, als daß die sozial über ihnen Stehenden gedemütigt werden. Die Tatsache, daß sie die Militär- oder Kadettenschulen nicht geschafft haben, hat sie bitter gemacht. Sie machen andere dafür verantwortlich, die sie für privilegierter halten. Diese Einstellung ändert sich auch nicht, wenn sie sich hocharbeiten. Und sie lassen so jemanden wie mich nur zu gern ihre Feindschaft spüren.

Natürlich halte ich mich nicht für etwas Besseres. Aber um meinen gegenwärtigen Kameraden das nahezubringen, bedarf es einer größeren Überzeugungskraft als die mir eigene. Seit den ersten Tagen meiner Ankunft hier war ich ‚der in Ungnade gefallene Prinz'. Fast hat es den Anschein, als freuten sie sich über mein Unglück.

Ich denke, am meisten ärgern sie sich darüber, daß ich jederzeit wieder zu Ansehen gelangen kann, während sie nur wenig Aussicht haben, über ihre gegenwärtige Stellung hinauszukommen. Ich kann nicht einmal sagen, daß ich ihnen das vorwerfe. Auch ich empfinde Haß gegen dieses System, das die Herkunft eines Mannes höher einschätzt als seine Fähigkeiten. Viele dieser Männer sind gute Soldaten und hätten mehr verdient als die staubige Dunkelheit dieses vermaledeiten Außenpostens. Unglücklicherweise lebt das Militär, wie auch fast alles andere in Rußland, immer noch im Mittelalter. Die Reformen von General Milutin haben die Armee einige Schritte nach vorne gebracht. Aber es bleibt immer noch so viel zu tun.

Doch ich schweife ab. Ich erzählte gerade, wie unglücklich ich bin und wie sehr ich mich danach sehne, diesen schrecklichen Ort verlassen zu können!

So traurig das vielleicht auch sein mag, ich muß meine Erlebnisse der vergangenen Tage niederschreiben. Unsere Truppe sollte plündernde Türken unterwerfen, die erst kürzlich unsere Nachschubtransporte überfallen hatten. Seit der Niederlage von General Lomakin im letzten Herbst – dem schlimmsten russischen Fehlschlag in Zentralasien überhaupt – wurden die Einheimischen rebellisch und wieder selbstsicherer. Lomakin war jedoch selbst an seiner Niederlage schuld. Er hatte die Verteidiger der Geok-Tepe-Festung in eine hoffnungslose Lage gebracht. Nach wenigen weiteren

Tagen unter Beschuß hätten die Türken mit Sicherheit aufgegeben.

Doch der General wollte mehr als nur einen Sieg. Er suchte den Ruhm und die Medaillen, die damit einhergehen. In seiner Ruhmsucht bekam er schließlich gar nichts! Als die Zivilisten versuchten, aus der Festung zu fliehen, trieb Lomakin sie wieder hinein. Auszeichnungen der Vorgesetzten gibt es nur, wenn ein Befehlshaber die totale Niederlage seiner Feinde bewirkt und die Unschuldigen zusammen mit ihrer Armee vernichtet. Lomakin sah in der versuchten Flucht seine Chance. Er wollte nicht auf die Übergabe warten. Er würde die Festung im Sturm nehmen!

Also befahl er, die Bombardierung einzustellen und sich zu bewaffnen. Nichts hätte den Feinden gelegener kommen können. Zwar hatten die Türken nur noch wenig Waffen und Munition, aber sie hatten Soldaten. Ihre Überzahl brachte ihnen einen entscheidenden Vorteil in der Schlacht, in der nun Mann gegen Mann kämpfte. Auf einmal hatte sich das Blatt gewendet. Die Türken zwangen unsere Armee zum Rückzug. Wir hatten viele Verwundete. Geok-Tepe blieb fest in türkischer Hand, und Lomakin fiel in Ungnade.

Zu jener Zeit war ich noch nicht hier, doch auch Monate später empfanden die Männer immer noch Scham über ihre Niederlage. Ich war entsetzt über das, was man mir darüber erzählte, doch noch mehr machte mir die Sympathie der Männer gegenüber Lomakin zu schaffen, die trotz seiner so fatalen militärischen Fehlentscheidung bestand. Er wurde seines Kommandos enthoben. Aber ich werde das Gefühl nicht los, daß er den St.-Andreas-Orden bekommen hätte, wenn er erfolgreich gewesen wäre, egal, wie viele Menschenleben diese Schlacht gekostet hätte. Doch solchen verdrehten Situationen begegnet man eben, wenn man in der Armee des Vaterlandes dient!

Jetzt hat das Kommando General Skobelew, den ich in Pleven so bewundert habe! Und obwohl ich ziemlich zynisch geworden bin, kann ich nicht anders, als Bewunderung für ihn zu empfinden. In dieser weißen Uniform, die in der Wüstensonne noch prächtiger strahlt, sitzt er auf seinem Schimmel und stolziert zwischen den Truppen einher. Ich glaube, die Männer sehen in ihm beinahe einen Gott.

Es ist eigentlich seltsam. Obwohl Lomakin ein populärer Führer war, wird Skobelew wohl noch mehr geachtet als er! Tatsächlich ist Skobelew – ich glaube nicht, daß ich übertreibe – das Idol der meisten Soldaten hier. Kritik an diesem Mann zu üben gilt als eine Todsünde.

Aber wer kann ihn schon kritisieren? Ganz bestimmt nicht ich! Wenn ich nur halb soviel Mut hätte wie er, wäre ich nicht da, wo ich jetzt bin. Er sitzt auf seinem Pferd, die Verkörperung von Mut und Charisma. Seine Augen strahlen in der Schlacht wie die Sonne. Die Türken werden diesen Mann natürlich ganz anders sehen. Sie nennen ihn *Göz Kanli,* ‚blutiges Auge'. Vielleicht haben sie ja recht. Könnte es sein, daß er, den ich immer so bewundert habe, nichts anderes als ein blutrünstiger, machthungriger, menschenverachtender Armeegeneral ist?

Es wird nicht lange dauern, bis dieser große General sein Ziel erreicht haben wird. Ein Angriff gegen Akhal-Tekke, die Zuflucht der Rebellen in der Nähe von Geok-Tepe, wird gerade vorbereitet. Rußland kann es sich nicht leisten, seine Autorität hier in Zentralasien aufs Spiel zu setzen. Die Niederlage vom letzten Herbst muß wiedergutgemacht werden.

Die Ereignisse der letzten Zeit jedoch sind die Ursache dafür, daß ich mehr Angst vor dieser Schlacht habe, als ich normalerweise gehabt hätte."

Sergei legte eine Pause ein.

Der Schmerz und die Verwirrung über das, was er in den letzten Tagen erlebt hatte, war noch zu frisch, als daß er es leicht zu Papier hätte bringen können. Ihm war klar, daß seine Ausführungen über Lomakin und Skobelew nur allzu offensichtlich ein Versuch waren, den Bericht über das schreckliche Geschehen hinauszuzögern.

Er hätte auf das gefaßt sein sollen, was in der Wüste passiert war. Doch selbst wenn er es erwartet hätte, hätte das den Schock des wirklichen Erlebens nicht gemildert. Er hatte Geschichten über die russischen Raubzüge gehört, die hier an diesem Außenposten fern der Zivilisation stattfanden. Sein eigener Vater hatte Sergei von dem Feldzug gegen die Stadt Khiva Anfang der siebziger Jahre erzählt, als der Befehl ergangen war: *Die türkischen Yomud-Siedlungen, samt ihren Männern,*

Frauen und Kindern, sind vollständig zu vernichten. Sergei hatte nur die Hälfte von allem geglaubt, was er gehört hatte. Russische Soldaten neigten, wie alle Soldaten, zur Übertreibung. Was für Männer, hatte er sich gefragt, würden sich schon mit Greueltaten gegen Frauen und Kinder brüsten?

Sergeis Einheit, die von Hauptmann Rustaweli befehligt wurde, war spät an jenem Nachmittag unbemerkt in das Nomadendorf gekommen. Sie hatten die ganze Wüste nach diesen flüchtigen Teufeln abgesucht, und es war für sie eine erfreuliche Überraschung, diese Bande so unvorbereitet und unbewacht vorzufinden. Offensichtlich waren es die Männer, die in der letzten Zeit die Karawanen ausgeraubt hatten, denn ein großer Teil der Beute lag offen herum. Eine Erkundung ergab, daß nicht mehr als zwölf von den Kerlen im Lager sein konnten. Die Russen waren den Nomanden, die das Dorf bewohnten, zwei zu eins überlegen. Die Tatsache, daß sich auch Frauen und Kinder im Lager aufhielten, war ohne Bedeutung. Die Befehle lauteten, die Rebellen und alle möglichen Komplizen auf jeden Fall zu unterwerfen.

Was folgte, war ein fürchterlicher Alptraum.

Die russische Streitmacht rollte über die überraschten Türken hinweg, die Schwerter glänzten in der heißen Nachmittagssonne, die Gewehre spuckten tödliche Ladungen Blei. Die Nomaden verteidigten sich heroisch, doch sie waren den überlegenen Russen nicht gewachsen. Das Gemetzel dauerte weniger als eine Stunde, und schließlich erging der Befehl, sich zurückzuziehen und sich das angerichtete Blutbad anzusehen.

Sergei hatte in der Schlacht weder Frauen noch Kinder verletzt – wenigstens hatte er sich dessen nicht auch noch schuldig gemacht. Doch als sich der Staub gelegt hatte, sah er die Körper der Unschuldigen in ihrem Blut hingestreckt auf dem sandigen Boden liegen. Sergei wurde bei dem Anblick ganz übel. Sein Magen krampfte sich noch lange, nachdem er sich schon übergeben hatte, immer wieder schmerzhaft zusammen.

Hauptmann Rustaweli, der schon zwanzig Jahre Dienst tat und in die Führungsspitze aufgestiegen war, sah sich mit triumphierendem Lachen das Ergebnis des Gemetzels an.

„Und Sie wollen ein Soldat sein, Fedortschenko!“ hänselte

er den Prinzen, der blaß und auf wackeligen Beinen neben ihm stand. Seit dem ersten Tag seiner Ankunft hatte Rustaweli es auf ihn abgesehen, und er nahm jede Gelegenheit wahr, den „verwöhnten Aristokraten" zu beschimpfen, der das große Unglück gehabt hatte, plötzlich unter dem Kommando eines sozial unter ihm Stehenden zu sein.

„Nehmen Sie sich zusammen, Leutnant", befahl Rustaweli grinsend. „Wir haben es noch lange nicht überstanden."

„Was meinen Sie damit?" fragte Sergei herausfordernd, trotz seiner rebellierenden Eingeweide und zitternden Hände.

„Sehen Sie sich diesen mordenden Abschaum nur an, der da übriggeblieben ist! Ich habe nicht den Eindruck, daß sie unterworfen sind!" Rustaweli deutete auf die wenigen überlebenden Nomaden, die auf Gedeih und Verderb den russischen Soldaten ausgeliefert waren.

Der Hauptmann nahm seine Befehle sehr ernst. Die Türken sahen die Russen haßerfüllt an, riefen ihnen Obszönitäten nach und spuckten jeden an, der auch nur in ihre Nähe kam. Ihre Niederlage hatte ihren Stolz nicht brechen können, und sie machten den Eindruck, als würden sie bei der ersten Gelegenheit jeden russischen Bauch aufschlitzen, der ihnen unter ihre Finger kam. Selbst die Frauen zeigten trotz ihrer Verschleierung nicht weniger Verachtung.

„Leutnant Fedortschenko, befolgen Sie Ihre Befehle!" Böswillig grinsend sah er Sergei an.

„Nun?" bellte er, als Sergei ihn nach einer Weile immer noch in stummem Erstaunen anblickte.

Wieder verging eine gewisse Zeit. Dann brach der Kommandeur in Gelächter aus. „Das habe ich mir gedacht! Sie haben nicht den Mut dazu! Aber ich werde Sie für Ihren Ungehorsam zur Rechenschaft ziehen!"

Rustaweli selbst gab den Befehl. Seine schweigenden Untergebenen fielen sofort über die überlebenden Nomaden her und töteten sie mit ihren Schwertern – alle, außer einigen Kindern, die es irgendwie geschafft hatten, dem Gemetzel zu entkommen.

Sergei wollte sich abwenden, sich wieder übergeben, aber er tat es nicht. Pflichtschuldig beobachtete er das Blutbad. Und er erhob keinen Protest.

Später entschuldigte er sich damit, daß aller Protest und alle

Heldentaten der Welt wahrscheinlich nicht ein einziges türkisches Leben gerettet hätten. Wenn Sergei auch nur eine Hand gerührt hätte, um die hilflosen Opfer zu verteidigen, hätte ihn Rustaweli mit Vergnügen zusammen mit den anderen niedergeschossen. Doch eine solche Ausrede war nur eine ungenügende Entschuldigung für sein Schweigen. Vielleicht hätte er wenigstens versuchen sollen, das Leben der armen Kreaturen zu retten.

Immer wieder sah er auf dem heißen, staubigen Ritt zurück nach Krasnowodsk diese schreckliche Szene vor sich. Seither hatte sie ihn Nacht für Nacht in seinen Träumen verfolgt. Am meisten erschreckte ihn die Tatsache, daß er in ohnmächtigem Schweigen dabeigestanden hatte.

Wann immer er an Anna dachte, was häufig der Fall war, wurde seine Seelenpein unerträglich. Liebe, süße Anna! Was würde sie von diesem Mann halten, den sie so liebte, wenn sie wüßte, was für ein Feigling er war? Was würde sie denken, wenn sie die schreckliche Wahrheit über ihn erfuhr, wenn sie hörte, daß er beobachtet hatte, wie Mütter und ihre hilflosen Kinder abgeschlachtet worden waren? Und er hatte keinen Finger gerührt, um ihnen zu helfen. Wie sollte er Anna jemals wieder in die Augen schauen können?

Während einer jener Momente, als er wieder an seine geliebte Anna denken mußte, faßte er einen Entschluß. So etwas würde nie wieder geschehen, selbst wenn er sich an Skobelew persönlich würde wenden müssen. Eher würde er sterben, als daß er noch einmal einem so grausamen Abschlachten von Unschuldigen zusehen würde, ohne wenigstens zu versuchen, etwas dagegen zu unternehmen!

Jetzt schien ihm alles so klar zu sein, hier, in der relativen Sicherheit eines ruhigen, russischen Lagers. Aber er war ein fronterfahrener Soldat. Er wußte, wie verschwommen die Grenzen der Vernunft inmitten der Anstrengung und des Durcheinanders einer Schlacht sein konnten. Selbst gute Männer ließen sich zu unsagbaren Taten hinreißen, besonders wenn sie beobachten mußten, wie ihre Kameraden von den Feinden niedergemetzelt wurden. Vermutlich fürchtete er mehr als alles andere, daß er in einem solchen Moment nicht mehr Herr seiner selbst sein würde. Was, wenn unvorhersehbare Umstände, Dinge, die außerhalb seiner Kontrolle lagen –

Seine Gedankengänge wurden plötzlich von Stimmen und Schritten vor dem Zelt unterbrochen. Leise stöhnte er.

„Schau mal an ... da ist ja unser kleiner Prinz!" bellte Rustaweli. „Wir haben Sie beim Abendessen vermißt, Leutnant – ach ja, ich vergaß, Sie sind ja im Augenblick unpäßlich!" Er lachte laut. Zwei oder drei seiner Kameraden stimmten in sein Gelächter mit ein.

„Ich habe keinen Dienst, Herr Hauptmann", erwiderte Sergei ruhig. „Wenn Sie nichts dagegen haben, würde ich jetzt lieber allein sein."

„So, würden Sie?" Während er sprach, kam der Hauptmann näher. Er stellte seinen schmutzigen Stiefel auf Sergeis Feldbett. „Und was tut der hohe und erhabene Prinz in seiner Freizeit?" Er deutete mit dem Kopf auf den Notizblock in Sergeis Hand. „Schreibt er etwa noch mehr von diesem aufrührerischen Schund, wegen dem er hier gelandet ist?"

Sergei schluckte nur, sagte aber nichts.

„Wissen Sie, was ich denke?" fuhr der Hauptmann fort, ermutigt durch das Gelächter seiner Kameraden. „Ich denke, ich sollte dieses Zeug meinem Bericht über Ihren Ungehorsam beifügen."

Blitzschnell entriß er Sergei seinen Notizblock. „He, Kaplja!" Er warf dem Angesprochenen den Block zu. „Wir wollen mal hören, was der mächtige Prinz Fedortschenko über unsere ruhmreiche Schlacht zu sagen hat."

„Warum lesen Sie es nicht selbst, Rustaweli?" fragte Sergei. „Oder läßt Ihre Bildung genauso zu wünschen übrig wie Ihre Manieren?"

Rustaweli lachte nur. Obwohl er tatsächlich ungebildet war, hielt er alle Trümpfe in der Hand. „Los, Kaplja, lies."

Leutnant Kaplja überflog die Worte, die Sergei kurz zuvor geschrieben hatte. Sein Blick fiel auf den letzten Abschnitt. „‚Es wird nicht lange dauern'", las er, „‚bis dieser große General sein Ziel erreicht haben wird. Ein Angriff gegen Akhal-Tekke, die Zuflucht der Rebellen in der Nähe von Geok-Tepe, wird gerade vorbereitet. Rußland kann es sich nicht leisten, seine Autorität hier in Zentralasien aufs Spiel zu setzen. Die Niederlage vom letzten Herbst muß wiedergutgemacht werden. Die Ereignisse der letzten Zeit jedoch sind die Ursache dafür, daß ich mehr Angst –'"

Sergei konnte es nicht mehr ertragen.

„Hören Sie auf, Sie Schuft!" rief er und sprang von seinem Bett auf in der Absicht, sich seinen Block zurückzuholen.

Rustaweli hielt ihn zurück. „Nein, nein, Kaplja, hör nicht auf – das ist sehr interessant. Wovor hat unser Leutnant denn Angst? Bestimmt vor der Schlacht, darauf wette ich. Dieser wehleidige, kleine Feigling –"

Doch er hatte seine Worte schlecht gewählt. Sergei machte sich los, drehte sich um und holte mit der Faust weit aus, um einen Kinnhaken im Gesicht des Hauptmanns zu landen. Rustaweli hatte den Angriff kommen sehen; schließlich hatte er ihn ja provoziert. Schnell sprang er beiseite und packte Sergeis Faust mit eisernem Griff.

„Was? Müssen wir unserem Bericht über Ihre Vergehen etwa noch einen tätlichen Angriff auf einen *vorgesetzten* Offizier hinzufügen?" Dieses Wort bereitete ihm sichtliches Vergnügen.

Sergei kämpfte mit seiner Wut. „Was wollen Sie, Hauptmann, mich degradieren?"

„Ha, ha! Ob Sie es nun glauben oder nicht, Prinz, Sie können tatsächlich noch tiefer fallen."

„Vielleicht würde der Fall sich lohnen."

„Soll das eine Drohung sein?"

„Ich habe dem Zaren die Stirn geboten. Sind Sie wirklich der Meinung, ich würde mich von einem mordlustigen Halunken wie Ihnen einschüchtern lassen?"

„Sie –!" brüllte Rustaweli in tödlicher Wut. Er hätte Sergei vielleicht ernstlich verletzt, wenn nicht einer seiner Kameraden dazwischengegangen wäre.

„Er hat recht, Hauptmann", beschwichtigte der Mann. „Ich würde es nicht darauf ankommen lassen. Der ist doch verrückt."

„Sie sind es auf jeden Fall nicht wert", sagte der Hauptmann. Langsam beruhigte er sich wieder. „Aber es fehlt nicht mehr viel, Fedortschenko – überhaupt nicht mehr viel. Schätzen Sie sich glücklich … für diesmal."

„Ich bin durchaus nicht auf Ärger aus, Hauptmann", erwiderte Sergei. „Aber was immer Sie auch von mir denken, ich habe keine Angst, mich zu wehren, wenn ich provoziert werde. Und dazu fehlt nicht mehr viel!"

Sergei schob den Hauptmann beiseite und verließ sein Quartier. Im Vorbeigehen nahm er dem Leutnant seinen Notizblock aus der Hand.

Was Sergei über eine Degradierung gesagt hatte, stimmte nicht ganz. Das einzige, was ihm noch Hoffnung gab, war der Gedanke an ein Wiedersehen mit Anna. Irgendwie mußte er das alles überstehen, damit er zu ihr zurückkehren konnte. Nichts anderes zählte. Aber er fragte sich auch immer wieder, ob eine Beförderung wirklich davon abhing, daß man Frauen und Kinder tötete. Würde er so etwas tun können?

Er wußte, daß er es nicht konnte.

War er denn dazu verurteilt, für immer hierzubleiben, oder zumindest bis zum Ende seiner Militärzeit? Für einen Mann, der noch nicht einmal fünfundzwanzig Jahre alt und von der Frau seines Herzens getrennt war, schien das ein und dasselbe zu sein. Alles mögliche konnte passieren, wenn er nicht bald hier wegkäme.

Und was war mit Annas Gott? Anscheinend hatte er seine und Annas Gebete vollkommen überhört.

Nicht, daß Sergei angefangen hätte zu beten. Gott schien an ihm nicht interessierter zu sein als sein eigener Vater, der ihn – wenn man es so nennen konnte – aus einer sicheren Entfernung liebte und nicht bereit gewesen war, helfend seine Hand auszustrecken, als er sie am nötigsten gebraucht hatte.

Warum sollte er also seine Zeit mit Beten verschwenden?

Er hatte bisher wenig Glück mit Vaterfiguren gehabt. Wenn er diesem Ort entkommen wollte, dann mußte es auf seine Initiative hin geschehen. Irgendwie würde es ihm gelingen, solche Dummköpfe wie Rustaweli, die unbegreiflichen, unmenschlichen Befehle, die drückende Hitze und vor allem den überall lauernden Wahnsinn zu überwinden, der ihn sicherlich überwältigen würde, wenn er noch viel länger würde hierbleiben müssen.

Er *würde* all dem entkommen. Er würde eines Tages wieder bei Anna sein. Und bis dahin durfte er nicht aufhören, von dem Tag zu träumen, an dem sein Blick wieder auf das liebliche, lächelnde Gesicht des Mädchens fallen würde, das er liebte.

17

Anna trat einen Schritt zurück, um den Weihnachtsbaum zu bewundern.

Bestimmt würde er mit den Weihnachtsbäumen am kaiserlichen Hof konkurrieren können. Wie ihre Herrin das mit den beschränkten Finanzen ihres neuen Haushaltes zustandegebracht hatte, wußte Anna nicht. Aber sie war froh darüber, daß es so war, auch wenn etwas anderes dafür zurückstehen mußte.

Dieses Jahr war schwierig gewesen. Es war an der Zeit, wieder einmal richtig zu feiern. Die durch die Aktivitäten der Revolutionäre entstandene Angst und Beklemmung legte sich allmählich. Die Einwohner der Stadt konnten aufatmen und verließen ihre Häuser wieder mit weniger Furcht vor einem Anschlag. Das allein war ein Grund zum Feiern.

Mischa hatte ihr erst kürzlich erzählt, daß viele Minister und Regierungsbeamte wieder auf ihre Leibwache verzichteten. Anna war froh, daß die Straßen von St. Petersburg wieder sicherer waren. Trotzdem befand sie sich innerlich im Zwiespalt. Das scharfe Vorgehen von Generalgouverneur Melikow gegen subversive Elemente in der Stadt hatte zu vielen Verhaftungen geführt. Sie machte sich Sorgen um Paul. Zwar hieß es, Melikow sei sehr viel mehr an der Führungsspitze interessiert als an einfachen Mitläufern, aber sie wußte nicht, in welche Position Paul bei seiner Organisation eingestuft war. Sie konnte nur täglich dafür beten, daß er der Polizei lange genug entkommen konnte, um wieder vernünftig zu werden.

Trotz der Sorgen, die sie sich um ihren Bruder machte, waren der zurückgekehrte Frieden und die relative Sicherheit in der Stadt ihr sehr willkommen. Dadurch wurde die Finsternis, die sich über ihre persönliche Welt gebreitet hatte, ein wenig erhellt.

Sie selbst konnte Sergeis Abwesenheit einigermaßen gut verkraften. Schließlich war sie daran gewöhnt. Der Umzug in das neue Heim der Remisows bedeutete einen viel größeren Einschnitt in ihrem Leben als Sergeis Versetzung.

Doch Sergeis Briefe, die sie gelegentlich über Mischa erhielt, waren nicht sehr ermutigend. Zwar tat er sein Bestes, nicht entmutigt zu erscheinen, doch sie spürte, daß es ihm schlechtging. Und das nicht nur, weil sie voneinander getrennt waren, sondern auf Grund der schrecklichen Zustände in seiner neuen Umgebung.

Am meisten machte ihr zu schaffen, daß sie so hilflos war. Sie konnte nichts weiter tun, als ihn immer wieder daran zu erinnern, daß sie für ihn betete.

Im Augenblick allerdings bedrückte Katrinas Schwermütigkeit sie noch mehr. Der Arzt versicherte immer wieder, daß die Stimmung der Prinzessin mit ihrem gegenwärtigen Zustand zusammenhing. Bis zu einem gewissen Grad mochte das stimmen, doch Anna wußte, daß es auch noch einen anderen Grund dafür gab.

Sie konnte nicht nur Dmitri dafür verantwortlich machen; doch würde ein Wandel in seinem Verhalten Katrinas Stimmung beträchtlich heben, dessen war sie sicher. Seit Monaten verbrachte er immer mehr Zeit außer Haus, wegen sogenannter „Armeegeschäfte". Nur allzu offensichtlich war dies eine Umschreibung für die Trinkgelage mit seinen Freunden, die zufällig die Uniform der russischen Armee trugen. Anna hatte den Eindruck, daß er durch sein unziemliches Verhalten etwas überspielte. Vielleicht machte er sich Sorgen.

Eines Nachts war er wieder, wie gewöhnlich, sehr spät nach Hause gekommen. Die Prinzessin hatte es schon lange aufgegeben, auf ihn zu warten, und sich zurückgezogen. Anna hatte nicht schlafen können und war schließlich aufgestanden, um sich eine Tasse Tee zuzubereiten. Als sie die Eingangshalle durchquerte, hörte sie, wie der Schlüssel zur Haustür ins Schloß gesteckt wurde. Sie wußte, es mußte Dmitri sein, deshalb beschleunigte sie ihren Schritt, um ihm nicht zu begegnen.

Doch es war zu spät. Im nächsten Augenblick öffnete sich die Tür.

„Anna ... Anna", hörte sie ihn hinter sich rufen. „Ist denn die Arbeit einer Zofe niemals beendet?" Er sprach undeutlich; der Erfolg seiner „Geschäfte" dieses Abends war nur zu offensichtlich.

„So ist es nicht, Euer Exzellenz", erwiderte Anna und drehte sich zu ihm um. „Ich konnte nur nicht schlafen."

„Auf jeden Fall bin ich froh, daß ich auf dich gestoßen bin und nicht ... auf jemand anderen." Er schwankte. „Die Leute reden so leicht, weißt du."

Ungeschickt beugte er sich vor und winkte sie verschwörerisch zu sich heran. „Du kannst doch ein Geheimnis für dich behalten, nicht wahr, Anna?" fragte er.

„Ja, Euer Exzellenz."

Er lachte. „Es sei denn, es geht um Leben oder Tod, nicht wahr?"

„Ich – ich verstehe nicht."

„Du hast mir doch Katrinas Geheimnis verraten, um sie vor den Klauen dieses Wahnsinnigen zu retten, erinnerst du dich?"

„Ja, natürlich."

„Du hast ihr Leben gerettet und uns zusammengebracht. Dir allein verdanken wir unser Eheglück." Seine Stimme klang scharf und gab seinen Worten einen sarkastischen Unterton.

„Ich werde einen Lakaien holen, der Euer Exzellenz die Treppe hinaufhilft."

„Schäm dich, Anna! Ich stehe fest wie ein Felsen."

Wie um seine Aussage zu beweisen, stellte er sich auf ein Bein und streckte einen Arm aus. Er wollte zeigen, wie gut er das Gleichgewicht halten konnte. Aber er taumelte und stolperte.

Schnell lief Anna herzu. Sie hätte ihn nicht auffangen können, aber wenigstens konnte er sich mit der einen Hand an ihrer Schulter und mit der anderen an der Wand festhalten und so seine Balance wiederfinden. Nachdem er sich gefangen hatte, ließ er seine Hand auf Annas Schulter liegen. Dann drehte er sich um, kam näher und versuchte mit seinen blutunterlaufenen Augen, Annas Blick auf sich zu ziehen. Annas Herz begann heftig zu schlagen. Sie hoffte, daß der Graf sich trotz seiner Betrunkenheit ihr gegenüber nicht ungebührlich verhalten würde!

„Weißt du, Anna", sagte er fast ernst, „daß du ein unglaublich hübsches Mädchen bist?"

Er nahm ihr Kinn in seine Hand und schaute sie an, als sähe er sie zum ersten Mal. „Wunderschön, in der Tat ... Ich kann verstehen, daß Sergei sich in dich verliebt hat."

Anna stand wie vom Donner gerührt da. Es hätte sie nicht überraschen dürfen, daß Sergei seinem besten Freund davon erzählt hatte. Immerhin hatte sie es auch Mischa erzählt. Aber es war so unerwartet gekommen! Sie war so bestürzt, daß sie nicht antworten konnte.

Dmitri grinste. Aber nicht böswillig, sondern eher fast kameradschaftlich.

„Es tut mir leid", sagte er ernst. „Ich wollte nicht ... ich sehe, ich habe dich in Verlegenheit gebracht ... ich werde nichts weiter sagen. Ich weiß auch nicht, was über mich gekommen ist." Er ließ ihre Schulter los und lehnte sich gegen die Wand. Sein Grinsen verschwand und mit ihm seine Heiterkeit. Er seufzte tief. „Du mußt mich für einen betrunkenen Dummkopf – einen Narren halten."

„Bitte, Euer Exzellenz", beharrte Anna, „lassen Sie mich einen Lakaien rufen."

„Du bist ein gutes Mädchen, Anna. Wirklich. Du wirst immer auf uns beide aufpassen."

„Ich werde tun, was ich kann, Euer Exzellenz."

„Katrina kann sich glücklich schätzen, daß sie dich hat. Du wirst doch immer für sie dasein, nicht wahr?"

„Natürlich, Euer Exzellenz."

„Ich bin sicher, daß sie bei der Wahl ihrer Zofe mehr Geschick bewiesen hat als bei der Wahl ihres Ehemannes."

„Das stimmt doch nicht, Euer Exzellenz."

„Du wagst es, deinen Herrn einen Lügner zu nennen?" fragte er und zog eine Augenbraue in die Höhe. „Ach, aber es stimmt leider", seufzte er. „Traurig, aber wahr, wie man so schön sagt. Ich wollte sie so gern glücklich machen, aber ..."

Er machte eine Pause und schüttelte den Kopf. „Weißt du", fuhr er nach einer Weile fort, „einmal habe ich mit einem Bären gekämpft. Wirklich. Für zwanzig Rubel bin ich in den Käfig geklettert und habe mit dem Bären gekämpft. Ich hatte nicht ein bißchen Angst. Das hatte auch nichts damit zu tun, daß ich mehr als nur halb betrunken war. Ein anderes Mal bin ich auf zwei Pferden gleichzeitig im Galopp geritten. Und ich habe auf einem Fenstersims im dritten Stock gestanden und eine Flasche Rum ausgetrunken. Ich –"

Er unterbrach sich und schüttelte wieder den Kopf. „Anna

... willst du die Wahrheit wissen? Noch nie in meinem Leben habe ich Angst gehabt, bis jetzt ..."

„Euer Exzellenz –"

„Anna, ich bin ziemlich betrunken. Würdest du ... würdest du mich zur Treppe bringen? Von da aus schaffe ich es schon alleine."

„Natürlich."

Anna tat, worum sie gebeten worden war, und beobachtete angespannt, wie er die lange Treppe hinaufstieg.

Aber auch, als er sicher oben angekommen war, ließ ihre Anspannung nicht nach. Zu viel ging ihr im Kopf herum. Außer ihrer Unterredung über Basil vor der Hochzeit hatte sie mit dem Mann ihrer Herrin wenig zu tun gehabt. Warum hatte er ihr auf einmal so viel über sich selbst offenbart? Und warum gerade *ihr*? Sie war doch nicht seine Vertraute. Was konnte das bringen außer zusätzlicher Spannung im Haushalt?

Doch als sie dem Grafen am nächsten Morgen begegnete, beruhigte sie sich wieder. Er erwähnte den Zwischenfall der vergangenen Nacht mit keinem Wort. Sein Gesichtsausdruck verriet nicht, daß er sich überhaupt daran erinnerte. Vielleicht war er zu betrunken gewesen.

Ihr war klar, daß Katrina keine Ahnung von seiner inneren Unsicherheit hatte. Und jeder seiner Bekannten würde beschwören können, daß ihm so etwas wie Unsicherheit fremd sei. Das Problem war, daß nur sehr wenige Menschen ihn wirklich kannten.

Wieder einmal wünschte sich Anna, daß Sergei da wäre, wenn auch diesmal aus einem anderen Grund. Er hätte seiner Schwester helfen können, ihren Mann besser zu verstehen.

Doch er war weit weg. Vielleicht war es kein Zufall, daß Dmitri ausgerechnet einer schüchternen Zofe einen kurzen Einblick in sein Innerstes gewährt hatte. Das Geheimnis seiner Verletzlichkeit war fest in ihrem Herzen verschlossen, so wie ihre Liebe zu seinem besten Freund.

18

Katrina wollte dieses Weihnachtsfest zu einem denkwürdigen Ereignis machen. Sie hatte etwa ein Dutzend Gäste eingeladen, darunter auch ihre Eltern. Zwar war es nicht gerade ein Gala-Diner, doch angesichts ihres Zustandes genau das, was sie sich zutrauen konnte. In letzter Zeit wurde sie so leicht müde. Aber sie wollte diese ganz besondere Gelegenheit so schön wie möglich gestalten – Dmitris und ihr erstes Weihnachtsfest als Mann und Frau.

Vermutlich hatte sie mit dem Baum, den Girlanden und den neuen goldenen Kerzenhaltern ein wenig übertrieben. Doch Weihnachten war nicht die richtige Zeit, um Geld zu sparen. Außerdem hatte sie genügend Geld mit in die Ehe gebracht, daß sie sich dieses kleine Vergnügen leisten konnte.

Genau um sieben Uhr dreißig stieg die Prinzessin die Treppe hinunter, um die Gäste zu empfangen. Anna hatte an ihr ein wahres Wunderwerk vollbracht. Ihr Haar, in das eine Perlenkette eingeflochten war, fiel an einer Seite in Locken auf ihre Schulter. Das Kleid aus smaragdgrünem Samt brachte die Farbe ihrer Augen so lebendig zu Geltung, daß man fast hätte meinen können, sie seien aus demselben Stoff. Das Kleid war eigens für sie entworfen worden. Der Schneider hatte große Mühe gehabt, ein Kleid zu kreieren, das Katrinas Schwangerschaft vollkommen kaschierte. Dabei war nicht ihre Figur das Problem, sondern ihr mangelndes Selbstbewußtsein. Im vierten Monat ihrer Schwangerschaft war ihr ihr Zustand noch kaum anzusehen, doch beklagte sie sich ständig, sie fühle sich wie ein aufgeblasener Luftballon. Mit keinem seiner Entwürfe konnte sie sich so recht anfreunden.

Dank Annas Geduld und Überredungskunst wurde das Kleid ein Meisterwerk. Und da Katrina Anna vertraute, war sie geneigt, ihr zu glauben, obwohl sie mehr als einmal schwor, sie würde die alte Sitte wieder aufnehmen, nach der die Frauen sich während ihrer Schwangerschaft nicht in der Öffentlichkeit zeigten. Sie freute sich von ganzem Herzen auf ihr Kind, doch sie wäre auch froh gewesen, wenn sie sich keine Sorgen mehr um ihre Taille hätte machen brauchen und statt dessen einige dieser exquisiten neuen Pariser Modelle hätte ausprobieren können.

Gerade als es halb acht schlug, erreichte Prinzessin Katrina die letzte Treppenstufe. Jede Minute konnten die Gäste eintreffen. Einer allerdings hätte schon lange da sein sollen. Sie hielt einen Lakaien an, der vorbeiging.

„Alexander, ist Graf Remisow schon zurückgekehrt?"

„Nicht, daß ich wüßte, Euer Hoheit."

„Würdest du bitte im Kutschenhaus und auch im Arbeitszimmer nachsehen? Vielleicht ist er unbemerkt nach Hause gekommen."

„Ja, Euer Hoheit."

Sie ging an dem Diener vorbei in die Eingangshalle, wo sie ihre Gäste empfangen wollte und wo auch der Aperitif serviert werden sollte.

In einer solchen festlichen Atmosphäre hätte es ihr eigentlich leichtfallen sollen, ihre Fröhlichkeit zu bewahren. Der Baum glitzerte, die Kerzen spiegelten sich in den leicht abgetönten Kristallornamenten. In jeder Ecke und jedem Winkel standen Sträuße von roten Rosen, Stechpalmen und Chrysanthemen und ließen den Raum wie ein Gewächshaus erscheinen, in dem die Blumen die tödliche Kälte des Winters überlebten. Der liebliche Duft, die Wärme des knisternden Feuers im Kamin, der Kerzenschein – eine solche Atmosphäre würde zum Gelingen des Abends beitragen.

Doch Katrina war nicht richtig zufrieden. Sie wußte, es war dumm zu glauben, eine Weihnachtsdekoration könnte sie zufriedener machen. Mit jeder Minute schwand ihre sorgfältig bewahrte Selbstbeherrschung mehr. Schon vor Stunden hätte Dmitri zu Hause sein sollen! Er wußte doch, wie sehr ihr dieser Abend am Herzen lag und wie sorgfältig sie alles geplant und vorbereitet hatte. Und trotzdem war er zu spät – falls er *überhaupt* erscheinen würde!

Zweifellos zog er es vor, den Weihnachtsabend in Gesellschaft seiner Saufkumpane zu verbringen! Es würde sie nicht überraschen –

Nein! Sie würde jetzt damit aufhören, dachte Katrina. Sie wollte sich durch Dmitris Benehmen nicht den Abend verderben lassen. Vielleicht sollte sie versuchen, nicht wütend auf ihn zu sein.

Natürlich hatte er ihren Zorn verdient. Daran konnte kein Zweifel bestehen. Aber wenn er in diesem Augenblick ins Zimmer käme, wäre es sehr unbedacht von ihr, ihm zu zeigen, wie ärgerlich sie war. Vielleicht konnte sie ihm ihr Weihnachtsgeschenk geben – obwohl er es nicht verdient hatte –, um ihre Wut unter Kontrolle zu bekommen. Wenigstens einer von ihnen sollte eine gewisse Reife zeigen und sich dem anderen gegenüber liebevoll verhalten! Nein, sie würde sich von ihrem Ärger nicht überwältigen lassen. Dieses Weihnachtsfest sollte ein Erfolg werden.

Sie beruhigte sich und fühlte sich schon etwas besser, als wenige Minuten später der Lakai die ersten Gäste ankündigte.

„Prinz Viktor Fedortschenko und Prinzessin Natalja Wassiljowna!" verkündete der Diener so würdevoll, daß der Winterpalast der passende Rahmen für ihn gewesen wäre.

Katrina erhob sich und umarmte ihre Eltern herzlich. Zwar hatte sie sie erst gestern gesehen, aber in letzter Zeit waren sie ihr lieber geworden, als sie je für möglich gehalten hätte. Sie mußte schlucken, als die ersten Worte ihres Vaters genau den Punkt berührten, den sie so hartnäckig aus ihrem Bewußtsein zu verdrängen suchte.

„Ist dein Gatte heute abend nicht anwesend, mein Liebes?" fragte er besorgt.

„Er wurde durch eine militärische Angelegenheit aufgehalten", erwiderte sie so fröhlich wie möglich. „Er wird bald kommen."

Sie haßte sich dafür, daß sie lügen und Entschuldigungen für Dmitri erfinden mußte. Doch fast genauso haßte sie ihren Mann dafür, daß er sie in eine solche Situation brachte. In den vergangenen Jahren wäre sie auch auf ihren Vater böse gewesen, weil er eine solche Frage gestellt hatte. Er kannte die Armee und auch Dmitri Remisow lange genug, um Katrinas Erklärung als Ausrede erkennen zu können. Doch er sagte nichts weiter.

Ihr Vater sah an diesem Abend nicht besonders gut aus. Er wirkte müde, und seine Wangen waren ein wenig eingefallen. Ob er abgenommen hatte? Weihnachten war eigentlich dafür nicht der richtige Zeitpunkt. Aber sie hatte ganz stark den Eindruck, daß seine Uniform nicht so gut saß wie früher.

Katrina hatte keine Zeit mehr, weiter darüber nachzudenken. Fast im selben Augenblick trafen die anderen Gäste ein. Nach einigen weiteren ungeschickten Entschuldigungen für die Abwesenheit ihres Mannes nahm das Fest der Geburt des Herrn seinen Lauf. Neben ihrer Schönheit hatte Katrina von ihrer Mutter auch deren natürliche Begabung geerbt, ihre Gäste zu unterhalten. Für sie war es kein Problem, sich um jeden einzelnen zu kümmern. Sie wußte, was sie zu sagen hatte, wann sie lachen, wie sehr sie lachen und wann sie besorgt aussehen mußte. Kurz, sie hatte die Fähigkeit, eine Atmosphäre zu schaffen, in der die Gäste sich wohl fühlten und den Eindruck hatten, willkommen zu sein.

Die peinlichste Situation dieses Abends entstand, als die Rede auf Katrinas Bruder kam. Man unterhielt sich über das gegenwärtige politische Klima, Rußlands militärische Verwicklungen in den verschiedensten Teilen der östlichen Welt und die unfreundlichen Bemerkungen Disraelis in bezug auf die russischen Aktivitäten in Zentralasien.

„Der britische Premierminister macht sich immer große Sorgen um sein geliebtes Indien", sagte darauf einer der Gäste.

„Als ob wir wirklich Interesse daran hätten!" fügte ein anderer hinzu.

„Ich bin einmal in Bombay gewesen", kommentierte eine der Damen. „Für nichts in der Welt würde ich es haben wollen. Eine verarmte, zurückgebliebene, stinkende, schreckliche Stadt!"

„Aber meine Liebe", antwortete darauf ihr Mann geduldig, „der Zar und seine Ratgeber fragen nicht danach, ob diese Stadt den Damen des russischen Hochadels gefällt oder nicht. Wichtig ist allein ihre geographische Lage!"

„Ich mag diesen Ort nicht!" gab seine Frau zurück.

„Trotzdem ist Bombay von einer gewissen strategischen Bedeutung für uns", fuhr ihr Mann fort, „ob du das nun verstehst oder nicht."

„Nichtsdestoweniger", warf einer der anderen Männer ein, „stehe ich in diesem Punkt auf der Seite Ihrer Frau, Graf. Wir brauchen Indien nicht, trotz seiner unleugbaren strategischen Vorteile."

„Einige würden behaupten", sagte Viktor trocken, „daß wir auch Zentralasien nicht brauchen. Und doch kämpfen wir dafür, als sei es die Krim."

„Ganz sicher war es während des amerikanischen Bürgerkrieges von großer Bedeutung für uns."

„Ich werde nie vergessen, wie der Preis für Baumwolle in die Höhe schoß", bemerkte eine der Frauen. „Du meine Güte! Hoffentlich passiert das nie wieder!"

Einem der Männer, ein flüchtiger Bekannter, der als Gast der Prinzessin Marja Nikolajewna gekommen war, fiel gar nicht auf, wie sehr er mit seinem Beitrag zu der Unterhaltung ins Fettnäpfchen trat.

„Prinz Fedortschenko", fragte er, „habe ich nicht gehört, daß Ihr Sohn sich irgendwo in Zentralasien aufhält? Wie fest haben wir dieses Gebiet im Griff?"

Er bemerkte das angespannte Schweigen nicht, das plötzlich eintrat. Nur zu genau kannten die anderen die Umstände, die zu Sergeis Versetzung geführt hatten. Prinzessin Marja versuchte, den *faux pas* ihres Begleiters noch rechtzeitig zu überspielen, aber es war zu spät.

Viktor starrte nur vor sich hin. Sein Blick war leer, und durch nichts ließ er erkennen, daß er die Frage auch nur gehört hatte. Noch weniger machte er Anstalten, sie zu beantworten. Alle wußten, daß er sie sehr wohl gehört hatte, und warteten ängstlich darauf, wie er reagieren würde.

Doch es war nicht er, der die Situation rettete, sondern seine Tochter.

„Du liebe Güte! Sie wissen doch, wie viele Geheimnisse die Armee hat!" rief sie. Damit tat sie die Frage des Mannes ab. „Die Familie weiß oft weniger als jemand, der die Tageszeitung liest! Ich bin die Frau eines Soldaten – ich spreche aus Erfahrung!"

Ihr strahlendes Lächeln rief bei den anderen amüsiertes Kichern hervor, nicht nur wegen ihrer Antwort, sondern auch, weil sie ihre Familie aus dieser Verlegenheit gerettet hatte. Die Unterhaltung konnte fortgesetzt werden.

19

Katrina war von sich und dem Abend so angetan, daß sie sich sehr tolerant zeigte, als Dmitri zehn Minuten später endlich eintraf.

Die Gesellschaft hatte sich gerade im Eßzimmer niedergelassen, als der Herr des Hauses erschien.

„Ah, Graf Remisow!" meinten einige der Männer.

„Willkommen ... seien Sie mir alle herzlich willkommen", sagte Dmitri gutgelaunt, als er ins Zimmer trat. Er begrüßte die Herren mit Handschlag und machte den Damen Komplimente. „Ich entschuldige mich für mein spätes Eintreffen. Es ist unverzeihlich, ich weiß, und ich hoffe, Sie werden mir vergeben. Gewiß hat meine Frau Sie in der Zwischenzeit gut unterhalten!"

Katrina begrüßte ihren Mann fast herzlich. Wer konnte einem so sympathischen und gutaussehenden Mann schon lange böse sein!

Die Verärgerung stieg jedoch wieder in ihr hoch, als Dmitri sich über sie beugte und ihr einen Kuß auf die Stirn hauchte. Sein Atem roch deutlich nach Alkohol. Katrina zwang sich zu einem Lächeln und bemühte sich, darüber hinwegzusehen. Es war doch vollkommen verständlich, daß er einen Weihnachtsschluck mit seinen Freunden vom Regiment nahm. Vielleicht hatte der Kommandeur die Runde sogar selbst bestellt.

Doch mit fortschreitendem Abend zeigte sich immer mehr, daß der „Schluck" ziemlich groß gewesen sein mußte. Zwar war er nicht vollkommen betrunken, aber genügend beschwipst, um sich mehr als einmal zum Narren zu machen. Er lachte zu laut an den falschen Stellen. Seine Hand zitterte, wenn er seinen Gästen Wein einschenkte, und er verschüttete mehr als nur einige Tropfen auf das weiße Tischtuch. Einmal verfehlte er sogar die Hose seines Schwiegervaters nur um wenige Millimeter. Seine Unterhaltung war bestenfalls langweilig, schlimmstenfalls flegelhaft. Und alles wurde noch schlimmer dadurch, daß er während des Abendessens mehrere Gläser Wein und hinterher noch einige Brandys trank. Da

Katrinas Geduld langsam zu Ende war, hörte sie auf zu zählen. Hatte sie denn wirklich einen Trunkenbold geheiratet?

Katrina war erschöpft, als der letzte Gast endlich kurz nach Mitternacht gegangen war.

Oben in ihrem Ankleidezimmer schlüpfte sie aus ihrem Kleid. Sie ließ es einfach auf dem Boden liegen; Anna konnte sich am Morgen darum kümmern. Sie hatte Anna für den Abend freigegeben und wollte sie jetzt nicht stören. Gerade hatte sie ihr Nachthemd über den Kopf gezogen, als Dmitri an die Tür klopfte.

„Ja?“ fragte sie müde.

„Darf ich hereinkommen, mein Liebes?“

„Ich bin noch beim Auskleiden.“ Ihre Stimme klang kühl.

„Schämst du dich, Katrina?“

„In meinem Zustand –“

Er wartete nicht ab, bis sie zu Ende gesprochen hatte. Die Tür öffnete sich, und Dmitri kam auf sie zu. „Mir macht dein Zustand nichts aus“, sagte er. „Wenn ich es nicht besser wüßte, würde ich gar nicht merken, daß du überhaupt in Umständen bist. Du siehst bezaubernder aus denn je.“ Er beugte sich zu ihr herunter und küßte sie.

Katrina versteifte sich. Der Alkoholgeruch war unerträglich.

„Ich bin wirklich sehr müde, Dmitri.“ Wenn sie nicht so angespannt gewesen wäre, hätte sich Katrina darüber amüsiert, wie sehr sie nach ihrer Mutter klang.

„Dann komm, mein müdes Weib. Laß uns zu Bett gehen.“ Er nahm sie sanft beim Arm und führte sie ins Schlafzimmer.

Er bemühte sich, fürsorglich zu sein und schaute sie so zärtlich und voller Liebe an, daß sie ihre Verärgerung fast vergaß. Sie lächelte ihn an. Ermutigt stieg er in sein Bett und rückte näher an sie heran.

„Der Abend war bezaubernd, Katrina“, sagte er. „Ich bin sehr stolz auf meine Frau.“

„Ich liebe es, Gäste zu haben. Vielleicht können wir nächstes Jahr einmal einen großen Ball geben.“

„Und ich verspreche, dann nicht zu spät zu kommen!“ Er lächelte sie spitzbübisch an.

„Das solltest du auch nicht versuchen!“ erwiderte sie neckend.

„Ich war sicher, daß du sehr ärgerlich sein würdest, als ich nach Hause kam und feststellen mußte, daß ihr schon beim Abendessen wart", kicherte er.

„Das hört sich so an, als sei ich der Polizeichef."

Er lachte. Liebevoll strich er ihr eine Haarsträhne aus dem Gesicht und küßte sie. Trotz seiner Fahne konnte sie nicht anders, als seinen Kuß zu erwidern.

„Bestimmt kann Wlasenko aber nicht so gut küssen!" lachte er. „Ich bin so froh, daß du nicht wütend auf mich bist."

„Oh, Dmitri! Es ist Weihnachten – unser erstes Weihnachtsfest zusammen. Ich will nicht wütend sein."

Er rückte etwas von ihr ab. „Was so viel bedeutet, wie daß ich es verdient hätte, ja?"

„Natürlich hast du es verdient", erwiderte sie immer noch scherzhaft. „Du kannst doch nicht leugnen, daß du ungeschickt und schrecklich taktlos warst."

„Ich bekenne mich schuldig im Sinne der Anklage, Frau Polizistin! Ich bin überwältigt von Ihrer großen Güte!"

„Weißt du, was ich denke, Dmitri?" fragte Katrina. Durch sein Verhalten provoziert, stieg die Verärgerung wieder in ihr hoch. „Ich glaube, daß du dich wirklich schuldig fühlst, und daß du nur zu stolz bist, es zuzugeben. Deshalb fängst du diesen Unsinn an, um dich zu rechtfertigen."

„Davon bist du wirklich überzeugt, nicht wahr?"

„Und wenn du nicht so betrunken wärst, würdest du erkennen, wie dumm dein Verhalten ist."

„Ich bin betrunken – zumindest war ich betrunken. Aber es war schön so. Allmählich werde ich wieder nüchtern. Dein ganzes ach so kluges Geschwätz reicht aus, um einen Bauern wieder nüchtern zu bekommen!"

Die Unterhaltung, die so scherzhaft begonnen hatte, wurde immer schärfer. Die aufgestauten Enttäuschungen der letzten Wochen und Monate kamen auf einmal hoch. Katrina ließ sich von ihnen mitreißen. Sie setzte sich auf die eine Seite des Bettes, Dmitri auf die andere.

„Ich wäre lieber so betrunken wie ein Bauer, als –"

Er brach ab. In seinem gegenwärtigen Zustand fehlten ihm die richtigen Worte.

Schnell nahm Katrina seinen Gedanken auf. „Als ein verantwortungsbewußter Ehemann zu sein!" giftete sie.

„Wenn ich gewußt hätte, daß ich mich in meiner Ehe wie in einem Gefängnis fühle, hätte ich mir das alles zweimal überlegt“, schoß er zurück.

Daraufhin sprang er aus dem Bett, griff nach seinem Anzug, stürmte aus dem Raum und schlug krachend die Tür hinter sich zu.

Katrina ließ sich in die Kissen sinken und fing an zu weinen. Es war alles so schnell gegangen. Ihre Gedanken überstürzten sich. Sie konnte noch nicht einmal sagen, was schiefgegangen war. Sie hatte doch so sehr versucht, eine verständnisvolle Frau zu sein. War ihre Ehe jetzt nach nur acht Monaten schon gescheitert?

Überwältigt von Müdigkeit und Schmerz, überhörte sie das Klopfen an der Tür. Doch dann klopfte es wieder, diesmal ein wenig lauter.

War er vielleicht zurückgekommen, um sich zu entschuldigen?

Sie erhob sich und ging zur Tür. „Dmitri“, sagte sie, als sie öffnete. „Ich –“ Sie brach ab. Anna stand in der Türöffnung.

„Verzeihen Sie mein Eindringen, Euer Hoheit“, sagte sie. „Aber ich hörte ein Geräusch und machte mir Sorgen.“

„Oh, Anna!“ rief Katrina und brach erneut in Tränen aus. Sie legte die Arme um ihre Zofe. „Ich habe alles kaputtgemacht, Anna! Meine Ehe ist zerstört! Ich – ich ... “Was immer sie noch sagen wollte wurde von den Schluchzern erstickt, die aus ihr hervorbrachen.

Anna hielt ihre Herrin wie ein Kind und führte sie wieder zu ihrem Bett. Arm in Arm setzten sie sich nieder und schwiegen.

Schließlich erhob sich Anna, half ihrer Herrin, sich hinzulegen, richtete ihr die Kissen und deckte sie gut zu. Sie zog das seidene Laken über Katrinas Schultern, beugte sich nieder, um sie noch einmal mütterlich zu umarmen, und gab ihr einen Kuß auf die Wange. Dann erhob sie sich und kehrte in ihr Schlafzimmer zurück.

Noch bevor Annas Kopf ihr Kissen berührt hatte, war Katrina schon fest eingeschlafen.

20

Einige Tage später fand in einem Teil der Stadt, der weit von dem eleganten Haus der Remisows entfernt lag, ein Treffen ganz anderer Art statt.

Nur wenige Einwohner der Stadt, die nicht in der Grafski-Straße wohnten, wagten sich hierher, nicht einmal bei Tageslicht. In diesem Teil der Stadt lebten so viele Kriminelle, daß die Gendarme in ihren schwarzen Mänteln nur zu zweit auf Streife gingen. Sie beteten darum, daß endlich die in der Diskussion befindliche Verordnung erlassen würde, nach der ihnen gestattet sein würde, Waffen zu ihrem Schutz zu tragen. Im Augenblick hatten sie nur ihre bloßen Hände oder einen Holzknüppel, um sich bei einem Angriff zu verteidigen.

Die zerlumpten Tatarenkinder und die dünnen, verschleierten Frauen, die sich an jenem speziellen Nachmittag auf der Straße befanden, schienen solche Vorsichtsmaßnahmen jedoch kaum zu rechtfertigen. Die wirkliche Gefahr, besonders zu so früher Stunde, lauerte hinter verschlossenen Türen, in dunklen, rattenverseuchten Ecken – von Dieben, Zuhältern und Opiumhändlern. Jeder von ihnen würde, ohne lange nachzudenken, für eine Kopeke einen Menschen umbringen.

Zusammen mit ihnen lebten in diesem finsteren Teil von St. Petersburg Kriminelle anderer Art – Männer, die durch ihre falschen Ideale zu kriminellen Handlungen getrieben wurden. Dieses Armenviertel von St. Petersburg war die einzige Zuflucht für die verfolgten Revolutionäre und Terroristen.

Während der letzten Monate des Jahres 1880 und den ersten des neuen Jahres hatten der Zar und sein Bevollmächtigter ihr Ziel erreicht. Loris-Melikow hatte die Revolutionäre zwar nicht in die Flucht geschlagen, ihnen aber doch immerhin Grund genug gegeben, sich über die Gefahr klarzuwerden, in der sie schwebten, wenn sie neue Zwischenfälle provozierten.

In der Panik des vergangenen Jahres waren die Einwohner der Stadt zu der Überzeugung gekommen, die Zahl der Revolutionäre und Unzufriedenen sei so hoch, daß sie die Stadt jeden Moment überrollen und eine Revolution auslösen könnten. Doch gegen Ende des Jahres 1880 war die Zahl der Aufrührer relativ gering und mit den richtigen Maßnahmen leicht im Zaum zu halten. Melikow hatte es geschafft, die Bedrohung abzuwenden und den Einfluß der Terroristen auf die Stadt einzudämmen. Tatsächlich waren die Feinde der Regierung in den Untergrund getrieben worden; einige hatten aus Furcht vor einer Verhaftung die Stadt verlassen und sich sogar von der Sache abgewandt. Doch die wenigen Übriggebliebenen waren noch genauso gefährlich wie früher. Denn sie waren die unbeugsame, unerschütterliche Elite der ‚geheiligten Sache'.

Jeder der Aufrührer hatte einen besonderen Grund für seine standhafte Loyalität zur Sache. In diesem ausgewählten Kreis von Verbrechern wurde über Motive nur selten gesprochen. Man setzte voraus, daß jeder ein Motiv hatte, und damit war es genug.

Einer jener Männer versammelte an diesem Nachmittag im Hinterzimmer einer schmutzigen Taverne in der Grafski-Straße seine Sinnesgenossen um sich. Seine Motive waren jedoch so finster und bösartig, daß selbst seine Kameraden, wenn sie davon gewußt hätten, erschrocken gewesen wären. Basil Anickins Haß kannte kein Mitleid, er saß so tief, daß er schon vor langer Zeit jegliche Spur von Menschlichkeit in ihm ausgelöscht hatte. Manchmal sprach Anickin von den unterdrückten Massen und der Korruption der Regierung, doch das alles war für ihn nur ein Mittel, um das Ziel zu erreichen, das allein für ihn zählte.

Nachdem in der Anstalt zum ersten Mal Kontakt zu ihm aufgenommen worden war, hatte Basil mit aller Macht versucht, sein durch die Drogen umnebeltes Gehirn wieder klar zu bekommen. Nach und nach war seine Erinnerung zurückgekommen, und es gelang ihm sogar, seine Pfleger davon zu überzeugen, daß er wieder gesund sei. Für ihn, Basil Anickin, mochte sein geistiger Zustand vielleicht normal sein. Aber er war alles andere als geistig gesund.

Mitte November, Monate nach dem ursprünglich angekündigten Datum, wurde er schließlich in die Festung „Peter und Paul" zurückverlegt. Seine Freunde hatten die Flucht von dort arrangiert. Basil Anickin war nun wieder in Freiheit.

Selbst Basil hätte, wenn er sich in einer philosophischen Stimmung befunden hätte, die Ironie in diesem Wort gesehen.

Freiheit war ein schlecht gewähltes Wort, um das Leben eines Flüchtlings zu beschreiben.

Vom hochangesehenen Sohn eines reichen Arztes zum Mitglied einer kriminellen Vereinigung, die ihre Sitzungen in einem verfallenen Gebäude in der Grafski-Straße abhielt – tiefer konnte man gesellschaftlich nicht sinken. Selbst die Einkerkerung in der Festung besaß in diesen Kreisen ein gewisses Prestige. Jetzt gab es für ihn nichts als Schmutz, Elend und Hunger. Doch die Bequemlichkeit seines früheren Lebens bedeutete diesem Mann, der von Haß und Rachsucht zerfressen war, überhaupt nichts.

Basil saß auf dem Boden und verfolgte mit Interesse die Vorgänge um ihn herum. Seine Augen verengten sich, wenn zufälligerweise die Rede auf Dinge kam, die für die Erreichung seines Lebenszieles nützlich sein konnten. Die anderen im Zimmer, besonders die, die ihn vorher nicht gekannt hatten, mieden ihn möglichst.

Basil Anickin bot in der Tat einen erschreckenden Anblick. Sein einst so starker Körper war ausgezehrt. Sein Gesicht, früher so auffallend gutaussehend, daß er damit beinahe das Herz einer stolzen Prinzessin erobert hätte, wirkte fast gespenstisch. Unter den Augen lagen tiefe Ringe, seine Wangen waren eingefallen. Die Haare waren ihm von seinen Pflegern kurzgeschoren worden, und er hatte beschlossen, sie nicht wachsen zu lassen, sondern als Mahnmal seiner Inhaftierung kurz zu behalten. Nur seine Augen straften den Eindruck, er sei vom Tod gezeichnet, Lügen. Sie sprühten vor Leidenschaft, Haß und brutaler Willensstärke wie nie zuvor.

An diesem heimlichen Treffen nahm er nicht in erster Linie wegen seiner Kameraden oder wegen der Sache teil, für die er noch vor wenigen Jahren eingetreten war. Wenn allerdings durch seine Anwesenheit einige Schritte auf ihr Ziel zu gemacht werden konnten, die verhaßte Regierung und das Romanow-Regime zu zerstören, um so besser. Doch der Hauptgrund für seine Kontaktaufnahme mit seinen früheren Kameraden war das Wissen, ohne ihre Hilfe sein Ziel wahrscheinlich nie erreichen zu können.

Während er sich in den Wochen seines Aufenthalts in der Irrenanstalt auf seine Rettung vorbereitete, hatte er auch angefangen, einen Plan für seine Rache an dem jungen Grafen

Remisow und seiner Braut zu schmieden. Zufällig paßten seine eigenen Pläne ziemlich genau in die Pläne der Organisation *Wille des Volkes*. Er nahm an, daß sich nach der Ermordung des Zaren die Menschen spontan erheben würden. Natürlich würde es auch Gewalttaten der Massen geben – Aufstände der Bauern, Generalstreiks, Straßenkämpfe und viele einzelne Zwischenfälle körperlicher Gewaltanwendung von Dienstboten und Vertretern des Bauernstandes gegen die Aristokraten. Die Ermordung des Grafen Remisow und seiner Frau würde keine Fragen aufwerfen, und Basil würde als freier Mann daraus hervorgehen. Er würde dann in die Schweiz oder nach England reisen und den Rest seines Lebens im Frieden mit sich selbst verbringen.

*

Auf der gegenüberliegenden Seite des Raums saß ein anderer junger Mann und dachte über seine Zukunft nach. Es war ihm nicht gelungen, Basil Anickins Flucht zu vereiteln. Je mehr er den Mann an diesem Nachmittag beobachtete, desto mehr bedauerte er es. Anickin sah aus wie ein hungriges, blutrünstiges Tier.

Pauls Plan war nun, so dicht wie möglich in der Nähe dieses Mannes zu bleiben. Es war besser, einen verrückten Bären in Sichtweite zu behalten, als ihn unsichtbar hinter seinem Rücken herkriechen zu lassen.

Doch der Gedanke, auch nur eine Sekunde in der Gesellschaft dieses Wahnsinnigen zu verbringen, ließ ihn frösteln. Außerdem konnte Paul in eine Zwickmühle geraten, falls Anickin andere Ziele verfolgen sollte als die Organisation.

Vielleicht sah er aber auch alles zu schwarz. Mehr als ein Jahr war seit Anickins Angriff auf den Grafen Remisow und die Prinzessin Fedortschenko vergangen. Wahrscheinlich hatten sich seine Haßgefühle, die ihn zu diesem Angriff veranlaßt hatten, mittlerweile in nichts aufgelöst.

Oder vielleicht doch nicht? überlegte Paul.

Man müßte schon blind sein, um das zu glauben! Aber vielleicht hatte Anickin ja die Absicht, seinen Haß auf den Zaren zu konzentrieren, und ließ die adelige Familie in Ruhe. Warum sollte er sonst bei diesem Treffen anwesend sein? Ohne Zweifel war er intelligent genug zu erkennen, wo Prioritäten gesetzt werden mußten und daß der Tod des Zaren vor allen seinen persönlichen Zielen und Haßgefühlen rangierte.

Wie stand es aber mit ihm selbst? Paul mußte sich zurechtweisen. Es war wichtig, daß er sich allein auf das Programm der Organisation *Wille des Volkes* konzentrierte! Anna konnte gut für sich selbst sorgen. In all den Jahren, die sie jetzt schon in der großen Stadt lebte, war es ihr so gut gegangen. Es würde niemandem nützen, wenn er versuchte, seine eigene Schuld durch einen falschen Beschützerinstinkt ihr gegenüber wieder gutmachen zu wollen. Er wäre wertlos für die Sache, wenn er sich mehr um seine Schwester kümmerte als um die viel wichtigere Aufgabe, die Gesellschaft Rußlands neu zu gestalten. Er durfte seine Kameraden jetzt nicht im Stich lassen. Der Erfolg war so greifbar nahe.

Wieder schaute er zu Anickin hinüber, der sich plötzlich interessiert vorgebeugt hatte. Zheljabow sprach gerade über einen Tunnel, den sie unter einer Straße hindurchgraben wollten, die der Zar oft benutzte. Der geistesgestörte Anwalt war ganz sicher keine Bedrohung mehr für Anna und ihre Herrin. Er hatte sich um wichtigere Feinde zu kümmern.

Auch Paul wendete Zheljabow seine Aufmerksamkeit wieder zu. *Hier* lag ihre Zukunft – bei den Plänen, über die Andrei gerade sprach! Und es hätte Paul vielleicht überrascht zu sehen, daß das Funkeln in seinen eigenen Augen ein Widerschein des Ausdrucks in den Augen von Basil Anickin war.

Vielleicht hätte es ihn aber auch nicht überrascht, denn hatte er nicht die ganze Zeit gewußt, daß sie alle ein wenig wahnsinnig waren und sich der Grad ihres Wahnsinns nur wenig voneinander unterschied?

21

Tausend Kilometer entfernt herrschte eine andere Art von Wahnsinn.

Seit vielen Stunden zerrissen die unaufhörlichen Feuerstöße der Artillerie die sengende Wüstenluft. Es war ein grausamer

Alptraum, die Wiederholung der Belagerung von Pleven. Und wieder befand sich Sergei ungewollt mittendrin.

Dieses Mal ging es um die belagerte Stadt Geok-Tepe, in einer Oase gelegen.

So, als sollten sich die Vorgänge um Pleven tatsächlich wiederholen, saß auch diesmal der Weiße General auf seinem prächtigen Pferd und führte seine Truppen mit derselben Begeisterung an wie schon drei Jahre zuvor.

Sergei jedoch betrachtete das Geschehen mit ganz anderen Augen. Er hatte schon damals allen Patriotismus verloren. Und bei dieser Auseinandersetzung verlor er jeglichen Sinn für die Realität. Das Buch, dessentwegen er in diese Hölle verbannt worden war, schien ihm jetzt, nach acht Monaten am Rande der Zivilisation, nichts weiter als idealistisches Geschwätz zu sein. Nichts, was er in der Kadettenschule oder auf dem Balkan gelernt hatte, hätte ihn auf die Schrecknisse *dieses* Ortes vorbereiten können.

Die Armee hatte einen Freibrief, alles zu zerstören. Niemand gab sich Mühe, genauer hinzusehen, wie dieser Befehl ausgeführt wurde, besonders wenn es sich um abtrünnige Tataren handelte. General Skobelew versuchte nicht einmal, seine skrupellose Militärpolitik zu verschleiern.

„Meiner Meinung nach“, hatte er einmal gesagt, „steht der Frieden in Asien in direkter Verbindung mit dem Schaden, den man unter den Feinden anrichtet. Man muß hart durchgreifen und immer härter durchgreifen, bis der Widerstand gebrochen ist. Dann hört man mit dem Gemetzel auf und verhält sich freundlich und menschlich gegenüber dem unterworfenen Feind.“

Wirklich, ganz einfach. Man tötet und tötet immer weiter, bis nur noch so wenige übrig sind, daß kein Schaden mehr angerichtet werden kann. Und dann ist man freundlich und menschlich zu ihnen.

Freundlich und menschlich, dachte Sergei bitter. Wen wollte man denn mit solchen widersprüchlichen Worten zum Narren halten?

Warum konnte er diese Politik nicht wie jeder andere akzeptieren? Er war doch Soldat. Er war dazu ausgebildet worden, zu kämpfen, zu erobern, zu töten. Warum hatte nur er sich verändert und niemand sonst?

Das Töten schien ihm so sinnlos, so vermeidbar ... so falsch. Warum konnten sie den Wahnsinn in all dem nicht sehen? Oder warum konnte er nicht die Augen schließen und alles erdulden? Warum hatte er das Gefühl, als ob jeder Unschuldige durch sein eigenes Schwert getötet worden sei?

War er der einzige Mann mit einem Gewissen in ganz Asien?

Nein. Mehr als einmal hatte er einen russischen Soldaten beobachtet, der ein Kind tröstete, das er zum Waisen gemacht hatte. Und doch hatte Sergei ein Problem, das die meisten seiner Kameraden nicht zu haben schienen. Er konnte keine Autorität anerkennen, die nicht einen zwingenden Grund für ihre Befehle hatte. Sein Vater hatte ihn oft auf diesen Fehler aufmerksam gemacht. Es war ein gravierender Fehler, besonders für einen Soldaten, von dem blinder Gehorsam verlangt wurde. Deshalb hatte Sergei auch nach fünf Jahren Dienst in der Armee nur den Rang eines Leutnants erreicht.

Auf einmal riß ihn eine Stimme aus seinen Gedanken, die noch beunruhigender klang als das Artilleriefeuer.

„Leutnant Fedortschenko!“ rief Hauptmann Rustaweli. „Wir haben nicht den ganzen Tag Zeit. Bereiten Sie sich darauf vor, mit Ihren Männern auszurücken.“

„Jawohl, Herr Hauptmann!“

Rustaweli achtete darauf, daß Sergei sein Grinsen bei der Anrede *Herr Hauptmann* auch sah. Sergei dagegen bemühte sich genauso stark, es zu ignorieren. Er hatte eine Arbeit zu verrichten, Befehle zu befolgen. Er mußte einfach aufhören nachzudenken! So verhielten sich wahrscheinlich die anderen. Sie dachten an nichts anderes als an Befehle und an die Arbeit, die getan werden mußte. Man durfte den Gestank und die Todesschreie nicht zur Kenntnis nehmen. Sich einfach abschotten vor dem Schrecklichen –

Nein! Er dachte ja schon wieder nach! Er mußte damit aufhören, bevor er verrückt wurde! Schnell wandte er sich der Handvoll Männer zu, die unter seinem Kommando standen.

„Ihr habt gehört, was der Hauptmann gesagt hat. Es ist an der Zeit. Macht euch abmarschbereit!“ rief er laut, aber wenig begeistert.

Vor zwei Monaten hatte Skobelew mit der Belagerung der Wüstenfestung begonnen, nachdem die Türken Zuflucht in ihren Mauern gesucht hatten. Die Stärke der Truppen des Weißen Generals betrug weniger als achttausend Mann. In der Festung befanden sich schätzungsweise zwanzigtausend Türken; sie besaßen aber nur ungefähr achttausend Gewehre. Hinzu kamen noch ihre diversen Messer, Schwerter und Spieße. Und wieder, wie schon im vergangenen Jahr, hielten sie hartnäckig die Stellung. Die Türken hatten viele heftige Ausfälle versucht, aber Skobelews Truppen hatten sie immer wieder in die Festung zurückgetrieben.

Der Kosakengeneral war jedoch entschlossen, nicht so zu scheitern wie sein Vorgänger im Jahre 1879. Er behielt die Nerven und befahl eine Belagerung, die die von Pleven noch in den Schatten stellte. Er hatte angeordnet, Tunnels unter die Stadtmauern zu graben, von denen aus die Mauern vermint werden sollten. Er würde keine wertvollen Soldaten durch sinnlose Heldentaten verschwenden; dafür war ihm das Leben eines russischen Soldaten zu kostbar. Nicht, daß er etwas gegen Heldentaten gehabt hätte – sein Erfolg hing davon ab. Aber er bevorzugte sie im Zusammenhang mit einem sicheren Sieg.

Die Minen waren jetzt an Ort und Stelle und warteten darauf, gezündet zu werden. Die Truppen nahmen ihre Stellung ein. Sie formierten sich zu Reihen. So wollten sie vorrücken und die Festung nach dem Fall der Mauer einnehmen.

Sergei bestieg seinen Rappen. Er spürte, wie sich sein Magen zusammenkrampfte. Selbst jetzt noch redete er sich ein, daß das, was er bei den kleineren Zwischenfällen beobachtet hatte, nur Gewalttaten einzelner waren. Dies war eine richtige Schlacht. Der General selbst überwachte die Vorgänge. Ganz sicher hatte er das Wort *Gemetzel* nur im übertragenen Sinne gemeint.

Und während Sergei aufsaß, erinnerte er sich wieder an seinen Entschluß. Diesmal würde er nicht untätig zusehen. Er würde nicht einmal dem Weißen General blinden Gehorsam leisten und somit den Mord an Unschuldigen dulden.

Eine ohrenbetäubende Explosion zerriß auf einmal die Luft.

Große Wolken aus Rauch und Staub stiegen von Geok-Tepe auf. Die Erde erbebte, als die Minen explodierten und erst den einen, dann den anderen Teil der Stadtmauer zum Einsturz brachte. Sergeis Pferd schnaubte und stampfte nervös.

„Ruhig ... ruhig, Junge“, murmelte Sergei und tätschelte den Hals seines Pferdes. Im nächsten Augenblick gab der General den Befehl. Achttausend Russen stürmten unter wildem Kriegsgeschrei vorwärts.

Einige Türken versuchten, die angreifenden Russen lange genug aufzuhalten, damit andere sich in Sicherheit bringen konnten. Aber es war ein hoffnungsloser Versuch. Das Klirren der Schwerter und das Geräusch der feuernden Gewehre schwoll an und mischte sich mit dem abklingenden Echo der explodierenden Minen. Die Russen stürmten vorwärts und verwickelten die Tataren in einen Kampf von Mann zu Mann. Für diese Kampfart war Sergei ausgebildet worden. So lange, wie er als Soldat um den Sieg auf dem Schlachtfeld kämpfte, konnte er seine Pflicht tun.

Er parierte gerade die Schläge eines Tataren mit Krummsäbel, als Rustaweli herankam und den Nomaden von hinten niederschlug.

„Ich hatte ihn doch schon!“ rief Sergei.

„So ängstlich, wie Sie dabei aussahen, hatte ich die Befürchtung, daß Sie getötet würden. Ich kann nicht ewig auf Sie warten, Leutnant. Wir haben den Befehl, die Flüchtenden zu verfolgen!“

Sergei zögerte.

Er scheute sich vor Rustawelis Befehlen. Und irgend etwas tief in seinem Innern sagte ihm, daß er besser blieb, wo er war.

Er hätte es ablehnen sollen, ihm zu folgen. Vielleicht war er wirklich ein Feigling. Vielleicht war er gar nicht der Zyniker, der er zu sein glaubte. Ein Teil von ihm glaubte immer noch an die russische Armee und ihre Aufgabe. Auf jeden Fall versuchte dieser Teil von ihm verzweifelt, es zu glauben. Deshalb wendete Sergei ohne weiter nachzudenken sein Pferd und galoppierte hinter dem Hauptmann her.

Als die Russen gekommen waren, hatten Tausende von Flüchtlingen – Männer, Frauen und Kinder – aus Tekke ihre zerstörte Festung verlassen und in Geok-Tepe Zuflucht gesucht. Nun mußten sie sich schnell woanders in Sicherheit bringen.

Die grausamen russischen Soldaten verfolgten sie und metzelten alle nieder, die sie erwischten, ob Frauen, Kinder oder unschuldige Männer. Alle vorherigen Scharmützel mit den diebischen Nomaden waren nichts im Vergleich zu dem, was nun auf sie wartete.

„Hört auf ... hört auf!" hörte Sergei sich auf einmal rufen. Er wußte nicht, wann er damit angefangen hatte. Seine Stimme war nicht mehr als ein Krächzen inmitten der rasenden Russen und der Schreie der zu Tode erschreckten, fliehenden Tekken. Die Männer unter seinem eigenen Kommando achteten nicht auf sein Schreien; sie gingen ganz in dem Angriff auf.

Irgendwie schaffte er es, weiterzureiten. Er mußte weiterreiten; wenn er umkehren würde, würde er von seinen nachstürmenden russischen Kameraden niedergetrampelt werden. Er würde reiten und reiten und niemals wieder umkehren. Er würde dahin reiten, wo es keine brennende Festung gab, jenseits der Berge. Er würde fliehen! Er würde zu Anna zurückkehren. Gemeinsam würden sie diesem schrecklichen Geschehen entkommen!

Er trieb sein Pferd über die steinige Ebene und bemerkte nicht einmal, daß es über tote Körper sprang. Auf einmal tauchte eine Frau vor ihm auf. Er hatte sie nicht gesehen, und plötzlich stand sie vor ihm.

„Gnade, Gnade", jammerte sie und streckte ihm die Arme entgegen. Sein Pferd scheute und wieherte wild.

Vielleicht hatte sich Sergeis Panik auch auf sein Pferd übertragen. Auf jeden Fall stieg das Pferd auf die Hinterbeine. Seine eisenbeschlagenen Hufe krachten auf die bittende Frau und töteten sie mit nur einem Schlag auf den Kopf.

Wieder bäumte das Pferd sich auf. Diesmal konnte Sergei sich nicht oben halten. Sein Sturz wurde von zwei Körpern, die auf dem Weg lagen, abgefangen. Eine Weile lag er wie betäubt da. Als er sich von den Leichen erheben wollte, die ihn zweifellos davor bewahrt hatten, sich das Genick zu brechen, bemerkte er, daß der eine ein Junge war, vielleicht elf Jahre alt. Aus der Wunde in seiner Brust sickerte noch immer Blut, doch Sergei war zu betäubt, um irgend etwas zu empfinden.

Er kroch zu der Frau hin. Ihm war sofort klar, daß auch sie tot war. Ihre Augen waren vor Angst weit aufgerissen, und ihr Todesschrei klang noch in Sergei nach.

Er erhob sich. Die Uniform, auf die er einst so stolz gewesen war, war blutbefleckt – Blut, das bei Türken und Russen gleichermaßen rot war. Er fühlte keinerlei Dankbarkeit, daß es nicht sein eigenes Blut war. Im Gegenteil, er wünschte, es wäre sein Blut! Nur zu gern wäre er gestorben, damit ihm dieser Anblick erspart geblieben wäre!

Sein Pferd war ihm durchgegangen. Wenn er schon nicht tot sein konnte wie die vielen Türken, die vor ihm auf dem Boden lagen, so wünschte er sich doch wenigstens, auf dem Rücken des Pferdes zu sitzen und zu reiten ... vor diesem Alptraum davonzureiten. Aber er konnte weder fliehen noch sterben. Er mußte nun über alle Leichen hinwegsteigen.

Es kam ihm vor, als sei er schon Stunden marschiert, in Wirklichkeit konnten es aber höchstens ein paar Minuten gewesen sein. Das Gemetzel war noch in vollem Gang. Nur verschwommen nahm er das Geschehen um sich herum wahr. Doch das, was er bereits gesehen hatte, brannte die Erinnerung an diesen Tag für immer in sein Gedächtnis ein.

Dann traf Sergei unerwarteterweise auf Hauptmann Rustaweli und zwei andere Offiziere. Sie hatten etwa ein Dutzend Flüchtlinge, Männer und Frauen unterschiedlichen Alters, eingekreist. Rustaweli war drauf und dran, den Befehl zu geben, die ganze Gruppe zu erschießen.

Auf einmal wurde Sergei von Ekel und Schmerz überwältigt. Er konnte nicht mehr mitansehen, wie Menschen sinnlos getötet wurden. Sein Verstand sagte ihm, daß es genauso verachtungswürdig war, dabeizustehen und mitanzusehen, wie Menschen umgebracht wurden, wie wenn man selbst Hand anlegte. In diesem Moment war er nur begrenzt fähig, rational zu denken und zu handeln. Er dachte nicht über Konsequenzen nach, sondern sagte sich nur immer wieder: *Das muß aufhören ... aufhören ... aufhören!*

Rustaweli stand vor ihm. Sergei konnte die Stimme in sich nicht zum Schweigen bringen. Sie klang fort und übertrug sich auf seine Lippen, obwohl seine Ohren sie nicht hören konnten. Er rannte los, ohne sich darüber im klaren zu sein, daß er sich für den Angriff entschieden hatte.

„Aufhören ... aufhören!“ rief er und rannte auf den Hauptmann zu. „Hören Sie auf, Rustaweli ... hören Sie auf!“ Seine Stimme klang heiser und sein Körper zitterte. Auf einmal blieb er stehen und bemerkte, daß er sich inmitten der zum Tode verurteilten Türken befand. Die Hälfte von ihnen waren Frauen.

Die Augen des Hauptmanns blitzten vor Haß. Dann verzog sich sein Mund zu einem böswilligen Grinsen, sein Gewehr war noch immer auf die Flüchtlinge gerichtet.

„So, Leutnant, *Prinz*", sagte er spottend. „Sie möchten mich also meines Kommandos entheben?" Daraufhin brach er in Gelächter aus.

„Es ist genug getötet worden!" rief Sergei. Er spürte, wie er die Beherrschung verlor.

„Pah! Sie sind ein Dummkopf, Fedortschenko. Wir gehorchen doch nur unseren Befehlen", schnaubte der Hauptmann. „Und jetzt aus dem Weg, sonst werden Sie zusammen mit denen da getötet! Ich werde Sie als Verräter vor Gericht stellen lassen. Steigern Sie nicht mein Vergnügen noch, indem Sie mich zwingen, Sie zu töten!"

Rustaweli spannte den Hahn seines Gewehres.

Schnell zog Sergei seine Pistole. Selbst mit seiner zitternden Hand hätte er seinen Kommandeur treffen können, bevor dieser zurückschießen konnte. Die beiden anderen Offiziere konnten auf Sergei zielen, aber keiner von ihnen würde feuern können, bevor er Rustaweli eine Kugel durch den Kopf geschossen hätte.

„Ich werde Sie erschießen, bevor ich mitansehe, wie noch mehr Unschuldige getötet werden", sagte Sergei. Seine Stimmte zitterte, als er sprach, und der Hauptmann lachte ihm nur ins Gesicht.

„Dazu haben Sie nicht den Mut!" höhnte Rustaweli. Er feuerte. Ein alter Mann neben Sergei fiel zu Boden. Die kleine Gruppe von Türken schrie in Panik auf und versuchte zu fliehen.

Sergei feuerte seine Pistole ab, doch im selben Moment bäumte sich das Pferd des Hauptmanns auf. Sergeis Kugel verfehlte ihr Ziel und schlug statt dessen in die Schulter des Hauptmanns ein. Blut und Knochensplitter spritzten heraus.

Der doppelte Schreck des aufsteigenden Pferdes und der Kugel ließ Rustaweli rückwärts aus dem Sattel fallen. Seine letzten Worte waren eine Schimpfkanonade gegen den verfluchten Aristokraten. Er schlug hart auf einem Felsen auf und blieb regungslos im Staub liegen.

Sergei nahm nur wie durch einen Nebel wahr, was als nächstes passierte. Es gab noch mehr Schüsse, noch mehr Schreie und noch mehr Gerenne. Er selbst tat überhaupt nichts, sondern blieb stehen, wo er war, die Pistole immer noch in der Hand. Er fragte sich nur, warum die anderen beiden Offiziere ihn nicht sofort niedergeschossen hatten. Aber sie waren wahrscheinlich so schockiert gewesen über das, was sie hatten mitansehen müssen, daß sie gar nicht reagieren konnten. Türken zu töten war für sie etwas ganz anderes, als wenn man auf seinen eigenen Kommandeur schoß.

Sergei hörte, wie Pferde sich näherten. Dann erkannte er die Stimme des Regimentsobersten. Das weitere Geschehen bekam er nicht mehr genau mit. Er stand nur weiter ganz ruhig da, mit hängenden Armen, in der Hand noch immer die Pistole.

„Was geht hier vor?" bellte der Oberst. Die Szene mußte deutlich genug gewesen sein. Sergeis Pistole war nicht zu übersehen.

In Gegenwart des Oberst kamen die Offiziere schnell wieder zu sich. „Er ist rasend geworden!" antwortete der eine.

„Wer?"

„Der Leutnant dort. Er kam schreiend an. Bevor wir wußten, was geschah, hat er sich vor die Gefangenen gestellt und den Hauptmann bedroht."

„Ihn von seinem Pferd geschossen!" fügte der andere hinzu.

„Ohne Provokation?" fragte der Oberst.

„Der Hauptmann sagte ihm, er solle aus dem Weg gehen, damit die Befehle ausgeführt werden könnten. Dann schoß der Leutnant auf ihn."

„Stimmt das, Leutnant?" fragte der Oberst. Sergei wandte sich langsam dem Offizier zu, so als bemerke er ihn zum ersten Mal. Er öffnete seinen Mund und versuchte zu sprechen, aber er brachte kein Wort heraus.

„Antworten Sie mir!" beharrte der Oberst.

Sergei spürte, wie er nickte.

„Gut, Männer, nehmt ihn in Gewahrsam", befahl der Oberst.

„Und was jetzt?" fragte einer der Zeugen. „Ein Erschießungskommando ist noch zu gut für jemanden wie ihn!"

„Es wird eine Untersuchung vor dem Kriegsgericht geben", sagte der Oberst. Dann wendete er sich wieder Sergei zu.

„Ist Ihnen klar, daß Sie sich in einer üblen Lage befinden, Junge?“

Doch Sergei verstand im Augenblick überhaupt nichts, außer, daß sein Ekel vor dem Töten ihn selbst zu einem Mörder gemacht hatte. Daß er selbst ein Opfer war, kam ihm nicht in den Sinn.

Widerstandslos ließ er sich von den Soldaten die Hände binden. Dann führten sie ihn ab.

Endlich hatte er es geschafft, seinem Vater wirklich Schande zu bereiten. Er war tief gefallen, ohne Hoffnung, jemals wieder aufsteigen zu können. Niemals wieder würde er seinem Vater unter die Augen treten können. Er würde Anna nie wiedersehen können. Wie würde auch nur einer von ihnen ihn jemals wieder ansehen können, ohne daß er den Vorwurf in ihren Augen las?

Ein Erschießungskommando wäre das beste; das passende Ende eines Lebens voller gescheiterter Träume und Visionen, eines Lebens, in dem es nur eine Freude gegeben hatte – die Liebe einer jungen Frau, die nun für ihn so viel Abscheu empfinden würde, wie er für den Hauptmann empfunden hatte, den er töten wollte.

Ob ihm das nun gelungen war oder nicht, zählte nicht. Das Ergebnis würde das gleiche sein.

22

Katrina stieg mit schwerem Schritt die Treppe zu ihrem Heim hoch. Ein Lakai öffnete die Haustür, und ein Diener nahm ihr sofort den dicken Pelzmantel und ihren Hut ab. Immer noch ganz betäubt von der Unterredung mit ihrem Vater, nahm sie die Diener kaum wahr.

Es war einfach unvorstellbar! Das konnte nicht wahr sein! Nicht Sergei … nicht ihr lieber, sensibler, sanfter Bruder Sergei!

Es mußte ein Irrtum vorliegen!

Zuerst war sie böse geworden. Sie hatte gewütet und getobt. Schließlich, als ihr die Realität langsam bewußt wurde, hatte sie angefangen zu weinen. Ihr Vater hatte natürlich alle Fakten parat. Und die Fakten waren nur zu klar. Viktor selbst war ins russische Lager ans Kaspische Meer gereist, um alles zu überprüfen. Die tragische Tatsache war unabänderlich.

Sie stieg die gewundene Treppe zur ersten Etage hoch. Fest umklammerte sie das Treppengeländer, nicht nur, weil sie sich abstützen mußte, sondern weil sie einen Halt brauchte, etwas, an das sie sich klammern konnte. Sie ging auf ihr Zimmer – sie mußte allein sein.

Allein ... nein, nur nicht allein sein! Sie brauchte jetzt jemanden, mit dem sie reden konnte. Wo war Dmitri? Ausgegangen, natürlich – wer konnte schon wissen, wohin?

Der Gedanke an ihren Mann machte Katrina wieder neu deutlich, wie allein sie sich fühlte. Sie betrat ihr Zimmer und schloß die Tür hinter sich. Dann brach sie in Tränen aus.

Es war ganz still. Niemand war da, der sie trösten konnte – kein Vater, keine Mutter, kein Bruder. Und jetzt hatte sie sogar ihr eigener Mann verlassen. Sie setzte sich auf das Sofa in ihrem Wohnzimmer und weinte – um sich, genauso wie um ihren Bruder. Sonst konnte sie nichts tun.

So fand Anna sie zehn Minuten später.

„Oh, Prinzessin ... was ist passiert?" fragte sie voller Mitleid und eilte auf ihre Herrin zu. Sie legte ihre Hand auf Katrinas Arm und kniete sich neben sie.

Beim willkommenen Anblick ihrer Zofe fühlte Katrina sich auf einmal erleichtert. „Oh, Anna ... Anna", sagte sie und fing wieder an zu weinen. „Es geht um meinen Bruder ... Sergei –", schluchzte sie, unfähig, noch mehr herauszubringen.

Anna stockte der Atem. Sie spürte, wie alle Farbe aus ihrem Gesicht wich. Erschrocken legte sie die Hand an den Mund.

Lieber Gott! betete sie im stillen.

Schon so lange hatte sie vor dem Schlimmsten Angst gehabt, es in schrecklichen Alpträumen durchlebt. Sie hatte sich die fürchterlichen Szenen der Schlacht vorzustellen versucht: das Blut, klaffende Wunden ... eine Kugel, ein Schwert, ein Bajonett, das den Weg findet zum Herzen von ...

Anna atmete tief durch, um sich selbst zu beruhigen. Alle diese Bilder und Gedanken, die sie schon seit so langer Zeit verfolgten, stürmten auf einmal mit voller Wucht auf sie ein. Alles Blut wich aus ihrem Kopf.

Sie versuchte aufzustehen. Das Zimmer drehte sich, ihre Beine gaben nach, und sie wäre fast hingefallen.

Auch Katrina war am Boden zerstört, aber eine solche Reaktion hatte sie von ihrer Zofe nicht erwartet. Sie sah, daß Anna nahe daran war, in Ohnmacht zu fallen, und sprang auf. Ihre eigenen Tränen waren für den Moment vergessen. Mit schnellem Schritt war sie bei ihr und fing sie gerade noch rechtzeitig auf. Einen Arm um sie legend, führte sie sie zum Diwan. Dort ließen sich beide nieder.

„Es ... es ist mein Fehler", stöhnte Anna leise.

„Anna ... was meinst du denn damit?" fragte Katrina verwirrt. Mit einem Mal waren die Rollen vertauscht. Sie, die eben noch Trost gebraucht hatte, war nun die Trostspendende.

„Ich habe ihn zurückgestoßen", sagte Anna. In ihrem Kummer gab sie mehr preis, als sie wollte. „Ich habe ihm gesagt, er solle seinem Befehl gehorchen. Er wollte desertieren. Es ist mein Fehler. Wenn er nicht auf mich gehört hätte, wäre er vielleicht ein Flüchtling, aber er wäre immer noch am Leben!"

„Anna ... was meinst du mit *wenn*? Wann hast du denn mit Sergei gesprochen?"

„Bevor er abgereist ist. Oh, Prinzessin – was habe ich nur getan?"

„Ich weiß wirklich nicht, wovon du sprichst, Anna", erwiderte Katrina, die immer verwirrter wurde durch die verworrenen Antworten ihrer Zofe.

„Wie können Sie – wie kann irgend jemand von Ihnen mir jemals vergeben?" fragte Anna weiter. „Jetzt, wo Sergei fort ist, wird Ihr Vater –" Anna fing an zu weinen.

„*Fort*?" wiederholte Katrina. „Wir wollen doch sehr hoffen, daß etwas getan werden kann, um ihn zu uns zurückzubringen."

Annas Kopf schoß in die Höhe, und ihre Wangen bekamen wieder Farbe.

„Prinzessin!" fragte sie hoffnungsvoll. „Soll das heißen ... wollen Sie sagen, daß Prinz Sergei ... er ist nicht –" Sie konnte dieses schreckliche Wort nicht aussprechen.

„*Tot,* Anna?"

Anna nickte. Ihre Augen waren riesengroß, als sie in Katrinas Gesicht blickte und auf eine Antwort wartete.

„Oh, nein, Anna – er ist nicht tot ... zumindest noch nicht."

Anna schloß die Augen und rang nach Atem. Sie brauchte eine Weile, um zu begreifen, daß es sich wirklich nur um ein Mißverständnis handelte. Schließlich bedeckte sie ihr Gesicht mit den Händen. Sie konnte die Tränen nicht länger zurückhalten.

Durch Annas heftige Reaktion wurden Katrinas Gedanken zeitweise von den Problemen ihres Bruders abgelenkt. Allmählich dämmerte ihr die Wahrheit über die Beziehung ihrer Zofe zu ihrem Bruder.

„Ich muß gestehen, daß ich mir in meiner Verwirrung etwas seltsam vorkomme", sagte sie, den Arm immer noch um Annas Schulter gelegt. „Du weinst nicht nur, weil du meinen Kummer über Sergei mitempfindest, nicht wahr?"

Es war zwecklos, noch weiter zu leugnen. Alles war ans Licht gekommen. Selbst wenn sie nichts sagen würde, so ahnte Katrina doch, was Anna für Sergei empfand.

Sie lächelte. „Ich kann nicht glauben, daß ich nichts gemerkt habe", sagte sie nachdenklich, fast wie zu sich selbst. „Wahrscheinlich war ich zu sehr mit Dmitri beschäftigt."

„Verzeihen Sie mir", bat Anna. Sie schaute auf und suchte Katrinas Blick. „Ich wußte nicht, was ich tun sollte."

„Du hättest es mir sagen können", sagte Katrina liebevoll.

„Oh, Prinzessin, ich dachte ... ich wußte nicht, wie Sie darauf reagieren würden! Vielleicht hätten Sie mich fortgeschickt!"

„Niemals, Anna!"

„Zuerst war alles so verwirrend – ein Adeliger ... und ich, eine Zofe. Ich hatte Angst."

„Wie ... wie lange geht das schon mit euch beiden?" fragte Katrina.

„Fast seit der Zeit, als ich zu Ihnen kam", gestand Anna.

„Und die ganze Zeit über hast du nicht ein einziges Wort gesagt." Die Prinzessin lachte. „Und ich habe nichts gemerkt!"

„Es tut mir so leid, Prinzessin. Jetzt wünschte ich, ich hätte Ihnen davon erzählt."

„Hat mein Bruder dich zum Schweigen verpflichtet?"

„Nein. Er war bereit, alles aufzugeben – seinen Namen,

seine Stellung, seinen Reichtum. Er wollte, daß wir zusammen das Land verlassen."

„Das ist typisch Sergei", meinte Katrina. „Er hat niemals Unterschiede gemacht wegen seiner adeligen Herkunft. Manchmal hatte ich fast den Eindruck, daß er sie verachtete."

„Oh, aber Prinzessin!" rief Anna. Plötzlich fiel ihr wieder der Grund ihres Kummers ein. „Was ist denn nun mit dem Prinzen? Ist er in Sicherheit?"

Katrina seufzte. „Er ist zwar am Leben, Anna", sagte sie, „aber ganz gewiß nicht in Sicherheit."

„Ist er verletzt worden?" rief Anna.

„Ich fürchte, es ist noch schlimmer als das", erwiderte Katrina. Er –" Sie brach ab, aber nur für kurze Zeit. „Ich kann es kaum aussprechen. In bezug auf Sergei scheint mir das alles so unglaublich zu sein. Aber es ist wahr. Er hat es selbst zugegeben."

„Was hat er zugegeben?"

„Er hat seinen befehlshabenden Offizier angegriffen. Er hat auf ihn geschossen und ihn lebensgefährlich verletzt."

„Das kann nicht wahr sein. Sergei würde niemals ... so etwas könnte er überhaupt nicht tun!"

„Mein Vater selbst ist gerade erst von dem Außenposten zurückgekehrt. Er hat alles überprüft. Es stimmt, Anna, wenn ich es auch selbst kaum glauben kann. Sergei hat auf einen russischen Hauptmann geschossen." Sie erzählte Anna von den Vorgängen, soweit ihr Vater sie darüber unterrichtet hatte. Es war eine sachliche Darstellung der ganzen Geschichte, allerdings fehlten die schrecklichen Greueltaten, die dazu geführt hatten, daß Sergei die Kontrolle über sich verloren hatte.

„Mein Vater glaubt, daß er geistig verwirrt gewesen ist", fuhr Katrina fort. Auch sie weinte jetzt wieder. „Vielleicht ein Nervenzusammenbruch. Sergei weigerte sich, mit ihm zu sprechen. Vater hat ihn nur während der Verhandlung vor dem Kriegsgericht gesehen. Und auch da hat der arme Sergei nichts zu seiner Verteidigung hervorgebracht. Vater sagt, er hatte den Eindruck, daß Sergei sich selbst verurteilt hatte und daß er unbedingt vor ein Erschießungskommando gestellt werden wollte."

„Oh, Prinzessin. Sagen Sie doch so etwas nicht!" rief Anna. „Ist der Mann, auf den er geschossen hat ... tot?"

„Noch nicht. Er liegt im Militärhospital, aber man rechnet nicht damit, daß er durchkommt", erwiderte Katrina.

„Und trotzdem ist Sergei schon vors Kriegsgericht gestellt worden?"

„Ob der Mann durchkommt oder nicht, ist nicht von Bedeutung", erwiderte Katrina. „Es ist und bleibt Verrat. Sergei hat sich einem direkten Befehl widersetzt und dann auf seinen Vorgesetzten geschossen."

„Prinzessin", sagte Anna schließlich, „nachdem ich die Geschichte mit Sergei vor Ihnen verheimlicht habe, habe ich nicht das Recht, noch eine Bitte zu äußern, aber –"

„Anna", unterbrach sie Katrina fest, trotz ihrer zitternden Stimme, „ich denke, ich kenne dich gut genug, um zu verstehen, warum du deine Gefühle für Sergei geheimgehalten hast."

„Ich war mehr besorgt um ihn als um mich. Wahrscheinlich ist es nicht so ungewöhnlich, daß ein Dienstbote einen Prinzen liebt, aber wenn ein Prinz sich herabläßt –"

Sie konnte den Satz nicht zu Ende sprechen.

„Natürlich", sagte Katrina verständnisvoll. „Es muß für euch beide eine schwierige Situation gewesen sein. Zu denken, daß zwei der Menschen, die mir am meisten bedeuten ... sich lieben. Und ich habe nichts davon gewußt!"

Wieder schwiegen sie.

„Ich hätte euch doch geholfen, so gut es ging", meinte Katrina schließlich.

„Aber ich bin doch nur Ihre Zofe ... ein Dienstmädchen, ein Bauernmädchen."

„Oh, Anna", erwiderte Katrina fast ungläubig, „meinst du wirklich, daß mir das jetzt noch etwas ausmacht ... nach allem, was wir einander gewesen sind?"

„Es tut mir leid, Prinzessin. Manchmal bin ich so verwirrt ... und weiß nicht, was ich denken soll. Jetzt, da Sie verheiratet sind, habe ich mich gefragt–"

„Anna, Anna", unterbrach sie Katrina. „Sag nichts weiter. Weißt du denn nicht, daß du mir mehr bedeutest als alle Freundinnen, die ich je gehabt habe? Daß du ein Dienstmädchen bist und ich jetzt verheiratet bin, ändert daran nicht das Geringste."

„Verzeihen Sie mir, Prinzessin. Aber eine solche Einstellung ist recht ungewöhnlich. Ich weiß auch nicht, was Graf

Remisow von mir hält. Und nach der Reaktion Ihres Vaters zu urteilen –"

„Mein Vater weiß ... von dir und Sergei?"

Anna nickte mit dem Kopf. „Er hat uns entdeckt, bevor Sergei nach Asien gereist ist."

„Und hat es nicht besonders gut aufgenommen, so, wie ich meinen Vater kenne."

„Nicht, was Sergei angeht. Aber zu mir war er sehr freundlich. Er hat mich nicht weggeschickt, und er hat sehr nett mit mir gesprochen, obwohl er mir zu verstehen gab, daß ich diese unglückliche Situation wieder ins Lot bringen solle."

Katrina lächelte. „Das ist genau seine Art."

„Da Sergei sowieso nach Asien reiste", fuhr Anna fort, „gab es keinen Grund, irgend etwas zu unternehmen. Deshalb gestattete er mir zu bleiben, bis Sie zurückkehrten, und auch ich sah keinen Vorteil darin, irgend etwas zu ändern. Um nichts in der Welt würde ich Sie verlassen, Prinzessin."

„Danke, Anna. Du bist so treu – ich habe dich gar nicht verdient!"

„Aber ich will auch Ihren Bruder nicht verlassen, Prinzessin. Und nun, da Sie alles wissen und er verurteilt worden ist, muß ich zu ihm gehen."

„Ist das die Bitte, von der du gesprochen hast?"

„Ja, Prinzessin, ich muß ihn sehen!"

„Anna, ich würde dich sofort dorthin schicken, wenn ich könnte – wenn ich das Gefühl hätte, es könnte von Nutzen sein. Aber ich habe dir noch nicht alles erzählt."

„Wenn er erschossen werden soll, dann muß ich ihn noch einmal sehen. Wer würde uns einen Augenblick zusammen versagen?"

„Wenn das der Fall wäre, würdest du ihn sicher noch einmal sehen dürfen", erwiderte Katrina und seufzte tief.

Anna schaute sie verwirrt an.

„Er wird nicht erschossen."

Bei diesen Worten hellte sich Annas Gesicht hoffnungsvoll auf. Doch die Prinzessin fuhr fort.

„Wegen der Umstände – damit meinen sie insbesondere seinen Geisteszustand ... ich weiß nicht, was Vaters Position damit zu tun hat, falls überhaupt – hat das Gericht Milde walten lassen."

Katrinas Stimme hörte sich gar nicht so an, als gebe sie eine wundervolle Nachricht weiter. Anna schaute ihre Herrin immer noch erwartungsvoll an.

„Er wurde zu Zwangsarbeit verurteilt …" Katrina machte eine Pause. „In Sibirien."

Anna stöhnte. „Lebenslänglich, Anna!" sagte Katrina, und brach dann wieder in Tränen aus.

Sie waren wohl kaum die in solchen Dingen erfahrensten oder politisch scharfsinnigsten Frauen Rußlands. Doch beide konnten sich vorstellen, was ein solches Urteil bedeutete.

Dies war kein politisches Exil, wo Frauen und Kinder nachkommen konnten.

Zwangsarbeit bedeutete Gefängnis. Die schlimmste Gefängnisstrafe überhaupt. Eingekerkert mit den übelsten Verbrechern Rußlands. Natürlich gab es darunter auch Unschuldige – das kaiserliche Rechtssystem hatte es mit der Gerechtigkeit noch nie so genau genommen. Aber wenn Unschuldige zusammen mit den Schuldigen in die Minen in diesem kalten, östlichsten Teil des Weltreiches geschickt wurden, war es eine unumstößliche Tatsache, daß sie nicht unschuldig zurückkamen, falls sie *überhaupt* zurückkamen – was sehr selten der Fall war.

Sergei war zu einem lebenslänglichen Tod verurteilt worden. Und sein Tod würde es sein – genauso sicher, als wenn das Erschießungskommando ihn an Ort und Stelle getötet hätte.

23

Später am Nachmittag kam Viktor Fedortschenko zu einem Besuch.

Katrina hatte sich vor Kummer ins Bett gelegt. Anna versuchte, ihren Schmerz durch Arbeit zu verdrängen. Sie wusch und bügelte, bis jedes Stück Wäsche im Haus wieder frisch und sauber war. Dann nahm sie sich der Arbeiten an, die normalerweise anderen Dienstboten im Haus zufielen – sie putzte das Silber, wischte Staub, kehrte und tat, was ihr vor die Hände kam, um sich von ihren Gedanken an Sergei abzulenken.

Als Katrinas Vater kam, befand sie sich gerade in der Halle. Sie ging zur Tür, öffnete und bat ihn herein.

„Die Prinzessin hat sich gerade hingelegt, Euer Exzellenz", sagte sie. Ihr Stimme klang hohl, so, als habe sie stundenlang geweint.

„Stör sie bitte nicht, Anna", erwiderte Viktor. „Ich bin deinetwegen gekommen."

„Ja, Euer Exzellenz?" sagte Anna. Dabei zeigte sie weder Erstaunen noch sonst irgendeine Gefühlsregung. Sie hatte keine Kraft mehr, sich auch nur zu wundern, warum er zu ihr gekommen war, anstatt sie zu sich rufen zu lassen.

„Wir wollen in den Salon gehen. Dort können wir uns in aller Ruhe unterhalten", schlug er vor.

Er ging voran, so, als sei er hier zu Hause, und gab den anderen Dienstboten Anweisung, sie nicht zu stören. Niemand zog seine Autorität in Zweifel. Schließlich war er der Vater der Prinzessin. Außerdem war Viktor ein Mann, der eine natürliche Autorität ausstrahlte, wo immer er sich befand.

Anna setzte sich, wie Katrinas Vater ihr bedeutet hatte, auf das Sofa. Er selbst setzte sich ihr gegenüber in einen brokatbezogenen Armsessel aus der Zeit Ludwigs XVII. Als Anna zu ihm herüberschaute, fiel ihr auf, daß er niedergeschlagener war, als er zeigen wollte. Seine Augen wirkten müde. Seine Schultern waren gebeugt, was sehr uncharakteristisch war für ihn, den Soldaten, der es gewohnt war, in der Gesellschaft der Führer des Landes zu sein.

„Es ist offensichtlich, Anna Jewnowna", begann Viktor, „daß du die Neuigkeiten meinen Sohn betreffend schon gehört hast."

„Ja, Euer Exzellenz" sagte sie und senkte den Blick. Annas gerötete Augen mit den tiefen Ringen, die Blässe ihrer Haut und ihre Lippen, die bei jedem Wort zitterten, zeigten das nur zu deutlich. Sie wollte vor diesem Adeligen nicht weinen. Aber wenn sie noch mehr gesagt hätte, hätte sie ihre Tränen nicht mehr zurückhalten können.

„Es war mir ein Anliegen, mit dir persönlich über diese Sache zu sprechen", sagte er.

Anna erwiderte nichts. Viktor atmete tief durch, bevor er weitersprach.

„Du sollst wissen, daß ich alles Menschenmögliche für die Verteidigung meines Sohnes getan habe“, fuhr er fort. „Gleich nach Erhalt der Nachricht bin ich nach Krasnowodsk gereist, wo er stationiert war. Ich habe den besten Rechtsberater Rußlands mitgenommen. Tag und Nacht habe ich der Staatsanwaltschaft im Nacken gesessen und alles versucht – ich muß gestehen, bis hin zur Bestechung. Nur meine Position und meine außerordentliche Verzweiflung haben mich wahrscheinlich davor bewahrt, selbst verhaftet zu werden. Aber alle meine Bemühungen – es tut mir leid, das sagen zu müssen – waren vergeblich.“

„Ich ... ich verstehe nicht, warum Sie mir das erzählen, Euer Hoheit“, sagte Anna schließlich.

Fedortschenko seufzte – ein langer, verzweifelter Seufzer.

„Ich weiß es selbst nicht so genau“, antwortete er endlich. „Vielleicht, weil uns, trotz unserer ... Differenzen in der Vergangenheit, die Sorge um meinen Sohn in dieser schwierigen Zeit verbindet. Ich weiß nur, daß ich an dich gedacht habe, Anna, und der Meinung war, daß du Anspruch auf eine etwas ausführlichere Erklärung hast.“

„Ich bin doch nur ein Dienstmädchen, Euer Hoheit. Ich habe gar keinen Anspruch.“

„Anscheinend war mein Sohn der Meinung, daß du seine Liebe verdient hast.“

„Sie waren nicht dieser Meinung“, gab Anna zurück und schlug sich fast im selben Moment mit der Hand auf den Mund. Sie war schockiert über ihre anmaßende Bemerkung. „Verzeihen Sie mir, Euer Hoheit!“ rief sie sofort. „Ich wollte nicht ...“

„Es ist schon gut, Anna. Es geschieht mir recht.“

Anna schaute zu ihm herüber. Ihr wurde klar, wie sehr er litt.

„Denk nicht, daß ich mir das nicht schon hundertmal vorgeworfen hätte, seit ich von Sergeis Schicksal erfahren habe“, sagte er. „Jeden Tag mache ich mir Vorwürfe, daß ich mich von ihm abgewendet habe. Nachts kann ich kaum schlafen. Ich –“ Er unterbrach sich.

Anna fiel auf, daß er nahe daran war, die Fassung zu verlieren. Aber Viktor stand schnell auf und ging durch das Zimmer, wobei er ihr den Rücken zuwandte. Er blieb bei einem kleinen Schrank mit Spirituosen stehen und schenkte sich einen Brandy aus einer Kristallkaraffe ein. Anna hatte den Eindruck, daß er es tat, weil er etwas zu tun haben, weil er sich ablenken wollte.

„Du nimmst wahrscheinlich keinen Brandy, nicht, Anna?"

„Nein, Euer Exzellenz."

Er nahm einen kleinen Schluck aus seinem Glas. Langsam begann er zu sprechen.

„Ich bin davon überzeugt", sagte er, nachdem er seinen Brandy getrunken hatte, „daß Sergei durch nichts in der Welt hätte gerettet werden können. Nach eigener Aussage und der Aussage mehrerer Augenzeugen ist er schuldig. Seine Gehorsamsverweigerung überstieg bei weitem das, was noch geduldet werden konnte, besonders unter Kriegsbedingungen. Er hat sich nicht nur seinen Befehlen widersetzt, sondern auch seinen Kommandeur niedergeschossen. Das war ein bewußter Akt – wie die Staatsanwaltschaft nur zu gut beweisen konnte."

„Sie können doch nicht glauben, daß Ihr eigener Sohn ein Mörder ist?"

„Nicht, als wir ihn zuletzt gesehen haben, nein, damals noch nicht. Aber ein Mann kann sich verändern. Umstände, die niemand vorhersehen kann, können einen Mann zu allem möglichen treiben, sogar zum Mord."

„Nicht Sergei", sagte Anna fest.

„Anna, ich bin sein Vater. Ich möchte das genauso gern glauben wie du. Aber du bist ein junges Mädchen, das ihn liebt. Ich bin Soldat und habe gesehen, was die Anspannung einer Schlacht bewirken kann. Ich habe mehr als einmal die Grausamkeiten gesehen, die einem das Leben auferlegen kann."

„Ich könnte niemals glauben –"

„Ich weiß, wie dir zumute sein muß, Anna. Aber ich war da, und man kann nicht leugnen, was geschehen ist. Ich habe mit eigenen Ohren gehört, wie er gestanden hat, obwohl er es mir nicht direkt ins Gesicht gesagt hat. Das war eigentlich das einzige, was er während der ganzen Gerichtsverhandlung sagte. Aber selbst danach habe ich noch nicht aufgegeben."

„Warum ist Ihnen so daran gelegen, daß ich das alles weiß?"

„Vielleicht kann ich so", sagte Viktor nachdenklich, „einen Weg finden, auch weiterhin an meinen Sohn zu glauben. Jetzt ... bist du vielleicht das einzige, was mir von ihm geblieben ist, weil ich weiß, wie er für dich empfunden hat. Obwohl er kaum mit mir gesprochen hat, hatte ich ihn nicht aufgegeben. Ich wollte, daß du das weißt."

„Und doch geben Sie ihn jetzt auf ... jetzt, wo die Verhandlung vorüber ist?" fragte Anna eher bittend als anklagend.

„Was kann ich denn sonst noch tun?" Seine sonst so feste Stimme klang verzweifelt. „Es ist vorbei! Sergei hat ... Sergei ist für uns verloren."

Abwesend führte er sein Glas an die Lippen und trank den restlichen Brandy aus.

„Glaubst du nicht, daß es mich nicht täglich neu umbringt zu wissen, daß ich an ihm versagt habe? Kannst du dir vorstellen, wie es ist zu wissen, daß dein eigener Sohn den Rest seines Lebens in ... einer Hölle verbringen muß, nur weil du versagt hast? Ich brauche deine Vorwürfe nicht. Ich habe meine eigene Hölle entdeckt, Anna – falls dir das ein Trost ist!"

Seine Hand zitterte, als er sein Glas absetzte. Anna stand auf und eilte zu ihm hin. Sie konnte es nicht länger ertragen, daß er ihr den Rücken zuwandte, auch wenn es ihn beschämte, daß sie sah, wie bewegt er war.

Sie nahm seinen Arm und drehte ihn zu sich hin. Flehend schaute sie ihn an. „Es tut mir so leid, Euer Hoheit!" sagte sie. Tränen verschleierten ihren Blick. „Ich hatte nicht das Recht zu sagen, was ich gesagt habe."

Er winkte mit der Hand ab, um ihr zu zeigen, daß es nicht von Bedeutung war.

„Ich habe nur meinen eigenen Schmerz gesehen", fuhr Anna fort. Auf einmal sah sie die menschliche Seite in dem sonst so unnahbaren Prinzen. „Ich hatte kein Recht zu vergessen, daß Sie Ihren Sohn lieben. Bitte verzeihen Sie mir!"

Er antwortete ihr nicht. Schweigen war sein einziger Schutz gegen eine vollkommene Erniedrigung vor diesem Dienstmädchen. Er war aus einem Impuls heraus gekommen, um sie aufzusuchen. Er wußte nicht genau, was ihn dazu getrieben hatte. Doch Anna konnte in seinen Augen lesen, daß er ihre Entschuldigung angenommen hatte.

Anna sprach weiter, um ihm Gelegenheit zu geben, sich zu fassen. Während sie sprach, vergaß sie zeitweise völlig, wie tief sie unter ihm stand. Sie entdeckte bei sich eine neue innere Stärke, die sie davor bewahrte, selbst zusammenzubrechen.

„Vielleicht ist Sergeis Sache aussichtslos", sagte sie, „obwohl ich noch nicht bereit bin, das zu akzeptieren. Ich kann ihn doch nicht einfach so aufgeben! Ich muß etwas für ihn tun."

„Verzeih mir, wenn ich das so sage, Anna, aber wenn es schon nichts gibt, das *ich* tun kann, was willst *du* dann ausrichten?"

„Ich weiß es nicht, aber ich muß ihn sehen."

„Ich kann mir nicht vorstellen, was –"

„Bitte, Prinz Fedortschenko ... ich muß zu ihm!"

„Anna, ich fürchte, es ist unmöglich."

„Sie würden uns auch jetzt noch verweigern –"

„Nein, Anna", unterbrach er sie, „du hast mich mißverstanden. Das hat nichts mit meinen Vorbehalten zu tun." Allmählich gewann der Prinz seine Fassung zurück. „Anna", sagte er ernst. Er nahm ihre Hände in seine und schaute ihr ins Gesicht. „Ich habe lange darüber nachgedacht, seit mein Sohn in diese Situation geraten ist. Vielleicht war ich ... zu voreilig, bevor er abreiste. Falls ich einen Weg sehen würde, meinen Fehler wiedergutzumachen und euch beide zusammenzubringen, so würde ich es tun, glaub mir das. Ich würde alle meine dummen, stolzen Klassenvorurteile ablegen. Wenn ich die Zeit nur noch einmal zurückdrehen könnte zu dem Moment, als ich euch beide im Garten sah ... wenn mir doch nur damals schon klargewesen wäre, daß Sergeis Glück mir mehr bedeutet, als ich für möglich gehalten hätte. All die vielen Jahre lang habe ich nur an mich selbst –"

Er brach ab, ließ ihre Hände los und wendete sich schnell ab. Sie sah, daß er tief durchatmete, um weiterreden zu können.

„Ich hatte die Macht", sagte er nach einer Weile, „ihm dieses Glück zu gestatten. Statt dessen häufte ich Elend, vielleicht sogar Tod auf ihn –" Seine Stimme erstarb.

Anna ging um ihn herum, um ihn ansehen zu können. Tränen standen in seinen Augen. Aber er wandte sich nicht von ihr ab.

„Das ist jetzt alles leeres Gerede, Anna", sagte er leise, „aber wenn ich noch einmal eine Chance bekäme, dann würde ich euch beiden meinen Segen geben."

„Vielen Dank, Euer Hoheit", murmelte Anna. Sie war nicht in der Lage, mehr herauszubringen.

„Und nicht nur, weil es meinen Sohn glücklich machen würde", fügte Viktor hinzu, „sondern weil mir jetzt klargeworden ist, daß er eine gute Wahl getroffen hat."

Anna schaute zu Boden.

„Aber leider wird keiner von uns eine zweite Chance bekommen", fuhr er fort und versuchte, Entschlossenheit in seine Stimme zu legen. „Wir ... wir haben Sergei verloren, Anna. Wir beide müssen diese schmerzliche Wirklichkeit akzeptieren."

„Ich kann nach Sibirien reisen", bat Anna.

„Das hat keinen Zweck."

„Selbst wenn ich ihn nicht sehen kann, würde er doch wissen, daß ich in der Nähe bin und daß ich ihn liebe. Ich kann ihn doch nicht allein lassen!" rief sie verzweifelt und brach erneut in Tränen aus.

In solchen Situationen hatte sich Prinz Viktor immer sehr unwohl gefühlt. Weinende Frauen waren etwas, womit er nicht umzugehen wußte. Seine Welt waren Büros, Sitzungsräume und Schlachtfelder. Aber sein vergangenes Leben als wichtige Persönlichkeit und Ratgeber des Zaren begann zu bröckeln. Alexander verlor das Vertrauen zu ihm. Welchen Einfluß er früher auch gehabt haben mochte, jetzt war Loris-Melikow an der Reihe. Und Viktors Sohn galt als Verräter am Vaterland – dem er, Viktor, sein Leben geweiht hatte.

In Anbetracht all dieser Tatsachen schien ihm die bittende und liebevolle Stimme dieses Dienstmädchens und das Herz seines Sohnes, der ihm seit Jahren entfremdet war, viel wirklicher und greifbarer als sein Ruf, den er einst gehabt hatte, der Ruhm, der allmählich abbröckelte.

Und jetzt mußte er diese junge Frau einfach trösten, die, wenn seine Arroganz nicht gewesen wäre, vielleicht seine Schwiegertochter geworden wäre.

Also streckte der große, müde, stolze Offizier und Minister eines Weltreiches seine Arme steif und vorsichtig aus in ein für ihn neues und unbekanntes Gebiet. Seine Arme legten sich um Annas schmale Schultern, und er zog sie an sich. Diese Geste ließ Anna jegliche Selbstbeherrschung verlieren, und sie ließ ihren Tränen freien Lauf, den Kopf gegen den rauhen Wollstoff seiner Uniform gelegt.

Einige Minuten vergingen.

Als Viktor spürte, daß ihr Tränenstrom langsam versiegte, ergriff er wieder das Wort. Er sprach väterlich und doch traurig und ernst mit ihr.

„Ich habe etwas, daß du sehen mußt", sagte er und führte sie sanft zurück zur Couch. Als Anna saß, nahm er ein gefaltetes Blatt aus seiner Tasche.

„Es ist von Sergei", sagte er. „Er hat es mir für dich gegeben. Es ist nicht viel, und wenn du zwischen den Zeilen liest, klingt es sogar noch hoffnungsloser. Aber du mußt bedenken, in welcher Verfassung er sich befand."

Sie nahm das Papier, faltete es auseinander und las:

„Lebe wohl, Anna. Ich bin tot. Du mußt das akzeptieren. Es ist der einzige Weg, mich davor zu bewahren, vollkommen verrückt zu werden. Trauere um mich, wenn du mußt. Und dann führe dein Leben ohne mich weiter. Ich bin in einem tiefen Grab begraben. Zünde eine Kerze für mich an, und bete für meine verlorene Seele, aber hoffe nicht – HOFFE NICHT – auf eine Auferstehung. Ich möchte das nicht. Und es wird auch keine geben. Vergiß mich, Anna, um deinetwillen und um meinetwillen. Vergiß, daß es mich gegeben hat, denn wenn du diese Zeilen liest, gibt es mich nicht mehr."

Schweigend bekreuzigte sich Anna, während ihr die Tränen die Wangen herunterliefen.

Zwar war der Brief nicht unterschrieben, doch sie erkannte Sergeis Handschrift. Sie kannte sie nur zu genau. Aber die Worte klangen, als hätte sie ein Fremder geschrieben. Sie konnte die Kälte, den Zynismus förmlich hören, als ob die Nachricht mündlich überbracht worden wäre.

Wie konnte Sergei nur in eine solche Hoffnungslosigkeit und Verzweiflung sinken? Sie empfand tiefen Schmerz und suchte nach einem Hinweis, daß ihm seine Menschlichkeit geblieben war, eine Spur von dem Sergei, den sie gekannt hatte. Wieder und wieder las sie seine Worte, um einen Schlüssel zu seiner Verzweiflung zu finden, einen Hinweis darauf, daß er trotz der Endgültigkeit seiner Worte nach Hilfe rief.

Aber sie fand nichts. Sergei hatte sein Land aufgegeben, seine Familie, sie ... und vor allem sich selbst. Und, was noch schlimmer war, anscheinend auch Gott.

War das nicht um so mehr ein Grund für sie, zu ihm zu gehen? Ihre Anwesenheit, die Liebe, die sie ihm schenken konnte, wenn vielleicht auch nur für wenige Minuten, konnte ihm neue Hoffnung geben. Ihr Papa hatte immer gesagt: „Ein wenig Liebe im Tee ist süßer als ein ganzer Löffel voll Zukker." Sie hatte ihren Vater vor Augen, wie er lächelte, als er diese Worte gesagt hatte. Sie dagegen glaubte nicht, jemals wieder lächeln zu können.

Oh, Papa, ... dachte sie, *was würdest du jetzt sagen? Wie sehr brauchte ich jetzt deine Weisheit, dein Verständnis, deine einfache, liebevolle Umarmung!*

„Ich weiß, was du jetzt denkst, Anna", sagte eine Stimme liebevoll mitten in ihre Gedankengänge hinein. Sie schaute auf, und ihr wurde plötzlich klar, daß Sergeis Vater ihr neben ihrem eigenen Vater im Augenblick am nächsten stand. „Du denkst, daß du trotzdem zu Sergei gehen solltest, weil du vielleicht seine einzige Hoffnung bist, nicht wahr?" fragte Viktor.

„Ich kann an nichts anderes denken."

„Selbst wenn du die Erlaubnis erhalten solltest, ihn zu sehen", erwiderte Viktor, „ist er ohne Zweifel bereits auf dem Weg in das Land, aus dem nur wenige wiederkommen. Du würdest ihn niemals finden. Selbst wenn wir beide gingen, würden wir ihn nicht finden. Und falls wir ihn auf wundersame Weise doch finden würden, ihn sehen, mit ihm sprechen würden und ihm wirklich die Hoffnung vermitteln könnten, die du ihm geben willst – selbst dann, Anna, würde das nichts an der Tatsache ändern, daß Sergei zu lebenslänglicher Gefangenschaft verurteilt worden ist."

Viktors Stimme zitterte. „Ihr werdet niemals zusammensein können, Anna. Du mußt das begreifen. Nach dem Gesetz ist er tot, wenn er erst einmal in Sibirien ist. Selbst wenn ihr schon verheiratet wärt, würde sein Urteil soviel bedeuten wie ein Todesurteil. Du wärst frei, dich wieder zu verheiraten. Mein Sohn hatte recht, als er sagte, du solltest dein Leben ohne ihn weiterführen."

Diese Worte, die so hart klangen, trafen sie mit einer Wucht, wie es schlimmer nicht hätte sein können.

„Ich weiß, das, was ich sage, muß dir sehr hart erscheinen", fuhr Viktor fort. „Du brauchst Zeit, dich auf diese Veränderung in deinem Leben einzustellen. Aber etwas anderes kannst du nicht tun. Denk doch nur, wie schmerzlich es für Sergei sein würde zu denken, daß du dein Leben vergeudest – dein ganzes Leben, Anna, denn du bist doch noch so jung –, indem du auf das Unmögliche wartest."

Er machte eine Pause und holte tief Luft. Wieder versuchte er, eine förmliche Haltung einzunehmen.

„Das ist auf jeden Fall mein Ratschlag für dich. Ich weiß, daß ich weniger als jeder andere das Recht habe, dir zu raten. Aber ich war eine Zeitlang dein Arbeitgeber und, wie ich hoffe, immer gerecht und mitfühlend. Und ich bezweifle, daß du von irgend jemandem einen anderen Rat bekommen wirst."

„Dann wollen Sie also sagen, daß es niemanden gibt, der etwas für ihn tun kann?" fragte Anna. „Weder ich noch Sie ... noch irgend jemand." Ihre Überzeugung begann zu brökkeln.

„Es gab eine Zeit", antwortete Viktor, „wo ich noch etwas für Sergei hätte tun können. Aber mein Einfluß bei Hofe ist fast gänzlich verlorengegangen. Es gab Mittel und Wege, die Söhne von Männern in meiner Position vor der Strafverfolgung zu schützen. Aber ich habe eine solche Stellung nicht mehr. Der Zar ist mir nicht mehr gewogen. In diesem sich andauernd verändernden politischen Klima, in dem die russischen Aristokraten ständig um ihr Leben fürchten, stand ich sowieso schon auf wackeligem Boden. Und Sergei hat durch sein Buch meine Stellung ganz sicher nicht gefestigt. Der Zar hat das sehr persönlich genommen. Und jetzt noch dieser Zwischenfall, mitten in einer Schlacht! Ach, Anna – all das ist auf mich zurückgefallen."

Er machte eine Pause und schüttelte langsam den Kopf. „Daran ist nicht allein Sergei schuld, das muß ich gerechterweise zugeben. Ich war nie besonders gut im Buhlen um die Gunst des Zaren. Ich war immer davon überzeugt, daß die Ehrlichkeit letzten Endes siegen würde. Aber leider hatte ich unrecht. Ich würde geradewegs in den Winterpalast marschieren und dem Zaren die Füße küssen, wenn das mir meinen Sohn zurückbringen könnte. Aber dafür ist es zu spät. Der Zar ist wegen Sergei böse auf mich. Er ist der Meinung, ich hätte ihn, den Zaren, zum Narren gemacht, besonders in dieser Zeit, wo die Radikalen so viel Schlechtes über ihn sagen. Er ist absolut nicht in der Stimmung, sich auch noch im Kreise seiner eigenen Ratgeber lächerlich machen zu lassen. In seinen Augen trage ich die Verantwortung dafür, weil ich es zugelassen habe. Er lehnte es ab, mich zu sehen, als ich einen kaiserlichen Erlaß zu Sergeis Gunsten bei ihm erwirken wollte. Wahrscheinlich würde ich noch nicht einmal für mich selbst ein Gnadengesuch durchbringen, wenn ich verfolgt würde, weil ich auf die Straße gespuckt habe!“

Es wurde still im Raum. Alles war gesagt worden. Viktor Fedortschenko wartete noch eine Weile, dann verabschiedete er sich von Anna und ließ sie allein im Salon.

Anna war wie betäubt. Sie konnte nicht klar denken. In dem einen Moment dachte sie an den Tag, an dem sie Prinz Sergei kennengelernt hatte und sie zusammen die Schlittschuhläufer beobachtet hatten. Im nächsten schon erinnerte sie sich an ihren Spaziergang im Garten. Dann eilten ihre Gedanken zurück nach Katyk, und sie durchlebte noch einmal die Freude, die sie und Sergei zusammen erlebt hatten – ihr Spaziergang am Fluß entlang im kalten Herbstwind, ihre Unterhaltung unter ihrer alten Weide oder die gemütlichen Stunden vor dem Ofen in der heimeligen Hütte, die Kinder auf Sergeis Knien, die in fröhliches Gelächter ausbrachen, wenn er ihnen so lebendig seine Geschichten erzählte. Am liebsten erinnerte sie sich jedoch daran, wie sie gemeinsam auf dem Feld ihres Vaters gearbeitet hatten, um die Ernte vor dem drohenden Regen einzubringen.

Doch innerhalb kürzester Zeit verschwanden diese schönen Bilder. Sie wurden ersetzt durch etwas ihr vollkommen Unbekanntes und daher um so Schrecklicheres. Vor ihrem geistigen Auge lag Sergei niedergeschlagen, allein, halb verhungert in einer dunklen, kalten, feuchten Gefängniszelle – ohne Leben, ohne Hoffnung, ohne einen Sonnenstrahl und ohne ein anderes menschliches Wesen. Da lag er – still, dünn, in Lumpen, mit gebrochenem Herzen und abgestumpft durch die Eintönigkeit des Alleinseins. Das, was noch an

Leben in ihm war, floß langsam und unsichtbar auf den feuchten, kalten Steinboden, als wäre sein gequälter Körper ein Sieb.

Wenn ich ihn nicht überredet hätte, dachte sie in größtem Schmerz, *wären wir noch immer in Katyk. Dann gäbe es jetzt nicht einen solchen Alptraum!*

Anna barg ihr Gesicht in ihren Händen. Ihr gequälter Geist fand keine Antworten ... und kein Gebet kam über ihre Lippen. Nur die Tiefe ihres Herzens öffnete sich dem himmlischen Vater, ohne daß sie es wußte und spürte.

Januar – März 1881

Eine gequälte Nation

24

Der Winter in Rußland war immer sehr kalt und hart.

Es gab keine Ausnahmen – zumindest konnte Jewno sich an keine erinnern. Veränderungen ja, aber keine Ausnahmen. Wenn man jung war, machte die Kälte einem nicht so viel aus. Man freute sich an den gefrorenen, weißen, pulverigen Massen von oben. Die Jugend fühlte die Kälte nicht in ihren Knochen, und sie machte sich wenig Sorgen. Die Last der Verantwortung lag noch nicht auf den arglosen Schultern der Kindheit.

Auch er war einmal jung gewesen. Damals hatte auch er die Last der Kälte nicht so gespürt wie jetzt.

Vielleicht wurde es auch mit jedem Jahr kälter, dachte Jewno. Er fühlte die Kälte in jedem Knochen, in jeder Faser seines müden Körpers. Für die junge Tanja, für Vera und Ilja bedeutete der Schnee überschäumende Freude – mit hundert neuen Möglichkeiten zum Spielen. Daß ihre Finger und Zehen dabei gefühllos von der Kälte wurden, machte ihnen nichts aus.

Doch für Männer wie Jewno war der Schnee kein lebensspendendes Pulver, sondern eher der Puder des Todes – er tötete die Erde, nahm ihr die Kraft, Leben zu spenden, tötete die Knochen, die Finger, betäubte die Beine und Arme und sogar das Gehirn. Der Frühling kommt immer wieder, sagte man. Es war tatsächlich so. Und doch hegte er jedes Jahr wieder seine Zweifel an dieser Tatsache. Jedes Jahr schien es länger zu dauern, bis er kam. Irgendwann, dessen war er sicher, würde er überhaupt nicht mehr kommen. Sie würden warten und warten und ständig nach draußen schauen. Aber Schnee ... immer mehr Schnee ... würde fallen und alles bedecken, die Hütten, die Felder, die Scheunen, sogar die Bäume. Und er würde liegenbleiben ... für immer.

Vielleicht würde dann der Tod kommen – der endgültige

Winter, und die weichen, gefrorenen Flocken würden in der Tat Leben bringen ... ein ganz neues Leben.

„Dein Tee, Jewno“, sagte eine leise Stimme, die seine abschweifenden Gedankengänge unterbrach.

„Ach, Sophia“, lächelte Jewno und drehte sich zu ihr um. Er streckte seine Hand aus. „Du sorgst so gut für deinen alten, müden Ehemann!“

„Nicht besser, als du für mich sorgen würdest, wenn ich im Bett läge“, antwortete sie. Liebevoll strich sie ihm eine graue Haarsträhne aus der Stirn.

„Aber anscheinend bekomme ich niemals eine solche Gelegenheit“, lächelte Jewno, „denn ich bin immer der einzige, der hier liegt. Du besitzt immer noch die Jugend und Vitalität einer Vierzigjährigen, Sophia.“

„Pah, Jewno, ich bin genauso alt wie du!“

„Warum macht das Alter dir dann nicht so viel aus?“

„Vielleicht, weil ich so viel Liebe für dich empfinde“, sagte sie lächelnd, beugte sich zu ihm herunter und küßte ihn.

Jewno nahm einen Schluck von dem starken, heißen Getränk. Es tat gut auf der Zunge und im Magen, konnte aber seine kalten Arme und Beine nicht erwärmen. Wieviel Tee er auch trank, seine Füße schienen davon nichts zu spüren.

„Die Kinder sind so fröhlich“, bemerkte Sophia nach einer Weile.

„Sie brauchen kein Essen, um zu lachen. Sie wissen, daß wir für sie sorgen“, sagte Jewno ernst. „Aber wie lange werden wir das noch können, Sophia?“

„Wir haben noch genügend Weizen und Roggen in der Scheune.“

„Das haben wir Anna und ihrem Prinzen zu verdanken – und meiner guten Gesundheit im letzten Herbst. Aber wie du siehst, läßt meine Gesundheit schon wieder zu wünschen übrig.“

„Wir haben auf jeden Fall genügend Korn bis zur Ernte in diesem Jahr, Jewno, mein lieber Mann. Du kannst also beruhigt den ganzen Winter über hier liegenbleiben, trotz des ganzen Schnees, den Gott uns schickt. Und selbst wenn er uns lebendig begraben sollte, haben wir immer noch genügend Brot. Schieb doch wenigstens einmal deine Sorgen um deine Familie beiseite, Jewno. Du bist der beste Mann, den eine

Frau sich nur wünschen kann. Sieh mich an – ich bin alt und immer noch dick. Du hast mich mein ganzes Leben über gut ernährt ... ja, und auch während all der Winter!"

Jewno lachte und versuchte zu lächeln. „Ach, Frau, du richtest mich mit deinen lieben Worten immer wieder auf. Aber die Wirklichkeit ist, daß die Erde gefroren ist, ich im Bett liege und wir langsam unsere Vorräte aufessen. Es wird nicht mehr lange dauern, und die Scheune wird leer sein. Wie sollen wir sie wieder füllen? Womit soll ich meine Familie dann versorgen?"

„Du sorgst dich unnötig, mein lieber Mann", erwiderte Sophia. „Wir haben doch Korn genug, um zehn Schneestürme zu überstehen, selbst wenn wir zehn Kinder in unserer Hütte hätten!"

„Ja, aber nächstes Jahr, Frau ... was wird nächstes Jahr? Werden wir mit unserem Korn zwei Winter überstehen ... oder drei? Was wird, wenn nächstes Jahr kein Wunder aus der Stadt kommt? Was, wenn keine Anna ... kein Prinz kommt? Wenn sie nicht gewesen wären, würdest du jetzt die letzten Körner vom Scheunenboden zusammenfegen und mehr Schmutz in deinem Brot verbacken als Körner. Die Ernte des letzten Jahres war mager, und wenn wir nicht noch genügend vom Vorjahr übrig gehabt hätten, wäre jetzt nichts mehr da."

Sophia nickte. Sie konnte es nicht leugnen, denn sie wußte, daß es stimmte. Aber Anna und der Prinz waren gekommen, und für das letzte Jahr hatte der Prinz einen Helfer angeheuert, und sie hatten Getreide im Überfluß. Und im nächsten Winter um diese Zeit würden sie Brot essen, gebacken aus dem Getreide dieses Jahres. Das war der Kreislauf des Lebens. Der Winter ließ arme Leute wie sie nicht sterben, er lehrte sie zu erdulden. Selbst unter einer weißen Schneedecke ging das Leben in Rußland weiter. So war es schon seit Jahrhunderten.

„Du bist ein guter Mann, mein Jewno", sagte Sophia schließlich. „Du hast nur einen Fehler. Du machst dir zu viele Gedanken."

„Wie kann ein Mann sich zu sehr um seine Familie sorgen? Es ist doch seine Pflicht, sie zu ernähren. Er muß es tun, auch wenn seine Knochen schmerzen und seine Finger und Zehen erfroren sind."

„Wenn er vergißt, wer letztendlich für uns sorgt", sagte

Sophia, „dann ist er vielleicht *zu* besorgt. Würdest du deinen Söhnen nicht dasselbe sagen, wenn du zu ihnen von ihrer Pflicht sprechen würdest?"

Jewno schwieg. Seine Frau hatte recht. Doch sein Schweigen hatte nur teilweise damit zu tun, daß sie recht hatte. Er mußte auch an Paul denken. Welche Vorstellung hatte er von Pflichterfüllung? Und würde er noch einmal mit ihm sprechen können? Der Gedanke an ihren ältesten Sohn war nicht gerade angenehm. Sie wußten nicht, wie tief er in die revolutionäre Bewegung verstrickt war; und doch, wie könnten sie sich keine Sorgen machen?

Sie wußten nichts. Darum sprachen sie auch nicht von ihm. Sie seufzten nur, schauten sich mit dem Ausdruck geteilten Schmerzes an, den nur Eltern kennen, die ihre Kinder lieben, und beteten still und anhaltend für ihn.

„Nichts von Anna?" fragte Jewno schließlich. Er wußte nur zu gut, daß sie nicht geschrieben hatte. Es war nur eine Art, etwas über Paul zu sagen, ohne seinen Namen nennen zu müssen.

„Nichts seit ihrem Weihnachtsgruß."

„Sie hat viel zu tun in ihrem neuen Zuhause."

„Und jetzt, wo die Prinzessin ein Baby erwartet, wird Anna noch mehr für sie sorgen müssen."

„Wird das Kind vor der Erntezeit zur Welt kommen?" fragte Jewno.

„Lange vorher."

„Dann wird Anna uns vielleicht wieder helfen können, falls ich dann noch krank bin, was Gott verhüten möge."

„Machst du dir schon wieder Sorgen, Jewno?

„Ich denke nur voraus, Frau", lächelte Jewno.

„Ach, Jewno", sagte sie mit einem wissenden, mütterlichen Ausdruck, „wie wenig ihr Männer doch von der Geburt und von Babys wißt! Anna wird die Prinzessin monatelang nicht verlassen können. Nein, wir werden sie weder im Sommer noch im Herbst zu Gesicht bekommen. Sie muß ihre Pflicht erfüllen."

„Vielleicht ihr Prinz …", sagte Jewno leise.

„Jewno, was sagst du da? Meinst du wirklich, daß dieser Prinz ohne Anna in unsere Hütte kommen würde, nur, um uns zu helfen?"

Jewno antwortete nicht sofort. Von seiner Unterhaltung mit Sergei hatte er Sophia nichts erzählt. Vielleicht hatte er jetzt schon zu viel gesagt. Er war noch nicht bereit, seiner Frau mitzuteilen, daß der junge Prinz Fedortschenko in jener Nacht nach der Erntedankfeier bei Iwan Iwanowitsch um die Hand seiner Tochter angehalten hatte. Vielleicht war es anmaßend von ihm zu denken, daß der Prinz noch einmal seine Kraft einsetzen würde, um die Ernte einzubringen – aber nicht widersinniger als zu hören, daß dieser selbe Prinz es als eine Ehre betrachtete, ihn seinen zukünftigen Schwiegervater zu nennen. Wenn der Prinz die Wahrheit gesagt hatte – wovon Jewno überzeugt war –, dann würde er sicherlich kommen. Bis dahin würde der Aufstand, den er helfen mußte zu bekämpfen, und seine Unstimmigkeiten mit dem Zaren bestimmt beigelegt worden sein.

Jewno seufzte tief mit so viel Zufriedenheit, wie man in einem so kalten Winter nur empfinden konnte. Er nahm einen großen Schluck Tee, der jetzt nur noch lauwarm war. Der Gedanke an den Prinzen und die Erinnerung an seinen Aufenthalt gaben Jewno ein Gefühl der Sicherheit. Und doch war er immer noch nicht bereit, Sophia den Grund für dieses Lächeln zu erzählen.

„Du hast recht, Frau", sagte er schließlich. „Das ist zweifellos ein dummer Gedanke gewesen. Doch ich will deine Ermahnungen beachten und mir keine Sorgen mehr machen."

Tatsächlich hatte sich seine Einstellung geändert, denn der Gedanke an Prinz Fedortschenko hatte ihn wieder an seine eigenen Worte erinnert, als er zu ihm über seinen Glauben an die Fürsorge Gottes gesprochen hatte. Vielleicht war es zu früh, von der Rückkehr des Prinzen nach Katyk zu sprechen, aber es war nicht zu früh, sich die Worte noch einmal ins Gedächtnis zu rufen, die Jewno damals zu ihm gesagt hatte. *Tief in meinem Innern bin ich meinem Vater im Himmel von Herzen dankbar, daß er mit solcher Güte über dem alten Jewno wacht.* Obwohl Jewno gerade erst von seiner Sorge über die kommende Ernte gesprochen hatte, konnte ihm die Erinnerung an Gottes Fürsorge im vergangenen Jahr vielleicht helfen, daran zu glauben, daß sein himmlischer Vater auch in diesem Jahr helfen würde. Jewno könnte es wenigstens versuchen.

„Ich bin froh, das zu hören", erwiderte Sophia. „Wenn ich

mir keine Gedanken darüber mache, woher ich das Korn für mein Brot bekomme, dann brauchst du dir keine Gedanken um mich und die Kinder zu machen."

Jewno nickte und trank seine Tasse leer.

Er legte den Kopf wieder in die Kissen und dachte über Anna und den Prinzen nach – und über Paul. Leise bat er Gott, über ihnen allen zu wachen und für sie zu sorgen, so, wie er die ganze Zeit über für sie gesorgt und ihnen einen Getreidevorrat da draußen in der kalten, schneebedeckten Scheune geschenkt hatte.

25

Der Schneesturm tobte bis in den Morgen hinein. Als er gegen Mittag endlich nachließ, war ganz St. Petersburg von einer weißen Decke überzogen. Selbst die Armenviertel sahen für eine Weile ganz sauber aus.

Als Prinz Viktor Fedortschenko in seinem Schlitten über die breiten Straßen der Stadt fuhr, beobachtete er abwesend die Arbeiter, die mit Schaufel und Besen emsig dabei waren, die Straßen und Gehwege vom Schnee zu befreien. Sie errichteten hohe Schneemauern, die von pferdegezogenen Lastwagen fortgeschafft wurden.

Viktor war kein Melancholiker. Er wußte sehr gut, daß sich das Lebensrad immer weiterdrehte und sich nicht um die privaten Nöte der Männer und Frauen kümmerte. Dieses Wissen war ein Teil seines Wesens, nicht nur eine Überzeugung. Dennoch hatte es ihn an diesem Tag viel Willenskraft gekostet, sein Haus zu verlassen und sich wieder in seine Arbeit zu stürzen. Viel lieber hätte er sich in seine vier Wände eingeschlossen und keinen Menschen gesehen. So etwas hatte er noch nie durchlebt.

Aber die Zeiten hatten sich geändert. Neben den Schuldgefühlen, die an ihm nagten, wußte er nur zu gut, was die Leute von ihm dachten: *Oh, der arme Fedortschenko … sein eigener*

Sohn ist zusammengebrochen … die Anspannung der Schlacht … hat seinen Kommandeur erschossen.

Er erinnerte sich daran, daß er dasselbe von Dr. Anickin gedacht hatte, nachdem dessen Sohn den Verstand verloren hatte. Nun kam die Reihe an ihn, und er konnte es kaum ertragen, Gegenstand des Mitleids und der Kritik zu sein.

Doch das war nicht der alleinige Grund für seine Niedergeschlagenheit. Natürlich konnte er nicht leugnen, daß er sich durch alles, was geschehen war, gedemütigt fühlte. Und doch ging der Schmerz noch viel tiefer. Tatsache war, daß er den Leuten seines Standes nicht gegenübertreten konnte. Er konnte ihnen nicht in die Augen schauen und ihren Blick fest erwidern. Noch weniger konnte er sich selbst in die Augen schauen. Sein Glaube an sich selbst war bis ins Innerste erschüttert worden.

Jeder mitleidige Blick und jedes gutgemeinte Wort des Trostes traf ihn unsäglich tief und rief ihm die unleugbare Tatsache ins Bewußtsein, daß er, und er allein, für Sergeis schreckliches Schicksal verantwortlich war. Das Buch war vielleicht ohne große Überlegung geschrieben worden, aber er wünschte sich, er hätte schon vor Jahren einen Weg gefunden, mit seinem Sohn auf einer persönlicheren Ebene zu kommunizieren. Vielleicht hätte er diese ungestümen Gefühle, die sich in dem Buch entladen hatten, beschwichtigen, in andere Bahnen lenken können. Und da das Buch nun schon einmal geschrieben war, hätte er Sergei nicht abweisen dürfen. Vielleicht hätte sein Sohn dann seine Zeit in Asien überstehen können, ohne die Kontrolle über sich zu verlieren.

Aber für solche Gedanken war es nun zu spät. Er hatte ihn abgewiesen, und Sergei war unter der Anspannung zusammengebrochen. Er hatte ein Verbrechen begangen, war vor Gericht gestellt und nach Sibirien verbannt worden!

Es war vorbei. Er konnte nichts weiter tun, als diese Tatsache zu akzeptieren. Er mußte den Ratschlag befolgen, den er selbst dem jungen Burenin-Mädchen gegeben hatte.

Natalja hatte ihn gedrängt, seine Arbeit wiederaufzunehmen. Es würde ihn von seinem Schmerz ablenken, sagte sie. Es würde auch ihr guttun, etwas Sinnvolles zu tun zu haben. Die Augen der Prinzessin waren in letzter Zeit ständig rot gerändert, und ihre Haut war so blaß, daß sie fast gespenstisch wirkte. Sie hatte nie besonders viel Energie und Lebensfreude besessen. Doch nun war ihre Lethargie fast beängstigend. Sie hatte sich von jeglichen Festen, Bällen, Theater- und Ballettbesuchen zurückgezogen, die in dieser Saison reichlich in St. Petersburg stattfanden. Den größten Teil des Tages verbrachte sie im Bett. Nur zu den Mahlzeiten erhob sie sich gelegentlich. Sie nahm immer mehr ab. Ab und zu machte sie einen Besuch bei ihrer Tochter. Doch die beiden Fedortschenko-Frauen steckten sich nur gegenseitig mit ihrem Kummer an, so daß sie die häufigen Besuche reduzierten.

Auch der Prinz und die Prinzessin mieden die Gesellschaft des anderen, obwohl das eher von Viktor ausging. Nataljas offen zur Schau getragener Schmerz war für ihn eine ständige Erinnerung daran, daß er ihren Sohn zu einer lebenslänglichen Hölle verurteilt hatte.

Daß Natalja sich aus ihrem eigenen Kummer erhob und sich um ihren Mann Sorgen machte, rührte ihn. Aber es verstärkte auch seinen eigenen Schmerz. Er war nämlich gezwungen, ihren Rat zu befolgen. Vielleicht war es wirklich besser, sich von der Arbeit gefangennehmen zu lassen, als immer das Gesicht seiner Frau vor Augen zu haben, das seinen eigenen Schmerz widerspiegelte.

Viktor mußte bald feststellen, daß das sogenannte Heilmittel gegen seine Depression fast genauso schlimm war wie das Problem selbst. Ihm wurde klar, daß er wenig wichtige Arbeit hatte, zu der er zurückkehren konnte. Seine Aufgaben schienen sich so schnell in Luft aufgelöst zu haben wie seine Gunst beim Zaren.

Er hatte nicht nur wenig zu tun, seine Freunde und Kollegen bewahrten ihm gegenüber auch eine kühle Distanz. Die meisten anderen Minister und Beamte waren informiert worden, wenn auch inoffiziell. Es hatte keine Befehle gegeben; man hatte sich nur erzählt, wie die Dinge zwischen Viktor und dem Zaren standen. Prinz Viktor Fedortschenko stand unter einem unausgesprochenen Bann. Seine Standesgenossen fühlten sich offensichtlich nicht wohl in seiner Gegenwart, und er wurde nur mit den unwichtigsten Aufgaben betraut.

Der Freund des Zaren schon aus Kindertagen, der Mann, der noch vor so kurzer Zeit derjenige Ratgeber Alexanders gewesen war, dem der Zar am meisten vertraut hatte, war in einen Aufgabenbereich zurückversetzt worden, in dem er weniger zu sagen hatte als irgendein unwichtiger Beamter an irgendeinem Außenposten des Weltreichs.

Drei Tage dieser kläglichen Routine hatten nicht im geringsten zu Viktors Ablenkung beigetragen. Wenn schon nicht das Verhalten seiner Kollegen, die möglichst seinen Blick mieden oder verschämt schwiegen, sobald er einen Raum betrat, ihn zum Wahnsinn trieb, dann würde es sicherlich die Tatsache tun, daß es für ihn überhaupt keine sinnvolle Tätigkeit gab. Früher war er überaus beschäftigt gewesen. Dies war ein lebendiger Tod – auf seine Weise sicher der Situation seines Sohnes nicht unähnlich.

Warum er es auch weiterhin erduldete und sich Tag für Tag der Demütigung durch seine Kollegen aussetzte, wußte er selbst nicht so genau. Viktor hatte nie so schnell aufgegeben. Und obwohl ihm auf einmal alles im Leben zu mißlingen schien, wollte er es auch jetzt nicht.

Manchmal allerdings war er nahe daran, den Verstand zu verlieren.

26

Einen jedoch gab es, der die Kritik an Viktor Fedortschenko nicht beachtete und sich darüber hinwegsetzte. Bemerkenswert, daß es sich hierbei um den mächtigsten Mann in Rußland neben dem Zaren handelte.

Als Viktor eine Woche nach dem Schneesturm durch die Flure des Winterpalastes seinem Büro zustrebte, begegnete er Michael Loris-Melikow. Der Generalgouverneur von St. Petersburg war ausgesprochen guter Laune und begrüßte Viktor, als sei nichts gewesen. Sie gingen zusammen weiter und unterhielten sich freundschaftlich. Viktor war so überrascht von der Freundlichkeit des anderen, daß die Unterhaltung einen Moment ins Stocken geriet. Er hatte fast vergessen, wie man eine normale politische Diskussion führte!

Seit Sergeis Tat hatte er Melikow nicht mehr gesehen. Es war unmöglich, daß der Mann nichts von dem Zwischenfall erfahren hatte. Und doch verhielt er sich Viktor gegenüber nicht anders als vorher – er behandelte ihn als Kollegen und Vertrauten. Er lud Viktor ein, ihn in sein Büro zu begleiten, das ganz in der Nähe lag, und während er seinem Gast einen Brandy reichte, unterhielt er sich engagiert mit ihm.

„Ach, Viktor, wir haben sie endlich soweit. Sie ergreifen die Flucht!" sagte er und rieb sich eifrig die Hände. Er sprach mit ihm, als sei er an einem Gespräch beteiligt gewesen, das ihrer kurzen Unterhaltung im Flur vorausgegangen war.

„Sie ...?" fragte Viktor zerstreut. Glücklicherweise war Melikow so stark von seiner Neuigkeit in Anspruch genommen, daß er es gar nicht bemerkte.

„Diese verfluchten Terroristen! Ich habe einige wichtige Verhaftungen vornehmen lassen, Viktor! Gerade war ich auf dem Weg zum Zaren, um ihm die gute Nachricht zu überbringen –"

Allein die Erwähnung des Zaren schickte Viktor einen Schauer über den Rücken. Einerseits war er froh, wieder so nah am Zentrum der Macht zu sein; aber er hatte doch Angst, daß er bei jemandem, auf dessen Meinung der Zar Wert legte, etwas Falsches sagen könnte.

„Diesmal habe ich die Anführer gefaßt – das Herz dieser stinkenden Bewegung!" fuhr Melikow fort.

„Sind Sie sicher?" Die Frage schien Viktor unverfänglich. Es konnte nicht falsch sein, sie zu stellen.

„Ohne jeden Zweifel. Ich habe diesen Andrei Zheljabow geschnappt."

„Ich habe von ihm gehört."

„Einer der führenden Männer. Er hat mich eine ganze Zeitlang an der Nase herumgeführt, aber ich habe ihn doch endlich bekommen."

„Sie meinen, Sie haben sein Versteck ausfindig gemacht –"

„Nein – ich sage doch, Viktor, ich habe ihn gefangen! Er ist in Haft, in der Festung!"

„Hat er schon geredet?"

„Nein. Und um ehrlich zu sein, ich bezweifle, daß er das tun wird. Der Mann ist ein Fanatiker. Genau wie die anderen auch. Denen liegt nichts an ihrem Leben."

„Wird seine Verhaftung bleibende Auswirkungen haben?“

„Da die Radikalen nun ohne Führer sind, werden sie sich nicht mehr lange halten. Zheljabow war der Katalysator, das Gehirn, die Stimme der Organisation. Ohne ihn werden sie sich auflösen – dessen bin ich sicher. Und wenn sie in ihrer Angst davonlaufen, werden wir sie schnappen.“

„Das sind wirklich gute Nachrichten“, sagte Viktor. Bei anderer Gelegenheit hätte er mehr Begeisterung zeigen können. Heute jedoch konnte noch nicht einmal die Auseinandersetzung zwischen der Krone und den Radikalen ihn gefühlsmäßig berühren. „Ich bin sicher, daß diese Nachricht dem Zaren willkommen sein wird“ fuhr er fort. „Vielleicht kann er nun wieder gefahrlos durch die Straßen St. Petersburgs fahren.“

„Dieser Schurke Zheljabow verkündet lauthals, daß der Zar dem Tod geweiht sei. Seine Verhaftung sei ohne Bedeutung. Pah – ich glaube ihm nicht!“

„Was sagt er?“

„Er möchte uns glauben machen, daß sie eine Organisation geschaffen haben, die auch ohne Führer überleben wird.“

„Könnte das stimmen?“ fragte Viktor besorgt.

„Er ist ein Lügner. Er wird alles sagen, was ihm im Augenblick passend erscheint.“

„Vielleicht sollte man doch Vorsicht walten lassen.“

„Das bleibt natürlich dem Zaren überlassen. Aber ich hoffe, Viktor, daß er mehr Vertrauen in mein Urteil hat, als das bei Ihnen anscheinend der Fall ist.“

Viktor wand sich. Er durfte im Augenblick niemanden beleidigen. Er war einen Moment lang unachtsam gewesen. Er mußte sich besser in acht nehmen.

„Glücklicherweise ist meine Meinung augenblicklich wenig gefragt“, antwortete er trocken, „Sie brauchen sich also keine Gedanken um das zu machen, was ich denke.“

Melikow räusperte sich. „Schlimm genug, Viktor. Ich möchte Sie wissen lassen, daß ich auf Ihrer Seite stehe.“

Ein Hoffnungsschimmer durchzuckte Viktor. Wenn jemand wie Melikow beim Zaren für ihn ein gutes Wort einlegen würde ...! Doch die vage Hoffnung wurde im selben Augenblick wieder zerschlagen, als Melikow weitersprach.

„Wenn die Lage im Moment nicht so schwierig wäre, Viktor“, sagte er, „würde ich Alexander sagen, was für einen Fehler er macht, indem .er Sie kaltstellt. Wie kann man einen Mann für die Handlungsweise seines Sohnes verantwortlich machen? Man muß einen Menschen doch nach seinen Verdiensten beurteilen, wenn Sie mich fragen."

Viktor nickte schwach. Er ließ sich zu keinem Lächeln herab, doch wenigstens erkannte er die wohlmeinenden Worte des anderen an.

„Doch leider vollführe auch ich gerade einen Balanceakt", fuhr er fort. „Das Leben in der Nähe Alexanders ist in Anbetracht des politischen Klimas und des Aufruhrs des vergangenen Jahres in der Hauptstadt recht schwierig geworden. Da ist die Dolgoruki und ihre Brut, und der Zarewitsch und seine reaktionären Freunde opponieren gegen mich wegen der Verfassung, wann immer sie können. Und dann sind da noch Pobedonostew und Orlow und seine Bande. Und als krönender Abschluß dieser plebejische Flegel Wlasenko, der ungeduldig darauf lauert, mich zu Fall zu bringen –"

Wieder lief Viktor ungewollt ein Schauer über den Rücken. Das fehlte ihm gerade noch! Melikow durfte nicht erfahren, daß Cyril Wlasenko seine Position mit Viktors „Hilfe" bekommen hatte – wenn auch durch unlautere Machenschaften. Wenn er nicht aufpaßte, würde er Sergei in Sibirien Gesellschaft leisten können!

„Und nun, wo wir kurz vor der Einführung der Verfassung stehen", fuhr Melikow fort, „sage ich Ihnen, Viktor, es sind gefährliche Zeiten für uns alle. Ich kann meine Position einfach nicht aufs Spiel setzen."

„Nicht im Traum würde mir einfallen, Sie zu bitten, sich für mich zu verwenden, Michael", erwiderte Viktor. „Wir alle haben unsere politische Last zu tragen. Das bringt unsere Position so mit sich." Aus seinen Worten sprach mehr als nur ein Anflug seines alten Stolzes.

„Es ist schon traurig, wenn gute Männer in den Fluren stehengelassen werden, während Narren und Einfaltspinsel durch die geheiligten Pforten an den Tisch des Königs gebeten werden."

Er machte eine Pause, so, als wollte er Viktor Gelegenheit geben, über seine Worte nachzudenken. Dann fuhr er in verändertem Tonfall fort.

„Ganz sicher könnte ich Ihre Erfahrung jetzt mehr denn je

gebrauchen, Viktor", sagte er. „Der Zar hat mich vor eine Aufgabe gestellt, die selbst von mir nur schwer zu lösen sein wird." Wieder brach er ab und lächelte, machte aber keinen Versuch, seine prahlerischen Worte herunterzuspielen.

Viktor nahm ihm seine Unbescheidenheit nicht übel, denn Melikow zählte zu den Männern in der Hauptstadt, denen seine rückhaltlose Bewunderung galt. Natürlich konnte der Mann von Zeit zu Zeit ziemlich angeben. Und er beherrschte meisterhaft die Kunst, ein Auge zuzudrücken. Aber Melikow war hochintelligent und hatte gesunden Menschenverstand – eine Kombination, die im Winterpalast nicht oft zu finden war.

Michael Loris-Melikow hatte erreicht, was viele für unmöglich gehalten hatten: Er hatte nicht nur Alexanders Gunst gewonnen, es war ihm auch gelungen, im Gerangel der russischen Politik zu überleben. Viktor würde ihn nicht als brillant einschätzen, doch seine pragmatische Klugheit ging weit über das Gewöhnliche hinaus. Er hatte sich durch den Klüngel des kaiserlichen Hofes jongliert, hatte ein weitreichendes Programm von historischer Voraussicht sicher durch den Irrgarten kaiserlicher und politischer Vorurteile manövriert und war schließlich unversehrt daraus hervorgegangen – sein Ruf war unbefleckt und sein Kopf noch an der richtigen Stelle. Welche Hindernisse der Zar ihm auch in den Weg gelegt hatte, sie waren nicht unüberwindlich für diesen gewieften Politiker und klugen Strategen gewesen.

„Sicher, Michael", meinte Viktor, „Sie haben schon zu viel erreicht. Sie dürfen nicht zulassen, daß Sie durch irgend etwas daran gehindert werden, Ihre politischen Vorstellungen umzusetzen." Viktors Worte klangen hohl. Sie kamen von einem Mann, der alles aufgegeben hatte. Er meinte, was er gesagt hatte, doch er hatte nicht die Kraft, es für sich selbst in Anspruch zu nehmen.

„Außer meinem Bericht über die Verhaftung Zheljabows", erwiderte Melikow, „werde ich dem Zaren auch den ersten Entwurf meiner neuen Verfassung vorlegen."

„Das sind wirklich gute Neuigkeiten!"

Für einen Augenblick wurde Viktor aus seiner Lethargie gerissen. Er sprach aus tiefstem Herzen. Die Verfassung war das, was sich die Gemäßigten wie er immer erhofft hatten. Sie war in seinen Augen der einzige Weg, die radikale Bewegung für immer zu unterdrücken und die Nation sicher ins zwanzigste Jahrhundert zu führen. Fast ging er so weit zu sagen, daß diese Nachricht sogar seinen persönlichen Kummer verdrängte. Wenn die Verfassung erfolgreich war, hätte Rußland, das er so innig liebte, vielleicht eine Chance zu überleben.

„Unglücklicherweise", fügte Melikow düster hinzu, „ist das, was ich Seiner Majestät übergeben will, kaum mehr als eine glorifizierte Erweiterung der *zemstvos*. Und wir alle wissen, wie kläglich sie fehlgeschlagen sind."

„Dabei handelte es sich doch um eine Lokalregierung, Michael. Auf der lokalen, besonders der ländlichen Ebene war nicht genug Erfahrung vorhanden, als daß die Selbstverwaltung funktionieren konnte. Schon allein dadurch wird sich das auf der nationalen Ebene ganz anders auswirken."

„Ich hatte nicht gedacht, daß auch Sie sich dieser Selbsttäuschung hingeben, Viktor."

„Vielleicht mache ich mir wirklich etwas vor", seufzte Viktor, „aber ein kleiner Schritt auf eine demokratische Veränderung hin ist doch immer noch besser als gar keiner, oder?"

„Meiner Meinung nach ist das, was der Zar erwartet, genauso viel wie nichts. Neulich sagte er zu mir: ‚Es gibt etwas in diesem Land, das mir heilig und unantastbar ist – das ist die russische Monarchie. Führen Sie Reformen durch, wenn es unbedingt sein muß, und meinetwegen auch Ihre Verfassung ein. Aber ich werde meinen Erben nicht seiner rechtmäßigen Aufgabe berauben.'"

„Das klingt fast so, als würde er Ihnen die Vollmacht geben, mit der einen Hand die Regierung zu verändern, und sie Ihnen mit der anderen doch wieder wegnehmen", stellte Viktor fest.

„Genau das, mein Freund, ist Alexanders Taktik. Er möchte, daß ich das System verändere, ohne daß ich das System verändere."

„Jetzt verstehe ich, warum Sie von einer Aufgabe sprachen, die fast unmöglich zu erfüllen ist."

„Hören Sie nur, was er noch gesagt hat", fuhr Melikow fort. „Er hat es für mich aufgeschrieben, in einem offiziellen Brief, wahrscheinlich, damit ich in meiner Position nicht die Grenzen vergesse, die er mir gesetzt hat."

Er nahm ein Blatt Papier von seinem Schreibtisch, sah es sich eine Weile an und begann zu lesen. „Das sind Alexanders Worte:

‚Mein Vater hat mir trotz all seiner Schwierigkeiten – einer Herrschaft, die mit einer Rebellion begann und mit einer demütigenden Niederlage durch die Briten endete – einen Thron hinterlassen, der intakt war. Ich habe von ihm die Macht und die Majestät der russischen Autokratie empfangen, wie er sie von seinem Vater empfangen hatte und wie sie durch die ganze Romanow-Dynastie seit ungefähr dreihundert Jahren weitergegeben worden ist. Ich habe die feste Absicht, sie auch an meinen Sohn und Erben weiterzugeben. Vermutlich ist diese Verfassung unumgänglich, aber denken Sie immer daran, ich werde ihr nur guten Gewissens zustimmen können, wenn sie die Autokratie des russischen Thrones erhält.'"

Melikow brach ab und legte das Papier wieder auf seinen Schreibtisch. Dann schaute er Viktor an. „Glauben Sie mir, Viktor", fuhr er fort, „ich habe mir seine Worte gemerkt und werde sie nicht vergessen. Doch seine Wünsche zu erfüllen, ist eine ganz andere Sache."

„Vermutlich ist er doch vor allem ein Romanow", kommentierte Viktor.

„Ganz genau! Und durch sein hartnäckiges Festhalten an dieser verfluchten Autokratie kann er alles verlieren. Dann hätte er nichts mehr, was er an Alexander weitergeben kann."

Melikows mutige Kritik löste allmählich auch Viktors Zunge. Er konnte kaum glauben, daß jemand, der dem Zaren so nahestand, so freimütig eine solche Kritik übte. „Es ist schon seltsam", sagte er, „daß die Zukunft des Thrones ihm so wichtig ist. Er und der Zarewitsch haben fast genauso viele Schwierigkeiten miteinander gehabt wie ich mit meinem Sohn."

„Alles im Zusammenhang mit dem Zaren ist neuerdings recht seltsam, Viktor. Ich verstehe vieles einfach nicht. Aber eines weiß ich ganz genau. Wenn der Zarewitsch mit seiner reaktionären Politik die Herrschaft in unserem Land übernimmt, dann wird es eines Tages eine Revolution geben."

„Trotz Ihrer Zuversicht, daß mit Zheljabows Verhaftung diese Bewegung eingedämmt wurde?"

Melikow nickte nachdenklich. „Ja, Viktor, Sie haben meinen gespielten Optimismus durchschaut." Er seufzte. „Tief in meinem Innern befürchte ich, daß die Bewegung viel größer ist als Zheljabow. Darum ist die Verfassung so wichtig. Ich sage Ihnen, Viktor, das Volk – besonders die Aufrührer – werden sich nicht hinhalten lassen. Ich habe getan, was ich konnte, um eine offene Rebellion und Gewalttaten zu unterbinden. Aber alle meine Anstrengungen beruhten auf der Prämisse, daß wir dem Volk geben, wonach es verlangt, und damit den Radikalen den Wind aus den Segeln nehmen. Wenn das mißlingt, werden die Massen, die im Augenblick noch neutral sind, sich auf die andere Seite schlagen."

„Ich glaube, de Toqueville sagte einmal, daß der gefährlichste Zeitpunkt für eine Regierung gekommen ist, wenn sie anfängt, sich selbst zu reformieren."

„Am liebsten würde ich Seine Majestät daran erinnern."

„Dann würde ich wohl bald Gesellschaft haben, draußen vor den Toren des Palastes", fügte Viktor mit einem Anflug von Humor hinzu. Es tat gut, wieder einmal zu lächeln.

Melikow zuckte mit den Schultern. „Ich hätte nichts gegen Ihre Gesellschaft einzuwenden, Viktor. Aber ich bin noch nicht ganz bereit, politischen Selbstmord zu begehen. Ich werde meinen Mund halten und jonglieren."

Er lächelte grimmig. „Die Zeit ist der wichtigste Faktor. Jetzt, wo die Bedrohung durch die Terroristen für eine Weile eingedämmt ist, fürchte ich, daß Alexander in bezug auf die Reform noch schwankender wird. Er hat allmählich Angst vor der eigenen Courage."

Melikow schaute Viktor forschend an. „Sie standen ihm nahe, als die Reformen am Anfang seiner Regierungszeit durchgeführt wurden", sagte er nach einer Weile. „Was meinen Sie, warum ist damals so viel erreicht worden?"

„Alexander ist nicht mehr derselbe Mann wie noch vor zwanzig Jahren", erwiderte Viktor.

„In welcher Beziehung?"

„Damals, im Jahre 1861, konnte er noch selbst die starrköpfigsten Adeligen bereden und überzeugen. Sonst wäre es ihm nicht gelungen, die Leibeigenschaft abzuschaffen. Doch die Reihen seiner Unterstützer haben sich seither gelichtet."

„Nicht zu vergessen, daß ihm der richtige Antrieb fehlt", fügte Melikow hinzu.

„Aber auch damals hat es Jahre gedauert, in denen wir debattiert und die Fakten studiert haben, bevor wir die Emanzipation der Leibeigenen durchgesetzt haben."

„Aber wir haben nicht mehr jahrelang Zeit, Viktor. Wir können die Flut nicht mehr so lange eindämmen." Melikow brach ab. „Apropos Zeit", sagte er und erhob sich, „ich muß gehen."

Auch Viktor erhob sich, während Melikow einige Papiere auf seinem Schreibtisch zusammensuchte und sie in eine Aktentasche steckte. Er ging um den Tisch herum und schüttelte Viktor die Hand.

„Es hat gutgetan, sich mit Ihnen zu unterhalten, Michael. Ich wünschte, ich könnte Ihnen eine größere Hilfe sein."

„Ihre Zeit wird wieder kommen, Viktor – wenn diese Regierung auch nur ein wenig Verstand hat. Haben Sie Geduld, und sehen Sie sich vor. Geben Sie noch nicht auf. Guten Tag."

Nachdem Viktor und Melikow sich getrennt hatten, ging Viktor in sein eigenes Büro. Doch dort gab es nicht mehr für ihn zu tun als die Tage zuvor.

Allein in seinem Büro, kam sein Kummer wieder hoch und legte sich wie eine Last auf ihn. Die Unterhaltung mit Melikow hatte ihn für eine Weile aufgeheitert, ihm aber auch gleichzeitig seine gegenwärtige Bedeutungslosigkeit wieder neu zu Bewußtsein gebracht. Er konnte niemandem von Nutzen sein – nicht dem Generalgouverneur, nicht dem Zaren, niemandem! Jetzt, wo das Vaterland ihn am dringendsten gebraucht hätte, war er kaltgestellt.

Mit dieser schrecklichen Last mußte er weiterleben. Er hatte nicht nur an seinem Sohn versagt, sondern auch an seinem geliebten Heimatland. Er hatte mit seinem Leben getan, was der Zar, wie Melikow befürchtete, mit dem Thron tun würde. Durch einen sinnlosen Versuch, einen kleinen Stein zu retten, stand jetzt die ganze Festung in der Gefahr, zusammenzubrechen.

Viktor goß sich einen Brandy ein und trank das Glas mit einem Schluck leer. Er schenkte sich noch einmal nach. „Vielleicht sollte ich seiner Majestät als Vorbild dienen", dachte er sarkastisch. „Vielleicht sollte ich mit ihm sprechen – komme, was wolle."

Er hatte nichts mehr zu verlieren. Zum ersten Mal in seinem Leben konnte er alle Vorsicht beiseite lassen und genau das sagen, was er meinte. Und obwohl er unter den Nöten seines Volkes und seiner eigenen Ohnmacht litt, empfand er doch vor allem ein Gefühl der Apathie.

Er hatte tatsächlich nichts mehr zu verlieren. Aber falls er wirklich Freiheit für sein Land erwirken könnte, was würde das schon ausmachen? Es konnte ihm seinen Sohn nicht zurückbringen. Und was war das Leben, die Freiheit, eine Verfassung oder irgend etwas sonst ohne ihn? Viktor Fedortschenko sah in nichts mehr einen Sinn.

Er war verloren, so verloren wie sein Sohn in der weit entfernten Eiswüste Sibiriens.

27

Seit seiner Verurteilung waren erst zwei Monate vergangen. Es hätten genausogut zwei Jahre sein können ... oder zwei Jahrhunderte.

Was zählte die Zeit jetzt noch? Zeit existierte für Sergei Viktorowitsch Fedortschenko nicht mehr. Zeit war eine Bürde, eine unsichtbare Eisenkugel, schwerer als jede Kette an seinen Armen und Beinen, die ihn davon abhalten sollte zu fliehen.

Es hatte den Anschein, als würde der Weg nach Norden niemals enden. Verzweifelt versuchte er, sich an Annas Gesicht zu erinnern. Er konnte sich ihren Körper vorstellen, ihre Gestalt, selbst ihre Haare, Hände und das einfache Kleid des Dienstmädchens. Doch an das hübsche, wundervolle, liebe Gesicht konnte er sich nicht mehr erinnern. Das versetzte ihn in Panik, machte ihn langsam verrückt. Die anderen Gesichter seines früheren Lebens schauten ihn von ferne an und verschwammen langsam im Nebel seiner Vergangenheit, einem Leben, in das er niemals zurückkehren würde. Mit jedem

Schritt, dem er sich dem Nordosten des Landes näherte, wurden die Gesichter kleiner, ihre Stimmen und ihr Gelächter undeutlicher.

Gelächter … würde er es jemals wieder hören? Würde er jemals wieder hoffen können … träumen … lieben?

Das ist das Unglück bei allem, was unter der Sonne geschieht, daß es dem einen geht wie dem andern. Und dazu ist das Herz des Menschen voll Bosheit, und Torheit ist in ihrem Herzen, solange sie leben; danach müssen sie sterben. Ihr Lieben und ihr Hassen und ihr Eifern ist längst dahin; sie haben keinen Teil mehr auf der Welt an allem, was unter der Sonne geschieht.

Immer weiter, vorwärts und aufwärts zwang er seine müden Füße, blindlings den Vorangehenden folgend, die Nachfolgenden nicht beachtend. Sie waren alle Verurteilte. Nach Norden, über die Ebenen, aufwärts über den schneebedeckten Ural und wieder abwärts in die Unendlichkeit Russisch-Asiens. Jetzt war er nicht mehr nur durch sein Verbrechen von seiner Vergangenheit getrennt, sondern auch durch das riesige Gebirge, das sich aus der Ebene bis fast in den Himmel erhob.

Er war durch einen ganzen Kontinent von ihr getrennt. Die östlichen Ausläufer Europas hatte er hinter sich gelassen und damit auch die russische Kultur und Geschichte. Vor ihm lagen jetzt nur noch Leere und Trostlosigkeit … zehntausend Kilometer von einem Ende zum anderen im asiatischen Sibirien.

Dies war nun sein Zuhause … und würde es sein, bis Gott sich seiner erbarmen und ihn sterben lassen würde.

Wiederum sah ich alles Unrecht an, das unter der Sonne geschieht, und siehe, da waren die Tränen derer, die Unrecht litten und keinen Tröster hatten. Und die ihnen Gewalt antaten, waren zu mächtig, so daß sie keinen Tröster hatten. Da pries ich die Toten, die schon gestorben waren, mehr als die Lebendigen, die noch das Leben haben. Und besser daran als beide ist, wer noch nicht geboren ist und des Bösen nicht inne wird. Da ist einer, der steht allein und hat weder Kind noch Bruder, doch seiner Mühe ist kein Ende … Das ist auch eitel.

Worauf sollte er noch hoffen, wofür noch kämpfen? Das unsichtbare Schicksal hatte alle Hoffnung in ihm erstickt, war wie eine Flut über ihm zusammengeschlagen und hatte jeden Traum ertränkt. Er war nicht nur ein Gefangener des Staates, sondern auch ein Gefangener seines eigenen Seins. Denn wie sollte ein Mann, der keine Träume mehr hatte, weiterkämpfen auf dem Schlachtfeld des Lebens, ohne am Ende ein Gefangener seiner eigenen Leblosigkeit zu werden, wenn er von allen Seiten durch Gedanken gebunden wird, die nicht entweichen können?

Wie grausam waren doch die Waagschalen des Lebens, die zugunsten derjenigen ausschlugen, deren Ziel es war, ihre Gier und ihren selbstsüchtigen Ehrgeiz zu befriedigen, um so viel wie möglich zu bekommen, während andere – die durch die tiefe Sehnsucht des menschlichen Geistes getrieben sind, der Ungerechtigkeit des Lebens zu widerstehen – sich auf dem Weg zu einem Arbeitslager im Exil wiederfinden.

Es ist ein Unglück, das ich sah unter der Sonne, und es liegt schwer auf den Menschen: Da ist einer, dem Gott Reichtum, Güter und Ehre gegeben hat, und es mangelt ihm nichts, was sein Herz begehrt; aber Gott gibt ihm doch nicht die Macht, es zu genießen, sondern ein Fremder verzehrt es. Denn was kriegt der Mensch von aller seiner Mühe und dem Streben seines Herzens, womit er sich abmüht unter der Sonne? Alle seine Tage sind voller Schmerzen, und voll Kummer ist sein Mühen, daß auch sein Herz des Nachts nicht Ruhe findet. Auch das ist eitel und Haschen nach Wind. Denn es geht dem Menschen wie dem Vieh; wie dies stirbt, so stirbt auch er. Alles ist eitel. Es fährt alles an einen Ort. Es ist alles aus Staub geworden und wird wieder zu Staub. Wie einer gekommen ist, so fährt er wieder dahin. Was hilft's ihm, daß er in den Wind gearbeitet hat? Sein Leben lang hat er im Finstern und in Trauer gesessen …

Sergei dachte wenig über das nach, was auf ihn wartete. Die Minen von Nertschinsk in der Nähe der mongolischen Grenze – das Sibirien Sibiriens, wo das Eis selbst während der Sommermonate nicht schmolz – oder Kolyma, den entlegendsten Ort im arktischen Niemandsland der Isolation. Was machte es schon aus, wohin er ging oder ob er Tiumen oder das nächste Gefängnis in Tomsk überlebte? Was bedeutete es ihm, ob er lebte, um Gold, Silber, Blei oder sibirischen Schnee zu sehen? Falls er jetzt betete, dann nur, daß Gott ihm einen gnädigen Tod schicken möchte, solange er noch jung war.

In den wenigen Augenblicken, in denen sein Gehirn versuchte, wie früher zu funktionieren, konnte er sich auf keinen Gedanken lange genug konzentrieren, daß er einen Sinn bekam. Sein Kopf schmerzte fürchterlich, und trotz der eisigen Temperaturen fühlte sein Körper sich heiß an und tat überall weh. Er konnte nicht essen, und der anstrengende Marsch raubte ihm alle Lebenskraft. Gestern war er zweimal hingefallen. Beim ersten Mal hatten die Ohrfeigen einer Wache ihn wieder auf die Füße gebracht. Beim zweiten Mal war er bewußtlos, noch bevor er auf dem Boden aufschlug. Er wachte erst einige Stunden später auf einem roh gezimmerten Holzkarren wieder auf.

Ob er diesen Tag überstehen würde, wußte er nicht. Es war auch ohne Bedeutung. Tatsächlich hatte er eine Tasse dieser scheußlichen Grütze bei sich behalten können, die man ihm gestern abend gegeben hatte. In der Nacht hatte er einigermaßen gut geschlafen und war am Morgen, wenn auch nicht gerade mit neuer Energie, so doch zumindest soweit erfrischt aufgewacht, daß er sich wieder auf den Beinen halten konnte. Doch in der einen Minute zitterte er vor Kälte, in der anderen brannte sein Körper vor Hitze. Und um alles noch schlimmer zu machen, hatte er am ganzen Körper einen schmerzhaften Hautausschlag und dazu noch Husten bekommen. In wenigen Tagen müßten sie eigentlich Tiumen erreicht haben. Alles, was er brauchte, waren ein paar Tage Ruhe. Nicht, daß es zählte, wie er sich fühlte. Aber das war ja gerade das ganze Elend.

Wieder wurde er von einer Hitzewelle ergriffen. Alles drehte sich um ihm. Er schüttelte seinen Kopf, um wieder deutlich sehen zu können, aber vor seinen Augen zuckten nur Blitze.

Bilder zogen an ihm vorüber … Bilder, die keine Bedeutung hatten, sinnlose Laute … Erinnerungen, die ihm im Herzen weh taten, aber die er nicht einordnen konnte.

Seine Gefühle schwollen an. Auf einmal sah er für einen kurzen Moment das Gesicht seiner geliebten Anna vor sich. Undeutlich stand sie vor ihm. Er keuchte. Das Gesicht … er konnte es nur verschwommen ausmachen!

Wie im Delirium stürzte er mit ausgestreckten Armen los. Sie war so nahe! Wenn er sie doch nur für einen Moment umfassen könnte … um seinen zerschundenen und zerschlagenen Körper in dem warmen und unschuldigen Trost ihrer Umarmung bergen zu können!

Er stolperte auf sie zu. *Anna ... Anna!* rief er. Aber er konnte nicht einmal seine eigene Stimme hören. ... *Anna!*

Nein! Ihr Gesicht ... sie verschwand wieder ... *Nein, Gott ... nein! Anna!*

Es war nur eine Halluzination gewesen! Schmerzhaft krampfte sich sein Magen zusammen, als er erkannte, daß er einer Wahnvorstellung zum Opfer gefallen war. Ein Dieb war gekommen und hatte das letzte bißchen Hoffnung, das ihm noch geblieben war, geraubt – und durch seine Halluzinationen den zarten Schleier der Realität, der zwischen ihm und dem Wahnsinn lag, zerstört.

Mit einem lauten Klageschrei warf er sich zu Boden, seine Arme immer noch nach der leeren Wüste ausgestreckt. Er betete, daß er sterben möge.

„He, du Schurke!" schrie eine Wache und lief zu ihm hin. „Nicht so faul!" Mitleidslos und entschlossen, Sergei zum Schweigen zu bringen, trat er den jungen Prinzen kräftig in die Seite und schlug ihn mit dem Knüppel in die Nieren. „Auf die Beine, du elender Halunke!"

Sergei zog die Beine an und bedeckte seinen Kopf mit den Armen, doch ansonsten gab er sich dem Todesboten willenlos hin. Eine Welle der Übelkeit ging über ihn hinweg, solange er noch bei Bewußtsein war. Als die Dunkelheit ihn einschloß, war sein letzter Gedanke, daß sein Elend nun vielleicht endlich vorüber war.

Als er wieder zu sich kam, war er auf seinen Beinen und trottete müde und stumpfsinnig vorwärts, als ob dieser Zwischenfall nie passiert wäre. Wie oder wann er mit diesem Todesmarsch begonnen hatte, wußte er nicht zu sagen. Er machte sich darüber aber auch keine Gedanken.

Sein Kopf schmerzte schrecklich. Und so sehr er sich auch bemühte, er konnte Annas Gesicht nicht mehr sehen.

28

An diesem eisigen Morgen gingen die Geschäfte schlecht in dem kleinen Käseladen auf der Mali Sadowaja.

Der Laden war erst einige Wochen zuvor eröffnet worden, und es war utopisch zu erwarten, daß er in einer so kurzen Zeit laufen würde. Aber wie auch immer, der Eigentümer konnte gar nicht erwarten, die Wünsche der Kunden zu erfüllen, selbst wenn welche kommen würden. Die Regale waren nur etwa zu drei Vierteln mit Waren gefüllt.

Die Antwort des Besitzers an die wenigen Kunden, die hereinkamen, um nach diesem oder jenem zu fragen, lautete: „Ach ja, Sie wissen ja, wie es ist, wenn man sich selbständig macht. Aber wir werden unser Warenangebot schon bald aufstocken."

In Wirklichkeit mußte jede Kopeke in dem angespannten Budget des Mannes für die Miete des Ladens ausgegeben werden. Es war nicht wahrscheinlich, daß in der nahen Zukunft das Warenangebot erweitert werden würde. Der Grund für die Eröffnung des Lädchens war nicht, die Leute der Nachbarschaft mit Käse zu versorgen. Seinen Besitzer kümmerte es auch nicht, ob er Profit machte. Sie würden sowieso nicht lange im Geschäft bleiben.

Die Organisation *Wille des Volkes* hatte immer noch nur das eine Ziel, dasselbe, das vor eineinhalb Jahren, in jenem Sommer in Woronesch, formuliert worden war. Auch die Verhaftung Andrei Zheljabows hatte daran nichts geändert. *Zar Alexander Nikolajewitsch Romanow muß sterben!*

Die Tatsache, daß Andrei Zheljabow im Gefängnis saß, hatte die Aktivitäten der Bewegung nicht lahmgelegt, ganz im Gegenteil – die verbleibende Führung der Organisation drängte darauf, die Anstrengungen noch zu verdoppeln, um Andreis und der Sache willen. Deshalb hatten sie das Geschäft auf der Mali Sadowaja gemietet. Sie hatten nicht im mindesten die Absicht, ein gutgehendes Geschäft aufzubauen. Aber der Laden war für sie aus verschiedenen Gründen ideal. Er lag in einem relativ verlassenen Gebiet an der Straße, die der Kaiser immer benutzte, wenn er zum Winterpalast fuhr oder von dort kam. Außerdem gehörte ein Keller dazu, in dem reger unterirdischer Betrieb herrschte.

Einige Zeit lang hatten die Aufrührer in Schichten gearbeitet und gegraben wie fleißige Maulwürfe. Zheljabow selbst hatte den Plan noch vor seiner Verhaftung entworfen. Seit seiner Festnahme setzte sich seine Geliebte Sophia Perowskaja mit Eifer und Entschlossenheit für die Verwirklichung seiner Träume und Visionen ein. Vom Keller des Käseladens aus hatten sie zur Straße hin einen Tunnel gegraben und dann einen Schacht bis dicht unter die Straße ausgehöhlt, der gerade breit genug war für eine Bombe, die genau in dem Augenblick detonieren sollte, wenn die Kutsche des Zaren über den Schacht hinwegrollte.

Doch diesmal hatte Sophia Perowskaja sich noch einen Ersatzplan zurechtgelegt, falls der erste scheitern sollte. Zwar hatte sie vollstes Vertrauen in Zheljabows Plan, doch in der Vergangenheit hatte es so viele seltsame Verwicklungen gegeben, daß sie auf Nummer sicher gehen wollte. Dieses Mal würde es klappen. Sie wollte es selbst tun, falls notwendig, obwohl sich schon zwei oder drei andere angeboten hatten, diese Aufgabe für sie zu übernehmen. Die Bewegung brauchte sie in der Führungsspitze, beharrten sie, zumindest bis zu Andreis Entlassung.

Perowskaja spähte in den Tunnel. Der Schein einer Laterne am anderen Ende war das einzige Licht. Sie erschauerte, nicht wegen der Kälte – hier unten war es um einige Grad wärmer als auf der eisigen Straße oben –, sondern weil sie ihrem langersehnten Ziel so nahe war.

„Wie geht's voran?" fragte sie, als sie sich der Gestalt näherte, die sich über einen hölzernen Verschlag beugte.

Paul schaute auf. Die Laterne warf seltsame Schatten auf sein feingeschnittenes Gesicht. „Sehr gut, Sophia", antwortete er.

„Haben wir genügend Sprengstoff?"

„Nicht genug, wenn wir die Admiralität, den Winterpalast und Tsarskoe Selo in die Luft sprengen wollen. Aber für unsere Zwecke dürfte es voll und ganz genügen." Paul lächelte trocken.

„Er nimmt jeden Sonntag an der Aufstellung der Garde teil. In wenigen Stunden wird er diesen Weg nehmen." Sie brauchte nicht zu sagen, wen sie mit *er* meinte. Sie kannten alle das Objekt ihrer Anstrengungen sehr genau.

„Ich bin bereit für ihn."

Sophia beugte sich über ihn und betrachtete die Bombe, während Paul noch hier und da an den Drähten herumbastelte.

„Andrei hat dich gut unterwiesen, Pawlikow."

„Es ist eine Schande, daß er unseren Triumph nicht miterleben kann."

„Es kann gut sein, daß wir ihm in Kürze alles darüber berichten können – persönlich." Sie richtete sich auf und rieb sich über den Rücken. „Ich kann nur hoffen, daß die Anklage, wenn ich verhaftet werde, auf Mord lautet und nicht auf Mord*versuch.*"

„Wenn diese Bombe irgendwo in der Nähe des Zaren explodiert, wird sie ihn töten", sagte Paul. Er erwähnte nicht, daß sie nicht nur den Zaren, sondern auch jeden anderen Menschen in seiner Nähe töten würde. Darüber dachte er auch nicht nach.

Paul betrachtete sein Werk ein letztes Mal.

„Sie ist fertig", sagte er. „Ich brauche sie jetzt nur noch in den Schacht zu bringen. Glaub mir, Sophia, die Explosion wird die ganze Straße von einer Seite zur anderen aufreißen!"

29

Trotz seines melancholischen Wesens mußte Alexander Romanow feststellen, daß er sich von dem Optimismus Loris-Melikows anstecken ließ.

Er näherte sich seinem dreiundsechzigsten Geburtstag und war bei guter Gesundheit, wenn man von dem verfluchten Asthma absah. Endlich war er mit der Frau verheiratet, die er liebte, und wenn es nach ihm ging, würde sie noch vor Ablauf des Jahres zur Zarin gekrönt werden. Seine Regierung stand endlich auf sicheren Füßen. Dafür hatte Melikow mit seinen

Reformen gesorgt. Einige Ideen aus dem Programm des Generalgouverneurs waren natürlich eher als radikaler Wahnsinn abzutun. Doch er hatte es geschafft. Alexander hatte gewußt, was er tat, als er diesen Mann berufen hatte, wenn sich auch Melikow mit der Verfassung ruhig etwas mehr Zeit lassen könnte. Auf jeden Fall war die Stadt sicherer als noch vor zwei Jahren.

Fast genau ein Jahr war seit dem Bombenanschlag auf den Winterpalast vergangen. Und seither war auch kein anderer Anschlag mehr auf seine Person verübt worden. Vielleicht konnte er jetzt wirklich wieder aufatmen, seinen Kopf heben und ... nun, er war sich nicht so ganz sicher, was er als nächstes tun sollte. Aber ganz sicher war es an der Zeit, das Leben wieder zu genießen.

Ein flüchtiger Blick auf Melikows Verfassungsentwurf dämpfte seine Begeisterung. Er konnte sich immer noch nicht so recht mit der Idee anfreunden, als der Herrscher in die Geschichte einzugehen, der das Haus Romanow seiner Macht beraubt hatte. Noch weniger gefiel ihm die Vorstellung, der erste russische Monarch zu sein, der nur noch repräsentative Aufgaben zu erfüllen hatte.

Er haßte diesen Gedanken! Allein das Wort hinterließ einen bitteren Nachgeschmack, besonders, wenn man es auf ihn anwendete. Er konnte diese Möglichkeit nicht dulden. Viel besser gefiel ihm der Name, der ihm vor zwanzig Jahren gegeben worden war – *der Befreier*.

Nein, er wollte keine Gallionsfigur sein. Darauf hatte er im letzten Jahr bestanden, bevor er dem Generalgouverneur die Einwilligung für seine Reformen gegeben hatte. In diesem Sinne hatte sich Melikow ein System ausgedacht, in dem der Thron seine Macht behielt. Alexander gab es nur ungern zu, aber dieser Armenier war wirklich ein Genie.

Was der Zar sich nicht eingestehen wollte, war, daß diese Reformen nicht annähernd das boten, was Rußland dringend brauchte, wenn es überleben wollte: nämlich genau das, wonach die Radikalen schrien. Aber das würde Alexander niemals zugestehen.

Die vorgeschlagene Verfassung erweiterte die Macht der *zemstvos,* doch blieben sie kommunal gebunden und konnten sich nicht zusammenschließen oder als gewählte Abgeordnete eine Art von nationalem Parlament bilden. Melikows Entwurf sah vor, daß jeder kommunale *zemstvo* die Möglichkeit hatte, einen Delegierten zum Nationalrat, dem *Gosudarstwenni Sowjet* zu entsenden. Doch dieses Organ würde nur beratenden Charakter haben.

Eigentlich war dieses System vom Standpunkt des Zaren aus gesehen ideal. Es bot eine Form von Selbstverwaltung, die ganz sicher weitreichender war, als sie das russische Volk zu dieser Zeit handhaben konnte, aber die Autokratie blieb unangetastet. Niemals wieder konnte Rußland zu den Zeiten Peters des Großen oder unter die eiserne Herrschaft von Nikolaus I. zurückkehren. Soviel war klar. In dieser modernen Zeit mußten passende, moderne Lösungen gefunden werden, wie man ein so riesiges Volk regieren konnte. Melikows Plan schien das alles bedacht zu haben. Er schien eine Art Brücke zwischen der alten und der neuen Welt zu sein.

Als Melikow später am Morgen in sein Arbeitszimmer kam, war Zar Alexander daher ungewöhnlich guter Laune.

„Guten Morgen, General!" sagte er. „Ich hoffe, es geht Ihnen gut."

„Vielen Dank, Euer Majestät. Ja, es geht mir gut. Ich bin glücklich zu sehen, daß auch Sie sich wohl fühlen."

„Ja, tatsächlich, General! Dies ist ein großer Tag für die Zukunft unseres Landes. Sie sind gekommen, um mir das Manifest zu bringen, das Sie vorbereitet haben, nehme ich an?"

„Ja, Euer Hoheit. Ich habe es hier bei mir."

Alexander nahm das Papier entgegen, schaute kurz darauf und legte es dann auf den Tisch.

„Morgen", fuhr der Zar fort, „mit der dazugehörigen Zeremonie, werde ich es unterschreiben und öffentlich verkünden, daß wir die Absicht haben, dem Volk eine Verfassung zu geben." Er lächelte. „Das ist wirklich ein großer Tag. Das wird die Aufrührer ein für allemal zum Schweigen bringen."

„Tatsächlich, Euer Hoheit, es ist ein großer Tag!" sagte Melikow begeistert. Er ließ sich nicht anmerken, daß er den Entwurf für vollkommen uneffektiv hielt.

„Nun, ich fürchte, ich muß die Audienz beenden", sagte Alexander. „Ich werde am Paradeplatz bei der Aufstellung der Garde erwartet."

„Majestät wollen heute ausfahren?"

„Ich besuche jeden Sonntag die Zeremonie der Garde."

„Bitte denken Sie daran, daß Sie so oft wie möglich die festgeschriebenen Routen ändern, Euer Majestät."

„Ich dachte, das sei nicht mehr nötig, da Sie doch die gefährlichsten Aufrührer in Haft genommen haben. Ist die Gefahr noch nicht vorüber?"

„Das stimmt, äh ... nur teilweise. Ja, wir haben die Hauptbeteiligten verhaftet. Aber dennoch bin ich der Meinung, daß man Vorsicht walten lassen sollte, bis das Manifest verlesen ist und das Volk wieder ganz auf unserer Seite steht."

„Ich habe Sie nie für einen Hasenfuß gehalten, General. Ich kann verstehen, wenn meine Frau mich bittet, nicht auszufahren. Aber daß es von Ihnen kommt, ist schon seltsam."

„Die Prinzessin hat Sie gebeten, Ihre Aktivitäten einzuschränken?"

„Gerade heute morgen", antwortete der Zar. „Doch ihre Sorgen sind unbegründet. Wollen Sie mich jetzt bitte entschuldigen."

„Euer Majestät, ich habe wirklich das Gefühl, ich sollte Sie bitten –"

„Bitte, General –" Der Zar schnitt ihm das Wort ab, war aber nicht ärgerlich. Er war zu guter Laune, als daß er sich so leicht erzürnen ließ. „Ich muß jetzt einfach gehen. Seien Sie morgen früh um neun Uhr hier, damit wir das Manifest präsentieren können."

„Ja, Euer Majestät." Melikow verbeugte sich und verließ rückwärts gehend das Zimmer. Alexander schüttelte den Kopf und zuckte mit den Schultern. Das war ein neuer und sehr vielversprechender Tag. Er brauchte sich nicht mehr in seinem eigenen Königreich zu verstecken.

Immerhin war er der Zar, der Herrscher der mächtigsten Nation der Erde. Er rief Totjew herein und beauftragte ihn, seine Kutsche anspannen zu lassen.

30

Michael Loris-Melikow, Generalgouverneur von Rußland, der zweite Mann nach dem Zaren, entfernte sich schweren Schrittes von der Tür zu Alexanders Arbeitszimmer. Er hatte ein ungutes Gefühl.

Er war dem Zaren gegenüber nicht ganz ehrlich gewesen, was seinen Erfolg bei dem Kampf gegen die Revolutionäre anging.

Natürlich hatte er Zheljabow gefaßt. Er und einige andere Mitglieder der Organisation *Wille des Volkes* befanden sich hinter Gittern. Doch Melikow wußte mehr über die Bewegung der Terroristen, als er dem Zar gegenüber zugeben wollte. Denn andere hatten geredet. Und was sie ihm enthüllt hatten, war genug, um ihn, sollten sich die Umstände gegen ihn wenden, noch tiefer in Ungnade fallen zu lassen als Viktor Fedortschenko.

Er hatte erfahren, daß sie Tunnel unter die Straßen gruben – unter die Straßen von St. Petersburg! Es war nicht schwer zu erraten, wie er, sollte das bekannt werden, in den Augen der Krone dastehen würde! Selbst wenn daraus keine unmittelbare Gefahr entstünde – allein die Tatsache, daß er es vor seinen Augen hatte geschehen lassen, würde ihn aus der kaiserlichen Gunst fallen lassen.

Er wußte auch, daß ein anderer gefährlicher Anführer der Bewegung immer noch aktiv war – eine Frau namens Sophia Perowskaja. Melikow brauchte Zeit. Ein paar Tage würden genügen. Er mußte diese Minen ausfindig machen und, was noch wichtiger war, diese Perowskaja verhaften. Vor dem Zaren hatte er die Gefahr heruntergespielt, weil er so nahe daran war, die ganze Bande der Radikalen zu schnappen. Und doch wußte er, daß nahe dran sein oft nicht gut genug war.

Nun, er hatte ja versucht, Alexander zu warnen.

Was konnte er sonst noch tun, außer natürlich seine eigene Unzulänglichkeit und die seiner Polizei zuzugeben? Je weniger der Zar zu diesem Zeitpunkt über die Schnitzer und Mißgeschicke eines Mannes Bescheid wußte, desto besser für den Betreffenden. Er wollte keinesfalls enden wie der arme Viktor.

31

Sophia Perowskaja hatte verschiedene Beobachter entlang der Straße postiert, auf der der Zar vorbeikommen sollte. Jeder wurde von einem Läufer begleitet, der die Basis über den genauen Standort des Zaren informieren sollte. Zum Teil würden sie sich mit Spiegeln Lichtzeichen geben.

Sophia hatte auch einen Ersatzplan vorbereitet. In bestimmten Abständen hatte sie Männer aufgestellt, die Bomben werfen sollten, falls der Zar aus irgendeinem Grunde durch die unterirdische Explosion nicht getötet werden sollte.

Zheljabow hatte mit Pauls Unterstützung eine neue Sprengstoffzusammensetzung ausgearbeitet, in der Nitroglyzerin in reinerer Form verwendet wurde als sonst üblich. Dieser Sprengstoff war viel effektiver als Dynamit und konnte viel kompakter verwendet werden. Ein Päckchen von der Größe eines Schneeballs konnte viel leichter versteckt werden und mehr Schaden anrichten als zehn Stangen Dynamit.

Jeder von Sophias Freiwilligen trug ein solches todbringendes Päckchen und war darauf vorbereitet, es im Notfall einzusetzen. Sie alle wußten, daß derjenige, der die Bombe warf, die Explosion wahrscheinlich nicht überleben würde. Aber sie alle waren bereit, dieses Opfer für die Sache zu bringen.

Sophia kehrte zum Käseladen zurück. Paul saß im Hinterzimmer und genoß die Wärme einer Tasse Tee, die er in den Händen hielt. Seine Ruhe hätte sie eigentlich freuen sollen, aber statt dessen fühlte sie sich dadurch provoziert.

„Wie kannst du zu einer Zeit wie dieser Tee trinken?" fragte sie aufgebracht.

„Weil ich stundenlang in diesem stinkenden, kalten, feuchten, schmutzigen Tunnel gearbeitet habe", erwiderte Paul, „und ich konnte den Mund nicht zumachen, ohne daß meine Zähne knirschten wie Sandpapier."

Sophia hatte sich getäuscht, was Pauls innere Verfassung betraf. Ihre Bemerkung hatte ihn irritiert; seine Antwort zeigte das nur zu deutlich. Er war genauso angespannt wie sie, und die vorübergehende Erleichterung bei einer Tasse Tee verschwand durch ihren Wortwechsel sehr schnell wieder.

„Ist alles fertig?“

„Ja.“

„Liegt der Zünder an der Stelle, wo ich ihn haben wollte?“

„Natürlich, Sophia. Ich weiß, was ich tue.“

„Ich gehe nur auf Nummer sicher.“

„Zheljabow und ich sind alles hundertmal zusammen durchgegangen.“

„Kannst du den Posten sehen?“

„Alles ist in Ordnung“, sagte er gelangweilt und nahm einen großen Schluck aus seiner Tasse.

„Dies *muß* der Tag sein, Pawlikow. Die Zeit läuft uns davon.“

„Andrei würde uns niemals verraten.“

„Das weiß ich. Aber wir können uns der anderen nicht ganz sicher sein. Auch Stepniak wurde verhaftet, und er weiß genauso viele Einzelheiten wie Andrei. Ich habe das unbestimmte Gefühl, daß die Polizei uns auf der Spur ist.“

„Noch sind wir sicher.“

„Ich wollte dir das eigentlich nicht sagen, Pawlikow, aber gestern wurde eine unserer Wohnungen durchsucht, in der wir noch Vorräte gelagert hatten. Sie haben mehrere Kilogramm Sprengstoff beschlagnahmt. Gott sei Dank war niemand da.“

„Haben sie irgendwelche Hinweise gefunden?“

„Ich hoffe nicht. Aber Andrei und ich sind oft dort gewesen, und es wird nicht mehr lange dauern, bis die Nachbarn ihnen eine Beschreibung von uns geben und entweder Melikows oder Wlasenkos Männer anfangen, alle unsere Schritte zurückzuverfolgen.“

Das war keine schockierende Nachricht, zumindest kam sie nicht unerwartet. Doch sie brachte sie dazu, ihre Bemühungen in einem anderen Licht zu sehen. Dieser Versuch heute durfte nicht fehlschlagen. Vielleicht war es ihre letzte Gelegenheit.

„Dann müssen wir dafür sorgen, daß heute nichts schiefgeht“, sagte Paul. Seine Ruhe kehrte zurück.

32

Um Viertel vor eins an diesem zweiten Sonntagmittag im März machte Alexander Romanow sich bereit, den Winterpalast von St. Petersburg zu verlassen.

Liebevoll küßte er seine neue Frau und bat sie, sich bei seiner Rückkehr für ihren gewohnten Spaziergang im Garten des Palastes bereitzuhalten. Noch einmal versuchte sie, ihn von seiner Fahrt abzuhalten, doch er tat ihre Worte leichtfertig ab.

„Versuch nicht, mir die Stimmung zu verderben, meine liebe Frau."

Er nahm ihre Hände und ließ seine Augen einen Moment lang zärtlich auf ihr ruhen. Ihm machte das Gerede in der Stadt, er zeige seine Liebe für sie zu offen, nichts aus. „Im Augenblick bin ich so glücklich, Katharina, daß es mir fast Angst macht."

Draußen wurde er von einem schönen Wintertag begrüßt. Frost hing in der Luft, und der Boden war noch schneebedeckt. Seit Tagen hatte es nicht mehr geschneit, darum brauchte er nicht mit dem Schlitten zu fahren, sondern konnte seine Kutsche nehmen.

Eine Vorhut von sechs berittenen Kosaken begleitete die Kutsche, und ein siebter, Leutnant Grigorow, stand mit dem Gewehr in der Hand auf dem Kutschbock und hielt Ausschau. Zwei Schlitten folgten der kaiserlichen Kutsche, und der Bruder des Zaren, Großfürst Michael, ritt nebenher.

Die Fahrt zum Paradeplatz verlief ohne Zwischenfälle. Die Stunde, in der sie dem Aufmarsch der Garde zuschauten, verging schnell.

Mischa fragte sich, was der Zar an diesen militärischen Übungen fand. Vermutlich gab es ihm ein Gefühl der Sicherheit, wenn die Armee so präzise funktionierte. Wenn das nur auch auf dem Schlachtfeld so wäre!

Der Kosak nahm seine Position in der Kutsche wieder ein.

Dies war zwar kein Schlachtfeld, aber die Vergangenheit hatte gezeigt, daß selbst in den friedlichen Straßen St. Petersburgs ganz plötzlich Gewalt ausbrechen konnte. Einmal hatte er dem Zaren schon das Leben gerettet. Er hoffte sehr, daß er es nicht noch einmal zu tun brauchte. Deshalb durfte er kein Risiko eingehen.

Er hielt sein Gewehr schußbereit, so, als würde er in Kürze auf einen heidnischen Türken treffen, und die Kutsche setzte sich in Bewegung, um den Zaren in den Winterpalast zurückzubringen.

Während die Kutsche stetig voranrollte, schaute er langsam in alle Richtungen.

Auf einmal sah er etwas aufblitzen, das dann wieder verschwand. Er rief dem Kutscher zu, langsamer zu fahren. Angestrengt starrte er in die Richtung, aus der das Blitzen gekommen war. Wahrscheinlich war es nur die Sonne gewesen, die sich in einem Fenster gespiegelt hatte.

„Weiter!" rief er. Vielleicht war er zu vorsichtig. Doch heutzutage konnte man nie wissen! Er durfte auch nicht einen Augenblick unaufmerksam sein.

Obwohl ihm nichts weiter aufgefallen war, war Mischa nach diesem Zwischenfall doch sehr nervös. Er fühlte sich unsäglich erleichtert, als der Zar dem Kutscher signalisierte, daß er nicht auf direktem Wege in den Palast zurückkehren wolle.

Statt dessen wollte er einen kurzen Besuch bei seiner Kusine, der Großfürstin Katharina, machen.

Die Kutsche rumpelte über eine andere, lange Straße und bog dann links ab. Mischa Grigorow, Kosakengardist des Zaren, atmete auf.

Aber er beobachtete auch weiterhin sehr sorgfältig die Straße.

33

Paul fluchte leise und sprang auf.

Er hatte den Auslöser gedrückt in dem Moment, als der Beobachter ihm die Ankunft der kaiserlichen Kutsche signalisiert hatte. Doch nichts hatte sich gerührt.

Er drehte sich um und rannte die Treppen zum Keller hinunter.

Bis ins kleinste war alles durchdacht und ausgeklügelt gewesen. Noch kurz zuvor hatte er alles überprüft!

In so kurzer Zeit war keine Sabotage möglich. Nur er und zwei oder drei absolut vertrauenswürdige Kameraden waren in die Nähe der Bombe gekommen.

Gerade als er den Eingang zum Tunnel erreichte, sprang ihm eine Katze aus dem Dunkel entgegen. Sie rannte zwischen seinen Beinen hindurch die Kellertreppe hinauf. Paul stöhnte auf und rannte weiter. Schon eine flüchtige Untersuchung zeigte, daß sich ein Draht an der Bombe im Schacht über ihm gelockert hatte. Er lag lose und nutzlos auf dem Boden des Tunnels.

So ein Pech! Er hatte nie über die Katze nachgedacht, die eines Tages in den Keller gekommen war und diesen als neue Heimat in Besitz genommen hatte. Paul hatte mit dem armen, heimatlosen Wesen Mitleid gehabt und angefangen, es von dem Wenigen, das sie selbst zu sich nahmen, zu füttern. „Dieses elende Biest!"

Wieder drehte er sich um. War noch genügend Zeit, eine Reparatur vorzunehmen? Er rannte hinter der Katze die Treppen hoch und lief zum Fenster.

Die berittenen Kosaken folgten der Kutsche, die gerade am Schaufenster vorbeigefahren war. Wieder hatten sie die Gelegenheit verpaßt! Jetzt war es zu spät!

Wütend trat Paul nach der Katze, dann packte er sie im Nakken, öffnete die Tür und setzte sie auf die Straße.

Er schloß die Tür, ließ sich einen Augenblick nieder und bedeckte sein Gesicht mit den Händen.

Kurz darauf öffnete sich die Ladentür und wurde wieder zugeworfen. Da stand Sophia Perowskaja und funkelte ihn an.

„Was ist passiert?" fragte sie.

Niedergeschlagen erzählte Paul ihr, daß ihr heimatloser Hausgenosse sich in den Drähten verfangen hatte.

„Vielleicht kommen sie ja auf demselben Weg zurück, nachdem sich gezeigt hat, daß die Straße sicher ist", sagte er hoffnungsvoll.

„Vergiß es, Pawlikow. Heute werden sie diesen Weg nicht

mehr benutzen. Räum die Sachen weg und verschließe den Keller – vielleicht brauchen wir ihn ein anderes Mal."

„Nächsten Sonntag?"

„Vielleicht."

„Aber warum so lange warten?" meinte Paul aufgeregt. „Ich werde eine der Nitrobomben nehmen! Ich habe noch genügend Zeit, in Stellung zu gehen."

„Sei kein Narr, Pawlikow. Jetzt, wo Zheljabow fort ist, brauche ich dich für wichtigere Dinge, als daß du dir das Gehirn wegblasen läßt. Da das Attentat heute fehlgeschlagen ist, brauche ich jemanden, der weiß, wie man mit Bomben umzugehen hat."

„Wie kannst du nach einem solchen elenden Fehlschlag immer noch so etwas von mir sagen?" rief Paul traurig. „Ich habe zugelassen, daß eine dumme Katze –"

„Mach dir darum keine Sorgen", sagte sie etwas besänftigt. „Was vorbei ist, ist vorbei. Wenn wir es heute nicht schaffen, dann haben wir alle Anteil an dem Fehlschlag."

Paul nickte düster.

„Und", fügte sie hinzu, „wenn wir Erfolg haben … dann haben wir auch alle Anteil daran."

34

Die kaiserliche Kutsche hielt vor dem Michaelowski-Palast, wo der Zar seine Kusine Katharina besuchte.

Er blieb nicht lange. Er wollte sie nur persönlich von dem Manifest unterrichten, daß er am nächsten Tag zu unterschreiben gedachte.

Es war halb drei nachmittags, als die geschlossene Kutsche des Zaren den Rückweg zum Palast antrat. Nur wenige Menschen waren auf der Straße. Niemand, nicht einmal der wachsame Leutnant Grigorow, bemerkte die Frau, die an der Straßenecke neben dem *Ekaterinski,* dem Katharina-Kanal, stand. Sie bemerkten auch nicht, wie sie das Taschentuch in ihrer Hand hob, und, anstatt es zu den Augen oder zur Nase zu führen, dreimal kurz damit winkte.

Sophia Perowskaja war selbst gekommen, um diesen letzten Versuch zu beobachten. Sie war der Kutsche, so gut es ging, von dem Käseladen aus gefolgt und hatte dann gewartet. Langsam steckte sie ihr Taschentuch wieder in die Tasche und beobachtete, wie ihre Freiwilligen in Stellung gingen. Die Straße war ungewöhnlich leer und ruhig. Das beunruhigte Sophia, weil einer ihrer Kameraden, ein langhaariger Geologiestudent, gefährlich auffällig war. Sie konnte nur hoffen, daß niemand das kleine Päckchen bemerkte, das er in der Hand hielt.

Ohne Vorwarnung kam die kaiserliche Kutsche angerast und passierte den kritischen Punkt. Der Geologiestudent hatte sich gerade auf seinen Wurf vorbereitet, doch das unerwartete Auftauchen der Kutsche brachte ihn aus der Fassung, und so verfehlte er sein Ziel.

Er warf die Bombe einen Augenblick zu spät. Statt die kaiserliche Kutsche zu treffen, explodierte sie inmitten der nachfolgenden Kosaken. Einige der Gardisten fielen blutend zu Boden.

Die Wucht der Explosion traf die kaiserliche Kutsche von hinten. Die Hinterräder zersplitterten, und sie sackte zur Seite ab. Aus ihrem Innern ertönten Schreie. Der Kutscher wurde vom Kutschbock geschleudert, aber nicht verletzt. Auch Mischa wurde zu Boden geworfen. Er blieb bewußtlos liegen.

Auf wundersame Weise blieb der Zar unverletzt und stieg mit der Hilfe des zweiten Kutschers unversehrt aus der Kutsche. Es schien ihm unglaublich zu sein, daß er wieder einmal einem Attentat auf sein Leben entkommen war. Der Großfürst hatte einige leichtere Verletzungen davongetragen.

Nur wenige Sekunden später hielt der Schlitten der Polizei, und der Student wurde sofort verhaftet.

„Kommen Sie mit, Euer Hoheit!“, rief einer der Gendarmen. Er rannte auf den Zaren zu und wollte ihn zu einem unversehrten Schlitten führen, damit er so schnell wie möglich in den Winterpalast gebracht werden konnte.

„Nein, ich werde nicht gehen, bevor ich nicht weiß, wie es meinen armen, verwundeten Kosaken geht.“

Mit unsicheren Schritten ging er zur Explosionsstelle zurück.

„Sind Sie unverletzt, Euer Hoheit?“ fragte jemand aus der Menge der Zuschauer, die sich immer näher drängte.

„Gott sei Dank, ja“, erwiderte der Zar.

„Gott sei Dank?“ wiederholte die Stimme. Aus ihr sprach Böswilligkeit und Verachtung. Der Zar drehte sich um, um zu sehen, wer mit ihm gesprochen hatte, als der Mann sich aus der Menge löste und auf ihn zulief.

Alexander sah das Gesicht seines Mörders nicht. Kaum hatte der Attentäter zu Ende gesprochen, als er etwas auf den Gegenstand seines Hasses warf. Es hätte der Schneeball eines Kindes sein können, aber es trug genug tödliche Kraft, um die Welt zu erschüttern.

Die gewaltige Explosion zerriß den Märtyrer in Stücke. Doch sein Opfer war nicht umsonst gewesen. Noch bevor das Echo verklungen war, lag der Zar von Rußland neben ihm, hingestreckt in einer Lache seines eigenen Blutes auf der schneebedeckten Straße in St. Petersburg.

Der Großfürst lief auf ihn zu und kniete sich neben ihm im blutbefleckten Schnee nieder. Mit letzter Kraft flüsterte der Zar seinem Bruder etwas zu:

„Nach Hause in den Palast, Michael ... will dort sterben ...“

Sein letzter kaiserlicher Befehl wurde eiligst befolgt. Der Körper wurde vorsichtig in einen der Polizeischlitten gelegt und so schnell wie möglich in den Winterpalast gebracht.

Weniger als eine Stunde später empfing der Zar die letzte Ölung. Und von der Bastion der Romanows hatte sich Alexander II. von Rußland zu seinen Vorfahren versammelt.

35

Mit schwarzen Bändern versehene Kutschen, gezogen von rot und golden geschmückten Pferden, fuhren am Ufer des Flusses vorbei. Es würde noch Stunden dauern, bis die Prozession endlich ihr Ziel an der Troitski-Brücke erreichen würde. Wie alle Zaren der Romanows sollte Alexander in der Peter-und-Pauls-Kathedrale beigesetzt werden.

Die Menge der Trauernden am Straßenrand schwieg, betäubt von den Trommelschlägen und dem schmerzlichen Läuten der Kirchenglocken.

Rußlands „Kleiner Vater" war tot, ermordet von der Hand eines Attentäters. Vielleicht war es eher der Schock, der die Gesichter der Zuschauer verfinsterte, als der Schmerz. Alexander war nie besonders beliebt gewesen, und die Achtung, die ihm in den ersten Jahren seiner Regierung zuteil geworden war, war in den letzten Jahren mehr und mehr geschwunden. Vielleicht stimmte es, was sich so viele Konservative hinter vorgehaltener Hand zuflüsterten: daß Rußland jetzt einen starken Führer wollte und auch wirklich brauchte.

Die Menschen dieses riesigen Landes waren wie unmündige Kinder, die die Sicherheit einer festen Disziplin benötigten. Sie hatten einfach nicht gewußt, wie sie einem Mann wie Alexander II. folgen sollten, dessen Gutmütigkeit ihm als Schwäche ausgelegt worden war und dessen Versuche als Despot ans Lächerliche grenzten.

Doch dieser Monarch, dessen Stern in letzter Zeit im Sinken begriffen war, war trotz seiner Mängel immer noch der „Befreier", und als solcher würde er in Erinnerung bleiben, obwohl auch diese einzigartige Tat in seiner Herrschaftszeit durch Zwietracht und Unvollkommenheit beeinträchtigt worden war. Ein französischer Diplomat lamentierte bei der Beerdigung: „Die Aufgabe eines Befreiers ist wirklich gefährlich!" Vielleicht war Alexanders größter Fehler auch gewesen, daß er, anders als sein Zeitgenosse Abraham Lincoln, den Ruhm seiner Tat überlebt hatte.

Viktor stand mit seinem Freund Alexander Baklanow am Rande der Menge. Baklanow hatte gemeint, die Trauer des Volkes sei vielleicht nicht so groß, wie sie für einen toten Monarchen und einen der sechs mächtigsten Männer Europas hätte sein sollen.

„Wenigstens du hast guten Grund, Viktor", sagte Baklanow mitfühlend, „nicht allzu traurig über seinen Tod zu sein. Er hätte im Falle deines Sohnes einschreiten können. Er hätte ihn begnadigen können. Immerhin wart ihr jahrelang gute Freunde. Aber statt dessen hat er sich nicht nur von Sergei, sondern auch von dir abgewandt, dem loyalsten Freund, den er je gehabt hat."

„Du hast recht, Alex", sagte Viktor nachdenklich. „Und vielleicht kann ich deshalb auch nicht so große Trauer zeigen. Aber das hat wenig mit meinem Sohn zu tun. Weißt du, ich habe schon lange vorher um Alexander getrauert. Es begann vermutlich mit seiner Beziehung zu dieser Frau. Und ging dann weiter nach dem Krieg, als sein Ansehen beim Volk immer mehr sank."

Viktor machte eine Pause und seufzte. „Das alles hat ihn verändert, Alex", fuhr er langsam fort. „Er hätte ein großer Mann sein können, ein großer Zar. Doch er hat alles einer persönlichen Laune geopfert. Ich kann mir nicht helfen, aber ich denke, daß Gott ihn auf diese Weise vielleicht davor bewahrt hat, noch mehr von seiner Würde und Selbstachtung zu verlieren. Sein Tod könnte als Segen betrachtet werden, Alex, wenn die Umstände nicht so schrecklich wären."

Viktor Fedortschenko fühlte Alexander Nikolajewitsch gegenüber keine Bitterkeit, obwohl durch seinen Tod das Schicksal Sergeis für immer besiegelt war. Der neue Zar war sehr reaktionär, und Viktor hatte bei vielen Gelegenheiten mit ihm schon Auseinandersetzungen gehabt. Alexander Alexandrowitsch würde der Idee, jemanden zu begnadigen, der seinem Vater Unrecht getan hatte, alles andere als wohlwollend gegenüberstehen.

Und, was noch schlimmer war, die gesamte kaiserliche Familie, der neue Zar Alexander III. eingeschlossen, war von dem Möchtegern-Autoren Sergei Viktorowitsch Fedortschenko in einem schlechten Licht dargestellt worden. Der neue Zar selbst würde Grund genug haben, den Autor des Buches *Soldatenehre* zu verachten.

36

Im Gegensatz zu Viktor gab es viele andere, die den neuen Zaren Alexander III. wegen ihrer eigenen Belange angingen.

Der Körper des verstorbenen Zaren war gerade erst beigesetzt worden, und der Trauerflor hing noch am Winterpalast, als Michael Loris-Melikow den Zaren auf die Verfassung ansprach, die so kurz vor der Verwirklichung gestanden hatte. Alexander Alexandrowitsch war Melikow nicht wohlgesonnen, denn der Generalgouverneur war zu stark darauf bedacht gewesen, die Gunst von Katharina Dolgoruki zu gewinnen, damit er auch weiterhin bei Alexander II. gut angeschrieben war.

Einem weiteren Hindernis sah sich Melikow in der Person von Pobedonostew gegenübergestellt, der lange Zeit Mentor und enger Ratgeber des Zarewitsch gewesen war. Nun, da sein Schützling den Thron bestiegen hatte, stieg auch er zu großer Macht auf. Melikow hatte in der Vergangenheit versucht, Pobedonostew durch List und Manipulation für sich einzunehmen, jedoch ohne großen Erfolg. Und nun hatte es den Anschein, als seien wirklich alle seine Versuche gescheitert. Denn es war Pobedonostew, der auf seine Anfrage antwortete.

Der Mentor hörte sich das Anliegen des Generalgouverneurs schweigend an, erhob sich dann unwillig und erklärte, eine Verfassung würde den Zusammenbruch Rußlands besiegeln. Sein Glaube an die heilige Befehlsgewalt der Monarchie war in ganz St. Petersburg wohlbekannt. Doch die Leidenschaftlichkeit, mit der er sie an jenem Tag vertrat, überstieg bei weitem jegliche politische Vernunft.

Während Melikow schweigend dabeistand, deutete der Mentor mit dem Finger auf die Kathedrale Peter und Paul, wo der Zar beigesetzt worden war, und rief voller Eifer: „Es wäre, als würde man die Mörder des verstorbenen Zaren für ihre Bluttat auch noch belohnen. Diese Aktion würde alle diejenigen beschämen, die in dieser Regierung ihren Mann stehen!“

Selbst Melikow erkannte, daß damit das Todesurteil über seine Reformen gesprochen worden war. Der neue Zar war erzkonservativ, und außerdem träge und ideenlos. Er war nichts als ein loyaler Schüler seines langjährigen Mentors.

Pobedonostew drehte sich um und nahm ein Blatt Papier vom Tisch.

„Hören Sie sich das an, Melikow!“ rief er. „Das ist das Volk, dem Sie nachgeben wollen. Diese verfluchten Wahnsinnigen, die sich absurderweise *Wille des Volkes* nennen – das haben sie Alexander geschrieben, als der Körper seines Vaters kaum kalt geworden war in seinem Grab. Wir haben es gestern erhalten."

Er schaute einen Moment auf das Blatt und begann dann zu lesen:

„Die Tragödie, die sich auf der Ekaterinski-Straße ereignet hat, war weder ein Zufall, noch kam sie unerwartet. Nach allem, was im vergangenen Jahrzehnt passiert ist, war sie unausweichlich, und darin besteht ihre Bedeutung für einen Mann, den das Schicksal an die Spitze der Regierung gestellt hat.

Ganz sicher kann man der Regierung des verstorbenen Zaren nicht vorwerfen, untätig gewesen zu sein. Sie hängte die Unschuldigen zusammen mit den Schuldigen und füllte die Gefängnisse und weit entlegenen Provinzen mit Verbannten. Doch die revolutionäre Bewegung ist nicht eingeschlafen – ganz im Gegenteil, sie ist immer größer und stärker geworden.

Wie ist es zu dieser beklagenswerten Notwendigkeit einer blutigen Auseinandersetzung gekommen? Sie ist in Rußland, Euer Majestät, durch das Fehlen einer wirklichen Regierung entstanden. Die kaiserliche Regierung hat das Volk zu Leibeigenen gemacht, die Massen unter die Herrschaft der Adeligen gebracht und schafft jetzt eine äußerst schädliche Klasse von Zuschauern. Alle diese Reformen tragen nur zu einer vollkommeneren Versklavung und einer vollständigeren Ausbeutung des Volkes bei.

In dieser Situation gibt es nur zwei Möglichkeiten: entweder eine Revolution, absolut unausweichlich und durch Strafen nicht aufzuhalten, oder eine freiwillige Übertragung der Macht auf das Volk.

Und jetzt, Euer Majestät, wählen Sie! Vor Ihnen liegen zwei Wege, für einen müssen Sie sich entscheiden."

Pobedonostew schwieg einen Moment und fügte dann hinzu: „Unterschrieben ist es mit *Das Exekutivkomitee der Organisation ‚Wille des Volkes'*."

Er legte das Blatt Papier auf den Tisch zurück und starrte

Melikow an. „Und Sie wollen, daß wir uns ihrem Ultimatum beugen? Nein ... nein, mein Freund. So etwas werde ich Alexander nicht empfehlen!“

„Würden Sie mir wenigstens eine Audienz bei dem neuen Zaren gewähren?“ bat Melikow kleinlaut. Er versuchte, seine Verärgerung über die Engstirnigkeit des Mentors nicht zu zeigen. „Ich möchte meinen Vorschlag Seiner Majestät genauer erläutern.“

„Ich werde ihm von Ihrer Bitte Mitteilung machen“, erwiderte Pobedonostew. „Aber ich kann Ihnen nichts versprechen.“

Er hatte in der Tat nichts versprochen, und es kam zu keiner Audienz. Weniger als zwei Monate nach dem Tode Alexanders II. veröffentlichte der neue Kaiser sein eigenes Manifest, in dem er den neuen Kurs seiner Regierung darlegte.

Pobedonostews Handschrift war in dem gesamten Dokument deutlich zu erkennen. Die Marschrichtung der neuen Regierung war klar: vollkommenes Bekenntnis zum Slawophilismus und eine entschlossene Absage an jegliche Form einer konstitutionellen Regierung. Es bestätigte die erneute Hinwendung an die „alten Traditionen“, und man konnte einen leichten orthodoxen Eifer heraushören.

Die Autokratie würde mit dem Segen Gottes im geheiligten Rußland weiterbestehen.

Was Melikow betraf, war er sich darüber im klaren, daß seine Tage am kaiserlichen Hof gezählt waren. Liberal eingestellte Männer nahmen denselben Weg wie ihre liberalen Ideen – es war kein Platz mehr für sie. Michael Loris-Melikow wurde langsam in eine Position gedrängt, wo ihm nichts anderes übrigblieb, als seinen Rücktritt zu erklären.

Er dachte über die Ironie des Schicksals nach. Wenn er nur wenige Tage länger Zeit gehabt hätte, wäre er ein Held gewesen. Wenn Alexander II. nur einen Tag länger gelebt hätte, wäre das Manifest veröffentlicht worden und der Lauf der Geschichte in Rußland vielleicht ein anderer gewesen.

Es gab noch jemanden im russischen Reich, der auch die Hoffnung hatte, den Lauf der Geschichte zu verändern – doch seine Art war dem neuen Zaren vielleicht noch unverständlicher als die Melikows. Während der junge Prinz Fedortschenko sich wegen seines Buchs im Exil befand, spitzte der

Mann, den Sergei als seinen Mentor betrachtete, die Feder, um für Mäßigung und Vernunft einzutreten.

Graf Leo Tolstoi schrieb an den neuen Zaren und bat ihn, zum Besten der Nation den Mördern seines Vaters zu vergeben.

„Monarch! Wenn Sie diese Leute zusammenrufen, ihnen Geld geben, sie irgendwohin schicken, vielleicht nach Amerika, und ein Manifest verfassen würden mit dem Titel: „Ich aber sage euch: Liebet eure Feinde", wüßte ich nicht, was andere dabei empfinden würden. Aber ich, ein armer Untertan, würde Ihr Hund und Ihr Sklave sein. Ich würde jedesmal, wenn ich Ihren Namen hören würde, vor Rührung weinen, so, wie ich jetzt weine ... Durch solche Worte würde Freundlichkeit und Liebe wie eine Flut über Rußland hereinbrechen. Alle revolutionären Kämpfe würden vor dem Zaren dahinschmelzen, der das Gesetz Christi erfüllt."

Als kaiserliche Antwort auf diese inständige Bitte bekamen das russische Volk und besonders die, für die der verträumte Schriftsteller so gebeten hatte, die Faust der Unterdrückung um so härter zu spüren.

Mit den Mördern seines Vaters würde er schnell und ganz sicherlich ohne ein Manifest des guten Willens verfahren. Nach der Explosion war die Frau mit dem Taschentuch doch noch aufgefallen. Ihre Augen hatten allzu triumphierend geleuchtet. Von zwei aufmerksamen Gendarmen war sie in Haft genommen worden. Andrei Zheljabow wurde aus der Festung geholt, um das Schicksal seiner Geliebten und zwei anderer Fast-Attentäter zu teilen.

Alle vier sollten gehängt werden.

37

Achttausend Zuschauer hatten sich versammelt, um der Hinrichtung beizuwohnen.

Niemand von ihnen wußte, daß es die letzte öffentliche Hinrichtung in Rußland sein sollte. Sie wußten nur, daß die zum Tode Verurteilten Kriminelle übelster Sorte waren, weil sie ihren geliebten Zaren ermordet hatten.

Dabei war ihnen anscheinend vollkommen entgangen, daß genau diese Kriminellen gerade für die gekämpft, geschrien und sogar ihr Leben aufs Spiel gesetzt hatten, die sich jetzt über ihren Tod freuten. Die Massen hatten schon vergessen, daß Alexander keineswegs der Monarch gewesen war, den sie sich gewünscht hatten, oder daß er getötet worden war, weil er sich dem Freiheitsrecht des Volkes widersetzt hatte.

Er war immerhin der Zar! Er hatte ihre Ehrerbietung und Unterwürfigkeit verdient, weil er nach dem Willen Gottes regierte. Das Urteil, sie zu hängen, war viel zu milde für diese Abgesandten des Teufels, die den Zaren ermordet hatten.

Diejenigen, die von der Organisation *Wille des Volkes* noch übriggeblieben waren, hatten sich in der Menge verteilt. Zwar waren sie dem Henker entkommen, hatten aber immer noch Angst vor einer Verhaftung. Alexander und Pobedonostew hatten Säuberungsaktionen veranlaßt, die jetzt über St. Petersburg hinwegfegten. Nur wenige waren bereit, das Risiko einer Verhaftung einzugehen, um ihren tapferen und heroischen Führern ein letztes Lebewohl zu sagen.

Für Paul, jetzt ohne Mentor und Ziel, bedeutete das tragische Ende seiner Kameraden die Fortsetzung dieses schrecklichen Schmerzes, der ihn seit dem Tag nicht mehr verlassen hatte, als er seinen Freund Kazan verloren hatte. Er war so betäubt, daß er nicht mehr unterscheiden konnte, wer die wirklichen Mörder waren.

Natürlich, Andrei hatte das Ganze geplant; Sophia hatte Jazkow, der mit dem Zaren getötet worden war, ein Zeichen gegeben, und auch Remiga und Griggowski waren am Schauplatz verhaftet worden. Aber wenn sie den Zaren getötet hatten, dann war er genauso schuld daran, obwohl er nicht hatte dabeisein können, als das Blut des Zaren geflossen war.

Aber sie waren keine Mörder! Dies war ein Krieg. Alexander Romanow war nur ein Opfer dieser Auseinandersetzung. Vielleicht waren auch Kazan und Zheljabow und Sophia Opfer.

Wenn er durch solche Gedanken die Regierung zusammen mit seinen Brüdern rechtfertigte, sei's drum. In diesem Kampf vertrat jede Seite ihre eigene moralische Auffassung, auf Grund derer sie ihre Motive und Vorgehensweise rechtfertigen konnte. Die Revolutionäre behaupteten, sie müßten die Vertreter von Unterdrückung und Ungerechtigkeit vernichten. Die Regierung erklärte, sie müsse Verrat und Aufruhr gnadenlos verfolgen, wenn sie Frieden und Ruhe erhalten wolle.

Diese Argumente erinnerten Paul an die alte Frage von Ursache und Wirkung. Hatte es zuerst das Ei oder die Henne gegeben? Nach Pauls Meinung würde es keinen Verrat oder Aufruhr geben, wenn eine Regierung Freiheit und Gerechtigkeit garantieren würde, anstatt Sklaverei und Korruption zu tolerieren.

Die Regierung konnte sich verteidigen, wie sie wollte: Immer würde die Tatsache bestehen bleiben, daß es keine Revolutionäre gäbe, wenn die Herrschenden an das Volk denken würden, anstatt ihre eigenen Interessen im Auge zu haben.

Am Ende, falls diese schreckliche Auseinandersetzung für die Freiheit jemals ein Ende finden würde, wären Leute wie Kazan, Zheljabow und Perowskaja die Helden, und nicht Alexander II. von Rußland. Die Geschichte der kaiserlichen Greueltaten würde ganz sicher die Monarchie anklagen und ein Mahnmal für all jene errichten, die dagegen gekämpft haben.

In diesem Augenblick allerdings war es nur zu offensichtlich, daß niemand in dieser drängenden Masse ein Loblied auf diejenigen anstimmen würde, die da an den Seilen hingen. Die Stimmung des Volkes war zugunsten der Monarchie umgeschlagen, ob der Zar nun Alexander II. oder Alexander III. hieß. Paul bezweifelte nicht im geringsten, daß ihn die Leute um ihn herum, sofern sie gewahr würden, daß auch er der Organisation *Wille des Volkes* angehörte, verprügeln und auch zum Galgen schleppen würden, damit er zusammen mit seinen Kameraden gehängt würde – und daß sie sich auch noch darüber freuen würden, ihre patriotische Pflicht getan zu haben.

Der spontane Aufstand des Volkes, der von vielen Radikalen vorhergesagt worden war, hatte nicht stattgefunden. Er würde auch nicht stattfinden. Von Anfang an war es nur ein Wunschdenken gewesen zu glauben, die Massen würden in den Ruf nach Veränderung einstimmen.

Das kaiserliche Regime übte einen erschreckenden, fast hypnotisierenden Einfluß auf das Volk aus. Viele in Pauls Kreisen schrieben das der Kirche zu. Der orthodoxe Glaube und das Funktionieren des Weltreiches waren so eng ineinander verwoben, daß man sie nicht trennen konnte. Und das Volk war den kirchlichen Traditionen so verbunden, daß es Kirche und Staat nicht auseinanderhalten konnte. Die Menschen hatten auch Angst, selbständig zu denken. Die Priester und der Zar schrieben ihnen vor, was sie zu glauben und zu tun hatten. Sie hatten nicht das Recht, in Frage zu stellen ... sie mußten glauben, was man ihnen sagte, und gehorchen.

Allmählich wurde immer deutlicher, daß die Ermordung des Zaren allein nicht ausreichte, um eine radikale Veränderung in Rußland herbeizuführen.

Die Revolutionäre, die sich zehn Jahre zuvor, Anfang der siebziger Jahre, gegen die Bewegung der Populisten gewendet hatten, hatten argumentiert, das Volk sei noch nicht bereit für irgendeine Form der Selbstregierung. Vielleicht hatten sie recht gehabt. Die Massen waren nicht nur noch nicht bereit, sich selbst zu regieren, sie schienen eine solche Veränderung auch gar nicht zu wollen. Würde das russische Volk jemals bereit dazu sein?

Auf jeden Fall würde es noch lange dauern – zu lange, vielleicht Jahre. In der Zwischenzeit hatte die kaiserliche Regierung freie Hand; sie konnte die Liste ihrer Greueltaten verlängern und auch weiterhin das Volk täuschen und versklaven.

Aber eine Veränderung war dringend notwendig, ob das Volk nun bereit dazu war oder nicht! Eine neue Regierungsform mußte die Herrschaft der Romanow-Tyrannen beenden – eine neue Regierung, die weder eine Bindung an die Monarchie noch an die Kirche hatte. Eine Regierung, der die Freiheit der

Massen am Herzen lag und die ihnen die Freiheit, das Recht und die Macht gab, sich selbst zu regieren!

Seit dem Attentat hatte es Zeiten gegeben, in denen Paul von Schuldgefühlen über sein wundersames Entkommen geplagt war. Auch er war in der Nähe gewesen, aber man hatte ihn nicht gefaßt. Er war sogar in den Käseladen zurückgegangen und hatte ihn nur wenige Minuten, bevor Wlasenkos Männer die Türen einschlugen, verlassen. Warum ... warum war er an diesem Tag nicht verhaftet worden?

Er war nicht nur dem Strang entkommen, er war auch durch das immer enger werdende Netz der Razzien der Dritten Sektion geschlüpft. Und während er beobachtete, wie seine Kameraden ihren letzten Atemzug taten, lösten sich seine Schuldgefühle auf, und er begann, wieder einen Sinn in seinem Leben zu sehen.

Er war sicher aus einem ganz bestimmten Grund verschont geblieben. Die Veränderung mußte kommen! Das Volk mußte darauf vorbereitet werden! Es durfte nicht noch Jahre dauern, bevor die Unterdrückung abgeschüttelt werden konnte!

Die revolutionäre Bewegung durfte nicht aussterben, nicht einmal mit der Hinrichtung ihrer herausragenden Führer! Jemand mußte ihre Arbeit weiterführen, mußte das Volk aus seinem Schlaf wachrütteln!

Er durfte nicht aufgeben. Wenn er durchhalten und an seiner Vision von Freiheit und Veränderung festhalten würde, wäre vielleicht doch noch nicht alles verloren. Zu gegebener Zeit würde sich der revolutionäre Eifer wieder entfachen.

Er und die wenigen, die überlebt hatten, mußten dafür bereit sein!

Ende März – Anfang April 1881

Im Schatten des Todes

38

Undeutliche Lichter ... dumpfes Stöhnen ... beißender Geruch von Körpern, Urin und Krankheit. Hitze, Kälte, Schmerz und Schwere ...

Dann wieder die Dunkelheit.

Nicht die willkommene Dunkelheit eines friedlichen Schlafes. Es war eine lebendige Dunkelheit, eine sichtbare Dunkelheit, ein Feuer ohne Licht, die schwarze Flamme, die alles verzehrte und nicht gelöscht werden konnte.

Wieder die Stimmen ... schwache Lichter ... Stöhnen ... Worte, die bekannt waren, aber keinen Sinn ergaben ... Namen ... Geräusche ... Hände, die ihn berührten, seinen Kopf anhoben, ihm etwas einflößten ...

Unter den erbärmlichen Bedingungen einer Gefängniskrankenstation, wo es nur wenig Medikamente und karge Mahlzeiten gab, wo es eng, kalt und feucht war und die Männer dicht gedrängt mit provisorischen Liegen vorlieb nehmen mußten, durchlitt Sergei die unsäglichen Qualen seines Fiebers. Er war kaum lebendig genug, um für seinen Tod beten, doch nicht elend genug, um einem noch längeren Leiden durch den Tod entkommen zu können. Er existierte kaum noch, war kaum noch ein Mensch.

Die prächtige Uniform des Garderegiments, die er einst mit solchem Stolz getragen hatte, war längst zerrissen und durch einen Kittel in düsterem Grau ersetzt worden. Das Strahlen war aus seinen Augen gewichen und sein Stolz gebrochen. Das Feuer der Leidenschaft war erloschen, die breiten, geraden Schultern gebeugt und dünn geworden. Der einst so starke Körper lag vom Fieber geschüttelt, zusammengesunken und hilflos darnieder. Der scharfe Verstand des Schrifstellers und Denkers war ausgedörrt und leer.

Um ihn herum lagen Diebe, Mörder und Aufrührer – alle, falls sie überleben würden, wie er auf dem Weg zu den Minen und Gefängnissen des Ostens. In ihrem Bestreben, das Land von Aufrührern und verräterischen Ideen zu säubern, schaffte die Regierung der verschiedenen Zaren Rußlands ungewollt eine Konzentration von anarchistischen Ideen, die letztendlich ihr Schicksal besiegeln würde. Die Gefängnisse und Arbeitslager in Sibirien brachten in der Tat eine ganz neue Art von Revolutionären hervor, und viele ihrer Vorläufer erwarteten nun ihren Transport in die Zellen oder Krankenstationen von Tiumen.

Wenn der Kuckuck im Frühling seine ersten Rufe über die öden, schneebedeckten Wälder ertönen ließ, machten sich die Gefangenen in ganz Sibirien bereit, in die „General-Kuckuck-Armee" einzutreten, die alljährliche Wanderung der Flüchtenden zurück in den Westen. Diejenigen, die gerissen genug waren zu bestechen, zu töten, über die Gefängnismauern oder unter ihnen hindurch oder sogar durch die Gefängnistore, die von skrupellosen Wärtern bewacht waren, ins Freie zu gelangen, konnten froh sein, wenn sie lange genug lebten, um ihre Freiheit zu genießen. Die meisten starben unterwegs, waren sie doch ohne Vorräte und viele tausend Kilometer von jeder Form von Zivilisation und erträglichem Klima entfernt. Und doch machten in jedem Frühjahr viele tausend den Versuch.

Diejenigen, die sich noch auf dem Hinweg befanden, wurden besser bewacht, und nur wenige würden sich in diesem Jahr den Flüchtenden anschließen können, schon gar nicht die vom Fieber geschüttelten. Männer, Frauen, Rebellen und Räuber wurden gleichermaßen davon niedergestreckt und dachten an nichts anderes als an Schlafen ... oder den Tod.

Wenn man wegen des Fiebers schon nicht schlafen kann, dachte Sergei, als sein Sinn für die Wirklichkeit langsam wieder zurückkehrte, *vielleicht kann der Tod vollendet werden, indem man die Ewigkeit selbst in die Hände nimmt.*

Sergei mußte an Salomo denken, jenen Sohn Davids, dessen große Weisheit ihm auch Verzweiflung, Einsamkeit und Bedeutungslosigkeit gebracht hatte: *Denn die Lebenden wissen, daß sie sterben müssen, die Toten aber wissen nichts; sie haben auch keinen Lohn mehr, denn ihr Andenken ist vergessen. Eitel! Eitel ... Alles ist eitel!*

Was war das Leben schon? Ein Haschen nach Wind ... Nichtigkeit und Torheit. Ja, es hatte eine Zeit für alles gegeben. Eine Zeit zu kämpfen, eine Zeit zu sprechen, eine Zeit zu weinen, eine Zeit zu töten. Er hatte das alles getan. Das alles hatte ihn hierhergebracht. Er würde keine Zeit für Frieden mehr erleben, keine Zeit für Lachen, keine Zeit für Heilung. Es gab nur eine Zeit zu leben, und jetzt ... zu sterben. Was bedeutete das Leben, wenn es einem nur härteste Sklavenarbeit brachte? Besser, es jetzt zu beenden. An eine Aufgabe in der Kuckucks-Armee zu denken, war eine aussichtslose Hoffnung. Warum warten? Eine Flucht – eine erfolgreiche Flucht aus diesem Pfuhl von Gestank und Kälte und Ungeziefer – konnte jetzt durchgeführt werden ... jetzt! Er mußte nur darauf warten, daß der Kerl in Weiß ihm den Rücken zudrehte ...

Sergei bemühte sich, seinen schmerzenden Kopf einen oder zwei Zentimeter von der schmutzigen Matratze zu heben. Er blickte nach links und nach rechts und versuchte, seine Umgebung wahrzunehmen.

Wenn nur seine Gelegenheit kommen würde, bevor er wieder anfing zu zittern und ins Delirium zurückfiel. Auf einmal war alles so klar! Sein Gehirn funktionierte wieder. Wie lange er sich wohl schon an diesem schrecklichen Ort befand? Wie konnte er nur alles vergessen haben? Er hatte sogar vergessen, wer er war ... wie lange hatte es gedauert, bis er sich wieder erinnert hatte?

Aber jetzt fiel es ihm wieder ein. Sein Verstand arbeitete wieder. Und er wußte jetzt auch ganz genau, was er zu tun hatte.

Wenn er nur zu diesem Tisch an der anderen Seite des Raumes gelangen könnte, wo die Instrumente des Mannes lagen. Dort würde er mit Sicherheit etwas finden, das scharf genug war. Wenn er nur genügend Kraft hätte, es sich tief ins Fleisch zu stoßen!

Sein Kopf fiel zurück, und sein Atem kam in kurzen Stößen. Das Aufsetzen war anstrengend gewesen. Die Blitze kehrten zurück ... er blinzelte mehrmals und bemühte sich, wieder klar sehen zu können.

Das Fieber überrollte ihn erneut. Es mußte jetzt sein. Wer wußte schon, wann sich wieder eine Gelegenheit bieten würde! Nur wenige Meter trennten ihn von dem Tisch. Wenn er ihn erreichte, konnte er sein Leiden für immer beenden … nur wenige Meter zu Frieden, Trost und Ruhe!

Unter Aufbietung aller Kräfte setzte er sich im Bett auf. Er schwitzte vor Anstrengung und Erwartung und rang nach Luft. Vorsichtig schaute er sich im Zimmer um. Der Raum, die Decke, die Lichter, die weiße Kluft des Mannes, alles drehte sich vor ihm. Verzweifelt schüttelte er den Kopf und blinzelte.

Er schob seine Beine über den Bettrand. Als seine Füße den blanken Boden berührten, hatte er das Gefühl, als stünde er auf Glatteis. Doch sein Körper glühte vor Hitze, auch wenn er nicht aufhören konnte zu zittern.

Da war der Mann … er drehte ihm immer noch den Rücken zu … oder war das sein eigener Rücken? Er war immer noch weißgekleidet … er trug ein Gewand … ein weißes Gewand … jetzt kam er näher … es mußte ein Engel sein, der ihn willkommen hieß!

Sergei hatte seit Wochen nicht auf seinen Füßen gestanden. Seine Knie zitterten, und er konnte sie nicht ruhighalten … der Tisch stand nur fünf Meter entfernt … nur fünf Meter bis zur Flucht. Alles verschwamm jetzt vor seinen Augen.

Stimmen … Rufe … dieser Name, den er nicht mehr als seinen eigenen erkannte … Hände ergriffen ihn an den Schultern … unfreundliche Hände … sie zerrten an ihm … Hände aus Feuer und Eis.

Mit letzter Willensanstrengung schob er den Eindringling von sich, stolperte vorwärts und krachte auf den Tisch. Während seine Beine unter ihm nachgaben, fühlte er, wie seine Hände sich um das Instrument des Todes schlossen.

Er fiel zu Boden, der Tisch brach unter ihm zusammen. Holz, Instrumente, Werkzeuge und einen Topf mit Wasser riß er klirrend mit sich herab.

Sergei nahm die Stimmen nicht wahr, die jetzt den Raum füllten, und bemerkte weder, wie sich noch mehr Engel in weißen Gewändern näherten, noch, daß Blut von seinen Händen tropfte. Er hatte ein Operationsinstrument an der falschen Seite gepackt und wollte sich mit letzter Kraft dieses Messer in die Brust stoßen.

Und wieder waren Rufe da … und Schreie … wieder wurde er von unwillkommenen Händen gepackt und gezogen … bis die tanzenden Lichter langsam verlöschten ... und die Stimmen verschwanden. ...

Sein Kopf schlug auf dem blutverschmierten Boden auf ... Dunkelheit umfing ihn ... und er wußte nichts mehr.

39

Basil Anickin verfluchte den Fehlschlag der Organisation *Wille des Volkes*.

Wie naiv waren sie doch alle gewesen! Der Tod des Zaren bedeutete gar nichts. Im Gegenteil, es war höchstens ein Rückschritt und versetzte sie in eine noch schwächere Position als zuvor. Jetzt hatten sie jegliche Unterstützung des Volkes verloren. Und die repressiven Maßnahmen des neuen Zaren hatte die Zahl ihrer Anhänger deutlich reduziert.

Aber all das war nicht die Hauptursache für Basils Enttäuschung nach der Ermordung des Zaren. Anickin war nach seiner Flucht aus dem Gefängnis nicht in erster Linie aus Überzeugung zur Organisation *Wille des Volkes* gestoßen, sondern weil es zweckmäßig für ihn war. Seine Ziele waren damals wie heute rein persönlicher Natur. Was ging ihn der Zar an? Was ging ihn die Revolution an? Rache war alles, was für ihn zählte.

Er mußte jetzt seinen Plan für die Ermordung der Familie Remisow ändern. Die Massen würden sich nicht erheben und den Rebellen folgen. Der Zar war getötet worden, es hatte vier Hinrichtungen gegeben und anschließend eine Säuberungsaktion in der Stadt – und das war es. Keine Aufstände. Keine Bombenanschläge. Keine Massenangriffe auf die Aristokratie. St. Petersburg schlief.

Ihm fehlte jetzt die Tarnung für seinen Mord. Er würde einen anderen Weg finden müssen. Das Risiko für ihn selbst würde sich dabei allerdings erhöhen. Noch schwieriger würde es sein, jemanden von der Organisation zu finden, der ihm helfen könnte.

Basil gab nur ungern zu, daß er überhaupt Hilfe brauchte. Welches Vergnügen würde es ihm bereiten, den Hals dieses noblen Herrn unter seinen Fingern zu spüren, das Leben aus ihm herauszupressen und ihm in einer letzten Anstrengung das Genick zu brechen! Aber ein Frontalangriff, ein Kampf von Mann zu Mann würde nicht zum Erfolg führen. Diese Lektion hatte er beim letzten Mal nur zu gut gelernt. Und er war nicht bereit, seinen eigenen Hals zu riskieren. Dieser Feigling war ungewöhnlich stark.

Aber wenn er niemanden finden würde, dann mußte er sich eben dieser Gefahr aussetzen. Nur, dieses Mal würde er ihn nicht frontal, sondern aus einem Hinterhalt heraus angreifen. Das Überraschungsmoment würde sein Verbündeter sein.

Er hatte die feste Absicht, den Tod der beiden verhaßten Remisows zu überleben.

Der Plan, durch den er die Befriedigung seiner Rachsucht erreichen wollte, war einfach.

Als erstes würde er die Prinzessin töten. Katrinas wunderschönes Gesicht verfolgte ihn immer noch in seinen Träumen. Ihre Zurückweisung hatte ihn bis ins Mark getroffen. Aber sie würde für das bezahlen, was sie ihm angetan hatte!

Und dann würde er zusehen, wie der Schurke von Ehemann über ihren Verlust trauerte. Vielleicht sollte er Remisow sogar wissen lassen, daß er es war, der Katrina getötet hatte. Er würde der Beerdigung beiwohnen und sich häufiger zeigen, vielleicht sogar den Grafen zu einem Angriff provozieren.

Er rieb sich die Hände und grinste bei dem Gedanken an Dmitris blutunterlaufene Augen und seine Seelenqual. Von weitem würde er seinen Hut ziehen, ihn wissend anlächeln und Remisow langsam, aber sicher in den Wahnsinn treiben! Und dann, wenn er genug gelitten hatte – nicht daß das, was er selbst gelitten hatte, jemals wiedergutgemacht werden konnte! –, erst dann, und nicht vorher, würde Basil ihm spät nachts auflauern, in irgendeiner dunklen Ecke der Stadt, wenn er auf dem Heimweg wäre. Er würde ihn erwürgen und ihm währenddessen das haßerfüllte Gift seiner Bitterkeit ins Ohr flüstern. Dann, wenn er diesem Schurken das Genick brechen würde, wäre der so lang ersehnte Moment seiner Genugtuung endlich gekommen. Er würde ihn in einem dunklen Hof einfach liegenlassen – tot!

Doch so groß seine Genugtuung auch wäre, wenn er sie beide mit seinen bloßen Händen erwürgte, so wichtig war ihm auch das Gelingen seines Plans. Deshalb würde er ein wenig seiner Genugtuung opfern und auf Nummer sicher gehen. Eine Bombe war vielleicht der beste Weg. Er mußte jemanden finden, der mit Sprengstoff umgehen konnte.

Der erste, der Basil einfiel, war jener junge Schützling Zheljabows, dieser Kerl mit Namen Pawlikow. So weit sich Basil erinnern konnte, hatte er die Säuberungsaktion überstanden. Doch es war die Frage, ob er unter den gegebenen Umständen das Risiko auf sich nehmen würde. Basil wußte von ihm nur, daß er ein Idealist war. Er mußte ihm also eine Motivation bieten, um ihn für seinen Plan zu begeistern.

Vielleicht war Fedortschenko in dieser Hinsicht ganz nützlich. Er konnte andeuten, daß der Tod eines kaiserlichen Ministers ihrer Sache dienlich sein würde. Er brauchte dann nur zu einer Zeit zuzuschlagen, wo Katrina ihre Eltern besuchte.

Trotz der Einfachheit des Planes barg er doch einige Schwierigkeiten. Aber er würde sie überwinden. Basil war schon zu weit gekommen, um jetzt aufgeben zu können. Er mußte Schritt für Schritt vorgehen und durfte sich nicht von seinen Gefühlen leiten lassen.

Seine erste Aufgabe war deshalb, Pawlikow ausfindig zu machen, falls dieser sich noch in der Stadt befand.

40

Mehrere Tage nach der Hinrichtung ihrer Kameraden fand Anickin den jungen Mann, den er suchte, in einer jener finsteren Tavernen auf dem Mali-Prospekt.

Paul war nicht leicht aufzuspüren gewesen. Er hatte seinen Namen geändert und lebte – falls man das überhaupt so nennen konnte – vorwiegend in engen Gassen oder, wenn er genügend Glück hatte, eine solche Unterkunft zu finden, in Armenhäusern.

Anickins Behausung war nicht viel besser, da es immer weniger Bürger gab, die bereit waren, flüchtige Radikale zu beherbergen. Doch vor einiger Zeit hatte er eine Prostituierte gefunden, die ihn in ihrer Wohnung aufgenommen hatte. Ganz sicher ging es ihm viel besser als Pawlikow.

Der junge Mann blickte abwesend und sah hungrig aus. Anickin fragte sich, wann er wohl das letzte Mal etwas gegessen hatte. Ein hungernder Revolutionär würde seiner Sache dienlich sein, aber er konnte es sich nicht leisten, daß der junge Mann mitten in ihrer wichtigen Aufgabe ohnmächtig wurde. Darum rief Anickin, als er sich auf die rauhe Bank Paul gegenüber setzte, eine gelangweilt aussehende Kellnerin und bestellte für eine Kopeke braunes Brot und Kwaß.

„Ich habe kein Geld", sagte Paul.

„Aber wir sind doch Brüder, Pawlikow", erwiderte Anickin. „Wenn du bei mir bist, brauchst du kein Geld."

„Du siehst auch nicht aus, als würde es dir bessergehen."

„Was ich habe, teile ich mit dir."

„Warum?" Es war das erste Mal, daß Basil überhaupt Interesse an Paul zeigte. Pauls Argwohn war also berechtigt.

Basil lächelte – aber es war kein freundliches Lächeln.

„Die Vorsicht ist unser größter Verbündeter in diesen gefährlichen Zeiten", sagte er und machte dann eine Pause, weil die Kellnerin ihre Bestellung brachte. Er schob Paul die Platte zu. Dieser zögerte nur kurz und griff dann nach einem Stück Brot. Es war Tage her, seit er etwas gegessen hatte, das er nicht aus einem Mülleimer herausgesucht hatte.

„Natürlich wirst du dich fragen, warum ich dich sprechen will", fuhr Basil nach einer Weile fort.

„Das tue ich in der Tat."

Basil schaute vorsichtig um sich und senkte die Stimme. „Du mußt wissen, daß unsere Aufgabe noch nicht beendet ist", sagte er. „Zwar haben wir den Zaren getötet, aber es ist offensichtlich, daß wir damit nicht das erreicht haben, was wir eigentlich wollten. Und dafür gab es einen Grund, Pawlikow. Ein neuer Zar stand bereit, um seine Aufgabe zu übernehmen."

Er schaute Paul an. Tiefe Falten zogen sich über seine Stirn. Paul sagte nichts.

„Natürlich verstehst du noch nicht, was ich meine – die Reihen der Regierung haben sich nur gelichtet. Wir werden niemals Erfolg haben, wenn wir nicht das ganze Regierungssystem aus dem Gleichgewicht bringen."

„Willst du damit sagen, daß wir auch den neuen Zaren töten sollen?"

„Das sollte natürlich unser langfristiges Ziel sein. Doch dazu sind wir im Augenblick noch nicht in der Lage. Es wird Monate dauern, vielleicht Jahre, bis unsere Organisation wieder so weit ist, daß sie einen erneuten Anschlag auf den Zaren versuchen kann. In der Zwischenzeit müssen wir dort zuschlagen, wo wir können. War es nicht Zheljabow, der uns dazu ermutigt hat?"

Paul nickte. Er bewunderte im stillen Anickins Gerissenheit, Zheljabows Namen in die Unterhaltung einfließen zu lassen. Das verlieh dem, was er zu sagen hatte, mehr Gewicht.

„Was schlägst du also vor?" fragte Paul. Er bemühte sich nicht einmal, seinen Argwohn zu verbergen.

„Wir müssen unsere Anschläge auf Regierungsbeamte fortsetzen. Der Tod des Zaren hat das Volk nur für die Krone eingenommen. Doch der Verlust einiger Aristokraten und Regierungsbeamte wird den gegenteiligen Effekt haben. Genau an dieser Stelle hat die Organisation ihren Fehler gemacht, Pawlikow. Wir hätten den Zaren noch nicht ermorden dürfen. Die Massen waren noch nicht genügend auf die Notwendigkeit vorbereitet, die Monarchie abzuschaffen."

„Dann sollten wir uns vielleicht mehr darauf konzentrieren, das Volk zu erziehen – Flugblätter drucken und verteilen", schlug Paul vor.

„Nein, wir müssen das Volk ganz außer acht lassen – für den Augenblick. Terror ist die einzig wirksame Waffe einer Revolution. Es war genau das, was Alexander schließlich dazu gebracht hat, eine Verfassung zu akzeptieren."

„Aber wir wollen keine konstitutionelle Monarchie."

„Das stimmt. Doch der Terror ist der einzige vielversprechende Weg, auf dem man eine Veränderung erreichen kann – um unsere Ziele zu erreichen, wie immer sie auch lauten mögen. Und das ist ein Werkzeug, das wir schärfen müssen."

„Ich nehme an, du willst, daß ich dir helfe?"

Anickin nickte.

„Und wie steht es mit anderen?“

„Natürlich. Aber ich denke, du bist der Wichtigste. Du hast viel von Zheljabow gelernt, und dieses Wissen brauchen wir jetzt. Ich kenne mich mit Sprengstoff, Drähten, Zündern und diesen Sachen nicht aus. Aber du.“

„Was du sagst, klingt nicht verkehrt“, überlegte Paul. Er mußte zugeben, daß es wirklich Sinn haben konnte, trotz der Tatsache, daß dieser Vorschlag von einem Mann kam, der wahnsinnig war. Schon aus diesem Grund erschien es ihm sehr unwahrscheinlich, daß er sich Anickin anschließen würde. Aber es konnte nicht schaden, ihn anzuhören.

„Wirst du mitmachen?“

„Ich scheue nicht davor zurück, ein Risiko auf mich zu nehmen“, antwortete Paul, „aber ich bezweifle sehr, daß wir bei der gegenwärtigen Stimmung in St. Petersburg weit kommen würden.“

„Das ist ja gerade das Gute dabei! Jetzt ist genau der richtige Zeitpunkt. Die Wachsamkeit hat nachgelassen. Niemand würde weitere Anschläge vermuten, wo die Polizei jetzt so auf der Hut ist.“

„Mit gutem Grund.“

„Wir werden uns zuerst auf eine Person konzentrieren, bei der das Risiko gering ist.“

„Und wer würde das sein?“

„Prinz Viktor Fedortschenko.“

Natürlich! Auf einmal war Paul alles klar. Er hatte schon immer ein tieferes Motiv hinter Anickins Reden vermutet, und jetzt war alles sonnenklar – die alte Rechnung mit den Fedortschenkos sollte beglichen werden. Es war reiner Zufall, daß er in diesen Plan miteinbezogen worden war. Aber nun, da das geschehen war, mußte er seine Antwort sorgfältig abwägen. Ganz sicher würden auch andere Menschen dadurch in Gefahr geraten. Es könnte sogar seine Schwester treffen.

Er würde erst einmal so tun, als wollte er mitmachen, schon allein, um über alle Schritte Anickins informiert zu bleiben und Anna eventuell aus der Gefahrenzone zu halten. Aber er würde auch gut auf sich selbst aufpassen müssen. Wenn Anickin ihm auf die Schliche kam, würde er zweifellos eines Tages tot in der Newa treiben.

„Ja … das scheint mir eine gute Wahl zu sein", sagte Paul nach einer Weile. In der Zwischenzeit hatte er seine Überlegungen durch Konzentration auf das Essen kaschiert. Gerade schob er sich den letzten Krümel Brot in den Mund. „Gut, ich werde mitmachen, aber wir dürfen nichts übereilen", fügte er hinzu. „Wenn möglich, möchte ich lebend aus der Sache herauskommen."

„Gut. Das ist vernünftig."

„Wann fangen wir an?"

„Bald."

„Ich muß einige Dinge besorgen, und das wird nicht einfach sein. Sprengstoff ist ein schwieriges Geschäft."

„Ich werde dafür sorgen."

„Wie kann ich zu dir in Kontakt treten?"

„Wir werden uns in zwei Tagen in der Taverne in der Grafski-Straße treffen."

Die beiden Verschwörer erhoben sich. Dabei sah Paul ein gefährliches Funkeln in Anickins Augen.

Es war dünnes Eis, auf das er sich begeben hatte. Man hörte so einiges über den Sohn des Doktors. Manche waren der Meinung, er sei immer noch verrückt. Am besten wäre es, so schnell wie möglich zu verschwinden.

Auf jeden Fall mußte er Anna sofort warnen, selbst wenn er dadurch sein eigenes Leben in Gefahr brachte.

In bezug auf seine eigene Sicherheit machte er sich nichts vor. Sollte er Anickins Pläne wirklich vereiteln, konnte ihn nur ein Wunder vor dem Zorn dieses Verrückten retten.

41

Der Junge konnte nicht älter als zehn Jahre sein. Er war schmutzig, mager, zerlumpt und sah nicht gerade unschuldig aus.

Überall wäre er ein Objekt des Mitleids gewesen. Doch im vornehmen Südviertel der Stadt stach sein Aussehen unüberbietbar gegen die fleckenlose Reinheit der prächtigen Häuser und Anwesen ab. Mehr als ein mitleidiger Blick wurde ihm von den Passanten zugeworfen, obwohl ein Mann ihm eine schallende Ohrfeige versetzte, als er es wagte, ihn nach dem Weg zu fragen.

Trotzdem fand er das Haus der Remisows.

Die Köchin empfing ihn mit der Freundlichkeit, die man vielleicht einem gewöhnlichen Dieb entgegengebracht hätte. Auf der Straße hätte sie ihm möglicherweise eine Kopeke geschenkt, wenn sie eine übrig gehabt hätte. Doch es gehörte sich einfach nicht, daß ein solches Lumpengesindel an die Tür ihres Herrn kam, nicht einmal an die Hintertür.

Sichtlich irritiert befahl sie ihm zu warten, während sie Anna holte. Denn seine Nachricht sollte mündlich und Anna allein überbracht werden.

Die Nachricht war ganz einfach.

Der Junge richtete Anna aus, sie solle um vier Uhr nachmittags zur St.-Andreas-Kirche auf der Wassili-Insel kommen. Er konnte ihr nicht sagen, von wem die Nachricht stammte, weil er es selbst nicht wußte.

Anna erzählte Katrina von dem seltsamen Boten und seiner geheimnisvollen Nachricht, als sie die Prinzessin um Erlaubnis bat, am Nachmittag ausgehen zu dürfen.

„Ich vermute, daß mein Bruder mir diese Nachricht geschickt hat“, sagte Anna ohne große Begeisterung.

„Freust du dich denn nicht darüber? Es ist doch schon mehr als ein Jahr her, seit du ihn zuletzt gesehen hast.“

„Ja, Prinzessin, und darum bin ich auch so besorgt. Die Nachricht ist so geheimnisvoll. Er hat seinen Namen nicht genannt, doch ich bin sicher, daß sie von ihm ist. Was anderes kann es bedeuten, als daß er in Schwierigkeiten steckt?“

„Wo ist denn dein Glaube geblieben, Anna?“ fragte Katrina leise. „Selbst wenn er Probleme hat, ist es dann nicht ein gutes Zeichen, daß er dich in der Kirche treffen will?“

„Daran habe ich gar nicht gedacht, Prinzessin.“

Anna versuchte zu lächeln, obwohl ihr das im Augenblick nicht so leicht fiel wie früher. „Ich glaube nicht, daß ich noch mehr schlechte Nachrichten von jungen Männern verkraften kann, die ich liebe.“

Katrina nahm Annas Hand und drückte sie fest. Sie

brauchte nichts zu sagen. Die letzten Wochen waren für beide sehr schwierig gewesen. Einzelheiten über Sergeis Urteil waren bekanntgeworden.

Er war zu zwanzig Jahren Zwangsarbeit verurteilt worden. Danach mußte er im Exil leben, das hieß, falls er Glück haben und das Arbeitslager überleben sollte, was nur bei wenigen Menschen der Fall war. Während der langen Tage und Wochen waren die beiden jungen Frauen gezwungen, das Unausweichliche zu akzeptieren. Sie würden Sergei niemals wiedersehen.

Der Gedanke, daß nun vielleicht auch noch ihr Bruder in Schwierigkeiten sein konnte, war für Anna fast unerträglich.

„Möchtest du, daß ich dich begleite, Anna?" fragte Katrina schließlich.

„Vielen Dank, Prinzessin, aber ich denke, ich gehe besser allein. Ich glaube nicht, daß es ihm recht wäre, Aufmerksamkeit zu erregen. Wenn ich in Begleitung käme, könnte es sein, daß er wieder geht, ohne mit mir gesprochen zu haben."

Katrina nickte. „Ich verstehe. Ich werde für dich beten, während du weg bist."

Anna lächelte. Mehr denn je war sie dankbar für ihre Herrin. Sie war reifer geworden, seit sie ein Kind erwartete. Und der Glaube ihrer Zofe, ihre innere Ruhe, waren langsam Teil ihres Wesens geworden. Das allein war schon ein Wunder. Zwar war es Katrina nicht bewußt, doch durch ihre neugefundene innere Stärke half sie Anna über diese dunkle Zeit hinweg.

„Auf jeden Fall", sagte Anna, „werde ich eine Kerze für ihn anzünden können."

42

Mit fortschreitendem Frühling wurden die Tage länger.

Es war immer noch hell, als Anna über den Markt in der Nähe des Mali-Prospekts ging. Die Dämmerung würde sich bald über die Stadt legen, und sie umklammerte ihr Bündel fester. Sie hoffte nur, daß sie vor Einbruch der Dunkelheit wieder zurück sein würde. Zwar hatte sie einige Kopeken für eine Droschke mit, aber in diesem Teil der Stadt war selten eine zu bekommen.

Als die alten Mauern der Kathedrale auf der anderen Seite des Marktes sichtbar wurden, fühlte sie sich sofort wohler. In der Kirche war an diesem Nachmittag viel Betrieb. Viele beteten immer noch für den toten Zaren und seinen Nachfolger. Anna hoffte, daß einige auch für die Revolutionäre beteten.

Das Licht der vielen brennenden Kerzen half ihr schnell, sich an die Dunkelheit im Innern der Kirche zu gewöhnen. Dreißig oder vierzig Leute knieten am Altar, ihre verhaltenen Stimmen füllten die Kirche mit leisem Gemurmel. Einige gingen in dem gewölbten Gebäude herum, andere unterhielten sich leise mit einem der Priester, wieder andere standen gedankenverloren und in ihre Gebete vertieft herum. Manche schienen nur hereingekommen zu sein, um sich einen Moment von dem eisigen Wind, der draußen wehte, zu erholen. Ein schäbig gekleideter Mann lag in einer Ecke und schlief tief und fest. Sein Schnarchen fügte sich fast harmonisch in das Gemurmel ein, das aus dem vorderen Teil der Kirche drang.

Anna schaute sich um. Sie hoffte, ein vertrautes Gesicht zu erblicken. Schon vor zehn Minuten hatten die Kirchenglokken die volle Stunde geschlagen. Sie war rechtzeitig da. Aber sie konnte niemanden entdecken, der sie an ihren Bruder erinnerte.

Langsam schlenderte sie durch die Kirche und schaute sich dann und wann unauffällig um.

Das Geräusch, das sie aus ihren Gedanken riß, war kaum mehr als ein Flüstern.

„Anna ... bitte erschrick nicht."

Sie drehte sich um.

„Oh, Paul! Ich hatte so gehofft, daß du es bist!"

Sie legte ihren freien Arm um ihn. Er wich nicht vor ihr zurück und wies auch ihre Geste der Zuneigung nicht ab. Im Gegenteil, einen Augenblick lang klammerte er sich fast an sie – verzweifelt, hungrig nach der schwesterlichen Liebe, die sie ihm entgegenbrachte, hungrig nach jeder Art von Liebe.

Doch diese zärtliche Stimmung zwischen ihnen dauerte

nur einen Augenblick. Schnell nahm er sich zusammen und löste sich von ihr.

Als er zurücktrat, konnte Anna ihren Bruder ansehen. Seit dem letzten Treffen hatte er deutlich abgenommen. Seine Kleider waren abgetragen; der lange Wollmantel konnte einen Menschen nicht einmal in dem zu erwartenden milderen Frühlingsklima warm halten, geschweige denn im Winter. Die dunklen Ringe unter Pauls Augen zeugten von den vielen Nächten, die er auf den Steinen in dunklen Durchgängen verbracht hatte.

Annas anfängliche Freude, ihn zu sehen, wandelte sich in Trauer. Tränen traten in ihre Augen. Selbst wenn sie um seinetwillen Selbstbeherrschung hätte zeigen wollen, war das nicht möglich. Zuviel hatte sie in der vergangenen Zeit durchgemacht.

„Paul ... wie ist es dir ergangen?“ Schnell wischte sie sich über die Augen. Sie war dankbar, daß es in der Kirche so düster war. Paul würde es nicht schätzen, bemitleidet zu werden! „Ich habe so viel über dich nachgedacht und darum gebetet, daß du zu mir kommst. Geht es dir gut? Kann ich etwas für dich tun?“

Ihre Worte sprudelten hervor, so, als wäre es möglich, ein ganzes Jahr in wenigen Augenblicken wiedergutzumachen. Paul bemerkte ihre Nervosität und wußte, daß es mit seinem Aussehen zusammenhing.

„Anna“, sagte er. „Wir haben keine Zeit für Belanglosigkeiten.“ Seine Stimme klang angestrengt und hart, als hätte er selbst mit seinen Gefühlen zu kämpfen.

„Bitte, Paul, tu mir das nicht an! Du bist doch mein Bruder, und ich habe dich lieb. Du kannst mich doch nicht um ein Treffen bitten und dann denken, ich würde mir keine Sorgen um dich machen.“ Sie war eher verletzt als irritiert.

„Ich kann dir nichts über mich erzählen“, erwiderte Paul immer noch distanziert. „Du würdest es auch gar nicht hören wollen, selbst wenn ich die Freiheit hätte, es dir zu erzählen. So weit, wie ich ... ich könnte nicht lügen, selbst wenn ich das wollte. Aber das siehst du ja selbst.“

„Laß mich dir doch helfen, Paul.“

„Dafür ist es zu spät“, erwiderte er bitter. „Ich habe nicht nach dir geschickt, um dich um Hilfe zu bitten –“

„Du brauchst niemals zu bitten, Paul. Ich bin doch deine Schwester."

Er zuckte mit den Schultern und sagte nichts. Offensichtlich wollte er sich ihr nicht weiter öffnen. Sanft faßte er sie beim Arm und zog sie in eine Nische, die nicht größer war als eine Pferdebox in einem Stall. Zwar war sie zur Kirche hin offen, aber es war niemand in der Nähe, so daß sie ungestört miteinander reden konnten. Vorsichtshalber sprachen sie aber nur flüsternd miteinander.

„Anna", begann er, „ich habe dich aus einem bestimmten Grund um dieses Treffen gebeten ..."

Er zögerte, als bereute er schon, überhaupt etwas gesagt zu haben.

„Ich habe in der Stadt Verbindungen, Anna", fuhr er fort, „Leute, von denen ich Dinge höre und Informationen bekomme – Dinge, die den meisten unbekannt sind."

Wieder machte er eine Pause. Anna starrte ihn abwartend an.

„Neulich habe ich etwas gehört, das ich dir einfach weitersagen muß. Es betrifft deine Arbeitgeber – deine Herrin ist doch die Gräfin Remisow?"

Anna nickte verstört.

„Kennst du einen gewissen Basil Anickin?"

Anna zog erschrocken die Luft ein. Ihre Reaktion war Antwort genug.

„Wie ich sehe, kennst du ihn und weißt um die Gefahr, die dieser Mann bedeutet."

„Aber woher weißt du das alles, Paul?"

„Ich kann deine Fragen nicht beantworten, Anna. Ich weiß es, und das sollte genügen. Ich kenne diesen Anickin, und ich weiß um seinen Haß auf die Prinzessin und ihren Mann. Aber was du vielleicht nicht weiß, Anna, ist, daß Anickin neulich aus dem Gefängnis entflohen ist –"

„Nein! Paul ... ist das wahr?"

„Es stimmt", erwiderte Paul fast ausweichend. Anna war klar, daß er nicht alles sagte, was er wußte, aber sie erkannte auch die Notwendigkeit, die Informationen von ihm zu bekommen, die er ihr nicht geben wollte. „Du mußt auch wissen", fuhr er fort, „welche Gefahr dadurch für deine Arbeitgeber besteht."

„Aber bestimmt, nach der ganzen Zeit ..."

„Oh, Anna! Deine Naivität ist deine größte Tugend, aber auch dein größter Fehler. Die Zeit heilt nicht alle Wunden, besonders nicht, wenn es sich um einen Mann wie Anickin handelt. Seine Wunden sind im Laufe der Zeit nur noch tiefer geworden. Er ist, glaube ich, von Rachegedanken besessen."

„Woher weißt du das alles, Paul?"

„Glaubst du mir etwa nicht?"

„Nein, Pawuschka, das ist es nicht." Anna schüttelte den Kopf. Sie war wirklich etwas naiv. Für sie war eine solche zerstörerische Feindschaft einfach unvorstellbar.

„Anna, ich sage die Wahrheit – dieser Mann hat vor, deiner Herrin und ihrem Mann zu schaden, ja sie zu töten –"

Bei diesen schockierenden Worten stöhnte Anna leise auf, aber Paul fuhr fort.

„Ich sage dir das, weil ..."

Er stockte einen Moment. Als er weitersprach, zitterten seine Lippen leicht. „Ich sage dir das, weil du meine Schwester bist."

„Kann ... kann man nichts tun?" fragte Anna immer noch ungläubig.

„Ich ... vielleicht kann ich etwas herausbekommen über die Schritte, die er unternimmt, und dich wissen lassen, wenn unmittelbare Gefahr droht. Aber ich kann nichts versprechen. Auf jeden Fall müssen sie sehr vorsichtig sein."

„Wenn wir wüßten, wo er sich aufhält, könnte der Graf ihn verhaften lassen, bevor etwas passiert."

„Ich weiß nicht, wo er sich aufhält. Auch er ist ein Flüchtling."

„Er ... auch? Was bedeutet das, Paul?" fragte Anna ängstlich.

Erst jetzt bemerkte Paul seinen Fehler. Er schloß die Augen und schüttelte den Kopf. „Keine Fragen, erinnerst du dich?"

„Paul", bat Anna, „du warnst mich vor Gefahren, in denen andere sich befinden, aber wie sieht es mit dir aus? Vertraust du mir nicht mehr, daß du so geheimnisvoll bist?"

„Vertrauen, Anna? Das hat nichts mit Vertrauen zu tun."

„Was ist es denn dann, Pawuschka?"

„Oh, Anna, du lebst so abgeschirmt vor der wirklichen Welt. Meine liebe Schwester, merkst du nicht einmal, was du sagst? Du nennst mich Pawuschka, aber das bin ich nicht mehr. Du weißt nicht, daß diese Unterhaltung mit mir dich und vielleicht unsere ganze Familie in ein sibirisches Gefängnis bringen kann. Ich lebe isoliert, weil ich muß."

„Aber –"

„Da gibt es kein Aber. Ich lebe im Exil, auch ohne Rußland verlassen zu haben –"

Bei dem Wort *Exil* mußte Anna unwillkürlich die Augen schließen. Ein Frösteln lief ihr über den Rücken. Einen geliebten Menschen im Exil zu wissen, war schon unerträglich. Bei zweien würde sie zerbrechen.

„Es ist, wie es sein muß", sagte Paul gerade, „wie ich es selbst gewählt habe."

Anna versuchte, ihre Fassung wiederzugewinnen. „Diese Dinge, an die du glaubst, müssen dir sehr wichtig sein", sagte sie, „wenn du dafür alles aufgibst."

„Das stimmt", anwortete er fest.

„Dann weiß ich es um so mehr zu schätzen, daß du das Risiko auf dich genommen hast, Prinzessin Katrina und ihren Mann zu warnen."

„Bitte versteh mich, Anna. Ein Aristokrat mehr oder weniger bedeutet mir gar nichts. Aber weil du in Mitleidenschaft gezogen bist, fühle ich mich verpflichtet, mit dir zu sprechen."

Bei diesen harten Worten mußte Anna ihre Augen schließen. Aber nur für kurze Zeit. Sie öffnete sie wieder und bemühte sich, nichts zu sagen, was ihn verletzen könnte. „Ich verstehe, Paul ... vielen Dank."

Aber verstand sie wirklich? Nein, wie konnte sie jemals eine solche Veränderung verstehen bei jemandem, den sie liebhatte? *Oh, lieber Paul ... wie hart bist du geworden! Und doch sehe ich den Schmerz und die Trauer in deinen Augen. Du bist immer noch verletzlich; und ich kann nichts für dich tun als weinen. Du willst geliebt werden wie ich, aber du hast dein Herz vor allen Menschen verschlossen. Warum mußt du dich durch eine so harte Schale schützen, wo wir –*

„Ich muß jetzt gehen", sagte Paul auf einmal in Annas Gedankengänge hinein. „Wir waren schon zu lange zusammen."

„Wann ... wann werden ...?" Anna versuchte, die Frage auszusprechen.

„Die Polizei ist hinter Anickin her, da hat er genug zu tun. Ich denke, dein Graf und deine Prinzessin haben Zeit genug, sich darauf vorzubereiten."

„Was sollen sie tun, Paul?"

„Der Graf ist doch bei der Garde. Er wird am besten wissen, wie er sich schützen kann. Jetzt hör mir zu, Anna. Wenn ich der Meinung bin, daß du schnell handeln sollst, werde ich dir eine verschlüsselte Nachricht zukommen lassen. Sie wird lauten: Die Ernte ist reif. Wenn du diese Nachricht bekommst, mußt du besonders wachsam sein. Dann wird sich Anickin wahrscheinlich darauf vorbereiten zuzuschlagen."

„Ich werde darauf warten, aber hoffen, daß sie niemals kommt."

Paul wollte gehen. Anna hielt ihn am Arm fest. „Warte, Paul ... fast hätte ich es vergessen. Das ist für dich." Sie gab ihm das Bündel, das sie in der Hand hielt.

Er runzelte die Stirn. „Was ist das?"

„Etwas aus der Speisekammer –"

„Ich brauche keine aristokratischen Almosen!"

Jetzt hatte Anna endgültig genug. „Sei doch nicht so kindisch!" fuhr sie ihn an. „Du siehst wahrhaftig nicht so aus, als könntest du es dir leisten, Nahrung zurückzuweisen."

Ihre Augen trafen sich und fochten einen kurzen Kampf aus. Annas Enttäuschung über Pauls Widerspenstigkeit versetzte sie wieder in die stärkere Position der älteren Schwester, die sie, als sie noch jünger waren, immer innegehabt hatte. Es dauerte nur wenige Sekunden, bis das nagende Hungergefühl in seinem Bauch Paul dazu brachte nachzugeben.

Er nahm das Bündel.

„Vielen Dank, Anna", sagte er, nicht gerade lächelnd, aber auf jeden Fall voller Dankbarkeit.

Sie lächelte. Ihre Hände berührten sich, als sie ihm das Bündel gab, und sie ließ die ihren einen Augenblick auf seinen ruhen.

Wieder wandte er sich zum Gehen, zögerte aber erneut. Er öffnete seinen Mund, um zu sprechen, aber es dauerte eine Weile, bevor er seiner Gefühle Herr wurde und das aussprechen konnte, was ihm auf dem Herzen lag.

„Anna", sagte er, „wie geht es ... Papa?"

„Es geht ihm besser, Paul", antwortete sie. „Er muß noch

viel ruhen, aber er hat einen Helfer, der ihm beim Säen und bei der Ernte hilft."

„Wie das?"

„Prinz Fedortschenko hat es ermöglicht. Als ich vor eineinhalb Jahren zu Hause war, hat der Prinz von Papas Schwierigkeiten erfahren. Er sagte, er wolle etwas für meinen Vater tun. So hatte Papa wenigstens während der letzten Ernte Hilfe." Anna hoffte, daß Paul dadurch klar wurde, daß nicht alle Adeligen schlecht und selbstsüchtig waren.

Paul nickte. Er schien verstanden zu haben. „Danke, daß du es mir gesagt hast", sagte er ruhig. Er gab ihr ohne Worte zu verstehen, daß er ihre Geduld nicht verdient hatte. „Auf Wiedersehen, Anna."

„Gott beschütze dich, Paul!"

Sonst wurde nichts mehr gesagt. Anna verspürte den dringenden Wunsch, ihn zu umarmen, aber Paul drehte sich um und eilte davon. Mit Tränen in den Augen beobachtete Anna, wie er ging. Sie fragte sich, wann oder ob sie ihn überhaupt noch einmal wiedersehen würde.

43

Paul fuhr sich mit dem Handrücken über die Augen, als er eilig die Kirche verließ.

Ihn bewegten dieselben Gedanken wie seine Schwester. Aber er wußte, daß sie beide besser dran waren, wenn dies ihr letztes Treffen war.

Es bestand tatsächlich die Gefahr, daß die Polizei Anna und die Familie wegen *seiner* revolutionären Tätigkeit verhaftete. Diese Möglichkeit war real und für ihn Grund genug, jedes weitere Treffen zu vermeiden. Er wußte, daß schon anderen unschuldigen Familien so etwas zugestoßen war.

Aber das war nicht der einzige Grund.

Jedesmal, wenn er an seine Schwester dachte, und ganz besonders, wenn er sie sah, wurden so viele Sehnsüchte in ihm geweckt, daß es ihn innerlich fast zerriß. Die warme Geborgenheit einer Familie war nicht für ihn bestimmt. Warum sollte er sich einer solchen Qual aussetzen?

Darum entfernte er sich so schnell von der Kirche, als sei der Teufel hinter ihm her.

Er keuchte, als er den Mali-Prospekt erreichte. Seine Erschöpfung rührte nicht nur vom schnellen Gehen her, sondern auch von der schlechten Ernährung. Nachdem er einige Straßen weitergegangen war, bog er in einen kleinen Hof zwischen zwei verfallenen Gebäuden ein, wo er sich neben einem Müllhaufen niederließ. Eine Ratte rannte aufgescheucht davon, aber er bemerkte sie kaum. Schon vor langer Zeit hatte er sich an den Anblick dieser Tiere gewöhnt.

Paul öffnete Annas Bündel und gratulierte sich im stillen dazu, daß er es doch angenommen hatte. Darin eingepackt lagen ein großer Laib braunes Brot, ein dickes Stück Käse und einige schöne rote Äpfel. In weniger als zehn Minuten hatte er die Hälfte aller Sachen aufgegessen. Den Rest hob er sich für später auf. Er stand auf und machte sich wieder auf den Weg.

Ein oder zwei Stunden lief er ziellos umher. Mittlerweile war es dunkel geworden. Das Durchstreifen der Stadt war in der letzten Zeit zu seiner Hauptbeschäftigung geworden. Was sollte ein heimatloser Flüchtling auch sonst tun? Er konnte hier oder dort für eine kurze Zeit bleiben, aber es war gefährlich, sich zu lange an einem Ort aufzuhalten. Die Gefahr war zu groß, verhaftet zu werden.

Die meiste Zeit verbrachte er im Armenviertel und auf Nebenstraßen, wo er nicht auffiel. Selten ging er zweimal an denselben Ort, wenn es sich verhindern ließ, zumindest nicht an aufeinanderfolgenden Tagen, und vor allem zeigte er sich nicht in Gegenden, in denen er vor dem Attentat gewohnt hatte.

Als er in die Stadt gekommen war, hatte er auch so ziellos gelebt. Damals hatte er noch so wenig gewußt! Wenn Kazan nicht gewesen wäre, hätte er diesen ersten Winter vielleicht gar nicht überstanden. Doch jetzt kannte er alle Kniffe, und das war gut so. Denn sein Leben hing jetzt viel mehr davon ab als damals. In jenem ersten Winter waren die Kälte und der Hunger seine einzigen Feinde gewesen. Jetzt aber gab es viele tausend feindliche Augen, die nach ihm Ausschau hielten und ihn fangen wollten! Er mußte sich Essen organisieren, sich vor der Kälte schützen und gleichzeitig auf alle jene unbekannten Augen achten, die hinter ihm her waren.

Und manchmal reichte alle Vorsicht der Welt nicht aus. An diesem besonderen Abend war Paul mit anderen Dingen als seiner Sicherheit beschäftigt. Er konnte die Gedanken an Anna und an ihr Treffen einfach nicht beiseite schieben.

Als er zu der kleinen Taverne in der achtzehnten Straße auf der Wassili-Insel ging, dachte er nicht daran, daß er erst am Tag zuvor mit Basil dort gewesen war und auch in den vergangenen Monaten des öfteren hier Halt gemacht hatte. Er brauchte jetzt dringend ein Glas Kwaß, und hier gab es den besten für wenig Geld.

Er bestellte ein Glas und übersah vollkommen das seltsame Funkeln in den Augen des Eigentümers, der ihn bediente. Er bemerkte auch nicht die flüchtigen Versuche der Kellnerin, ihn zu warnen. Anscheinend hatte sie ihn ins Herz geschlossen.

„Das ist er!" rief der Tavernenbesitzer.

Abwesend schaute Paul auf und erkannte plötzlich, daß der Mann auf ihn zeigte. Aber es war zu spät! Die Gendarme hatten sich bereits in die Taverne gedrängt und eilten auf ihn zu.

Unsanft ergriffen sie Paul beim Arm, stießen dabei sein Glas um und zerrten ihn von seinem Stuhl.

„Ich wußte, daß er zurückkommen würde", sagte der Tavernenbesitzer hämisch. „So, wie meine Kellnerin neulich mit ihm geflirtet hat!"

„Was soll das eigentlich?" fragte Paul.

„Du hast an geheimen Treffen teilgenommen und aufrührerische Literatur verteilt – das ist los!" antwortete einer der Polizisten.

„Aber das ist doch lächerlich!" protestierte Paul. Seltsamerweise erschien ihm die Lüge wie ein Mißklang, vermutlich, weil seine Begegnung mit Anna ihn noch so intensiv beschäftigte.

„Glauben Sie ihm nicht", warf der Tavernenbesitzer ein. „Ich habe ihn beobachtet. Erst gestern hat er sich mit einem anderen von ihnen hier getroffen. Sie haben ganz leise und verschwörerisch miteinander gesprochen."

„Ich kann dir nur raten, friedlich mitzukommen, wenn du

weißt, was gut für dich ist, du niederträchtiger Lump! Du wirst schon sehen, was mit Mördern und Verrätern passiert."

Auf einmal hatte ihn in weniger als zwei Minuten ereilt, wovor er schon so lange Angst gehabt hatte. In den vergangenen Monaten hatte er ständig damit gerechnet, gefaßt zu werden. Doch jetzt, wo genau das eingetreten war, traf es ihn schrecklich und vollkommen unvorbereitet.

Später, als er in einer kalten, dunklen Zelle im Stadtgefängnis saß, wurde ihm klar, daß er Anna keine Nachricht mehr würde schicken können.

Basil Anickin lief frei herum, und niemand war da, der ihn aufhalten konnte.

Frühjahr 1881

Auf dunkler Strasse

44

Sie nannte sie die Reise der Totgeweihten.

Auf der Straße außerhalb von Tiumen begann der Schnee bereits der Kraft des Frühlings zu weichen. Diese Jahreszeit war in der Region manchmal sehr kurz; sie dauerte oft nur wenige Wochen. Allerdings waren der Schnee und das Eis des Winters dem Schlamm und Matsch des Frühlings vorzuziehen.

Das dachte zumindest Paul, als er seine *kati* wieder einmal aus dem Schlamm zog. Die von der Regierung ausgegebenen Schuhe sollten den monatelangen Fußmarsch nach Osten aushalten, aber seine fingen schon nach einer Woche an, auseinanderzufallen. Und die Reise hatte erst begonnen.

Nach seiner Verhaftung hatte er einige Tage im Gefängnis verbracht, bevor er – ohne Gerichtsverhandlung – abgeurteilt wurde: zwei Jahre Arbeitslager, danach lebenslange Verbannung nach Sibirien. Das Urteil war nicht so hart wie bei anderen politischen Verbrechern, und es traf ihn nicht unvorbereitet.

Von der Hauptstadt aus wurde er nach Osten transportiert, über den eisigen, schneebedeckten Ural, und noch weiter nach Osten, nach Tiumen. Das Gefängnis war eine solche Hölle gewesen, daß Paul selbst unter den gegebenen Umständen froh war, sich auf die Reise machen zu können, die Wochen, wenn nicht Monate dauern würde.

Ein Gefangenentrupp von etwa vierhundert Gefangenen sollte in dieser Woche fortgebracht werden. Solche Trupps wurden das ganze Jahr hindurch in wöchentlichem Abstand nach Sibirien verfrachtet. Die Gefangenen bekamen eine Zuweisung von mehreren Kopeken pro Tag, um sich unterwegs davon Proviant bei den Bauern zu kaufen. Adelige erhielten manchmal ein oder zwei Kopeken mehr. Aber ansonsten gab es keinen Unterschied zwischen den Gefangenen, ungeachtet der Schwere ihres Vergehens und ihres Geschlechts oder Alters. Frauen, Kinder, politische Gefangene und Mörder waren alle zusammengefaßt. Alle trugen eine dunkelgraue Kluft, Kappen und lange Mäntel. Diejenigen, die zu Zwangsarbeit verurteilt worden waren, trugen – im Gegensatz zu den politischen Gefangenen – zwei Kilo schwere Fußfesseln und hatten die Hälfte ihres Kopfes geschoren bekommen, um sie im Falle einer Flucht leicht erkennen zu können.

Paul war erstaunt zu sehen, wie schnell sich, verborgen vor den wachsamen Blicken des befehlshabenden Hauptmanns, in der Gruppe eine Hierarchie, man konnte sagen, eine kleine Regierung, gebildet hatte. Die sogenannte *artel* wurde von dem stärksten Mitglied des Trupps angeführt, in diesem Fall einem Mörder, dem sich niemand zu widersetzen wagte. Er sammelte Beiträge ein, die sogenannten *Abgaben.* Jeder mußte diese Abgabe leisten, und im Verlauf der Reise würden er und seine Kameraden damit Wachen bestechen, illegalen Tabak kaufen, den Kranken helfen, Wagen anheuern, auf denen einige mitfahren konnten, ab und zu eine Flucht erleichtern und gelegentlich – wenn es sich ermöglichen ließ – auch ihre eigenen Taschen damit füllen.

Die Gefangenen wirkten wie die ärmsten Bauern Rußlands. Aber Paul wußte, daß viele seiner Mitreisenden Menschen mit Kultur und Intellekt waren, die früher in guten Verhältnissen gelebt hatten. Ihr einziges Verbrechen war, daß sie eine andere als die vorherrschende politische Meinung vertreten hatten ein Verbrechen, das in Rußland zu den schlimmsten überhaupt zählte.

Ein Mann fiel Paul besonders auf, als sie sich bereit machten, Tiumen zu verlassen. Seine Fußketten und sein halb geschorener Kopf wiesen ihn als einen Gefangenen aus, der zu Zwangsarbeit verurteilt war. Sein Blick war stumpf und voller Verzweiflung. Er schien innerlich zerbrochen. Doch trotzdem war seine Haltung die eines Adeligen; das konnten auch Lumpen und Schmutz nicht verdecken. Paul fragte sich, was für ein schlimmes Verbrechen dieser Mann begangen haben mochte, daß man ihn in Ketten gelegt hatte. Vielleicht hatte er ein Gedicht verfaßt, in dem er die Freiheit gepriesen hatte.

Pauls Überlegungen wurden brüsk unterbrochen.

„Gatowa! … Fertig!" brüllte eine der Wachen, und die Gefangenen stellten sich in Reih und Glied auf.

Hinter den Sträflingen fuhr eine Abteilung kleiner, von Pferden gezogener Wagen, auf denen die Kranken zusammen mit den privilegierten Adeligen transportiert wurden. An beiden Seiten neben den Gefangenen ritten Kosaken, und der Hauptmann bildete den Schluß.

Als der Trupp abmarschbereit war, drehte sich der Hauptmann zu der Gefängniskirche hin, verbeugte sich, bekreuzigte sich und gab dann den Befehl zum Abmarsch. Sie würden etwa dreißig Werst (dreißig Kilometer) pro Tag zurücklegen. Diese Strecke über primitive Straßen war für einen gesunden Mann schon eine riesige Anstrengung, aber für die unterernährten Gefangenen in Fußketten eine Tortur. Seit Wochen hatte Paul keine anständige Mahlzeit mehr zu sich genommen, aber er trug wenigstens keine Ketten und konnte einigermaßen durchhalten. Trotzdem war er recht erschöpft, als der Trupp nach fünfzehn Werst das erste Mal Halt machte.

Dort wartete ein Dutzend Bauernfrauen und Mädchen auf sie und verkauften den Gefangenen Essen und Erfrischungen. Paul kaufte einen kleinen Krug Milch und einen Laib schwarzes Brot von einem Mädchen, das aussah wie seine kleine Schwester Vera. Zweifellos spielte seine Einbildung ihm einen Streich, aber ihr Anblick berührte ihn doch tief.

Der Gefangene mit dem aristokratischen Aussehen war nur wenige Meter von ihm entfernt. Der junge Mann schien nur wenige Jahre älter zu sein als Paul. Er saß mit dem Rücken an einen Baumstamm gelehnt, zu erschöpft, um sich über die schlammige Erde unter sich Gedanken zu machen. Er hatte sich nichts zu essen gekauft, sondern sich praktisch da niedergelassen, wo er stehengeblieben war.

Paul ging auf ihn zu. „Die Mädchen werden gleich gehen", sagte er. „Wenn du zu erschöpft bist, kann ich dir etwas kaufen."

Der Adelige drehte seinen Kopf langsam zu dem Eindringling hin. Während er Paul einen Augenblick ansah, schien so etwas wie Interesse, ja sogar Erstaunen in seinen Augen aufzuleuchten. Er rieb sich die Augen, schüttelte ungläubig seinen Kopf und schaute wieder weg.

„Du siehst aus, als könntest du etwas zu essen brauchen", drang Paul in ihn.

Wieder erhielt er keine Antwort.

Eine Stimme sprach Paul von hinten an. „Mit dem da verschwendest du nur deine Zeit."

„Was meinst du damit?" fragte Paul und drehte sich um.

„Nun, er ist –" Der Neuankömmling unterbrach sich, als er Paul genau ansah. Im selben Augenblick erkannte auch Paul, daß der Mann kein Fremder für ihn war.

„Stepniak!" rief Paul.

„Nun, Pawlikow, haben sie dich auch gefaßt, ja?"

„Ja, aber wo hast du gesteckt ... warum habe ich dich nicht schon vorher gesehen?"

„Ich bin vorne, in den ersten Reihen. Du warst vermutlich hier hinten?"

Paul nickte.

„Was ist denn nun geschehen?"

„Nichts außer dem, was uns allen eines Tages passieren mußte."

„Kürzlich?"

„Vor einigen Monaten."

„Sag mir, sind die Gerüchte, die wir gehört haben, wahr?"

„Welche Gerüchte?"

„Der Zar ... ist der Zar tot?"

„Ja, das stimmt", antwortete Paul.

„Dann ist es uns also doch gelungen! Warum bist du so niedergeschlagen, Pawlikow? Unsere Haft ist doch nur ein kleiner Preis, den wir zahlen müssen."

„Weil Zheljabow, Perowskaja, Remiga und Griggowski dafür gehängt worden sind."

Stepniak verzog sein Gesicht. „Armer Remiga", sagte er. „Er war noch so jung."

Paul sagte nichts dazu, auch nicht, daß der Medizinstudent mindestens drei Jahre älter gewesen war als er. Und Stepniak fuhr fort: „Wenn ich nicht verhaftet worden wäre, hätte ich an seiner Stelle gestanden. Wie bist du dem Henker entkommen, Pawlikow?"

All ihre früheren Differenzen über die Führung und die Ziele der Organisation *Wille des Volkes* verblaßten im Licht der Ermordung des Zaren, des Todes ihrer Freunde und ihrer eigenen Verbannung. Was immer es ihnen auch bringen würde, sie waren wieder Kameraden.

„Ich habe vermutlich Glück gehabt", antwortete Paul.

„Wie kam das?"

„Falscher Ort zur falschen Zeit ... richtiger Platz zur richtigen Zeit – wie auch immer. Aber warum wirst du erst jetzt abtransportiert? Du bist doch schon vor Monaten verhaftet worden."

„Das stimmt", erwiderte Stepniak. „Ich sollte jetzt schon auf halbem Weg zu den Minen sein. Aber das Schicksal – oder wie du es nennen willst – hat eingegriffen. Eine Typhus-Epidemie grassierte im Gefängnis. So habe ich Bekanntschaft mit dem da geschlossen –"

Stepniak deutete mit dem Kopf auf den Mann, der gegen den Baum gelehnt saß. Er zeigte kein Interesse an dem Wiedersehen der beiden Männer nur wenige Schritte von ihm entfernt, sondern starrte weiter vor sich hin, zurückgezogen in seine eigene düstere, schweigende Welt.

„Spricht er?" fragte Paul.

„Er kann sprechen, falls du das meinst. Ich habe ihn oft im Delirium sprechen hören."

„Delirium?"

„Er bekam auch Typhus. Wir lagen zusammen im Hospital. Fast hätte er es nicht überstanden. Auch schon bevor er Typhus bekam, war er in keinem guten Zustand."

„Von dem Weg hierher?"

„Nein. Er hat einen Selbstmordversuch gemacht."

„Was für eine Tragödie! Er sieht so aus, als sei er einst ein reicher Mann gewesen."

„Mir tut er auch leid. Aber dann muß ich mir wieder ins Gedächtnis rufen, daß er ein Aristokrat ist. Oder zumindest war. Jetzt ist er ein toter Mann, wie wir alle. Obwohl ich annehme, daß es für diejenigen schlimmer ist, die früher Rechte hatte, reich waren und eine Stellung bekleideten."

„Die meisten von ihnen haben es verdient", sagte Paul. Seine Verbitterung über die politische Ungerechtigkeit kam wieder durch.

„Vielleicht hast du recht. Und nun existiert der arme Kerl nur noch als Mitglied in einem Gefangenentrupp. Poetische Gerechtigkeit, würde ich sagen."

„Komm, wir wollen hier weggehen", sagte Paul. Es gefiel ihm nicht, daß sie über den Mann sprachen, als wäre er wirklich schon tot. Aristokrat oder nicht, der Kerl war wirklich bedauernswert. In einem Anflug von Mitleid selbst für einen Angehörigen des verhaßten Adels brach Paul die Hälfte seines Brotes ab und legte es neben den Mann.

Er und Stepniak gingen langsam fort. Der Mann nahm es gar nicht wahr. Er schien auch das Brot nicht zu bemerken, das neben ihm lag.

„Du sagst, er sei ein Aristokrat", sagte Paul schließlich.

„Ein Prinz – aus St. Petersburg."

„Weißt du, wie er heißt?"

„Fedortschenko."

Paul zog vor Überraschung die Augenbrauen hoch.

„Zweifellos hast du von ihm gehört", sagte Stepniak.

„Eine der wichtigsten Familien in St. Petersburg. Natürlich habe ich von ihnen gehört." Paul hielt es für angebracht, die Verbindung seiner Schwester zum Fedortschenko-Haushalt geheimzuhalten. „Was hat er nur verbrochen, daß noch nicht einmal seine Familie für ihn eintreten konnte?" fügte er hinzu.

„Eine gute Frage. Ich habe von Adeligen gehört, die ihre Brüder ermordet haben und dafür noch nicht einmal ins Gefängnis gekommen sind. Wahrscheinlich steht die ganze Familie nicht mehr in der kaiserlichen Gunst."

„Weißt du, was er getan hat?"

„Er hat seinen befehlshabenden Offizier in der Schlacht erschossen. Ich kenne keine Einzelheiten. Er spricht nicht darüber. Das meiste von dem, was ich gehört habe, sind Gerüchte. Du weißt ja, wie gern an einem Ort wie diesem die sozial Niedriggestellten Gerüchte über Höhergestellte verbreiten. Von Rebellen wie uns beiden ganz zu schweigen. Jeder liebt es zu sehen, wie eine hochgestellte Persönlichkeit fällt. Es kommt nicht oft vor, daß man jemanden wie ihn in einem Gefangenentrupp findet, die Füße in Eisen und mit halbgeschorenem Kopf, bestimmt zu einem Leben in der Verbannung."

„Irgendwie entbehrt es nicht einer gewissen Ironie", überlegte Paul.

„Aber wie du schon gesagt hast, wahrscheinlich ist die Strafe höher, als er verdient hat."

Paul schaute zu dem mitleiderregenden Gegenstand ihrer Unterhaltung zurück. Er hatte sich noch immer nicht bewegt, aber wenigstens hatte er das Brot in der Hand, das Paul ihm zurückgelassen hatte. Zum Glück wußte er noch, wie man ißt, obwohl er so abwesend auf der harten Kruste herumkaute, daß es den Anschein hatte, er merke gar nicht, was er tat, und es berühre ihn auch gar nicht.

Nach dem kurzen Aufflackern von Interesse in seinen Augen bei Pauls Anblick, hatte sein Gesicht kein Anzeichen von Leben mehr gezeigt. Paul erinnerte sich an ein oder zwei Briefe, in denen Anna von dem Prinzen geschrieben hatte. Er mußte Anna gekannt haben, wenn auch nur flüchtig. Und jetzt trafen sie hier zusammen und teilten ihr Brot, eintausend Kilometer von der Heimat entfernt auf dem Weg nach Sibirien. Paul kam nicht in den Sinn, daß diese Begegnung mehr als ein reiner Zufall sein könnte. Selbst wenn noch in irgendeiner verborgenen Ecke seines Wesens der Glaube seines Vaters schlummerte, konnte Paul sich nicht vorstellen, daß die Gebete irgendeines Menschen sie beide zusammengebracht haben könnten. Er hätte die Vorstellung, er könnte ein Werkzeug in der Hand einer höheren Macht sein, entschieden zurückgewiesen.

Sein Interesse an dem armen Adeligen, der früher seine Schwester gekannt haben mochte, wurde plötzlich abgelenkt. Die Wachen beendeten die kurze Rast der Gefangenen. Darauf ertönte der kurze Befehl des Hauptmanns: „Abmarsch!"

Paul und Stepniak gingen nebeneinander her. Die eisige Frühlingsluft war erfüllt von Stöhnen, Flüchen und dem Geräusch rasselnder Ketten. Der Trupp schob sich langsam vorwärts, und für den Rest des Tages und sogar der ganzen Woche verlor Paul den verurteilten Prinzen aus dem Haus Fedortschenko aus den Augen. Manchmal hatte er Mühe, sich selbst auf den Beinen zu halten und sich durch den Matsch und den übriggebliebenen Schnee zu kämpfen.

Tage vergingen, eine Woche, zwei Wochen. Sie würden viele Monate zusammen unterwegs sein. Es würde noch viel Zeit bleiben, um Pauls Neugier in bezug auf den Sohn von Annas Arbeitgeber zu befriedigen. Die Tatsache, daß er hier war, und dazu noch in Ketten, bedeutete, daß auch er nicht helfen konnte in der Gefahr, die sich jetzt vielleicht immer enger um ihre beiden Schwestern zog.

Was machte es aus, daß sie jetzt hier zusammen waren? Sie konnten weder der Prinzessin noch Anna helfen. Sie konnten sich nicht einmal gegenseitig helfen.

Zählte denn überhaupt noch etwas?

45

Das Unglück im Hause der Fedortschenkos schien kein Ende zu nehmen. Aus welchen Gründen auch immer, das Schicksal schien grausame Methoden der Vernichtung zu haben, die sich gegen die beiden Generationen der Familie richteten.

Anna hatte die Stelle im Buch des Predigers gelesen, in der es heißt: *Alles hat seine Zeit.* Es mußte eine gewisse Weisheit in diesen Worten liegen, denn Gott selbst hatte sie durch seinen König gesprochen. Was allerdings danach kam, war viel schwieriger für sie zu verstehen: *... klagen hat seine Zeit, tanzen hat seine Zeit ...*

Sie würde niemals aufhören, um Sergei zu trauern. Wie sollte sie jemals ihre Trauer beiseite schieben und wieder vor Freude tanzen können? Sie würde immer eine Leere empfinden, die nur durch seine Nähe gefüllt werden könnte. Wie sollte sie jemals wieder lieben oder Liebe so tief empfinden können?

Trotz dieser Gefühle war sie froh, daß die Prinzessin und deren Eltern langsam aufhörten, über Sergeis Verbannung zu trauern, und zur Routine ihres Lebens zurückkehrten. Sehr bald schon würde die Familie Zuwachs bekommen, und niemand wollte, daß Katrinas Baby in ein Trauerhaus hineingeboren wurde.

Die Damen Fedortschenko und Remisow begannen allmählich, ihr gesellschaftliches Leben wieder aufzunehmen. Obwohl zuerst nur halbherzig, erschienen sie doch nach und nach immer häufiger zu den Festen, die die Gesellschaft von

St. Petersburg als Willkommensgruß für den Frühling und den nahenden Sommer veranstaltete. Ein neuer Zar hatte den Thron bestiegen. Die Aufrührer waren gehängt worden, die Straßen der Stadt wieder sicher und die Ballsäle des Adels festlich beleuchtet.

Katrinas Vater allerdings fiel es sichtlich schwer, die gesellschaftlichen Pflichten seiner Position wieder wahrzunehmen. Er nahm seine immer unbedeutendere Aufgabe bei Hofe als Vorwand, nicht ausgehen zu müssen. Wenn er schon in der Gunst des alten Zaren gesunken war, so sank er in der des neuen Zaren Alexander III. noch tiefer. Und doch war das nicht der wirkliche Grund für Viktors Kummer. Er durchlebte die schlimmste Zeit, die ein Vater je durchmachen konnte. Er mußte feststellen, daß er als Vater versagt und von seinem einzigen Sohn zurückgewiesen worden war. Jetzt war sein Sohn nach Sibirien verbannt worden, weil er aufrührerische Literatur gegen die Krone verfaßt und seinen Regimentskommandeur erschossen hatte. Alles, wofür Viktor selbst sein Leben eingesetzt hatte – die Autorität des Zaren und seines Militärs –, hatte Sergei zu zerstören versucht. Und doch ... und doch ... Viktor wurde zum ersten Mal in seinem Leben klar, daß er seinen Sohn liebte!

Er hätte ihn hassen müssen für das, was Sergei ihm angetan hatte. Aber er konnte es nicht. Zu lange war er stolz und hochmütig gewesen. Jetzt war sein Herz endlich bereit zu lieben. Doch der eine, nach dem seine Liebe jetzt verlangte, war fort ... verbannt ... er würde ihn nie wiedersehen!

Der Kummer über den Verlust von Sergei trieb ihn dazu, öfter, als es gut für ihn war, zur Flasche zu greifen. Und die äußere Demütigung seiner Bedeutungslosigkeit war für ihn fast genauso schlimm. Er mußte sich unter seinen Kollegen bewegen in dem Wissen, daß der Name Fedortschenko dem Thron geschadet hatte und daß viele von Sergei kaum eine bessere Meinung hatten als von dem Kerl, der für die Ermordung Alexanders gehängt worden war.

Daher war es kein Wunder, daß Viktor Fedortschenko davor zurückschreckte, sich den neugierigen Augen und Fragen seiner Kollegen auszusetzen. Er konnte ihnen gegenüber den Kopf nicht mehr hoch erhoben tragen. Ständig war er von Vorstellungen seiner eigenen Unfähigkeit geplagt, für die jegliche Reue zu spät kam. Nie würde er sein Versagen wiedergutmachen können. Der Mann, der einst neben dem Zaren gestanden hatte, war zu einem tragischen Schatten seiner selbst zusammengesunken.

Selbst Katrina, die ihren Vater wie niemand sonst liebte, äußerte, daß es ihm in letzter Zeit an Vitalität fehle. In Wahrheit hatte er viel mehr als nur seine Lebendigkeit verloren – er hatte seinen Lebenswillen verloren. Seine Uniform hing ihm lose um die Schultern, seine Wangen waren eingefallen und blaß.

Wenn er trank, versank er in düsteres Brüten. Dann konnte er jeden Augenblick einen Zornesausbruch bekommen. Er war längst nicht mehr der sichere Fels, den Katrina und Natalja immer gekannt und auf den sie sich immer verlassen hatten.

Als Viktor einwilligte, seine Frau und seine Tochter zum Ballett zu begleiten, freute sich die ganze Familie. Vielleicht, so hofften sie, würde er endlich den dunklen Tunnel seiner Schuldgefühle überwinden und bereit sein, das Leben wieder in die Hand zu nehmen.

46

Um fünf Minuten vor sechs fuhr an diesem Abend die Kutsche für den Prinzen und die Prinzessin Fedortschenko vor.

Viktor hatte sich mit zwei oder drei Gläsern Whisky auf diesen Abend vorbereitet. Oder waren es vielleicht vier? Er hatte sie nicht gezählt. Das starke Gebräu, das im Norden der verhaßten britischen Inseln hergestellt wurde, war in letzter Zeit sein größter Trost. Es half ihm, seinen Kummer zu betäuben. Fast war er zu der Überzeugung gekommen, daß das Leben überhaupt nur weitergehen konnte, wenn er seine Gedanken bis zu einem gewissen Grad betäubt hielt, was ihm der goldene Whisky sehr erleichterte. Auf jeden Fall bot ihm der Alkohol eine Entschuldigung für seine Stimmungsschwankungen und für sein düsteres Schweigen.

Tatsache war, daß Viktor auf niemanden außer sich selbst böse war. Er war wütend, machte sich Vorwürfe und empfand tiefe Reue über sein Verhalten in der Vergangenheit. Wut und Schuldgefühle, selbst wenn sie nach innen gerichtet sind, erzeugen Agressionen; in Verbindung mit Alkohol können sie einen Menschen aufbrausend und menschenfeindlich machen. Viktor kannte die Wahrheit über sich selbst, auch wenn er sie nicht zugeben wollte. Er haßte sich, und daher war es ihm unmöglich, andere nicht mit der Art von Verachtung zu behandeln, von der er glaubte, daß er sie verdient hatte.

Er hätte wissen müssen, daß er neulich zu weit gegangen war, als er sogar Natalja gegenüber aufbrausend geworden war. Fast hätte er sie geschlagen, nur weil sie ein Buch verlegt hatte, in dem er herumgeblättert hatte. Komischerweise hatte er gar nicht so viel getrunken. Diese Auseinandersetzung hätte ihm zeigen sollen, daß sein Problem tiefer ging als nur bis auf den Boden der Kristallkaraffe auf dem Schrank. Aber er ignorierte seine relative Nüchternheit und betrachtete den ganzen Zwischenfall als einen Ausrutscher.

Der Ausdruck des Entsetzens auf dem Gesicht der armen Natalja war ihm jedoch nachgegangen. Aber einige Gläser Scotch aus der Karaffe hatten diese häßliche Erinnerung sehr schnell wieder betäubt.

Hinter seinem plötzlichen Entschluß, das Ballett zu besuchen, verbarg sich – wenn vielleicht auch unbewußt – der Wunsch, diesen Zwischenfall an Natalja wieder gutzumachen. Sie war keine Frau, die lange in ihrem Kummer schwelgte. Die Trauer war eine zu schwere Last für ihren freundlichen, einfachen Geist. Vielleicht war sie nicht in der Lage, sich in einer schwierigen Diskussion zu behaupten; aber in dieser schweren Stunde ihrer Familie zeigte sich ihre wahre Stärke, mit der sie ihren Mann hindurchtragen konnte. Sie, die oberflächliche Person, die wie geschaffen war für gesellschaftliche Anlässe und die Viktor in der Vergangenheit oft so gelangweilt hatte, gab ihm jetzt einen Halt.

Sie zog ihn aus seiner Verzweiflung und gab ihm durch ihr Tanzen und Gelächter und ihr kokettes Gerede wieder einen neuen Lebenssinn. Obwohl es niemandem auffiel, übertrug Natalja langsam eine innere Stärke auf ihren Mann, von der sie kaum selbst gewußt hatte, daß sie sie besaß. Viktor sagte sich, daß er sich um ihretwillen zwingen würde, der Gesellschaft von St. Petersburg wieder zu begegnen. Aber in nüchternem Zustand würde er das nicht ertragen können.

Als ein Lakai ankündigte, die Kutsche sei vorgefahren, half Viktor seiner Frau in ihren Pelz, hakte sie unter und brachte sogar ein Lächeln zustande. Dann führte er sie zu der wartenden Kutsche. Sie beachtete auch seinen Alkoholgeruch nicht. Natalja war zu sehr mit sich selbst beschäftigt, um an anderen Kritik üben zu können. Außerdem hatte sie sich daran gewöhnt und liebte Viktor zu sehr, um irgend etwas dazu zu sagen. Wenn sie vielleicht auch nicht den vollen Umfang seines inneren Aufruhrs verstand, so erkannte sie doch, wie sehr er litt, und wollte ihn nicht noch verärgern.

„Guten Abend, Euer Hoheit!" sagte der Kutscher, als er die Tür zur Kutsche öffnete.

„Wo ist Wanka?" fragte Viktor unfreundlich. „Und was ist mit Moskalew?" Daß sie ein neuer Kutscher fahren sollte, ärgerte ihn.

„Es tut mir schrecklich leid, Euer Exzellenz", entschuldigte sich der Kutscher ausweichend. „Ich weiß, die Ehre, Sie fahren zu dürfen, ist viel zu groß für mich, aber Wanka hat mir Mut gemacht, es zu wagen. Falls Sie es wünschen, werde ich –"

„Es ist schon gut", unterbrach ihn Viktor, immer noch verärgert, aber doch schon wieder etwas besänftigt, „wir werden zu spät kommen. Das nächste Mal möchte ich über solche Änderungen informiert werden. Kennst du den Weg?"

„Sehr gut, Euer Hoheit. Ich bin ihn schon oft gefahren."

„Dann wollen wir losfahren." Viktor stieg hinter Natalja in die Kutsche ein und setzte sich murrend.

„Ach, Liebling", beschwichtigte ihn Natalja, „ich bin sicher, daß der Mann seine Sache gut machen wird. Es kann doch nicht so schwer sein, zum Marinski-Theater zu fahren?"

„Das ist nicht der Punkt. Neue Kutscher können die Dienstboten kutschieren."

„Laß uns jetzt nicht mehr davon sprechen. Wegen einer solchen Kleinigkeit wollen wir uns doch nicht den Abend verderben. Aber wenn jemand schon einen Grund hat, verärgert zu sein, dann bin ich das, Viktor. Du hast noch nicht einmal mein neues Kleid bewundert! Ist es nicht wundervoll? Die Farbe ist in dieser Saison in Paris ganz groß in Mode. Sie nennen es pfirsichfarben. Findest du, daß es mir steht?"

„Ich habe noch nie einen Pfirsich von dieser Farbe gesehen", erwiderte Viktor. Er machte einen leisen Versuch, sich für das Kleid seiner Frau zu interessieren, auch wenn seine Worte eher wie Kritik klangen.

Natalja kicherte. Sie war nicht empfindlich. Immerhin hatte er überhaupt etwas gesagt. „Nun, man kann von den Modeschöpfern nicht erwarten, Obsthändler zu sein. Auf jeden Fall gefällt mir die Farbe, wie immer sie auch genannt wird."

Die Kutsche setzte sich in Bewegung, und der Prinz und die Prinzessin lehnten sich in ihren Sitz zurück.

„Honigmelone", bemerkte Viktor nach einer Weile.

„Was?"

„Das Kleid sieht eher aus wie das Fleisch einer reifen Honigmelone."

„Wirklich?"

„Zumindest meiner Meinung nach."

„Wenn du meinst, Liebling. Hmmm ... welch interessanter Gedanke!"

Fünfzehn Minuten später hatten sie das Haus der Remisows erreicht. Katrina begrüßte ihre Eltern mit einem herzlichen Kuß. Sie runzelte leicht die Stirn, als sie den Alkoholgeruch an ihrem Vater bemerkte, aber sie sagte nichts. Sie hatte sich so oft mit Dmitri über dessen Alkoholkonsum auseinandergesetzt, daß sie keinesfalls das Bedürfnis hatte, nun auch noch mit ihrem Vater darüber zu streiten. Allerdings war ihr aufgefallen, daß er in letzter Zeit immer häufiger zur Flasche griff. Als nächstes würden sich dann wohl ihr Vater und ihr Mann zusammentun, dachte sie verdrießlich.

Aber wie ihre Eltern war auch sie entschlossen, diesen Abend zu einem Erfolg zu machen. Sie schob alle düsteren Gedanken beiseite. Sie würden eine gute Zeit miteinander verbringen, wieviel Anstrengung es sie auch kostete. Der Abend hatte schon schlecht angefangen, als Dmitri ankündigte, er hätte an diesem Abend schon etwas anderes vor. Katrina hatte beabsichtigt, daß dieser Abend für sie alle etwas Besonderes sein sollte. Aber nicht einmal durch Dmitris Abwesenheit würde sie ihn sich verderben lassen.

Sie führte ihre Eltern in den Salon, wo Erfrischungen bereitgestellt worden waren. Es gab wenig, worüber sie sich unterhalten konnten, was nicht eine empfindliche Stelle traf. Dmitris häufige Abwesenheit von Zuhause oder alles, was ihre Ehe betraf, konnte um Katrinas willen nicht angesprochen werden. Politik, aktuelle Tagesereignisse und alles, was die Herrschaft des neuen Zaren betraf, mußte um Viktors willen gemieden werden. In stillschweigender Übereinkunft würden sie alle drei alles umgehen, was in Zusammenhang mit einem ungenannten Mitglied ihrer Familie stand, das an diesem Abend nicht anwesend sein konnte. Dieses Thema war für sie alle schmerzlicher als jedes andere.

Es gelang ihnen, zwanglos über die Geburt des „neuen Grafen Remisow" zu plaudern, wie Dmitri das Kind nannte. Er war sicher, daß es ein Junge werden würde. Aber selbst dieses Thema mußte vorsichtig angegangen werden. Die gesellschaftliche Sitte erforderte es, daß Viktor den fortgeschrittenen Zustand seiner Tochter nicht zur Kenntnis nahm und sie schon gar nicht darauf ansprach.

Schon früher hatten sie sich über Namen unterhalten. Aus reiner Verzweiflung wandten sie sich diesem Thema jetzt wieder zu, da es ein ziemlich sicheres Terrain war. Doch selbst da gab es Fallen.

„Nun", sagte Natalja, „du kannst natürlich nehmen, was dir gefällt, Liebling, aber ich glaube, ich werde immer bedauern, daß ich mein Kind nicht nach meiner Mutter nennen konnte – Mariana. Das ist so ein schöner Name."

Katrina nickte und äußerte ein paar Höflichkeiten.

„Aber wir haben dich nach der Großmutter deines Vaters genannt", fuhr die Prinzessin fort, „und dann bekamen wir keine Kinder mehr." Nataljas Stimme begann, leicht zu zittern. Die Gefühle drohten sie zu überwältigen.

Katrina rettete die Situation. „Mir scheint es ein Risiko zu sein, seine Kinder nach den Vorfahren zu nennen", sagte sie. „Man hat nie genauso viele Kinder wie Vorfahren. Und dann ist jemand verletzt. Außerdem möchte ich einen ausgefallenen Namen, wie Ekaterina, falls es ein Mädchen wird. Und vielleicht Mark, wenn wir einen Sohn bekommen."

„Mark!" rief Viktor. Er hörte sogar einen Moment lang auf, dem Sherry zuzusprechen, um seiner Tochter seine Mißbilligung wegen dieses ausländischen Namens zu zeigen. „Wie bist du denn auf einen solchen Namen gekommen?"

„Anna und ich haben ein amüsantes Buch gelesen mit dem Titel *Die Abenteuer des Tom Sawyer* von einem amerikanischen Autor mit Namen Mark Twain."

„Warum nicht gleich Tom", meinte Viktor mißmutig, „wenn du schon einen amerikanischen Namen für deinen russischen Sohn haben möchtest?"

„Hmmm ... kein schlechter Gedanke." Katrina meinte das scherzhaft und hatte keine Ahnung, was sie damit aufgerührt hatte.

„Ich dachte, du hättest ein wenig mehr Achtung vor deiner Herkunft. Als ob ich nicht schlecht genug dastünde. Mein Ruf in der Stadt ist schon ruiniert. Du hörst dich schon an wie dein –"

Waren es nun die entgeisterten Blicke seiner Frau und seiner Tochter, oder erkannte er selbst, daß er sich auf verbotenes Gebiet vorgewagt hatte – auf jeden Fall unterbrach Viktor sich. Die Pause war peinlich, dauerte aber nur einen Augenblick.

„Ach, wer kümmert sich schon um einen dummen Namen!" brummte er und griff nach seinem Glas. Erleichtert und genüßlich leerte er es. Dann erhob er sich etwas unsicher aus seinem Sessel und ging zum Schrank, um sich etwas Stärkeres auszusuchen.

„Nun", sagte Natalja ein wenig nervös, „vermutlich hat Dmitri in der Angelegenheit auch noch mitzureden ... bei den Namen, weißt du."

„Ich bezweifle, daß es ihn sehr beschäftigt –" Katrina brach ab. Die Bitterkeit, die aus ihr gesprochen hatte, überraschte sie. Sie war drauf und dran, in eine unangenehme Unterhaltung über ihre Ehe zu geraten, und diese Tür wollte sie nicht öffnen.

So konnte es nicht weitergehen. Irgend jemand würde noch etwas sagen, das sie alle bereuen würden, wenn dem nicht ein Ende gesetzt würde. „Ich denke, wir sollten uns auf den Weg machen", sagte Katrina abrupt und lenkte so von dem ab, was sie eigentlich hatte sagen wollen. Sie stellte ihr Glas hin und stand auf. „Wir wollen doch den ersten Akt nicht verpassen, oder?"

Niemand protestierte. Die Ablenkung durch das kaiserliche Ballett würde den ganzen Abend dauern. Einige Stunden lang brauchten sie nicht mehr miteinander zu sprechen und sich nicht einmal mehr anzuschauen.

47

Viktor, Natalja und ihre Tochter Katrina liebten sich innig. Aber sie waren unfähig, sich ihre Gefühle zu zeigen. Sie hatten es nicht gelernt und nie praktiziert. Alles, was Katrina von Zuneigung und Offenheit wußte, hatte sie von Anna gelernt. Und obwohl die Veränderungen in ihr tiefe Brunnen geöffnet hatten, aus denen lebendiges Wasser in ihr Leben strömte, wußte sie noch nicht so recht, wie sie diese Ströme auch in das Leben dieses Mannes und dieser Frau lenken sollte, die sie auf die Welt gebracht hatten. Die Vergangenheit war ein unüberwindliches Hindernis. Sie brauchten einander, aber der Schmerz ihres Zusammenseins war zu groß.

Von Katrinas Haus aus gingen sie zur Kutsche.

Viktor schwankte mehrmals. Katrina bemühte sich, ihre Verlegenheit darüber nicht zu zeigen, daß der Lakai den Prinzen verschiedentlich festhalten mußte. Natalja gab entweder vor, es nicht zu sehen, oder sie hatte es wirklich nicht gesehen. Katrina stöhnte innerlich über den Anblick. Es würde wirklich ein grandioser Abend werden ... falls sie ihn überleben würden.

Sie erreichten die Kutsche. Der Lakai hastete vor und öffnete die Kutschentür, um den Damen beim Einsteigen zu helfen.

Obwohl der Mann sein Bestes tat, konnte Katrina nur sehr schwerfällig in die Kutsche steigen. Immerhin war sie in ihrer Schwangerschaft schon weit fortgeschritten. Als die junge Prinzessin sich niedergelassen hatte, reichte der Lakai Natalja die Hand zum Einsteigen.

In dem Augenblick, als ihr Fuß die Treppe berührte, ruckte

die Kutsche vorwärts. Etwas schien die Pferde erschreckt zu haben. Natalja verlor das Gleichgewicht und stolperte. Wenn der Lakai nicht so schnell reagiert und sie mit seinen starken Armen aufgefangen hätte, wäre sie rückwärts auf das Pflaster gefallen.

Sie schrie auf. Die aufgeregten Pferde hatten keine Gelegenheit, sich wieder zu beruhigen, denn schon ertönte Viktors Stimme.

„Was ist los, um alles in der Welt?“ schrie er und drehte sich zu dem Kutscher um, der auf seinem Kutschbock saß, die Zügel in der Hand.

„Ich – ich weiß nicht, was geschehen ist, Euer Exzellenz“, stammelte der Mann. „Bitte nehmen Sie meine –“

„Du unfähiger Narr!“ unterbrach ihn Viktor. „Moskalew hätte so etwas niemals zugelassen!“

„Es waren die Pferde. Sie –“

„Rede dich nicht noch heraus!“ schrie er. Der Alkohol und der Zorn hatten Viktor puterrot werden lassen. Es genügte ihm nicht, seinen Zorn mit Worten auszudrücken.

Noch bevor der Kutscher wußte, wie ihm geschah, war Viktor auf die Treppe gesprungen, hatte ihm die Peitsche aus der Hand gerissen und schlug wild auf ihn ein.

„Du Narr … du Idiot!“ brüllte er und sprang wieder zurück, damit er den Kutscher mit der vollen Länge der Peitsche treffen konnte.

Dieser hielt sich die Hände schützend vors Gesicht, ließ dabei in seiner Unerfahrenheit die Zügel los und versuchte, vom Kutschbock herunterzusteigen, um so Viktors Schlägen auszuweichen. Doch Viktor, der von einer Legion unkontrollierbarer Dämonen besessen zu sein schien, hörte nicht auf zu schlagen. Er bemerkte auch nicht, daß die Hälfte seiner Peitschenhiebe gefährlich nahe an die ohnehin schon nervösen Pferde kam.

„Viktor!“ rief Natalja erschreckt. „Es ist doch nichts passiert … ich bin unverletzt. Es war doch nur ein Unfall.“ Sie stand in der Nähe der noch geöffneten Kutschentür. Während sie sprach, lief sie um die Tür herum auf ihren Mann zu, der vorne bei der Kutsche stand und wie wahnsinnig auf den Kutscher einhieb. Katrina verfolgte die Szene entsetzt aus dem Inneren der Kutsche.

„Viktor ... Viktor, bitte!" rief Natalja.

Doch Viktor hörte nicht. Er schlug auch weiterhin auf den Mann ein, als sei er die Verkörperung seines eigenen Versagens und seiner Enttäuschung, als könne er seine eigene Schuld austreiben, indem er auf einen anderen in sinnloser Raserei einschlug. Als sein Opfer es endlich geschafft hatte, vom Kutschbock zu steigen, ergriff der Kutscher das Geschirr der Pferde, um sich festzuhalten. Im gleichen Augenblick klatschte die Peitsche auf den Rücken des einen Pferdes. Es stieß einen lauten Schmerzensschrei aus und bäumte sich auf.

Der Kutscher sprang zurück, und selbst Viktor hörte auf zu peitschen und wich zurück. Die einzige, die nicht rechtzeitig reagierte, war Prinzessin Natalja.

In einem Tumult von erschrecktem Wiehern, Hufeklappern, Warnrufen des Lakaien und Katrinas Schreien wurde Natalja durch einem schrecklichen Stoß der Kutsche zu Boden geschleudert.

„Mama!" schrie Katrina. Sie lehnte sich halb aus der Kutsche, ungeachtet der Gefahr, in der sie sich befand, falls die Kutsche plötzlich ins Wanken geraten sollte. Sie spürte, wie das schwere Eisenrad ihre Mutter überrollte und sich dann mit einem Ruck wieder zurückschob.

Der Lakai war inzwischen eingeschritten und hatte die Zügel ergriffen, doch die Pferde bäumten sich noch einmal auf und schlugen wild mit den Hufen.

Innerhalb weniger Sekunden hatte der Mann die Pferde beruhigt, obwohl sie vor Aufregung zitterten. Die Kutsche stand still.

Es waren kaum dreißig oder vierzig Sekunden vergangen, seit Viktor zur Peitsche gegriffen hatte. Alles war im Nebel seiner Trunkenheit geschehen. Erst jetzt nahmen seine betäubten Sinne den Anblick seiner Frau wahr, die blaß und bewegungslos unter den Zugsträngen der Pferde und der Kutsche auf dem Pflaster lag.

Die Peitsche fiel ihm aus der Hand, als er nach vorn stürzte. Seltsamerweise fiel ihm als erstes auf, daß ihr wunderhübsches, pfirsichfarbenes Satinkleid zerrissen und beschmutzt war.

Katrina stieg bleich von dem Schock und voller Angst aus der Kutsche. In schweigendem Schmerz ging sie langsam nach vorne. Die Furcht schnürte ihr fast die Kehle zu, als sie die Szene vor sich beobachtete.

„Ich habe dein wunderschönes Kleid ruiniert, mein Liebes", sagte Viktor. Er kniete neben der reglosen Gestalt. Seine Stimme war sanft, mitleidig. „Ich werde dir zwei neue kaufen ... ich werde in jedes Ballett gehen, und du wirst für jedes ein neues Kleid bekommen, in den modernsten Pariser Farben."

Zart streichelte er ihre warme, weiße Wange. „Natalja", sagte er jetzt noch sanfter. „Natalja ... mach doch die Augen auf ... bitte sag mir, daß du mir vergibst ... Natalja ... "

Nur Katrina sah beim Näherkommen den hellroten Fleck, der das Kleid ihrer Mutter färbte. auf das sie so stolz gewesen war.

Als sie ihren Vater wieder ansah, schien dieser die Wahrheit zu erahnen. Er war ganz still geworden, als er sich über seine Frau beugte und seinen Kopf auf ihre Brust legte.

Katrina konnte sein Gesicht nicht sehen, nur seine Schultern, die in bitterster Qual heftig zuckten.

48

In einer dunklen Ecke einer noch dunkleren Taverne in St. Petersburg saßen drei Verschwörer an einem der hinteren Tische. Sie waren dankbar dafür, daß es so viele schlecht beleumdete Orte in der russischen Hauptstadt gab, in der sie sich treffen und ihre teuflischen Pläne schmieden konnten.

„Idioten!" schnaubte Basil Anickin in einem Tonfall, der, obwohl er geflüstert war, nicht weniger bedrohlich wirkte.

„Woher sollte ich denn wissen, daß dieser Irre mich angreifen würde?" entschuldigte sich einer der Männer, die ihm gegenübersaßen.

„Weißt du, was es mich gekostet hat, dich bei den Fedortschenkos einzuschleusen?" gab Anickin zurück. „Und du konntest nicht einmal den einfachsten Auftrag ausführen und eine Kutsche fahren!"

„Ich sage dir doch, es war ein Unfall!"

„Das war nicht der Unfall, den ich geplant hatte!"

„Es war nicht mein Fehler."

„Und wenn du schon eine der Frauen töten mußtest, warum konnte es nicht die andere sein?"

„Die andere ... was um alles in der –"

„Nein, natürlich ... das wäre nicht gut gewesen", fuhr Basil fort, als spräche er zu sich selbst. „Was denke ich mir nur – nicht einfach nur einen Unfall ... nicht für *sie*."

„Wovon sprichst du überhaupt?"

Es fiel Basil schwer, sich wieder auf seine Kameraden zu konzentrieren. „Sie muß es *wissen*", sagte er als Antwort auf die Frage und auf seine bösen Gedanken. „Sie muß es ganz genau wissen ... in dem Augenblick, wo sie erkennt, daß sie sterben wird ... muß sie wissen, *warum*."

„Welche ‚sie' meinst du? Ich dachte, wir wären hinter dem Prinzen her."

„Ich will die ganze Familie. Ich dachte, ich hätte das deutlich gemacht."

Der andere, der noch nichts gesagt hatte, grinste und entblößte dabei seine verfaulten Zähne und seine bösen Absichten. „Gut, eine haben wir schon erledigt – wo liegt das Problem?"

„Du Dummkopf! Ich will sie nicht wie die Enten aus einem Teich fischen."

„Tot ist tot, wie ich das sehe."

„Ach ... ihr seid wirklich Idioten! Und wenn sie anfangen, Verdacht zu schöpfen, und die Wachen verdoppeln?"

„Sie werden keinen Verdacht schöpfen", konterte der erste Mann. „Nichts wird ihren Verdacht erregen. Es war ein Unfall, ich sag' es doch." Allmählich bedauerte er, daß er sich mit Anickin eingelassen hatte. Man erzählte sich, der Mann sei verrückt. Zu der Zeit, als er eingewilligt hatte, seinen Plan auszuführen, hätte er sich mit jedem eingelassen, der bereit war, einen Schlag gegen die Regierung zu führen. Aber er bekam jetzt Zweifel, besonders, seit dieser zweite Kerl zu ihnen gestoßen war. Anickin und er hatten zusammen gesessen. Zwar sagten sie, im Gefängnis, aber man hörte, es sei eine Irrenanstalt gewesen. Und allmählich tendierte er dazu, diesen Gerüchten Glauben zu schenken. Er war froh, daß der Prinz ihn nach dem Unfall entlassen hatte. So hatte er eine Entschuldigung, aus dem ganzen Unternehmen auszusteigen.

„Er hat recht", sagte der andere. „Ich habe sogar gehört, daß der Prinz sich selbst verantwortlich macht für –"

„Da hat er auch ganz recht", warf der „Kutscher" ein. „Er ist wie ein Wilder auf mich losgegangen. Seht nur –" er rollte seinen Kragen herunter und zeigte die Spuren, die die Peitsche auf seinem Hals hinterlassen hatte. „Wir sind freie Männer, und dennoch behandeln sie uns wie ihr Eigentum!"

„Also, Anickin?" fragte der andere Geselle kalt. Er ignorierte den Ausbruch des ehemaligen Kutschers völlig. „Was sollen wir als nächstes tun? Du kannst sicher sein, daß es diesmal schwieriger sein wird, an die Familie heranzukommen. Sie haben sich von allem zurückgezogen."

„Ja", murmelte Anickin. Er rieb sich die Bartstoppeln an seinem Kinn. Trotz seines verborgenen Wahnsinns arbeitete sein Verstand immer noch so messerscharf wie zu der Zeit, als er vor Gericht als Anwalt tätig war. Er nutzte die Augenblicke, in denen eine Kellnerin ihre Gläser neu mit einem billigen Gebräu füllte, um die Möglichkeiten durchzugehen, die er noch hatte. Er würde niemanden mehr ins Haus schleusen können – beim ersten Mal war es ein reiner Glücksfall gewesen.

Ein Mann innerhalb des Hauses war also unmöglich. Die Abgeschiedenheit der Familie war ein anderes Problem. Aber wenn sie nicht herauskamen, dann mußte er eben hinein.

Wenn ich nur beim ersten Mal einen fähigeren Mann gehabt hätte! dachte er und nahm einen Schluck aus seinem Glas. Über den Glasrand schaute er seine stümperhaften Kameraden an. Nichts an seinem Blick verriet seine Gedanken. Diese beiden waren Versager. Wie hatte er nur annehmen könne, daß er mit Typen wie ihnen diese Angelegenheit zu seiner Zufriedenheit hätte ausführen können? Doch die meisten guten Männer waren entweder verhaftet oder aus der Stadt geflohen. Es war reines Glück gewesen, daß er damals Pawlikow noch getroffen hatte. Doch durch seine plötzliche Verhaftung war Basil ungeduldig geworden und hatte sich gezwungen gesehen, die Hilfe eines unfähigen Narren und eines Wahnsinnigen anzunehmen, der noch blutrünstiger war als er selbst.

Es war ein Fehler gewesen. Er hätte die Geduld nicht verlieren dürfen. Es wäre besser gewesen, eine Weile zu warten und sich selbst um alles zu kümmern.

Je mehr er über die ganze Sache nachdachte, desto klarer wurde ihm, daß vielleicht alle diese Rückschläge ein Fingerzeig des Schicksals waren. Kräfte, die außerhalb seiner Kontrolle lagen, trieben ihn unausweichlich auf den einen Plan zu, den er immer für unausführbar gehalten hatte. Und doch gefiel ihm dieser Plan immer noch am allerbesten.

Katrina sollte nicht durch die Hand eines gedungenen Mörders sterben. Die Tat durfte auch nicht durch eine Bombe oder eine kleine Bleikugel geschehen.

Nein. Es war nur recht und billig, daß sie durch seine eigene Hand starb. Er war ein Narr gewesen zu denken, daß es anders geschehen könnte.

Irgendwie mußte er sie bekommen. Er selbst mußte ... sie allein erwischen. Die Tatsache, daß sie in Trauer war, konnte vielleicht sogar von Vorteil für ihn sein. Sie wäre verletzlich und schwach. Er würde ihre Verletzlichkeit benutzen, wie sie seine benutzt hatte. Er würde sie töten, und dann – zur geeigneten Zeit – auch den Grafen.

Aber Katrina mußte zuerst sterben. Sie mußte ihm in die Augen sehen ... und wissen, wer ... und warum.

Dieses Mal würde er nichts dem Zufall überlassen. Oder der Unfähigkeit anderer. Die Verantwortung für seine Mission – für seine heilige Mission – würde allein auf seinen Schultern liegen.

Wieder nahm Basil einen Schluck aus seinem Glas, doch diesmal lächelte er dabei. Er war sich seines Erfolges sicher!

Und er würde den Moment seines Triumphes zur Genüge auskosten.

Sommer 1881

Brüder im Exil

49

Der Sommer verschwand in diesem südöstlichen Teil Sibiriens genauso schnell wieder, wie er gekommen war. Schon im September wehte der Wind wieder eisig und schneidend. Doch für den Augenblick, für einige wenige Wochen, waren die Tage lang und fast warm.

Die meiste Zeit war nicht eine Wolke am Himmel zu sehen. Obwohl ein Viertel ganz Sibiriens innerhalb der arktischen Zone lag, fiel in diesen südlicheren Regionen das ganze Jahr über wenig Schnee oder Regen, trotz der bitteren Kälte. Die Reisenden, deren Weg nach Norden führte, wo das ganze Jahr über nur eine weiße Schneeschicht das Land bedeckte, waren wirklich zu bedauern. Hier unten gab es wenigstens auch grüne Landstriche.

Es war eine unfruchtbare Gegend, obwohl einer der größten Flüsse der Welt durch das Gebiet floß. Dichte Taiga-Wälder bedeckten das unerbittliche Land und öffneten sich zu großen, einsamen Ebenen, wo die Wälder endeten. Ohne eine Mauer, ohne Zaun und ohne einen einzigen Wachturm war dieses Land das perfekte Gefängnis. Wo sollte ein flüchtender Sträfling hingehen? Wie konnte er allein überleben, wo der Boden unter seinen Füßen elf Monate im Jahr gefroren blieb?

Die kaiserliche Regierung war freilich nicht geneigt, die Sicherheit nur den Elementen zu überlassen. Sie hatte auch Gefängnisse errichtet, Wachtürme bemannt und Mauern verstärkt. Trotz alledem hatten die russischen Zaren über die Jahrhunderte hinweg ein noch heimtückischeres Abschreckungsmittel vor Flucht und Rebellion gefördert, als jede Bestrafung bieten konnte.

Denn stärker als jede Mauer war der Schutzwall *Verzweiflung*.

Die Minen von Kara lagen im östlichsten Teil der Trans-Baikal-Region im Osten Sibiriens, etwa vierhundert Kilometer von seiner Hauptstadt Tschita entfernt. Im Süden begrenzt durch den Schilka-Fluß, zogen sich die Minen über eine Entfernung von zwanzig Kilometern am Kara-Fluß entlang. Erreichbar waren sie im Sommer nur per Schiff, im Winter per Schlitten über die vereisten Flüsse. In den Wochen, in denen sich das Eis entweder bildete oder schmolz, waren sie vollkommen von der Außenwelt abgeschlossen. Es gab keine passierbare Landroute, die Kara in irgendeiner Richtung mit irgendeiner Stadt verbunden hätte.

Die Minen waren das persönliche Eigentum des Zaren. Alles, was dort erwirtschaftet wurde, floß in seine Taschen. Angeblich überschritten die Betriebskosten den Gewinn bei weitem, doch die Minen waren immer noch in Betrieb. Der Name Kara wurde von dem tatarischen Wort für „schwarz" abgeleitet, wegen des goldführenden, schwarzen Sandes in dem Fluß. Die Art der Nutzung hatte dem Namen des Ortes schon vor langer Zeit eine doppelte Bedeutung gegeben.

Die Siedlung am Fluß sah aus wie ein typisches sibirisches Dorf. Die weißen, mit Zinndächern versehenen Quartiere der Offiziere und die Holzbaracken der kosakischen Wachen unterschieden sich jedoch stark von dem verfallenen, düsteren Gefängnisblock. Die Regierungsgebäude waren in einer gewissen Ordnung gruppiert und von einer breiten Straße durchzogen. Am Rande der Siedlung waren mehrere baufällige Holzhütten errichtet worden, die von denjenigen Gefangenen bewohnt wurden, die ihre Zwangsarbeit abgeleistet hatten. Sie konnten außerhalb des Gefängnisses wohnen. Frei waren sie nur in dem Sinne, daß sie freiwillig weiterhin für den Zaren arbeiten „durften".

Als die Sonne hinter den westlichen Bergen versank, die die Minen begrenzten, wurde es in dem kleinen Dorf lebendig. Die Arbeiter kehrten von den Minen zurück. Einige gingen in Gruppen von drei oder vier Personen auf ihre eigenen kleinen Behausungen zu. Der Rest bildete eine lange Reihe. Sie schlurften auf den Gefängnisblock zu, apathisch, ohne Lächeln, ohne Gefühl. Die Qual ihrer Verzweiflung lastete schwerer auf ihnen als die Müdigkeit nach getaner Arbeit oder die Ketten an ihren Füßen. Die Tore des Lagers waren weit geöffnet, aber die Gefangenen waren keinesfalls erleichtert, nach Hause zu kommen. Denn es erwartete sie nur eine von

Ungeziefer verseuchte Baracke, eine Mahlzeit aus schwarzem Brot und einer verwässerten Suppe mit einem Stückchen Fleisch und, wenn sie Glück hatten, Tee. Dieses karge Mahl nahmen sie auf ihrer Schlafkoje ein, die weder Kissen noch Decke noch so etwas wie eine Strohmatte hatte.

Seit dem Beginn ihrer Reise war die *artel* aufgeteilt worden und ihre Mitglieder in zwei oder drei verschiedene Richtungen zu verschiedenen Zielen geschickt worden. Als Sergeis Sinne allmählich zurückkehrten, befand Paul sich schon auf dem Weg zu seinem Bestimmungsort weiter im Norden. Er wußte nicht, wessen Hand es gewesen war, die ihm das Brot gereicht hatte, und auch nicht, wie nahe er über einen Mitgefangenen jemandem gewesen war, den er einst geliebt hatte.

Als er mit den anderen seiner Abteilung durch die Ebenen nördlich der Mongolei marschiert war, nahm er seine Umgebung allmählich wieder wahr. Er konnte wieder denken und erinnerte sich wieder. Aber er gestattete sich nicht, an die Vergangenheit zu denken, sondern trug seine Verbitterung wie seinen zerfetzten grauen Mantel, den er sich zum Schutz vor den eisigen Abenden um den Körper zog. Er trug sie als ein Zeichen, das noch viel besser zu sehen war als seine Tätowierung an der Stirn, die ihn als Gefangenen auswies. Für die anderen der *artel* war er nur der *pokoinik,* der Tote, eine Bezeichnung, die man einmal auf Dostojewski während seines Aufenthaltes in Sibirien angewandt hatte und die von daher besonders gut auf den Prinzen paßte, der davon geträumt hatte, wie der große Schriftsteller Geschichten über das russische Leben zu schreiben. Sergei träumte nicht mehr davon, Geschichten zu schreiben, er hatte keine Hoffnungen mehr. Der Name, den ihm seine Mitgefangenen gegeben hatten, traf seinen inneren Zustand gut.

Während er seinen zerschundenen Körper auf der harten, kalten Erde vorwärtsschob, fiel es ihm sogar schwer, einen Schuldigen für sein Elend zu finden. Wen konnte er dafür verantwortlich machen? Eine Regierung, deren Ungerechtigkeit und Unverantwortlichkeit ihn zum Äußersten, zu Gewalt, zum Wahnsinn und zum Selbstmordversuch getrieben hatte? Ein Krieg, dessen Greueltaten ihn immer noch bei der bloßen Erinnerung daran innerlich zerrissen? Ein Moment, in dem er nicht Herr seiner Sinne war, in dem er selbst zu einem solchen Tier wurde, wie sein Kommandeur es war?

Nein. Was brachte das alles? Jemandem die Schuld zu geben, war ein Luxus, den sich nur diejenigen leisten konnten, die auf eine Befreiung hoffen durften.

In einem Augenblick blinden und verzweifelten Wahnsinns mitten in dem schrecklichen Gemetzel, in dem Mütter und Kinder zusammen mit den Kriegern abgeschlachtet wurden, hatte seine Vernunft ausgesetzt. Es war ihm unmöglich gewesen, den Anblick von noch mehr Toten zu ertragen, obwohl das Schlachtfeld mit Leichen übersät war, und doch hatte auch er sich zum Handlanger des Todes gemacht. Er hatte nicht an die Konsequenzen gedacht, nicht überlegt, was falsch und richtig war. Er war noch zu betäubt gewesen von Schuldgefühlen über den Tod der Frau, die durch sein Pferd zu Boden getrampelt worden war.

Er hatte nicht nachgedacht ... sondern einfach gehandelt. Und damit war ihm die Fähigkeit nachzudenken anscheinend genommen worden.

Auf einmal war er gebunden, in Ketten gelegt, ins Gefängnis gesteckt, abgeurteilt und auf eine Reise geschickt worden, die nun das einzige Leben zu sein schien, das er je gekannt hatte. Zeit hatte jegliche Bedeutung verloren. Er hatte keine Vorstellung davon, wie lange er schon unterwegs war, nur, daß er irgendwann auf dieser Reise einmal todkrank gewesen war. Sie hatten ihm erzählt, er habe versucht, sich das Leben zu nehmen, aber davon wußte er nichts. Eigentlich wußte er kaum noch etwas. Die meiste Zeit erinnerte er sich nicht einmal an Anna. Schwache Gefühle durchströmten ihn dann und wann, aber die Eine, die nach ihm zu rufen schien, konnte er nicht in seinen Gedanken halten.

Während seiner Reise waren die Nachwirkungen des Typhus abgeklungen. Und trotz des erschöpfenden Marsches kam er allmählich wieder zu Kräften. Und so begann auch sein Verstand langsam wieder zu funktionieren. Vorstellungen, Geräusche und Erinnerungen füllten die monatelange Leere in seinem Gehirn.

Seine Ankunft in Kara hatte ihn endgültig vor dem Wahnsinn bewahrt. Die Wirklichkeit seiner Situation wurde ihm nur allzu deutlich. Es würde keine Schuldzuweisung, keine

Rache geben. Vielleicht würde er nie wieder schreiben, die Zivilisation nie wieder sehen. Und vielleicht war er wirklich ein *pokoinik*. Aber er würde nicht noch einmal versuchen, sich zu töten. Wenn er sterben sollte, dann nicht durch die Hand der Wachen des Zaren an diesem schrecklichen Ort. Er würde auch nicht von eigener Hand sterben, und er würde nie wieder eine Waffe auf einem Schlachtfeld tragen, um unschuldige Feinde des großen russischen Weltreiches zu töten. Wenn er sterben sollte, dann mußte das einen Sinn haben.

Er machte niemandem einen Vorwurf, nicht sich selbst, nicht seinem Vater, auch nicht Rustaweli, dem Zaren oder sonst jemandem. Wenn er schon „der Tote" genannt wurde, dann würde er diesem Namen auch Ehre machen.

Er konnte nicht – würde nicht – sein ganzes Leben lang hierbleiben und diese Hölle ertragen. Er würde im Fluß ertrinken, in den Ebenen erfrieren oder in der Wildnis der Taiga verhungern.

Aber er würde nicht hierbleiben – nicht um zu sterben, und nicht um zu leben.

50

Die Dämmerung schickte ihr trübes Licht durch die schmutzigen Fenster mit den dicken Gitterstäben. Es wurde willkommengeheißen durch das Gähnen und Stöhnen und das Gerassel der Ketten, als die Bewohner der Zelle ihre steifen Körper von ihrem harten Lager erhoben.

Sergei rührte sich nicht sofort. Er fragte sich, warum die trüben Strahlen, die über seinen erschöpften Körper hinwegglitten, seine eisigen Glieder nicht wärmten. Die anderen waren schon ein Jahr hier, zwei Jahre ... zehn Jahre. Sie hatten sich daran gewöhnt, daß die Sonne nicht wärmte. Aber diese Widersinnigkeit fiel ihm jetzt zum ersten Mal auf. Er starrte die blassen Strahlen an, als wollte er sie ermutigen, ihre

Pflicht zu tun. Doch sie erhellten nur die schmutzigen Wände, die von dem Blut zahlreicher Läuse verschmiert waren, die dort durch die Hand eines Gefangenen ihr Ende gefunden hatten. Auch Sergei hatte schon einige getötet, und er hatte festgestellt, daß denen, die schon länger hier waren, die Läuse nichts mehr ausmachten, und daß sie bereitwillig ihr Bett der Hoffnungslosigkeit mit ihnen teilten. Diese Erkenntnis festigte seinen Entschluß, nicht zu diesen Hoffnungslosen gehören zu wollen.

Sergeis leerer Blick fiel auf die gelben Plakate, die an der gegenüberliegende Wand hingen. *Kommet her zu mir alle, die ihr mühselig und beladen seid, ich will euch Ruhe geben,* stand auf einem. Ein wohlwollender Wärter hatte wohl etwas Hoffnung in diese Zelle bringen wollen. Doch die Worte erschienen Sergei wie ein schlechter Scherz. Vielleicht war der Wärter doch nicht so wohlwollend gewesen. Vielleicht war es nur eine andere Art von Bestrafung, die dazu diente, einen Samen der Hoffnung in die Herzen der Zellenbewohner zu pflanzen, für die es absolut keine Hoffnung gab.

Sergei hatte es mit dem Glauben versucht. Vor langer Zeit, irgendwo in seiner Vergangenheit, hatte er wirklich an ein Wesen geglaubt, das ihm Ruhe und Frieden geben konnte. Aber das war schon lange her, bevor er „der Tote" wurde. Solche Vorstellungen gehörten zu diesem Wahnsinn, dessen Trost er sich nicht mehr erlauben konnte.

Er konnte nicht glauben, auch nicht auf das Leben hoffen. Seine einzige Hoffnung war, daß er den Tod, der schon über ihn gekommen war, Wirklichkeit werden lassen konnte. Nach dem Unerreichbaren zu greifen würde nur wieder zu Verzweiflung führen. Schmerz und Leid trieben ihn von der Hoffnung weg und nicht zu ihr hin.

Statt der Worte Jesu hätten die Worte Dantes an der Wand stehen sollen: *Gebt alle Hoffnung auf, ihr, die ihr hier hereinkommt.* Mit diesem Spruch hätte der Wärter ihnen einen größeren Gefallen getan als mit dem Geschwafel von Ruhe und der schweren Bürde. Selbst wenn es einen Vater im Himmel gäbe, zu dem man gehen könnte, was würde es schon ändern? Keinesfalls die harte Wirklichkeit ihrer lebendigen Hölle. Falls es einen himmlischen Erretter gäbe, würde er seine Energie besser woanders verschwenden.

Sergei würde hoffen ... aber nicht auf das Leben, das er einst gekannt hatte, und auch nicht auf das ewige Leben. Das einzige, was er sich erhoffte, war, diesem Ort zu entkommen, damit er in Frieden sterben konnte. Nicht im Frieden mit Gott, sondern vielleicht im Frieden mit sich selbst.

Mit einem plötzlichen Ruck schwang Sergei seine Beine aus dem Bett. Denken war gefährlich. Es würde seine Sinne trüben. Er durfte nicht wieder in der Leere versinken ... in dem großen schwarzen Loch. Am besten würde er überhaupt nicht nachdenken, sich nur darauf konzentrieren, zu überleben, bis der Tag kam – und dieser Tag würde bald kommen, dessen war er sicher!

Seine Zellengenossen beschäftigten sich bereits mit dem Brot und dem warmen Tee, den der Wärter gebracht hatte. Sergei bahnte sich seinen Weg durch die Menge. Die Männer machten ihm Platz. Es war von Vorteil, ein schweigender Neuankömmling zu sein und den Ruf zu haben, den er während der Reise bekommen hatte. Einige sagten, er sei ein Mörder, andere, daß er aus dem einen oder anderen Grund gefährlich sei. Der abwesende Blick in seinen Augen verlieh ihm eine Fremdartigkeit, die ihn von den anderen Gefangenen in Kara unterschied. Sergei bemühte sich nicht, die Spekulationen seiner Mitgefangenen zu zerstreuen. Er ließ sie denken, was sie wollten. Was machten die Gerüchte schon aus, wenn er dadurch ein größeres Stück Brot bekam?

Er griff nach dem Brot, das noch auf dem Tablett lag, und tauchte seine schmutzige Zinntasse zum zweiten Mal in den Topf mit Tee, nachdem er die erste Tasse mit einem Zug geleert hatte. Es konnte nicht schaden, einen solchen Ruf zu haben an einem Ort, wo Menschen wegen weniger als einem Bissen Brot getötet wurden. Überleben war das einzige, was in diesem Haus der Toten zählte.

Wenig später traten die Zelleninsassen vor der Tür zur Inspektion an, die der täglichen Arbeit vorausging. Alle hatten anzutreten, außer denen, die in der Nacht gestorben waren – die Glücklichen.

„Nur noch einen Tag, was, Kaplan?" sagte der Wärter zu einem der älteren Gefangenen – einer, der mit Sergei an seinem zweiten Abend Bekanntschaft geschlossen hatte.

Kaplan grinste breit. „Paßt nur auf, daß ihr morgen um

diese Zeit den Schlüssel bereit habt, um diese Ketten zu lösen", sagte er.

Sergei fragte sich, ob er sich für ihn freuen oder traurig sein sollte. In wenigen Monaten würde der Winter um die dünnen Wände seiner Hütte am Rande der Siedlung toben. Der alte Gefangene würde zweifellos sterben, bevor im nächsten Frühling General Kuckuck seine Armee der Flüchtenden sammeln würde. Sergei hatte nicht die Absicht, so lange zu warten. Vielleicht würde sich durch die Freilassung seines Kameraden für ihn eine Möglichkeit ergeben. Auf jeden Fall würde er heute sehr wachsam sein und versuchen, etwas mehr nachzudenken als in der Vergangenheit.

Dann wurden sie wie eine Herde Vieh zu einem neuen Arbeitstag in die Minen getrieben.

Wenn nur Dmitri hier wäre, dachte Sergei. Er würde sich etwas ausdenken, wie man von diesem gottverlassenen Ort fliehen konnte.

51

Wieder lag ein Arbeitstag hinter ihm.

Es war erst sein achter, seit er in Kara angekommen war. Einige dieser Männer waren schon zwanzig Jahre hier ... manche sogar dreißig. Wie hatten sie es nur geschafft, nicht verrückt zu werden? Er war noch keine zwei Wochen hier, aber er würde nicht mehr lange durchhalten können.

Mit jedem Abend wurde das schwarze Brot geschmackloser und die Suppe wässeriger. Heute abend gab es nicht einmal Tee.

Sergei legte sich auf seine Pritsche und starrte an die Decke.

Er hörte, wie sich jemand seinem Bett näherte, reagierte aber nicht, bis eine krächzende Stimme ihn ansprach.

„He, Pokoinik", sagte der Mann mit Namen Kaplan. Sein Gesicht war grau und zerfurcht. „Tu nicht so, als ob du schon schläfst."

„Warum nicht?" erwiderte Sergei. Seine Stimme zeigte immer noch Nachwirkungen des Typhus.

„Morgen komme ich hier heraus."

„Das freut mich für dich, Kaplan. Aber was habe ich davon?"

„Sie sagen, ich sei gebessert", fuhr der andere fort, wobei er den Kommentar des jungen Prinzen vollkommen ignorierte. Er gluckste vor sich hin. Das Funkeln in seinen Augen verriet, daß er seine Wärter zum Narren gehalten hatte. „Du kannst mitkommen, Pokoinik", fügte er mit leiser, verschwörerischer Stimme hinzu, die darauf schließen ließ, daß er einen geheimen Plan hatte.

Steif rollte sich Sergei auf seiner Pritsche herum und schaute den alten Mann an.

„Du hast mir doch gesagt, daß du nicht die Absicht hast, so lange hierzubleiben wie ich", fuhr Kaplan fort. „Vielleicht könnte ich dir helfen."

„Warum solltest du mir helfen?" fragte Sergei. Er hatte bereits das Mißtrauen entwickelt, das in solchen Gefangenenlagern üblich war und das die Menschen in Mauern gefangen hielt, die noch dicker waren als die des Gefängnisses. Seine Worte klangen wie eine Herausforderung.

„Pokoinik! Habe ich mich nicht mit dir angefreundet und mich um dich gekümmert, als du angekommen bist? Ich habe in dir einen Freund gesehen. Und jetzt, wo meine große Chance gekommen ist, biete ich dir die Gelegenheit, nicht erst zwanzig Jahre zu warten, so wie ich. Du brauchst mich, Pokoinik, wenn du hier herauskommen willst."

„Es ist schlimm, wenn man jemanden braucht, Kaplan."

Kaplan dämpfte seine Stimme noch mehr. Er flüsterte jetzt nur noch. Sergeis Skepsis ignorierte er einfach. „Im Frühling werde ich auf den Ruf des Kuckucks antworten", sagte er. „Jetzt, wo ich nicht mehr im Gefängnisblock bin, wird es viel einfacher sein."

Der erste Ruf des Kuckucks im Frühling zeigte an, daß es in der Taiga warm genug war, daß Flüchtende überleben konnten. Aber selbst dann wurde eine Flucht als Dummheit angesehen, weil die Wildnis, wenn man keine Nahrung, keine Waffen oder Verbündete hatte, zu jeder Jahreszeit unwirtlich war. Und die sibirischen Bauern würden einen Sträfling eher töten als ihm helfen. Trotzdem machten sich jedes Jahr im Frühling ganze Scharen von Gefangenen auf den Weg. Nur wenige schafften es, aus Sibirien herauszukommen.

„Du bist ein Narr, Kaplan. Du wirst es nie schaffen."

„Darum brauche ich dich genauso sehr, wie du mich brauchst, mein Freund."

„Und du erwartest von mir, daß ich dir die Freundschaft einer Woche damit vergelte, daß ich mein Leben aufs Spiel setze, um dir aus Sibirien herauszuhelfen?"

„Und dir auch. Wir helfen uns gegenseitig."

„Warum glaubst du, daß ich fliehen möchte?"

„Weil du es mir gesagt hast, Pokoinik."

„Angenommen, du hättest recht – ich habe nicht vor, bis zum Frühling zu warten."

„Jetzt zu fliehen wäre der sichere Tod. Wir würden vor Wintereinbruch nicht weit kommen und erfrieren."

„Ich würde es lieber versuchen und sterben, als den Winter hier zu verbringen und auf den Frühling zu warten."

Kaplan überlegte. Nach fünfzehn Jahren, in denen er wie ein Tier gelebt hatte, angekettet wie ein wildes und gefährliches Raubtier, kannte er kein anderes Leben mehr. Einmal hatte er den Tod eines Mitgefangenen zwei Tage lang geheimgehalten, damit er dessen Tagesration essen konnte. Für dieses schreckliche Vergehen hatten sie einen Schubkarren drei Tag lang an seine Fußfesseln gekettet, und er mußte ihn Tag und Nacht hinter sich herziehen. Einmal hatte ein Buch seinen Weg ins Gefängnis gefunden. Ein junger Mann, ein Neuling, hatte es irgendwie hineingeschmuggelt. Kaplan erinnerte sich vage daran, daß ihm in der Vergangenheit Bücher sehr viel bedeutet hatten, genau wie seinem neuen Freund, dem verurteilten, aufrührerischen Schriftsteller. In der Nacht hatte er das Buch gestohlen und in den Ofen geworfen, damit es wärmer wurde.

Er hatte gelernt zu überleben. Aber das ging nur, weil er sich seiner Umgebung angepaßt hatte. Vielleicht hatte er sich deshalb mit dem Neuling auf seiner Nachbarpritsche angefreundet, den er *Pokoinik* nannte. Der junge Mann schien ihm die Verkörperung dessen zu sein, was er einst gewesen war.

Flucht. Allein der Gedanke daran ließ ihn vor Freude und Furcht erzittern.

Endlich würde er diese verfluchten Ketten lossein. Vielleicht sollte er doch den Gedanken an eine Flucht beiseite schieben? Aber andererseits ... wie sollte er sich nicht danach sehnen, ganz frei zu sein? Vielleicht hatte der Jüngere recht.

Seine körperliche Verfassung war erbärmlich. Er war nur noch ein Schatten seiner selbst. Das dünne Haar war voller Läuse und von grauen Strähnen durchzogen. Der Name, den man dem jungen Prinzen gegeben hatte, schien eher auf ihn zu passen. Seine einst so mitfühlenden und sensiblen Augen waren hart und kalt geworden und tief in ihre Augenhöhlen gesunken. Sein ausgemergeltes Gesicht ließ ihn zwanzig Jahre älter erscheinen, als er war.

Warum sollte er bis zum Frühling warten? Bis dahin konnte er schon tot sein. Der Jüngere hatte recht – warum sollte man es nicht wenigstens versuchen? Seit Jahren hatte er seinen Kameraden schon beim Pläneschmieden zugehört, Ideen von dem einen übernommen und jetzt selbst einen ausgeklügelten Plan entworfen. Mit der Hilfe des jungen *Pokoinik* könnte er sogar funktionieren. Er hatte bereits einen Wärter bestochen. Dieser würde nach seiner Flucht noch eine Zuwendung erhalten, wenn er ihn in den Büchern auch weiterhin als unter seiner Obhut führte. Das war eine gängige Praxis, und Kaplan hatte seine Augen offengehalten und eine Zeitlang beobachtet, wie das vor sich ging. Es war ein gewagter Plan; aber wenn sie weit genug über die Gebirgspässe gelangten, bevor der Winter hereinbrach, konnte er gelingen. Er plante, Sibirien nicht in nördlicher oder westlicher Richtung durch die riesigen Ebenen zu verlassen, sondern in südlicher Richtung ... nach dem Land des Fernen Ostens, wo unbekannte Völker lebten.

Während Kaplan über seine Zukunft nachdachte, überlegte auf der Pritsche neben ihm Sergei, was er von den Worten des Alten halten sollte.

Die wenigen Monate seiner bisherigen Inhaftierung waren nichts im Vergleich zu den Jahren, die Kaplan hier verbracht hatte. Schon lange war nichts mehr von der vornehmen Erziehung eines Prinzen übrig. Er wußte nicht mehr, wie man eine höfliche Unterhaltung führte, wie man Tafelsilber hielt oder wie es war, etwas zu besitzen. Freundlichkeit, Erbarmen und Glauben waren ihm so fremd geworden wie ... die liebevolle Berührung einer Frau.

Ja, er wünschte sich verzweifelt, von diesem schrecklichen Ort wegzukommen. Wenn er dabei sterben sollte, war das nicht mehr, als er in Tiumen gewollt hatte. Warum nicht tun, was Kaplan vorgeschlagen hatte? Vielleicht hatte er ja recht; vielleicht brauchten sie einander. Und wenn einer von ihnen wirklich durchkäme, wäre es dann das Risiko nicht wert gewesen?

52

Der Weg, den Paul Jewnowitsch Burenin nahm, führte ihn weiter in den Norden Sibiriens hinein. Zusammen mit seinen revolutionären Sinnesgenossen wurde Paul nach Kolyma gebracht, in jenes entlegene Gebiet, in dem das ganze Jahr über Schnee und Eis nicht schmolzen.

Je länger die Reise dauerte, und je kleiner ihre Gruppe wurde, desto schweigsamer wurden sie alle. Selbst sein ehemaliger Kamerad Stepniak war immer stiller geworden. Mehr und mehr ertappte Paul sich dabei, wie er sich an jene glücklichen Zeiten zurückerinnerte, als er noch zu Hause war. Gesichter, Bilder und Gerüche von Katyk und der *izba* seines Vaters drängten sich in seine Erinnerung. Er hatte sie lange aus seinen Gedanken verbannt, als könnte er diesen Teil seines Lebens auslöschen. Doch nun, wo er wegen seiner Verbrechen gegen den Zaren in die Verbannung geschickt worden war, hatte er nicht mehr die Kraft, sie zurückzuhalten. Mit jedem Tag näherten sie sich ein Stück mehr seinem Herzen, das er seit seinem Weggang aus Katyk versteckt und vor allem verschlossen hatte. Er bedauerte es nun, daß er nicht mit dem jungen Prinzen Fedortschenko gesprochen und sich als Annas Bruder zu erkennen gegeben hatte. Eine solche Verbindung, wie oberflächlich sie auch sein mochte, hätte doch wenigstens eine Berührung bedeutet mit der Schwester, die er liebte.

Jetzt war der Prinz fort, Anna war fort … sie waren alle fort. Er würde sie nie wiedersehen.

Alles, an das Paul geglaubt hatte, erschien ihm jetzt hohl. Einst war es ihm so wichtig gewesen, sich gegen die Aristokratie, den Zaren und seine Regierung zu stellen. Ihr Ziel in der Organisation war gewesen, die Unterdrücker zu überwinden, weil sie dachten, das würde die Gesellschaft von allem Bösen befreien. Sie hatten den Zaren getötet – aber welche Veränderung hatte das gebracht? Unterschieden sich die Rebellen wirklich von den Adeligen, tief im Innern, wo das Leben pulsierte? Was hatte ihn von dem jungen Prinzen Fedortschenko unterschieden, als sie Tiumen verließen?

Fragmente von Unterhaltungen und Erinnerungen stürmten auf ihn ein, als er seiner Zukunft in Kolyma entgegenging: fröhliche Spiele in Katyk, die schweigende Wanderung mit seinem Vater nach Pauls Gefängnisaufenthalt in Akulin, die Begeisterung seines Vaters über Pauls Schulausbildung. Vermutlich würden diese Erinnerungen immer die sorgenfreien Tage seiner Kindheit repräsentieren. Selbst als er daran dachte, wie er durch seinen Freund Kazan zum erstenmal mit politischem Gedankengut konfrontiert wurde, konnte er dies nicht ohne gewisse wehmütige Gefühle tun.

Das herzliche Lachen seines Vaters ... Mamas Lebenskraft ... sein kleiner Bruder, der ihm ständig hinterherlief ... Kazans leidenschaftlicher Idealismus ...

Anna hatte von Gott immer in einer Art gesprochen, die Paul, so sehr er es auch versuchte, einfach nicht verstand. Sie hatte Gott als einem liebenden, souveränen Vater vertraut, der nur das Beste für seine Kinder wollte. Seine Wege, sagte sie, seien für uns oft unverständlich, aber wenn wir ihm vertrauten, würde unser Verständnis für sein Wesen wachsen. Paul hatte einfach nicht begreifen können, daß es wirklich einen persönlichen Gott gab. Einen solchen Glauben fand er passend für Leute wie seinen Vater und Anna, Leute, die er für schwach hielt.

Während seiner Zeit zu Hause war er so oft auf Anna gestoßen – in einer Ecke der *izba,* wenn es kalt war, oder bei schönem Wetter draußen unter der Weide. Manchmal wanderte sie einfach nur allein durch die Felder. Sie hatte immer ein Lächeln für ihn und las entweder in der kleinen Bibel ihres Papas oder trug sie unter dem Arm. Gelegentlich hatte sie ihm ihre

Lieblingspassagen vorgelesen. Sie hatte zu ihm von Weisheit gesprochen.

Er konnte nicht leugnen, daß er sich jetzt nach jenen süßen Tagen zurücksehnte, jetzt, wo er schmutzig und voller Verzweiflung einer ungewissen Zukunft entgegenging, verurteilt zu lebenslanger Trauer und Einsamkeit. Sein Leben war in der Blüte seiner Jahre beendet worden. Seine Ideen, seine Leidenschaft – wo hatten sie ihn letzten Endes hingebracht? Er war zerbrochen und leer, ohne jede Richtung und ohne jedes Ziel. Selbst sein letztes Aufbegehren, der Anschlag auf den Zaren, hatte zu nichts geführt. Das Volk hatte den heroischen Attentätern ins Gesicht gespuckt und begeistert einen neuen Zaren auf dem Thron empfangen. Und die Hand der Tyrannei und Unterdrückung würde es um so härter treffen, weil sich niemand darum zu kümmern schien.

Was ging es ihn also noch an?

Er hatte sein Leben eingesetzt, um einem Volk Freiheit zu bringen, das gar keine Freiheit wollte. Er hatte für dieses Volk gelitten und gekämpft und sogar gemordet, doch alles, was er für seine Anstrengungen bekam war ... nichts. Er hatte zuschauen müssen, wie seine Freunde für eine Illusion gestorben waren. Wie hatten sie nur so dumm sein können? Früher hatte er Anna immer für naiv gehalten, doch sie war viel weniger naiv als seine Kameraden, die wirklich *geglaubt* hatten, sie könnten die Welt verändern. Sie waren alle fort, tot, verbannt oder einfach geflüchtet, und die Welt drehte sich weiter, als hätten sie niemals existiert. Nichts hatte sich geändert.

Wenn er könnte, würde er alles vergessen und nach Katyk zurückkehren, das magere Stückchen Erde seines Papas bearbeiten, die dürre Kuh melken und versuchen, das alte Pferd Lukiv in den Trab zu bringen. Er würde heiraten, Kinder bekommen und sich krummlegen, damit er sie jeden Tag satt bekommen konnte. Wenn die Bauern dieses Leben so sehr liebten – vielleicht gab es etwas daran, das er übersehen hatte.

Aber er konnte nicht mehr zurück, selbst wenn er gewollt hätte, was eigentlich doch nicht zutraf. Nicht, weil er Angst vor Arbeit und Armut gehabt hätte – nur Gott allein wußte, daß er in der Stadt härter gearbeitet und mehr gehungert hatte als jemals zuvor bei seinem Vater –, sondern, weil er niemals mehr mit Respekt diese einfachen Bauern ansehen konnte, die ihre Chance, ein besseres Leben zu bekommen, zurückgewiesen hatten.

Er hatte doch immer nur helfen wollen. Was war daran so schrecklich? Was konnte man mehr tun, wenn man Not und Ungerechtigkeit sah?

Aber jetzt war alles vorbei. Lebenslange Verbannung. Vollkommen isoliert. Und wenn er seine harte Arbeit abgeleistet hatte, würde er in ein kleines Dorf gebracht werden, wo er den Rest seines Lebens eingesperrt sein würde. Vielleicht konnte er sich ein wenig Geld als Angestellter verdienen und so einen Weg finden zu überleben. Zum Glück konnte er ja lesen und rechnen. Aber was würde das bringen? Was könnte er schon vollbringen? Sein Leben war vorbei.

Doch inmitten seiner Verzweiflung kamen ihm Kazans Worte wieder in den Sinn. Wie hatte er Sibirien einst genannt? *... Die Universität der Revolution!*

Vielleicht ... nur vielleicht ... lag doch noch mehr als Sinnlosigkeit und ein Leben in Schande vor ihm. Auch Kazan war seinem Exil entflohen.

War es möglich, daß sein Leben doch noch nicht vorüber war? Immerhin war er nicht allein. Da waren noch andere, die an dasselbe glaubten wie er. Vielleicht hatten sie zusammen, selbst hier in den Weiten Sibiriens, einen Einfluß auf die Regierung und die wankelmütigen Massen.

Auf jeden Fall konnte er darüber nachdenken. Es war etwas, das seine Knochen wärmte und den Hunger in seinem Bauch befriedigte, während er immer weiter auf sein ungewisses Schicksal in diesem riesigen, leeren Land zumarschierte.

53

Drei Tage lang erfreute sich Kaplan nun schon seiner kettenlosen Freiheit und seiner Nächte, in denen er nicht bewacht wurde.

Eines der bestgehütetsten Geheimnisse des russisch-sibirischen Gefängnissystems war, daß eine Flucht gar nicht so unmöglich war, wie die Regierung in St. Petersburg die Leuten glauben machen wollte. Alles hing davon ab, was man unter *Flucht* verstand. Wenn „Flucht" bedeutete, den Gefängnismauern zu entfliehen, dann war das nichts Ungewöhnliches. Wenn man unter Flucht allerdings verstand, wohlbehalten und gesund ins russische Leben, die Gesellschaft in den Städten und in das wärmere Klima westlich des Urals zurückzukehren, dann war es in der Tat unmöglich. Die Entfernungen waren so groß und das Land und das Klima so rauh und unwirtlich, daß all dies einfach nicht von einem Reisenden allein bewältigt werden konnte. Über die dünn besiedelten Gebiete des fernöstlichen Rußland verteilt lebten viele ehemalige Gefangene, denen es gelungen war, aus den Gefängnissen zu entfliehen, und die sich damit begnügt hatten, ihr Leben in Armut, aber wenigstens von ihren Ketten befreit zu leben. Ob diese „Freiheit" es wert war, daß man sein Leben dafür riskierte, mußte jeder für sich selbst entscheiden. Viele hundert machten jedes Jahr den Versuch. Die meisten bemühten sich, vor Einbruch des Winters die riesigen sibirischen Ebenen zu durchqueren. Die große Mehrheit von ihnen starb, noch bevor sie auch nur in der Ferne den Ural erblickt hatten. Die Klügeren versuchten es erst gar nicht, sondern suchten sich ein Ziel aus, das nicht so weit war. Ohne Hilfe, ohne Transportmittel, ohne Nahrung bedeutete eine Flucht in der Regel einen schnellen Tod. Deshalb blieb die Mehrzahl der Gefangenen, wo sie waren, indem sie die Risiken einer Flucht gegen die Möglichkeit einer Begnadigung oder Freilassung in der fernen Zukunft abwägten.

Aber für diejenigen, die beschlossen hatten, sich von ihren Fesseln zu befreien, konnten Mittel und Wege gefunden werden. Gewöhnlich standen die Wärter dabei nicht im Weg. Die Hälfte der Wachen und Wärter waren ehemalige Gefangene und konnten das Los der ihnen Anvertrauten gut nachempfinden. Wenn sie auf irgendeine Weise auch noch selbst von der Flucht eines Sträflings profitieren konnten, würden sie sie zulassen. Skrupel, Integrität und Moral waren Begriffe, die auf beiden Seiten der Mauern nicht gängig waren.

Natürlich mußten die Wachen den Schein wahren. Doch sie

alle hatten ihre Lieblinge, denen sie vielleicht sogar helfen oder die sie ermutigen würden – besonders die Alten und Kranken, deren Abwesenheit sich in der täglichen Fördermenge an Gold gar nicht niederschlagen würde und die sowieso nur geringe Überlebenschancen in der rauhen Wildnis hatten. Wenn sie wegschauten und einige entkamen und starben, war es um so besser für alle Beteiligten. Es war eine effektive Maßnahme, die Alten, die Aufrührer und Unzufriedenen auszusieben. Und wenn sie auf der Strecke blieben, kamen die Zuwendungen der Regierung trotzdem für die Gesamtzahl der Gefangenen, und sie brauchten keine Flüchtlinge zu melden.

Kaplan gehörte zu denen, die nicht vermißt werden würden; er hatte nicht die geringste Chance, auch nur fünfzig Werst weit zu kommen. Das war zumindest die Meinung des Wärters, dessen Freundschaft der alte Gefangene seit fünf Jahren gepflegt hatte – besonders, seit Kaplan ausgeplaudert hatte, daß er dem Schilka-Fluß bis Nertschinsk folgen und über die Khinga-Berge in die Mongolei gelangen wollte. *Das ist reiner Selbstmord,* dachte der Wärter und lachte in sich hinein. Aber wenn der Alte es versuchen wollte, wer sollte sich ihm in den Weg stellen? Vielleicht würde er es sogar schaffen. Er würde Moskau oder St. Petersburg niemals wiedersehen, und was schadete es schon, wenn ein mongolischer oder tatarischer Stammesangehöriger ihm mit seinem Krummsäbel die Kehle durchschnitt?

Es war Spätnachmittag. Unbarmherzig brannte die Sonne auf die Minen von Kara. Während einer Pause schlenderte Kaplan zur Wache hinüber und verwickelte sie in eine Unterhaltung. Unterdessen stellte sich Sergei, wie verabredet, unauffällig hinten an der kurzen Reihe seiner Kameraden an, die darauf warteten, die Latrine benutzen zu können. Dieser Bereich war halbwegs abgeschieden, wenn auch nicht ganz den Blicken der Wärter entzogen.

Sergei wartete dort, bis alle anderen gegangen waren und nur er übrigblieb. Kaplan war alt und für die Behörden nicht mehr von Bedeutung – ganz anders Sergei. Er war jung und hatte einen besonderen Ruf. Es würde schwierig sein, den aufmerksamen Blicken der Wachen zu entkommen.

Kaplan hatte eine Möglichkeit zur Flucht gefunden, obwohl Sergei, als er von dem Plan erfuhr, ihn zuerst angeekelt abgetan hatte. Bei näherer Betrachtung wurde ihm jedoch klar, wie großartig der Plan war. Dies war wirklich seine einzige Chance. Es gab keinen anderen Ort, um sich zu verstekken. Erst am nächsten Morgen beim Appell würde auffallen, daß er fehlte. Und bis dahin würden sie schon viele Kilometer weit den Fluß hinuntergetrieben sein – falls seine Ketten ihn nicht herunterzogen und er für immer dreißig Meter tief in eisigem Wasser begraben sein würde.

Der Gedanke an die Freiheit war von dem Ekel überschattet, der Sergei erfaßte, wenn er an den Plan dachte. Den ganzen Tag über hatte Sergeis Magen schon revoltiert. Viel lieber würde er sich einhändig und allein einem ganzen Bataillon Türken stellen!

„Genau darum wird es auch funktionieren, mein empfindlicher junger Freund!" sagte Kaplan, über Sergeis Unbehagen grinsend, am Abend vorher. „Nicht einmal die besonders argwöhnischen, nicht einmal der gerissenste und wachsamste Wärter in ganz Sibirien würde auf einen solchen Gedanken verfallen! Du wirst in Sicherheit sein, bis ich in der Nacht komme, wenn alle schlafen."

In Sicherheit! dachte Sergei angeekelt. Sein Magen würde sich innerhalb von zwei Minuten entleert haben! Dann würde er auch noch in seinem eigenen Erbrochenen liegen müssen!

Als die letzten seiner Kameraden den abgemauerten Bereich verlassen hatten, wußte Sergei, daß der Augenblick seiner größten Bewährungsprobe gekommen war. Um zu tun, was er jetzt vorhatte, brauchte er mehr Mut, als sich vor Rustawelis geladenes Gewehr zu stellen. Langsam schob er sich vorwärts, wobei er seine Ketten vorsichtig über den Boden zog. Der schreckliche Gestank um ihn herum war erst der Anfang. Alle paar Monate wurden neue Latrinen gegraben, und diese hier war fast voll.

Er kroch zu der Grube und schaute schnell zum Eingang. Am Rand der Latrine war er vor den Blicken der Gefangenen und der Wachen geschützt. Schnell setzte er sich und ließ die Beine hineinhängen. Dann schloß er die Augen, atmete noch einmal tief durch und ließ sich hineingleiten.

Seine Füße drangen tief in den stinkenden Schlamm ein, der schnell den Schaft seiner Stiefel bedeckte und ihm bis zum

Knie reichte. Sein Magen krampfte sich zusammen – einmal … zweimal … und hatte sich in noch kürzerer Zeit geleert, als er vorausgesagt hatte.

Aber er mußte sich noch verstecken, falls ein anderer Gefangener hereinkommen und seine Notdurft verrichten sollte. Das hatte er gewußt, als er sich auf diesen Plan eingelassen hatte, und deshalb legte er sich jetzt, ohne weiter nachzudenken, flach auf den Rücken. Der Kot bedeckte seine Beine und seinen Körper. Wahrscheinlich würde er im Verlauf des Abends von dem Gestank einige Male ohnmächtig werden, wenn er bedachte, was er hier tat. Aber für den Augenblick war er außer Sichtweite – gerade rechtzeitig, bevor eine Wache hereinkam und nach Drückebergern Ausschau hielt. Der Mann ging wieder hinaus; er hatte den Prinzen in seinem übelriechenden Versteck nicht entdeckt.

Die sieben Stunden, die er warten mußte, erschienen Sergei wie eine Ewigkeit, doch endlich hörte er das rauhe Flüstern seines Retters über sich. Er reichte die Hand heraus, die er vom Schmutz freigehalten hatte. Kaplan ergriff sie und zog seinen jungen Komplizen aus seinem Versteck in der Grube.

Ohne auch nur ein Wort über seinen Zustand zu verlieren, bedeutete Kaplan, ihm zu folgen. Sergei gehorchte, und nach zwei oder drei Stunden erreichten sie, nachdem sie einige Umwege gegangen waren, um nicht entdeckt zu werden, noch vor Anbruch der Morgendämmerung den großen Schilka-Fluß, etwa eineinhalb Kilometer von der Siedlung entfernt.

„Das Wasser wird deinen Gestank abwaschen, mein junger Freund", sagte Kaplan. „Aber es wird dich auch begraben, wenn du zuläßt, daß deine Ketten dich in die Tiefe ziehen. Der Fluß fließt schnell. Bleib immer in der Nähe des Ufers, oder du bist ein toter Mann!"

Sergei nickte. Im Augenblick schien der Tod wie eine Erlösung für ihn zu sein angesichts dessen, was er in den letzten neun Stunden durchgemacht hatte!

Kaplan schaute ihn noch einmal an. „Hiernach werde ich dich nie wieder *Pokoinik* nennen, denn wir werden frei sein!" Dann wendete er sich dem Fluß zu und sprang in die schwarze Tiefe.

Sergei zögerte nur einen Moment und folgte ihm dann.

Er sprang hinein und versank. Seine in Ketten gelegte Füße berührten den Grund; die Felsen flogen an ihm vorbei, und er wußte, daß er bereits von dem wilden, eisigen Strom fortgetragen wurde.

Das einzige Wesen, das sonst noch zu dieser nächtlichen Stunde draußen war, war eine einsame Eule, die auf der Suche nach Beute ihre Kreise über der Taiga zog. Ihre scharfen Augen entdeckten sofort die beiden Kreaturen am Ufer des Flusses. Doch gerade, als sie sich niederstürzte, um sie genauer in Augenschein zu nehmen, hörte sie ein zweimaliges leises Klatschen, und die beiden waren von dem reißenden Strom verschluckt worden.

Der große Nachtvogel glitt mit ausgestreckten Flügeln über die Wasseroberfläche und drehte seinen Kopf hierhin und dorthin. Es würde kein Abendessen aus dem Fluß geben. Weit entfernt, flußabwärts, konnte die Eule undeutlich einen Kopf aus dem strudelnden Wasser ragen sehen.

Doch die Strömung war schnell und hatte ihn schon außer Reichweite getragen.

Sommer 1881

Entfesselte Rachsucht

54

Ein leichter Regen besprenkelte die Blätter der großen Ulme draußen vor Annas Fenster. Sie saß an ihrem kleinen Tisch. Ihre Gedanken schweiften zum hundertsten Mal von dem Buch ab, das sie zu lesen versuchte. Sie beobachtete, wie sich die Wassertropfen auf den frischen grünen Blättern sammelten und wie ihr Gewicht die schlanken Schößlinge nach unten bog, bis zu dem Augenblick, wo die Tropfen zu schwer wurden und auf die feuchte Erde herunterfielen. Ein Tropfen nach dem anderen fiel vom Baum – Dutzende, Hunderte, Tausende – in dem unendlichen Tanz des russischen Sommerregens.

In letzter Zeit spiegelte ihr Leben das einfache Muster der Natur wider.

Diese Familie, der sie nicht nur ihre Loyalität als Dienerin, sondern auch die Liebe ihres Herzens gewidmet hatte, erschien einst so unantastbar, so stark wie der Stamm der Ulme, fest verwurzelt in der Erde. Doch jetzt war sie eher den höheren Regionen des Baums vergleichbar, wo die neuen Triebe unter der Last der Tragödien, die so schnell über sie hereingebrochen waren, nicht in der Lage waren zu gedeihen.

Ihre Herrin, Prinzessin Katrina, tat eindeutig ihr Bestes. Ihr Glaube war mit den Jahren gewachsen, doch nun, wo die Hälfte der Familie nicht mehr da war, stieß selbst die Prinzessin an die Grenzen ihrer inneren Stärke.

Was passieren würde, wenn auch sie am Ende wäre, wußte Anna nicht zu sagen. Seit sie Katrina kannte, hatte Anna sie nie schwach gesehen. Verletzlich schon, aber niemals schwach.

Anna hatte schon so viel für sie alle gebetet, für ihren Herrn und auch die Dienerschaft, daß ihre Knie bereits schmerzten. Sie versuchte zu beten und ihre Sorgen dann ruhen zu lassen, wie ihr Papa es ihr raten würde. Doch sie konnte nicht leugnen, daß die Seelenpein der Familie sie beunruhigte. Wenn sie an ihren eigenen Kummer dachte, mußte sie auch sich selbst mit den zarten Blättern vergleichen, die so schwach zu sein schienen, und sich fragen, ob sie unter den schmerzlichen Umständen noch lange durchhalten konnte.

In einer solchen Gemütsverfassung hatte sie an diesem trüben Tag Zuflucht bei ihren Büchern gesucht. Ihr Blick war auf Dostojewskis neusten Roman *Die Brüder Karamasow* gefallen. Sie hatte ihn aus dem Regal genommen und zu lesen begonnen. Lieber wollte sie sich mit den Problemen anderer beschäftigen als mit ihren eigenen. Und irgendwie erschien es ihr die geeignete Ehrerweisung dem großen Schriftsteller gegenüber, der erst drei Monate zuvor gestorben war.

Vor einigen Jahren hatte sie auf Sergeis Drängen hin sein Werk *Schuld und Sühne* gelesen. Allerdings hatte sie sehr lange dafür gebraucht. Später hatte sie sich mit Sergei über das Buch unterhalten. Es stellte sich heraus, daß sie ganz verschiedene Auffassungen über die Unschuld oder Schuldfähigkeit des Protagonisten hatten. Sie fragte sich, wie eine ähnliche Unterhaltung jetzt aussehen würde. Sie beide hatten sich in der vergangenen Zeit sehr stark verändert. Wie würde Sergei jetzt über den Mörder Raskolnikoff denken? Sie erschauderte bei dem Gedanken.

Damals hatte Sergei sie auch gedrängt, *Aufzeichnungen aus einem Totenhause* zu lesen. Sie hatte es nicht getan, obwohl Sergei der Meinung war, es würde ihr helfen, Raskolnikoffs Schuld besser zu verstehen. Seit Sergeis Verhaftung hatte sie das Buch einmal zur Hand genommen, in der Hoffnung, Dostojewskis Beschreibung der Gefängnisse in Sibirien könnte ihr helfen, sich Sergei näher zu fühlen. Doch schon nach wenigen Seiten hatte sie das Buch voller Verzweiflung beiseite gelegt. In diesem Fall befreite sie die Wahrheit weder von ihren Ängsten, noch tröstete sie sie. Es war einfach besser, das alles nicht zu wissen.

Wahrscheinlich war Sergeis Verbannung deshalb ein so schrecklicher Schlag für den Prinzen Fedortschenko, weil er um das alles wußte. Als Abgesandter des Zaren hatte er die Arbeitslager vor vielen Jahren besucht. Er hatte selbst gesehen, was Dostojewski in seinem Buch beschrieb.

Der Gedanke an Sergeis Vater lenkte Anna wieder vom Lesen ab. Der Mann, der so viel unter der Verurteilung seines

Sohnes gelitten hatte, war über den Tod seiner Frau vollkommen untröstlich. Innerhalb von nur wenigen Monaten war die Hälfte seiner Familie ihm grausam entrissen, der Zar ermordet und seine eigene Karriere und sein Ruf stark erschüttert worden. Dieser Schock hatte seine geistige und gefühlsmäßige Verfassung stark geschwächt. Sein ganzes Leben lag zerbrochen vor ihm.

Trotz ihres flatterhaften, oft kindischen Verhaltens hatte Prinzessin Natalja der ganzen Familie eine besondere, unsichtbare Stabilität verliehen. Niemand hätte das zugegeben, am wenigsten Natalja selbst. Doch jetzt erlebte selbst die sonst so selbstbewußte Katrina Momente der Unsicherheit. Und Prinz Fedortschenko hatte immer seinen Lebenssinn darin gesehen, für andere zu sorgen und sie zu beschützen – nicht nur seine zarte Frau. Irgendwie hatte er sich auch für den Zaren verantwortlich gefühlt.

Und nun waren auf einmal alle seine Schützlinge fort. Alles war ihm genommen worden. Der Sohn im Exil, die Tochter verheiratet, die Frau tot, Alexander tot. Nichts war geblieben außer der kalten, leeren Stille eines riesigen Hauses, in dem einst Gelächter und pulsierendes Leben geherrscht hatten.

Wo er auch hinsah – eine Tragödie. Zusammen mit seinen Schuldgefühlen wegen des Schicksals seines Sohnes schien die Anhäufung von tragischen Ereignissen den einst so mächtigen Prinzen an den Rand des Wahnsinns zu treiben.

55

Der Besuch von Mrs. Remington bei den Remisows war, wenn auch unerwartet, so doch nicht unbedingt überraschend.

„Ich würde nicht daran denken, Sie zu einer solchen Zeit zu beunruhigen, Prinzessin Katrina“, sagte die treue Haushälterin, „wenn es nicht so wichtig wäre.“

„Bitte, Mrs. Remington“, antwortete Katrina, „das ist

doch selbstverständlich. Es ist gut, daß Sie gekommen sind. Wollen wir in den Salon gehen?"

„Ach, Prinzessin, eigentlich sollte ich Sie nicht behelligen, solange Sie –"

„Unsinn, kommen Sie, und setzen Sie sich", beharrte Katrina trotz des Zögerns der Frau. „Ich werde uns Tee kommen lassen."

Zwar kannte Mrs. Remington Katrina von Kindesbeinen an, doch der Standesunterschied zwischen ihnen war sehr groß. Katrina war jetzt verheiratet und selbst Herrin eines großen Hauses. Das kleine adelige Mädchen war die Frau eines Adeligen geworden, und bald schon würde sie Mutter sein.

Widerspruchslos folgte Mrs. Remington Katrina in den Salon und nahm den Tee aus der Hand eines Dienstmädchens entgegen. Während Mrs. Remington erzählte, was sie auf dem Herzen hatte, wurde Katrina klar, daß sie vielleicht schon bald die einzige sein würde, die die Verantwortung für das Haus Fedortschenko übernehmen konnte. Ein ungewohntes Gefühl von Schmerz und Reife durchflutete sie, während sie zuhörte. Ihr tat das Herz weh für ihren Vater, und sie fragte sich, ob der Sohn oder die Tochter, den oder die sie erwartete, wohl jemals den Mann als Großvater kennen würde, den sie so als Vater geliebt hatte.

„Ich bin wegen Ihres Vaters gekommen, Prinzessin –"

Mrs. Remington zögerte und schaute einen Moment beiseite. „Darf ich offen sprechen?"

Katrina nickte. „Aber natürlich, Mrs. Remington."

„Sie wissen vermutlich, wie schwer es ihm fällt, den Tod Ihrer Mutter zu akzeptieren?"

„Ja, ich weiß", antwortete Katrina langsam.

„Aber ich hatte gehofft, daß er sich nach der Beerdigung allmählich an den Gedanken gewöhnen würde."

„Vermutlich brauchen wir alle Zeit, um uns daran zu gewöhnen."

Mrs. Remington schüttelte grimmig den Kopf. „Seit der Beerdigung ist nun schon einige Zeit vergangen, und ich fürchte, die Situation verschlimmert sich."

„Wie das?" fragte Katrina.

Wieder machte Mrs. Remington eine Pause. Sie scheute

sich, zu persönlich zu werden, wollte aber andererseits zum Wohle aller auch nicht schweigen.

Katrina spürte ihren inneren Konflikt. „Bitte, Mrs. Remington", sagte sie ein wenig ungeduldig, „Sie sagten, Sie wollten offen sprechen."

„Verzeihen Sie mir, Prinzessin. Es ist schwierig, über den Prinzen zu sprechen. Ich bin meinem Herrn sehr zugetan. Er und Ihre Mutter sind die ganzen Jahre über viel freundlicher zu mir gewesen, als ich verdient hatte. Ich –"

Sie wendete sich ab und wischte sich schnell eine Träne aus dem Auge. Katrina drängte sie nicht weiter, sondern wartete, daß sie fortfuhr.

„Ihr Vater wandert oft in der Nacht durch die Flure des Hauses. Ich höre, wie Türen geöffnet und wieder geschlossen werden. Und dann ertönt seine Stimme, leise und sanft, und er ruft nach Ihrer Mutter. Oh, Prinzessin, es tut mir so leid, Ihnen so etwas erzählen zu müssen, aber es klingt so rührend, wenn er ruft: ‚Natalja ... Natalja, wo bist du?' Es bricht mir fast das Herz. Immer wieder ruft er ihren Namen. Mehr als einmal habe ich nach einem Diener geschickt, der ihn beruhigen und wieder zu Bett bringen sollte, aber manchmal wird er gewalttätig, wenn sie versuchen, in seine Nähe zu kommen."

Die Haushälterin brach ab und rang die Hände in offensichtlichem Kummer über den Mann, den sie immer respektiert und bewundert hatte.

„Warum erzählen Sie mir das alles erst jetzt?" fragte Katrina direkt.

„Ich wollte Sie nicht beunruhigen. Und außerdem dachte ich, daß sich das wieder legt. Doch gestern ist etwas geschehen, das mich dann endgültig veranlaßt hat, zu Ihnen zu kommen."

„Was ist passiert?"

„Wie Sie wissen, hat Nina der Tod Ihrer Mutter genauso schlimm getroffen wie jeden anderen. Ihr ganzes Leben hat sie dem Dienst für Ihre Mutter gewidmet und sie sehr geliebt."

„Ich weiß. Ich bin sicher, daß Mutter Nina als ihre beste Freundin betrachtete", sagte Katrina. Ihre Gedanken wanderten zu Anna.

„Gestern, Prinzessin, traf der Prinz Nina in Prinzessin

Nataljas Räumen an. Er fuhr sie an, als spräche er mit einer Fremden: ‚Was hast du mit meiner Frau gemacht, du litauische Hure?'"

„Arme Nina!" sagte Katrina.

„Glücklicherweise war einer der Männer in der Nähe und hörte den Aufruhr. Sein Erscheinen beruhigte den Prinzen. Ich weiß wirklich nicht, was sonst geschehen wäre."

„Ich muß so schnell wie möglich mit Nina sprechen", erwiderte Katrina. „Hoffentlich kann ich sie beruhigen."

„Ich fürchte, dazu ist es zu spät", fuhr Mrs. Remington fort. „Sie hat sofort nach dem Zwischenfall gekündigt. Aber nicht aus Verärgerung, sondern weil sie der Meinung war, daß ihre Anwesenheit als jemand, der der Prinzessin so nahegestanden hat, für den Prinzen allzu schmerzlich wäre."

„Wahrscheinlich hat sie damit recht."

„Ich glaube, daß auch sie Schwierigkeiten hatte, mit ihrem Kummer fertig zu werden. Inmitten der ganzen Erinnerungen fühlte sie eine tiefe Leere in sich. Sie hat ihre Sachen gepackt und war am Abend schon fort."

„Haben Sie ... haben Sie ihr etwas gesagt?" fragte Katrina, sichtlich bewegt durch die traurige Wendung der Ereignisse.

„Ich habe mir die Freiheit genommen und ihr eine gute Empfehlung mitgegeben. Ich denke nicht, daß sie Schwierigkeiten haben wird, eine neue Stellung zu finden." Mrs. Remington seufzte tief. Ihre angeborene britische Art ließ sie Haltung bewahren, doch mit jedem Wort fiel es ihr schwerer, die Fassung nicht zu verlieren, und die Tränen, die sich bisher nur vereinzelt in ihre Augen gestohlen hatten, drohten nun, sich nicht mehr zurückhalten zu lassen.

Katrina jedoch, die nicht die britische Zurückhaltung besaß, weinte hemmungslos, nicht nur um Nina, sondern vor allem auch um ihren Vater.

„Da ist noch mehr, Prinzessin", fuhr Mrs. Remington nach einer Weile widerwillig fort.

Wieder schwieg sie, aber Katrina ermutigte sie, fortzufahren. Es war besser, alles auf einmal zu hören.

„Später am Tag ging ich in das Arbeitszimmer Ihres Vaters. Ich hoffte, ihn dadurch abzulenken, daß ich ihn für einige Haushaltsangelegenheiten zu interessieren versuchte. Als ich klopfte, bat er mich hereinzukommen. Was ich sah, als ich ins

Zimmer ging, hat mich so erschreckt, Prinzessin, daß ich so schnell wie möglich zu Ihnen kommen mußte."

Die Furcht in der Stimme der Haushälterin ließen Katrinas Tränen augenblicklich versiegen. „Nur weiter", sagte sie ernüchtert.

„Er saß an seinem Schreibtisch und starrte vor sich hin, als ob ich gar nicht da wäre. Vor ihm auf dem Tisch lag eine Pistole, die er abwesend mit einer Hand liebkoste. Es tut mir leid, Prinzessin, wenn ich meine Grenzen überschritten habe, indem ich meine eigenen Schlußfolgerungen gezogen habe –"

„Mrs. Remington, Sie glauben doch nicht im Ernst –"

Katrina konnte den schrecklichen Gedanken nicht aussprechen. Es konnte nicht sein. Doch nicht ihr Vater!

„Prinzessin, ich glaube, daß er jeglichen Lebenswillen verloren hat."

Schweigen legte sich über den Raum. „Ich – ich kann mir nicht vorstellen, daß er so etwas wirklich in Erwägung ziehen könnte", sagte Katrina schließlich.

„Auch für mich ist es schwierig. Und ich bete darum, daß ich unrecht habe, Prinzessin. Aber auf jeden Fall habe ich einige vertrauenswürdige Männer damit beauftragt, ihn im Auge zu behalten. Ich hoffe, ich habe keinen Fehler gemacht, als ich mir eine solche Freiheit herausgenommen habe."

„Nein, Mrs. Remington, das war sehr umsichtig von Ihnen. Was immer mein Vater auch denken wird, ich danke Ihnen auf jeden Fall für Ihre Besorgnis."

„Aber ich fürchte, Ihr Vater ist da ganz anderer Meinung. Heute morgen, als ihm allmählich klar wurde, welche Aufgabe die Männer hatten, bekam er einen Wutausbruch. Er griff den armen Jungen, der Wache halten sollte, an und schrie: ‚Kaiserliche Spione! Ich weiß, sie sind darauf aus, mich zu bekommen!'"

Erschrocken legte Katrina die Hand an ihre zitternden Lippen.

„Oh, Papa!"

Der Verlust der Sicherheit, den Natalja unerklärlicherweise ihrer Familie gegeben hatte, war schon schwer genug zu verkraften. Aber die unerschütterliche Gegenwart ihres Vaters hatte lange Zeit selbst das überwunden. Er war immer das

Fundament gewesen, der Fels, das Ruder, das dem Schiff Fedortschenko Richtung und Ziel gegeben hatte. Sergei hatte sich vielleicht daran wundgerieben. Katrina hatte sich vielleicht mehr väterliche Zärtlichkeit von ihm gewünscht. Doch seine Standfestigkeit und seine Macht waren unantastbar. Er hatte das Haus regiert – gelegentlich mit eiserner Faust, aber meist mit fürsorglicher Hand. Wie auch immer die Umstände gewesen waren, Viktors Autorität war niemals in Frage gestellt worden

Auf einmal schien dieser Fels zu Staub zu zerfallen. Katrina fragte sich voller Verzweiflung, wie sie ein Leben ohne ihn meistern sollte.

Noch am selben Nachmittag, nachdem Katrina Anna alles erzählt hatte, kam sie zu der Überzeugung, daß sie in das Haus ihres Vaters zurückkehren mußte. Ob nun das Leben ihres Vaters wirklich in Gefahr war oder nicht; offensichtlich war jedenfalls, daß er mit seiner Selbstbeherrschung fast am Ende war. Katrina hoffte inständig, ihm durch ihre Gegenwart eine Ermutigung sein und ihn aus seiner Verzweiflung reißen zu können. Schnell schrieb sie eine Nachricht für Dmitri und schickte einen Boten damit zu Dmitris Regiment.

Dann packten sie und Anna einige Sachen zusammen, bestellten die Droschke und fuhren los.

56

Katrina kannte Mrs. Remington gut genug, um zu wissen, daß sie nicht übertrieb. Und doch war sie schockiert, als sie ihren Vater wiedersah.

Solange sie denken konnte, war ihr Vater der Inbegriff militärischer Perfektion gewesen. An seiner Uniformjacke mit ihren Medaillen und der blauen Schärpe des St.-Andreas-Ordens war niemals auch nur eine Falte zu entdecken gewesen, wie lange er sie auch getragen hatte. Seine breiten Schultern und seine militärische Haltung, die Goldknöpfe an seinem

Mantel und seine hohen Lederstiefel, immer poliert und glänzend ... *das* war ihr Vater.

An diesem Abend jedoch erkannte sie ihn kaum, als er sie begrüßte. Er ähnelte eher einem Landstreicher als einem russischen Prinzen. Die Uniformjacke hatte er ausgezogen. Sein weißes Hemd und die Uniformhose waren zerknittert und seit Tagen nicht gewechselt worden. Das Haar war unordentlich, der Bart ungeschnitten und struppig.

Katrina bemerkte, daß seine Haare und sein Bart jetzt deutlich mehr graue Strähnen aufwiesen als noch vor kurzem. Sie hatte gehört, daß gefühlsmäßige Anspannung die Ursache dafür sein konnte, daß Menschen vorzeitig – und manchmal sehr schnell – grau wurden. Aber nie zuvor hatte sie es so hautnah miterlebt.

Zweifellos würden ein Bad, eine Rasur und eine gute Nachtruhe Wunder wirken. Aber seine Augen zeigten, daß die Veränderung in ihm viel tiefer ging. Und obwohl sie sich Mühe gab, es zu verbergen, war Katrina schockiert.

Sie mußte auch feststellen, daß er so stark nach Alkohol roch, als habe er eine ganze Brennerei leergetrunken. Katrina war froh, daß er bei ihrem Anblick nicht aufbrauste. Sie hatte gehofft, daß er ihr keine Fragen über ihr unangemeldetes Erscheinen kurz vor dem Abendessen stellte. Vielleicht hatte Mrs. Remington in dieser Beziehung doch ein wenig übertrieben.

„Ah, Katrina! Wie schön, dich zu sehen!" sagte er. Er ergriff ihre Hände, und wenn nicht seine Alkoholfahne und sein Äußeres gewesen wären, hätte sie vielleicht angefangen, an den Worten Mrs. Remingtons zu zweifeln.

„Hallo, Papa. Ich hoffe, daß mein Besuch nicht ungelegen kommt."

„Natürlich nicht", antwortete er. „Du kommst gerade rechtzeitig, um uns beim Abendessen Gesellschaft zu leisten."

„Danke."

„Es ist nur schade, daß deine Mutter nicht da ist", fuhr Viktor fort. „Welch schöne Zeit für einen Aufenthalt in Lividia! Aber du weißt ja, wie sie den Sommer in der Hauptstadt verabscheut. Ich würde am liebsten zu ihr fahren, aber die Pflicht ruft, du weißt ja!"

„Ich ... ich wollte dich besuchen, Papa."

„Wie nett …“

Seine Worte verklangen, als ob er durch irgendeinen Gedanken abgelenkt würde. Seine Augen wurden glasig. „Oh … was … was sagtest du gerade?“ murmelte er schließlich.

„Wir sprachen gerade darüber, warum ich gekommen bin.“

„Ach ja … und warum bist du gekommen?“ fragte er und wendete sich ihr zu. Seine Augen verengten sich, und er wurde auf einmal mißtrauisch.

„Um dich zu sehen, Papa.“

„Ha! Das ist ein guter!“ Er sprach die Worte aus, als hätten sie Sinn. Dann wendete er sich um und ging zu seinem Stuhl am Abendbrottisch.

„Nun“, sagte er scharf, „willst du essen?“

„Ich … wenn du möchtest, Papa“, antwortete sie zögernd und folgte ihm.

„Kannst du ruhig. Deshalb bist du doch gekommen – das ist doch alles, was du willst, nicht wahr?“

„Ich verstehe nicht, Papa. Ich wollte dich nur einfach sehen. Ich habe gehört, daß es dir nicht gutgeht und –“

„Ach, so ist das! Meine eigene Tochter!“ brüllte er. „Ich dachte, ich könnte wenigstens von dir eine gewisse Loyalität erwarten. Aber wie ich sehe, ist die Verschwörung größer, als ich erwartet hatte. Du bist nicht besser als Orlow und Baklanow, die sich gegen mich verschworen haben … sie wollen mich ein für allemal loswerden!“

„Nein, Papa!“ sagte Katrina bittend. Sie versuchte verzweifelt, aber ohne Erfolg, ihre Tränen zurückzuhalten. „Ich möchte dir helfen!“

Katrina war überrascht, daß der erwartete Ausbruch ihres Vaters ausblieb. Es folgte eine Stille. Das, was er als nächstes sagte, schienen ganz und gar nicht die Worte eines Irren zu sein.

„Du kennst mich besser als jeder andere Mensch, Katrina. Siehst du denn nicht, meine Tochter, daß mir nicht mehr zu helfen ist?“ Einen kurzen Augenblick lang erschien er vernünftig und geistig völlig normal zu sein.

Aber das dauerte nur wenige Sekunden. Auf einmal stieß er ein lautes Lachen aus und ging auf die Tür zu. Das Essen schien er vollkommen vergessen zu haben. Anscheinend bemerkte er noch nicht einmal das Dienstmädchen, das mit den Platten erschien.

„Der ganze gute Brandy ist im Salon", sagte er. „Ich muß Natalja sagen, daß die Dienstboten Whisky zum Abendessen servieren sollen, wie unschicklich das auch sein mag."

Er ging zur Tür und verließ den Raum. Seine Tochter blickte ihm verwirrt nach. Sie überlegte kurz, ob sie ihm vielleicht nachgehen und versuchen sollte, ein Thema zu finden, das ihn ablenken würde. Aber dann erschien es ihr ratsam, das nicht zu tun. Sie entließ das Dienstmädchen und ging mit schwerem Schritt aus dem Eßzimmer.

Voller Verzweiflung stieg sie langsam die Treppe hoch zu den Räumen, die sie früher bewohnt hatte. Anna hatte in der Zwischenzeit die Zimmer gelüftet, obwohl sie in dem einen Jahr von Katrinas Abwesenheit gut gepflegt worden waren. Nicht einmal Annas Gegenwart konnte die Prinzessin trösten. Daß Viktor Fedortschenko auf der Schwelle zum Wahnsinn stand, bedeutete für sie, daß es in diesem Leben nichts mehr gab, auf das sie sich verlassen konnte. Wenn ein Mann von seiner Stärke zerbrechen konnte, auf was sollte sie dann noch vertrauen?

Anna legte einen Arm um ihre Herrin und versuchte, sie zu trösten.

„Oh, Anna, es ist schrecklich, ihn so zu sehen. Es zerreißt mir das Herz."

„Sie dürfen nicht aufgeben, Prinzessin, auch wenn es den Anschein hat, als hätte Ihr Vater schon aufgegeben."

„Aber es zerstört ihn, Anna!" weinte Katrina leise. Anna seufzte tief und strich sanft über Katrinas Haar. „Ich möchte nicht respektlos erscheinen, Euer Hoheit", sagte sie nach einer Weile, „denn ich weiß, wie schmerzlich die Verluste für Ihren Vater sind. Aber ich habe den Eindruck, daß er beschlossen hat, sich vor der Wirklichkeit zu verschließen."

Die Worte hingen eine Weile in der Luft, dann drehte sich Katrina zu Anna hin und schaute sie ernst an.

„Was sagst du da, Anna?" fragte sie.

„Nur, daß wir, wie schrecklich auch die Umstände sein mögen, immer noch wählen können, wie wir darauf reagieren. Ich muß gestehen, daß mir das in bezug auf Ihren Bruder nicht immer gut gelingt. Aber mir ist doch klar, daß ich weiterleben und Ihnen nach besten Kräften dienen muß."

„Und du denkst, daß mein Vater aufgegeben hat?"

„Das kann ich nicht beurteilen, Prinzessin. Ich weiß nur, daß *Sie* nicht aufgeben dürfen – wie sehr Sie sich auch um ihn grämen. Sie haben zu viel, für das es sich zu leben lohnt."

In diesem Augenblick machte sich das ungeborene Kind in ihr bemerkbar und versetzte ihr einen kräftigen Tritt. Das gab Katrina ihre Energie zurück.

Nein, sie durfte wirklich nicht verzagen. Und nicht nur um ihretwillen, sondern auch um der nächsten Generation willen, die sie in ihrem Leib trug. Außerdem war es nicht ihre Art aufzugeben.

Auch diesen Wesenszug hatte sie von ihrem Vater geerbt. Sie konnte sich nicht davor verschließen, wie ihr Vater es augenblicklich zu tun schien. Auch wenn Mutter, Bruder *und* Vater ihr genommen werden würden, sie würde es ertragen und sich dem Leben mit erhobenem Haupt stellen.

Letztendlich gab es keinen anderen Weg, um über schmerzliche Erfahrungen hinwegzukommen.

57

Später am Abend, als Katrina wieder allein war, übermannte sie doch erneut die Verzweiflung.

Es war erst sieben Uhr abends und eigentlich sehr früh, um sich zurückzuziehen, doch Katrina war sehr erschöpft.

Anna war in den anderen Flügel des Hauses gegangen, um ihre früheren Freunde und Bekannte zu besuchen, besonders die in der Küche. Katrina entkleidete sich und machte sich fertig, zu Bett zu gehen. Sie saß gerade an ihrem Frisiertisch und bürstete sich die Haare, als es an der Tür zu ihrem Wohnzimmer klopfte.

„Komm herein, Anna", sagte sie.

Sie hörte, wie sich die Tür öffnete, und wendete ihren Blick dorthin. „Dmitri!"

Als Dmitri sich näherte, stieß sie einen Freudenschrei aus. Gerade jetzt brauchte sie ihn so dringend – vielleicht noch mehr, als es in den vergangenen Monaten der Fall gewesen war. Seltsamerweise hatte sie den ganzen Tag über nicht an ihn gedacht. Doch nun, wo er an ihrer Seite war, fragte sie sich, wie sie diesen Tag ohne ihn überstanden hatte. Sie legte die Bürste aus der Hand und ging ihm entgegen.

„Ich bin so schnell wie möglich gekommen, als ich deine Nachricht erhielt", sagte er und nahm sie in die Arme.

„Ich bin so froh ... danke dir."

„Ich wäre schneller hier gewesen, aber ich war in Tschkoje Selo und habe die Nachricht erst sehr spät erhalten."

„Oh, das macht doch nichts. Du bist jetzt hier, und das bedeutet mir so viel."

„Ich habe Anna unten getroffen", fuhr Dmitri fort. „Sie hat mir erzählt, daß du mit deinem Vater eine Auseinandersetzung gehabt hast."

„Hast du ihn gesehen, als du gekommen bist?"

„Nein, er hat sich bereits zurückgezogen."

„Er sieht schrecklich aus, Dmitri. Er trinkt sehr viel und benimmt sich, als sei meine Mutter noch da. Jeden, der ihm in den Weg kommt, fährt er an. Er hat sogar einen der Dienstboten geschlagen."

„Es tut mir so leid, Liebes", sagte er zärtlich und streichelte ihr übers Haar.

„Was soll ich nur tun, Dmitri?" fragte Katrina schluchzend.

Er hielt sie weiterhin im Arm, als ob die einzige Antwort, die er ihr geben konnte, diese Umarmung wäre. Nach einer Weile zuckte sie leicht zusammen, weil die Säbelspitze ihr in die Seite gestochen hatte. Schnell löste er sich von ihr.

„Es tut mir leid – wie gedankenlos von mir", sagte er so besorgt, wie sie ihn schon seit langem nicht mehr erlebt hatte. Auch roch er heute nicht nach Alkohol.

Sie lächelte ihn durch ihre Tränen hindurch an. „Und wieder stellt sich die Armee zwischen uns."

Er lachte leise vor sich hin, und es tat ihnen beiden gut, ein wenig zu scherzen.

Dmitri schnallte seinen Säbel ab und stellte ihn in eine Ecke. Dann zog er sich die Jacke aus und nahm seine immer noch weinende Frau wieder in die Arme.

„Meine arme Katrina", flüsterte er ihr ins Ohr, „wie sehr wünschte ich mir, ich könnte all diesen Kummer von dir fernhalten. Vergiß nicht, Sergei war mein bester Freund, und auch ich vermisse ihn. Wenn ich könnte, würde ich ihn und deine Mutter wieder zurückbringen. Ich will versuchen, mit deinem Vater zu sprechen, wenn du meinst, daß es Sinn hat. Aber –"

„Halt mich einfach nur in deinen Armen, Dmitri. Ich brauche jetzt nichts anderes. Vater würde im Augenblick auf niemanden hören, weder auf mich noch auf sonst jemanden."

Er strich ihr das Haar zurück und küßte sanft ihre Stirn, dann führte er sie zu ihrem Bett, legte sich zu ihr auf die Decke und bettete ihren Kopf an seiner Schulter. Katrina tat seine Zärtlichkeit gut. Schon bald waren ihre Tränen versiegt, und sie unterhielten sich angeregt. In einer Beziehung ähnelte Katrina sehr stark ihrer Mutter. Sie war nicht geschaffen für allzu langes, düsteres Trauern.

Zum ersten Mal seit Wochen fühlte Katrina sich wirklich entspannt, und ein Anflug der früheren Sorglosigkeit lag wieder in ihrer Stimme. Mehr als das, sie fühlte sich wieder in liebender Harmonie mit Dmitri. In den vergangenen Monaten hatte es viele Spannungen zwischen ihnen gegeben. Doch jetzt, wo dieser Tag ihr die Verzweiflung und die Verluste der letzten Monate wieder so deutlich gemacht hatte, sprachen sie so spontan und ungezwungen miteinander wie in der ganzen Zeit ihrer Schwangerschaft nicht mehr.

Konnte es möglich sein, daß ihre Ehe doch noch eine Chance hatte und so werden würde, wie sie es sich immer vorgestellt hatte? Vielleicht konnte die Geburt ihres Kindes der Schlüssel sein zu ihrer Zukunft als Familie.

58

Wieder klopfte es an die Tür zum Wohnzimmer.

Dmitri und Katrina hätten es am liebsten überhört, aber da Viktors Zustand so instabil war, konnten sie es nicht riskieren.

Sanft zog Dmitri seinen Arm unter Katrinas Kopf hervor, stand auf und ging zur Tür. Als er sie öffnete, stand sein Diener davor. Ihre Unterhaltung drang bis ins Schlafzimmer, wo Katrina verträumt auf dem Bett lag.

„Ich hoffe für dich, daß es wichtig ist, Andrei."

„Verzeihen Sie, Euer Exzellenz. Ich störe nur sehr ungern, aber der Leutnant machte es sehr dringend."

„Der Leutnant?"

„Ja, Herr, Leutnant Plaksa ist mit einer Nachricht für Sie von den Baracken herübergekommen. Anscheinend hat es Ärger gegeben."

„Was für Ärger? Sag ihm, er soll morgen wiederkommen. Auch hier gibt es Schwierigkeiten, und meine Frau und Familie brauchen mich jetzt."

„Was soll ich ihm sagen, Herr?"

„Richte ihm genau das aus, was ich dir eben gesagt habe – nein, warte", fügte Dmitri schnell hinzu. „Geh nach unten und bring ihn hierher. Ich werde es ihm selbst sagen." Dmitri war sichtlich verärgert. Zum erstenmal seit langer Zeit wollte er nicht, daß sein Berufsleben seine Privatsphäre störte.

Der Diener drehte sich um und verschwand. Dmitri ging langsam zurück ins Schlafzimmer und entschuldigte sich bei Katrina für die Störung. Er küßte sie leicht und versicherte ihr, er werde sich dieser Sache so schnell wie möglich entledigen. Der Diener kam mit dem Offizier genau in dem Augenblick zurück, als Dmitri durch das Wohnzimmer wieder zur offenen Tür ging.

„Was ist denn eigentlich los, Plaksa?"

„Es war nicht meine Schuld!" erwiderte der Leutnant erregt.

„Wer immer auch die Schuld trägt, es hat den Anschein, als hätten Sie das meiste abbekommen. Man könnte meinen, Sie hätten einen Krieg hinter sich!" Dmitri ließ seine Augen über die beschmutzte Uniform gleiten.

„Sie müssen mir glauben – er hat es darauf angelegt, und das ist –"

„Einen Moment, Plaksa", unterbrach ihn Dmitri. „Wovon sprechen Sie überhaupt?"

„Von dem Hauptmann, Sajatschmetew."

„Ihrem Aussehen nach zu urteilen, brauche ich wohl gar

nicht erst zu fragen, was passiert ist." Dmitri seufzte. „Am besten, Sie erzählen mir alles, Leutnant."

Plaksa atmete so tief durch, daß Katrina es im Schlafzimmer hören konnte.

„Ich habe von dem Hauptmann so viel ertragen, wie es ging", sagte er. „Dann habe ich ihn geschlagen. Das ist alles."

„Du lieber Himmel, Mann! Sie haben doch nicht als erster zugeschlagen? Er ist doch Ihr vorgesetzter Offizier!"

„Sie wissen so gut wie ich, daß dieser Mann eine Schlange ist und es nicht besser verdient hat."

„Das kann schon sein, Plaksa. Aber Sie werden derjenige sein, der letztendlich den Schaden davon hat. Ich habe Ihnen doch gesagt, daß Sie sich nicht provozieren lassen sollen."

„Er ist zu weit gegangen!"

„Mich wundert, daß er Sie hinterher hat gehen lassen", bemerkte Dmitri. Er kannte den Ruf des betreffenden Hauptmanns nur zu gut.

„Er *ließ* mich nicht gerade gehen ..."

„Jetzt sagen Sie nicht, daß Sie geflohen sind!"

Als der niedergeschlagene Leutnant nickte, fügte Dmitri hinzu: „Die Desertion wird für Sie alles nur noch schlimmer machen, Mann! Er könnte Sie dafür nach Sibirien schicken!"

„Sie müssen mir helfen, Dmitri", bat der Leutnant.

Die beiden jungen Männer waren zusammen in die Armee eingetreten. Aber trotz Dmitris Eskapaden war er weit besser zurechtgekommen als Plaksa, dem die Intelligenz des Grafen fehlte. Auch Sergei hatte den Leutnant gekannt, sich dann aber von ihm ferngehalten und Dmitri davor gewarnt, daß dessen hitziges Temperament ihn noch einmal in Schwierigkeiten bringen würde. Jetzt schien sich Sergeis Aussage zu erfüllen. Plaksa war der uneheliche Sohn eines Botschafters, und nur sein Familienname hatte ihn bisher vor dem Militärgefängnis – oder Schlimmerem – bewahrt. Aber auch das konnte ihm jetzt nicht helfen, sich den Konsequenzen seines Verhaltens zu entziehen.

„Das müssen Sie schon selbst ausbaden, Plaksa."

„Sie werden mich aus dem Regiment entlassen. Mein Vater hat geschworen, daß er mich nicht mehr herauspauken würde."

„Daran hätten Sie vorher denken sollen."

„Bitte, Dmitri!"

„Zurückkehren und Ihre Kommission zu verlieren wäre besser als das Militärgefängnis ... oder Sibirien. Und eines der beiden ist Ihnen sicher, falls sie Sie erwischen und der Hauptmann Sie vor Gericht bringt."

„Was soll ich denn tun?" fragte der Leutnant verzweifelt.

„Wenn Sie sich stellen und auf Unzurechnungsfähigkeit oder so etwas plädieren, werden sie wahrscheinlich nicht so streng mit Ihnen verfahren. Vielleicht werden sie für eine Weile degradiert, aber nicht mehr."

„Ich könnte es nicht ertragen, ins Gefängnis zu kommen!"

„Wenn Sie vernünftig bleiben, werden Sie sich darüber keine Sorgen machen müssen."

„Ich würde mich umbringen."

„Sie werden nicht nach Sibirien kommen, ich sage es Ihnen doch. Behalten Sie nur einen kühlen Kopf!"

„Sie wären in der Lage, sich aus einer solchen Situation herauszureden, Dmitri, aber ich werde es sicher vermasseln."

„Das ist Ihre einzige Chance."

„Würden Sie mich begleiten – für mich sprechen ... erklären, was passiert ist?" fragte Plaksa voller Hoffnung.

„Sehen Sie, ich würde Ihnen ja helfen, wenn ich könnte. Aber ich habe selbst Probleme. Darum bin ich auch früher nach Hause gegangen."

„Ich bin ein toter Mann, wenn Sie mir nicht helfen!"

„War es wirklich so schlimm? Vielleicht sehen Sie alles zu schwarz."

„Sie kennen Sajatschmetew so gut wie ich. Er haßt mich und will meinen Kopf."

Dmitri kratzte sich nachdenklich am Kopf. Wenn er nicht helfen würde, dann wäre tatsächlich das Schlimmste zu befürchten. Aber inwieweit konnte er überhaupt helfen? Hauptmann Sajatschmetew mochte auch ihn nicht besonders – zumindest als Mensch nicht, als Soldat hatte er immer die größte Hochachtung vor ihm. Tatsächlich hatte der Hauptmann von Zeit zu Zeit so etwas wie Respekt ihm gegenüber gezeigt, so unverständlich das auch war. Vielleicht hatte es etwas damit zu tun, daß sie im Balkankrieg zusammen gekämpft hatten und eine Art von gegenseitigem Respekt entwickelt hatten. Vielleicht reichte das schon aus, um Plaksas

Haut zu retten. Vielleicht ... stellte er aber auch seine eigene Position auf Spiel, wenn er für ihn eintrat.

Selbst wenn er etwas ausrichten konnte, war es das wert, Katrina zu verlassen, gerade jetzt, wo sie ihn doch so dringend brauchte? Er hatte sie nicht gut behandelt, das wußte er genau. Und nun, wo er die Gelegenheit hatte, ihr durch diese neue Krise in ihrer Familie hindurchzuhelfen, wollte er sie da wirklich allein lassen?

Vielleicht brauchte er ja auch nur eine Stunde, um Plaksa zum Regiment zu begleiten und den Kommandeur davon zu überzeugen, daß er ihn erst morgen anhören sollte, wenn sich die Gemüter beruhigt hatten. Er könnte dann wieder zu Katrina zurückkehren. Er würde die Nacht hier verbringen und ihr durch seine Gegenwart den größtmöglichen Schutz und Trost zukommen lassen. Das war seine Pflicht als Katrinas Mann. Er würde sich um die Schwierigkeiten seines Freundes kümmern und dann wieder zu Katrina zurückeilen.

Entschlossen wies er seinen Diener und den Leutnant an, unten in der Diele auf ihn zu warten. Er schloß die Tür und kehrte zu Katrina zurück.

„Es gab Ärger beim Regiment –" begann er.

„Ich habe es gehört, Dmitri."

„Es tut mir leid, aber ich muß –" sagte er und setzte sich auf den Bettrand. Er nahm ihre Hand, doch sie unterbrach ihn.

„Ich weiß, du mußt deinem Freund helfen."

„Unter anderen Umständen würde ich dich keinesfalls verlassen, glaub mir."

„Ich verstehe dich, Liebling", sagte sie.

„Wirklich ... verstehst du mich wirklich?"

Dmitri war fast erstaunt über das Verständnis seiner jungen Frau, aber er versuchte, es nicht zu zeigen. Er hatte ihre Geduld und ihr Verständnis nicht verdient, nach allem, was er ihr zugemutet hatte.

„Ja, natürlich, Dmitri", sagte Katrina leise.

„Ich werde nicht lange bleiben."

„Ich werde in der Zwischenzeit ein wenig schlafen. Aber versprich mir, daß du mich weckst, wenn du zurückkommst."

„Ich verspreche es."

Er beugte sich über sie und küßte sie zärtlich. Langsam erhob er sich.

„Sieh“, sagte er und nahm seine Jacke vom Stuhl, wo er sie hingeworfen hatte, „ich werde nur so kurz fort sein, daß ich meinen Säbel hierlasse.“ Er zögerte kurz, warf Katrina eine Kußhand zu und meinte: „Ich werde zurück sein, noch bevor du gemerkt hast, daß ich fort bin.“ Er drehte sich um und verschwand.

Katrina lag zufrieden auf ihrem Bett und schaute zur Decke hinauf. Sie war so glücklich über ihr kurzes Zusammensein mit Dmitri, daß sie sich nicht einmal fragte, was die Veränderung bei ihm hervorgerufen hatte. Sie fragte sich auch nicht, warum sie über seinen plötzlichen Fortgang nicht verärgert war oder warum Dmitri sie nur so widerwillig verlassen hatte. Vielleicht würde sie es später analysieren, aber für den Augenblick wollte sie sich mit solchen Gedanken nicht belasten. Wichtig war allein, daß Dmitri jetzt bereit zu sein schien, ihren Schmerz über den Zustand ihres Vaters mit ihr zu teilen.

Die Augenlider wurden ihr schwer, und innerhalb weniger Augenblicke döste sie friedlich vor sich hin. Sie träumte von Dmitri, und nur einmal wanderte die häßliche Gestalt eines Wahnsinnigen, der in gewisser Weise ihrem Vater ähnelte, durch ihre süßen Träume. Aber selbst dieser Versuch, ihr Glück zu beeinträchtigen, war erfolglos, denn als er verschwand, war Dmitri wieder da, in seiner prächtigen Uniform, mit einem strahlenden Lächeln auf dem Gesicht. Er rannte mit ausgestreckten Armen auf sie zu. Das einzige, was an diesem Bild nicht paßte, war, daß der Säbel ihres Mannes an seiner Seite fehlte.

Als Anna aus der Küche zurückkam, warf sie einen Blick auf ihre Herrin. Katrina schlief friedlich, deshalb ging sie auf Zehenspitzen hinein und nahm das Teetablett fort.

Es war wundervoll zu sehen, daß sie wieder lächeln konnte, besonders im Schlaf.

59

Basil Anickin beobachtete das Haus der Remisows nun schon seit mehr als einem Monat. Er hatte jede Bewegung der Dienstboten verfolgt, denn sie waren mehr oder weniger die einzigen, die kamen und gingen. Der Graf selbst war die meiste Zeit des Tages abwesend, und Katrina blieb – zum einen wegen ihrer Trauer über ihre Mutter, zum anderen aber auch wegen ihres körperlichen Zustandes – im Haus.

Und dann war der Moment der Ungewißheit gekommen, als nach dem Besuch einer Frau, die er als die Haushälterin der Fedortschenkos erkannte, Katrina und ihre Zofe mit Gepäck eine Kutsche bestiegen hatten.

Sie würden doch wohl nicht die Stadt verlassen! Wohin konnten sie nur fahren ... zu welchem Zweck? Er hatte sogar einige Spione im Haus befragt, aber von einer Abreise hatten sie nichts gehört.

Eigentlich war das genau das, was er sich gewünscht hatte. Sobald die Kutsche sich in Bewegung setzte, lief er zu seinem Einspänner, der in der Nähe stand, und folgte ihr in sicherer Entfernung.

Angesichts des Gepäcks war Basil überrascht, als die Kutsche in die Zufahrt zum Fedortschenko-Anwesen einbog. Etwa hundert Meter von der Zufahrt entfernt brachte er seinen Wagen zum Stehen, band das Pferd an und folgte der Kutsche zu Fuß. Gebannt verfolgte er, wie das Gepäck abgeladen und ins Haus gebracht wurde. Wollte Katrina etwa wieder in ihr altes Zuhause einziehen? Lief sie etwa jetzt, wo ihr Kind bald geboren werden sollte, ihrem Mann davon? Dieser Gedanke war zu schön, um wahr zu sein!

Nein, es mußte einen anderen Grund geben. Seit dem Tod von Prinzessin Natalja hatte er Gerüchte gehört. Einige erzählten, Katrinas Vater gehe es nicht gut. Andere deuteten an, der Kummer des Prinzen beeinträchtige seinen Geisteszustand. Niemand konnte etwas Genaues sagen, aber die Andeutungen und Spekulationen gaben Anlaß zu der Vermutung, daß er den Verstand verloren hatte. Vielleicht war seine Tochter nach Hause zurückgekehrt, um sich um ihn zu kümmern.

Das ergäbe einen Sinn, dachte Anickin. Und vielleicht konnte sich diese unerwartete Veränderung zu seinem Vorteil auswirken.

Ein großer Hemmschuh für seine Pläne war die Tatsache gewesen, daß er sich in Katrinas neuem Heim nicht auskannte. Er hatte es nie betreten, und seine sogenannten „Spione“ waren genaugenommen gar keine Spione. Er hatte sich mit einem Kutscher und einem Gärtner angefreundet, die bei den Remisows arbeiteten, und ihnen hier und da einige Informationen entlockt. Doch als er einmal versucht hatte, etwas über das Innere des Hauses zu erfahren, waren sie mißtrauisch geworden.

Deshalb war er nicht weiter in sie gedrungen und hatte gehofft, mit der Zeit eine vertrauenswürdigere Quelle zu finden.

Dieser Umzug in ihr altes Heim war also äußerst günstig für ihn. Er kannte sich im Haus gut aus – nicht nur aus der Zeit, als er Katrina vor zwei Jahren den Hof gemacht hatte, sondern auch von seinen Besuchen als Kind. Daß sein Vater sich so abscheulich bei der adeligen Gesellschaft angebiedert hatte, würde also doch noch einem guten Zweck dienen!

Er fragte sich, wie lange dieser Umzug oder Besuch, oder was immer es war, dauern würde. War es vielleicht nur für eine Nacht? Das war unwahrscheinlich. Sie hatte so viel Gepäck dabei.

Aber zählte das überhaupt? Er hatte schon so lange auf seine Rache gewartet – Monate ... Jahre! Und die Leute sagten von ihm, er sei nicht bei Verstand. Ha! Nur ein geistig vollkommen normaler Mensch konnte so geduldig sein.

Doch jetzt war auch seine Geduld langsam zu Ende. Die Rückschläge und Verzögerungen hatten ihm stark zugesetzt. Er mußte es endlich hinter sich bringen! Das Risiko, wieder verhaftet zu werden, war zu groß. Es war reine Glückssache gewesen, daß er sich so lange in dieser Stadt hatte halten können. Jetzt hatte er es satt, sich in dunklen, dreckigen Löchern zu verkriechen und nur in der Nacht herauszukommen, aus Angst, erkannt zu werden. Er hatte es satt, wie eine Ratte zu leben, abhängig von dem Mitleid einer schmutzigen Hure.

Aber er mußte seine Rechnung mit diesem Fedortschenko-Flittchen begleichen, das redete er sich immer wieder ein. Er drückte sich in den Schatten, damit er vom Haus aus nicht gesehen werden konnte.

Wenn Katrina ihn nicht zurückgewiesen hätte, wäre er immer noch ein geachteter Mann, ein Anwalt, der eine Sache verteidigte, die fast vollkommen in seinem überwältigenden Haß untergegangen war. Wenn *sie* nicht gewesen wäre, hätte er nicht das Gefängnis und diese schreckliche Irrenanstalt ertragen müssen!

Es war alles ihre Schuld – sie mußte dafür büßen.

Und jetzt würde er Rache üben. Sie würde bezahlen ... sie und alle, die sie liebte!

Ihr Mann – oh, wie er sich darauf freute! – und diese Brut, die sie erwartete. Warum sollte er auch nur einen von ihnen auslassen? So, wie sie sein Leben zerstört hatte, würde er ihr Leben zerstören. Das war nur gerecht.

Er würde keinen Tag länger warten, sondern noch an diesem Abend zuschlagen!

Irgendwie mußte er sich Zugang zum Haus verschaffen. Ein kleiner Erkundungsgang zu diesem Zweck konnte nicht schaden. Natürlich würde die halbe Dienerschaft ihn wiedererkennen. Er würde sich verbergen müssen, aber das sollte nicht zu schwierig sein – in einem Haus, wo sowieso das Chaos herrschte. Er kümmerte sich nicht mehr um seinen ausgeklügelten Plan, zog nicht einmal mehr die Möglichkeit einer Verhaftung in Betracht. Nach der Tat ... nun, er mußte eben laufen, so schnell er konnte. Sollte er gefaßt werden, war es unwahrscheinlich, daß er für diese Tat gehängt wurde. Schlimmstenfalls würde er zu Zwangsarbeit verurteilt werden; eine schreckliche Aussicht, aber immerhin bestand dabei die Möglichkeit – wenn man findig war – fliehen zu können.

Zu überleben und später dem Grafen in die Augen zu schauen, in der Gewißheit, daß dieser wußte, wer seine Frau umgebracht hatte, und dann dessen Leben zu beenden – das würde die Krönung seiner Rache sein!

Vorsichtig verließ Basil sein Versteck. Die Abenddämmerung zog herauf, und wegen der schwarzen Wolken am Himmel würde die Dunkelheit früher als gewöhnlich hereinbrechen. Er würde keine Probleme haben. Der Mond schien nur schwach, es würde dunkel genug sein.

Basil ging zur Straße zurück. Dann schlich er an der Mauer

entlang, die das riesige Anwesen umgab, zum Südflügel des Hauses. Katrina hatte einmal erwähnt, daß Ihre Zimmer zur Newa hin lagen, und daß sie an klaren Tagen das blaugrüne Wasser und die Schiffe auf dem Fluß sehen konnte.

Er selbst war nie auch nur in der Nähe ihrer Zimmer gewesen. Aber einmal hatte er Katrinas Schatten hinter einem der Fenster gesehen, das ganz bestimmt zu ihrem Schlafzimmer gehörte. Er war sicher, daß er das Zimmer würde finden können, wenn er erst einmal im Haus war. Jetzt, wo ihr Bruder fort und ihr Vater geistesgestört war, welche Gefahr sollte ihm drohen? Das Haus war vermutlich wie ein Grab, und niemand würde ihm Beachtung schenken.

Es würde keine Probleme geben. Dies war ein Stadthaus in St. Petersburg und keine Festung. Und die Familie – oder was noch von ihr übrig war – war so von ihren eigenen Sorgen in Anspruch genommen, daß sie niemals einen Besucher aus der Vergangenheit erwarten würde.

60

Als die Abenddämmerung Katrinas Zimmer einhüllte, wurde sie langsam wieder wach.

Wieviel Zeit war wohl vergangen, seit Dmitri sie verlassen hatte? Sie hatte die ganze Zeit gedöst und wußte nicht, wieviel Uhr es sein könnte. Nur gedämpftes Mondlicht fiel durch einen Spalt der Vorhänge in ihr Zimmer. Die einzige Bewegung, die sie wahrnahm, als sie ihren schweren Körper auf dem Bett drehte, war die der Vorhänge, die vom Wind hin- und herbewegt wurden.

Katrina streckte sich. Ihre Augen hielt sie noch eine Weile geschlossen. Sie war noch nicht bereit, sich der Wirklichkeit auszusetzen. Der Schlaf hatte ihr gutgetan, und sie war nicht sicher, ob sie sich jetzt schon wieder mit dem Zustand ihres Vaters beschäftigen wollte.

Ihre Gedanken wanderten zu ihrem Mann. Hatte sie seine

Rückkehr vielleicht verschlafen? Vielleicht lag er im Wohnzimmer auf der Couch, weil er sie nicht wecken wollte. Ein Lächeln umspielte ihre Lippen, als sie sich an ihr Zusammensein erinnerte.

Sie hörte ein Geräusch.

„Dmitri?" murmelte sie und öffnete die Augen. Sie hob den Kopf leicht an und suchte mit den Augen den Raum ab. Niemand war da. Als sich das Geräusch wiederholte, wurde ihr klar, daß es nur der Wind war, der mit den Blättern draußen vor dem Fenster spielte.

Schnell griff sie zu der kleinen silbernen Glocke, die neben ihrem Bett stand, und läutete. Einen Augenblick später klopfte Anna und öffnete die Tür.

„Anna, ist Graf Remisow schon zurückgekommen?"

„Nein, Prinzessin."

„Hmmm ... ich dachte, er wäre vielleicht schon wieder da", erwiderte Katrina und seufzte enttäuscht.

„Haben Sie gut geschlafen, Prinzessin?"

„Ja, ich glaube schon."

„Kann ich Ihnen etwas bringen? Eine Tasse Tee vielleicht?"

„Ich weiß nicht ... vielleicht sollte ich noch etwas ruhen. Aber sag mir sofort Bescheid, wenn Dmitri zurückkommt. Auch, wenn ich schlafe."

„Ja, Prinzessin."

„Das ist alles, Anna. Danke."

Anna verließ das Zimmer, und Katrina drehte sich auf die andere Seite und versuchte, wieder einzuschlafen. Aber anscheinend war jetzt das Baby wachgeworden. Das ungeborene Kind stieß und boxte sie in ihrem Leib, und Katrina lächelte.

Sie schlief jetzt nicht mehr richtig, aber das Bett war so schön warm, und sie wollte nicht aufstehen – nicht, bis Dmitri wieder bei ihr war. Also blieb sie weiter in der Dunkelheit liegen und döste.

Auf einmal war sie hellwach. Noch bevor sie die Augen öffnen konnte, legte sich eine feuchte, warme Hand auf ihren Mund. Ein stummer Schrei ließ ihren Körper erzittern. Wer sich im Schatten hinter ihr verbarg, konnte sie nicht erkennen. Was sie aber sah, war das Blitzen einer Klinge, die unmißverständlich an ihre Kehle gesetzt wurde.

„Endlich wird meine Geduld belohnt!" flüsterte eine Stimme, die so hart und kalt war wie Stahl.

Basil! Katrina war zu Tode erschrocken. Aber sie brachte nur ein unterdrücktes Grunzen zustande.

„Ich schätze mich wirklich glücklich, Sie in Ihrem Bett vorzufinden ... und *allein.*" Die seltsame Betonung des letzten Wortes vertiefte nur Katrinas Entsetzen. „Stimmen Sie mir da nicht zu, Prinzessin? Kann ich mich nicht immens glücklich schätzen?"

Katrina wehrte sich um so intensiver gegen seinen Griff. „Sie möchten etwas sagen, Euer Hoheit?" höhnte er. „Wie unhöflich von mir. Anscheinend weiß ich nicht, wie man sich benehmen muß. Ich bin, müssen Sie wissen, nämlich nur der Sohn eines ehemaligen Leibeigenen."

Alle Gerüchte, die sie über Basil Anickin gehört hatte, fielen Katrina wieder ein. Das meiste von dem, was erzählt worden war, hatte sie nicht geglaubt. Doch auf einmal stand die Wahrheit ihr nur zu deutlich vor Augen, und die Furcht überwältigte sie.

Er spürte ihre Angst. „Ja, Katrina! Ich werde dich töten. Ich werde dich noch heute nacht töten!"

Er stieß ein tiefes, schreckliches Lachen aus. „Aber ich bin in einer Verlegenheit, meine Liebe", fuhr er nach einer Weile fort. „Weißt du, seit Monaten träume ich von nichts anderem als von diesem Moment. Aber jetzt, wo er gekommen ist, kann ich mich nicht entscheiden, ob ich dir die Kehle durchschneiden oder dir das Messer durchs Herz stoßen soll, wie du es bei mir getan hast. Verstehst du meine Lage? Und ... soll es nun ein schneller Tod sein, oder möchte ich lieber zusehen, wie du leidest, so, wie ich diese ganzen Monate über gelitten habe?"

Er richtete Katrinas Körper auf, ohne die Hand von ihrem Mund zu nehmen. Ein winselnder Schrei entrang sich Katrinas Lippen.

„Schweig, du Flittchen!" zischte er. „Oder ich werde dich sofort töten!"

Er setzte sich hinter sie aufs Bett und hielt ihren zitternden Körper in seinen muskulösen Armen.

„Ich hatte gehofft", fuhr er wieder ruhiger fort, „daß die Leidenschaft dieses Augenblicks mir sagen würde, wie ich vorgehen soll. Aber auf einmal fühle ich keine Leidenschaft mehr. Mein Ekel hat dieses Gefühl überwunden. Irgendwie tut mir das leid, weil mein Vergnügen dadurch gemindert wird."

Er seufzte. „Aber", fuhr er dann fort, als debattiere er mit sich selbst, „vielleicht wird das Vergnügen, das ich erwartet hatte, wiederkommen, wenn ich zusehe, wie du leidest. Genau! Ich habe meine Entscheidung getroffen: Ein langer, schmerzvoller Tod für Sie, Prinzessin!"

Katrina versuchte, sich aus seiner Umklammerung zu befreien. Den scharfen, stechenden Schmerz in ihrem Unterleib ignorierte sie. Aber Basil war zu stark.

„Es hat keinen Sinn zu kämpfen, Prinzessin. Und jetzt, haben Sie noch etwas zu sagen?" fragte er bösartig. „Ich werde meine Hand wegnehmen, aber flüstere, sonst töte ich dich schnell."

„Warum ...?" fragte sie.

„Daß Sie so etwas überhaupt fragen, ist schon Grund genug, Sie zu töten!" zischte er. Seine Stimme schwoll gefährlich an.

„Sie werden niemals damit durchkommen. Die Dienstboten ... mein Mann –"

Seine Umklammerung wurde fester, so daß ihr fast die Luft wegblieb.

„Sprechen Sie nicht über *ihn*!" befahl er mit eisiger Stimme. „Vielleicht ist es Ihnen ein Trost zu erfahren, daß auch er sterben wird, wenn er genug über Ihren Verlust getrauert hat – so wie ich!"

„Basil bitte ... das ist doch verrückt –"

Sein Gelächter unterbrach sie. „Aber wissen Sie denn nicht, daß ich verrückt bin, Katrina? Darum doch das alles, nicht wahr? Die liebenswerte Prinzessin konnte sich doch nicht mit dem verrückten Sohn eines Doktors besudeln. Sie haben mich benutzt, um Ihren Willen durchzusetzen. Er ist ja so verrückt, das wird ihm nichts ausmachen ... und ihn dann verhaften lassen ... sehr bequem, das muß ich schon sagen!"

Während er sprach, spürte Katrina, wie das Messer in seiner Hand leicht zitterte. „Wissen Sie, was die mir angetan haben, Prinzessin?" fuhr er fort. „Können Sie sich vorstellen, wie es ist, jeden Tag durch die Schreie und das Stöhnen von menschlichen Tieren aufgeweckt zu werden? Verpestete Luft einzuatmen, zu essen, was man nicht einmal Ratten vorsetzen würde? Und dann ständig unter Drogen zu leben ..." Basils Augen funkelten wild und glühten vor Haß, während er sprach. „Sie haben mir meine menschliche Würde genommen! Und nur, damit die schöne, kleine Prinzessin ihr Spielchen treiben kann!"

„Basil ... es tut mir leid. Ich wollte nicht –"

„Jetzt tut es Ihnen leid! Jetzt, wo Sie sterben sollen! Ha! Ihre Entschuldigung hat jetzt keine Bedeutung mehr. Wie habe ich nur glauben können, ich würde so jemanden wie Sie lieben!"

„Bitte, hören Sie mich an, Basil ... ich bitte –"

„Ach, die Prinzessin *bittet, j*a? Das ist ja mehr, als ich mir erhoffen konnte!"

Seine Augen verengten sich, und seine Lippen wurden schmal. Ihm schien ein Gedanke gekommen zu sein.

„Raus aus dem Bett, Prinzessin!" befahl er.

Katrina gehorchte. Sie bewegte sich ungelenk, zum einen wegen ihrer Körperfülle, zum anderen aber auch, weil Basil sie fest umklammert hielt. Auf jeden Fall nahm er wenigstens für einen Augenblick das schreckliche Messer von ihrer Kehle.

Wieder durchzuckte sie ein Schmerz in ihrem Unterleib – wieder ignorierte sie ihn. Selbst wenn sie ihn als das erkannt hätte, was es war, hätte sie nichts tun können. Ihr Leben lag jetzt in den Händen eines Verrückten.

Basil stellte sich so, daß er sein Opfer ansehen konnte. Wenigstens sah Katrina jetzt sein Gesicht, das sich seit damals sehr stark verändert hatte. Sie bemerkte auch das wilde Funkeln in seinen Augen.

„Auf die Knie, Prinzessin!" flüsterte er rauh.

Katrina glitt zu Boden und zuckte erneut zusammen. Der Schmerz kam so unvermittelt, daß sie stöhnte.

„Ach ja, Ihr Zustand", sagte er bösartig. Er legte das Messer jetzt an Katrinas gewölbten Leib. „Poetische Gerechtigkeit, meinen Sie nicht auch? Zwei für einen, wie man so schön sagt." Wieder brach er in sein irres Gelächter aus.

Ohne zu überlegen, was sie tat, ließ Katrina sich auf einmal nach hinten fallen und hoffte, ihre unerwartete Bewegung würde ihn lange genug aus dem Gleichgewicht bringen, daß sie die Tür erreichen konnte. Aber als sie versuchte, fortzukriechen, durchzuckte sie wieder dieser Schmerz.

Noch bevor sie zwei Meter weit gekommen war, hörte sie das Zischen des Messers, das durch die Luft flog. Es blieb nur wenige Zentimeter neben ihrer Hand im Boden stecken. Sofort war Basil wieder bei ihr. Er zog die Waffe aus dem Boden und drückte ihr die Klinge wieder an die Kehle.

„Du dummes Mädchen!" zischte er. „Du kannst mir nicht entkommen. Siehst du denn immer noch nicht, daß du so gut wie tot bist? Selbst wenn du fliehen würdest, ich würde dich finden. Es gibt keinen Ort auf dieser Welt, an dem du dich vor mir verstecken kannst. Du bist eine tote Frau. Dein schmutziger Ehemann ist ein toter Mann. Deine ungeborene Brut wird niemals auch nur einen einzigen Atemzug in dieser Welt machen!"

„Bitte!" schrie Katrina. Die Furcht überwältigte sie. Doch die scharfe Klinge ließ sie verstummen.

„Still! Ich habe nicht vor, nur wegen dir wieder ins Gefängnis zu gehen – oder in diese Anstalt."

„Dann töten Sie mich schnell!" rief sie, diesmal etwas leiser.

Wieder begann Basil zu lachen, doch sein Gelächter wurde durch ein Geräusch an der Tür unterbrochen. Er spannte sich. Katrina spürte, wie die Messerspitze ihre Haut durchstach. Seltsamerweise fühlte sie keinen Schmerz, nur die feuchte Wärme ihres eigenen Blutes.

„Wer immer es auch ist –" flüsterte er ihr ins Ohr, brach dann aber ab. Die Tür öffnete sich.

„Euer Hoheit ... haben Sie gerufen?" ertönte eine willkommene, vertraute Stimme.

61

Anna betrat das Zimmer ihrer Herrin nur selten unaufgefordert. Aber als sie von der Küche mit dem Tee zurückkehrte, hatte sie eine Stimme aus dem Schlafzimmer gehört.

Vielleicht hatte die Prinzessin sie gerufen, obwohl es dafür zu scharf und unnatürlich geklungen hatte. Sie dachte sofort an den Zustand der Prinzessin und ging geradewegs zur Tür.

Mit einer Hand stieß sie die Tür auf, in der anderen hielt sie immer noch das Tablett.

Im Zimmer waren keine Lampen angezündet worden. Deshalb wurde ihr die Gefährlichkeit der Situation nicht sofort bewußt. Sie schaute zuerst zum Bett hin. Da es leer war, ging sie weiter in das Zimmer hinein. Als ihre Augen sich an die Dunkelheit gewöhnt hatten, erkannte sie zwei Gestalten, die eine stehend, die andere auf dem Boden zwischen dem Bett und dem Frisiertisch kniend.

„Prinzessin!" rief sie.

„Anna, verschwinde, sofort –" rief Katrina. Ihre momentane Erleichterung über Annas Erscheinen wurde von Furcht um das Leben ihrer Zofe verdrängt. Aber es war zu spät.

„Halt den Mund!" rief Basil. „Und du – schließ die Tür ... aber schnell!" schrie er Anna an. „Oder deine Prinzessin wird noch in dieser Sekunde sterben!"

Anna gehorchte. Mit einem Mal erfaßte sie die ganze schreckliche Szene. Sie erinnerte sich an die Warnung ihres Bruders, hatte aber keine Zeit, sich zu fragen, warum Paul seine versprochene Nachricht nicht geschickt hatte.

„Oh, Prinzessin!" rief Anna.

„Anna, warum mußtest du auch jetzt kommen – es tut mir so leid!"

„Seid still, ihr zwei!" rief Basil. Seine Gedanken wirbelten durcheinander. Durch Annas Anwesenheit wurde sein Plan erheblich erschwert. Er mußte jetzt seine Pistole zu Hilfe nehmen, die er an seinem Gürtel befestigt hatte, wenn er sich der beiden auf einmal entledigen wollte.

Einen Augenblick lang herrschte gespanntes Schweigen. Schließlich ertönte Katrinas Stimme. „Ich ... ich glaube, ich werde ohnmächtig ... Anna", sagte sie mit schwacher Stimme.

Ohne zu überlegen, was sie tat, ging Anna durch das Zimmer auf die beiden zu.

„Bleib stehen, wo du bist!" befahl Basil.

Aber Anna hörte nicht auf ihn. Sie ging zu Katrina hin, kniete sich neben sie und stellte das Tablett auf den Boden.

„Zurück auf deine Füße, sag ich dir!" schrie Basil.

„Sehen Sie denn nicht, daß die Prinzessin krank ist?" fragte Anna mutig. Sie nahm die Teekanne und goß die dampfende Flüssigkeit in eine Tasse. „Ich will ihr nur ein wenig Tee geben, damit sie wieder zu sich kommt."

Basil befand sich auf einmal in der Defensive angesichts des mutigen Auftretens der Zofe. Er zögerte. Innerhalb weniger Sekunden hatte Katrina von dem heißen Tee getrunken. Anna erhob sich und trat zurück.

„Bleib stehen!" brüllte Basil.

Anna gehorchte. Doch sie war bereits rückwärts einige Schritte auf die Tür zugegangen. Als sie stehenblieb, ertasteten ihre Hände hinter sich einen kalten, dünnen Gegenstand. Ihre Finger schlossen sich um ihn.

„Steh auf!" befahl Basil Katrina. Er ergriff ihren Arm und zog sie hoch. „Geh zu deiner dämlichen Zofe hinüber, während ich mir überlege, wie ich euch beide töten kann!" Er hatte vorgehabt, Katrina die Kehle durchzuschneiden und dann zu verschwinden. Aber nun mußte er sich mit zwei Frauen beschäftigen. Nicht, daß es ihm auch nur das Geringste ausgemacht hätte, beide mit der Pistole oder dem Messer zu töten. Aber eine erfolgreiche Flucht wurde durch diesen Umstand erheblich erschwert.

Basil hätte sich darüber keine Gedanken zu machen brauchen. Seine Unentschlossenheit verschaffte den beiden Frauen die Gelegenheit, die sie brauchten.

Während Katrina aufstand, drehte sie sich mit einem Ruck um und schüttete Basil mit einer schnellen Bewegung den heißen Tee ins Gesicht.

Im selben Moment sprang Anna vor, zog ihre Hände hinter dem Rücken hervor und schwang den Säbel, der noch in der Scheide steckte, über ihrem Kopf, als wäre er die Sichel ihres Vaters und der Mörder vor ihr ein Getreidehalm. Im selben Augenblick, als Basil den heißen Tee in seinem Gesicht spürte, krachte schon der Säbel auf seine rechte Schulter.

Vor Schreck und Schmerz schrie er auf. Doch zu Annas Entsetzen ging seine Hand jetzt zu seiner Pistole, die am Gürtel befestigt war. Wieder hob sie den schweren Säbel, doch bevor sie erneut auf Basil einschlagen konnte, hatte dieser seine Pistole gezogen und wild in die Dunkelheit abgefeuert. Die Kugel schlug in der Tür ein, die der Wand gegenüberlag.

Katrina schrie auf. Ein zweiter kräftiger Schlag krachte auf Basil nieder. Dabei löste sich die Scheide des Säbels und flog durchs Zimmer. Die scharfe Klinge ritzte Basils Arm auf.

Katrina stand jetzt auf den Beinen. Eine Haarbürste von ihrem Frisiertisch fiel ihr in die Hand. Das war wohl kaum eine Waffe, vor der man Angst haben mußte – aber sie wollte Anna nicht allein gegen den Feind kämpfen lassen! Niemandem gefiel der Gedanke an eine Zwei-Fronten-Schlacht, und Basil brachte sich außer Katrinas Reichweite. Doch die Ablenkung durch die Bürste reichte aus. Anna schwang den Säbel erneut.

Wumm!

Wieder krachte die scharfe Klinge auf ihn nieder. Ohne die Scheide war der Säbel jetzt leichter. Anna war erfüllt mit leidenschaftlicher Energie, um die zu verteidigen, die sie liebte. Sie schwang den Säbel mit der Kraft eines Kriegers aus grauer Vorzeit. Wieder krachte er auf den Übeltäter nieder, diesmal traf die Klinge den Mann am Kopf. Und wieder ein Schlag, gefolgt von zwei oder drei anderen in schneller Folge.

Für Katrina sah Anna aus wie eine Kriegsgöttin, in der Schlacht gegen den dämonischen Eindringling. Wieder schlug sie auf ihn ein, und die Geräusche der Schlacht mischten sich mit Schmerzensschreien.

Erneut versuchte Basil zu zielen, diesmal direkt auf Katrina. Doch in dem Augenblick, als sich der Schuß löste, entrang sich seinem Mund ein Schmerzensschrei.

Die Spitze des Säbels traf seine ausgestreckte Hand. Der Schuß verfehlte sein Ziel, die Pistole fiel krachend zu Boden, und Blut spritzte aus der tiefen, klaffenden Wunde.

Katrina stürzte sich auf die Waffe und versetzte ihr mit dem Fuß einen Tritt, daß sie durchs Zimmer flog. Basil taumelte und ergriff schmerzerfüllt sein Handgelenk.

Die Schlacht war gewonnen!

Wieder hielt Anna den Säbel über ihrem Kopf. Als Basil das sah, wurde ihm klar, daß der nächste Schlag ihn mit der scharfen Klinge zuerst treffen würde. Er mußte sich eingestehen, daß er geschlagen war. Vor der Tür waren bereits Schritte und Stimmen zu hören.

Rückwärts sprang er auf das Fensterbrett. Das Fenster, durch das er hereingekommen war, stand immer noch offen.

„Ich werde wiederkommen!“ rief er und sprang in den Garten hinunter. Im nächsten Moment war er in der regnerischen Nacht verschwunden.

62

Innerhalb weniger Minuten war jeder männliche Dienstbote der Fedortschenkos auf der Suche nach dem Eindringling. Nur Iwan und Peter beteiligten sich nicht an der Jagd. Anna hatte einen anderen Auftrag für sie.

Prinz Fedortschenko, das Oberhaupt des Hauses, erschien als letzter am Ort des Geschehens. Er war vollkommen unfähig zu erfassen, was geschehen war, wendete sich ab und murmelte nur vor sich hin, daß er sein Personal zu größerer Disziplin anhalten müsse. Die Dienstboten jedoch schauten auf Anna und erwarteten von ihr ihre Anweisungen.

Nachdem die Suche in vollem Gange war und zwei Männer vor Katrinas Wohnzimmer Stellung bezogen hatten, schickte Anna eines der Mädchen, um Tee zu holen. Sie selbst würde Katrina auch nicht für eine Sekunde aus den Augen lassen. Sie brachte ihre Herrin zu Bett, sprach beruhigend auf sie ein, und allmählich ließen die Wehen wieder nach.

Zwanzig Minuten später war klar, daß Basil Anickin entkommen war. Fünfundvierzig Minuten nach dem Angriff kam Dmitri mit Peter zurück.

Entsetzt eilte er ins Zimmer.

Katrina bemühte sich, ihn anzulächeln. „Es geht mir gut, Liebling“, antwortete sie auf seine Fragen. „Aber du hättest Anna sehen sollen! Man sollte ihr eine Stellung bei der Garde geben.“

„Ist der Einbrecher gefaßt worden?“

Katrina sah Anna fragend an.

„Ich wußte nicht, Prinzessin, wieviel die anderen Dienstboten wissen sollten", erklärte Anna seine Unwissenheit.

„Versprichst du mir, nichts Übereiltes zu tun?" fragte Katrina und schaute Dmitri an.

„Übereilt ... was meinst du? Ich werde mich genau so verhalten, wie man es in einem solchen Fall zu tun pflegt: Ich werde die Polizei benachrichtigen und sichergehen, daß der Halunke gefaßt wird."

Auf einmal brach er ab. „Katrina, hat dieser Schurke dich berührt?"

Katrina holte tief Luft und schaute wieder zu Anna hin. Vielleicht hoffte sie, sie würde sie erneut retten. Zwar fürchtete sie sich vor Dmitris Reaktion auf die Wahrheit, aber ihr war klar, daß er alles erfahren mußte.

„Dmitri", sagte sie, „es war Basil Anickin, der eingebrochen ist – und er hat versucht, mich zu töten."

„Guter Gott!" Dmitri atmete schwer.

Während Katrina sich bemühte zu erzählen, was passiert war, zitterten ihre Hände und Lippen, und ihre Kehle wurde trocken. Sie durchlebte das ganze schreckliche Geschehen noch einmal. Und Dmitri reagierte genauso, wie sie es befürchtet hatte.

„Ich werde ihn töten", schrie er und sprang auf. „Ich werde diesen Schurken –"

„Dmitri, bitte", unterbrach ihn Katrina. Verzweifelt ergriff sie seine Hand. „Bitte laß die Polizei sich um ihn kümmern."

„Was können die schon tun! Ihn wieder einsperren? Ihn nach Sibirien schicken, von wo aus er wieder flüchten wird? Es hat schon einmal nicht geklappt, und bei Leuten wie ihm wird es nie klappen! Wir werden vor seinem Haß nicht sicher sein, bevor er tot ist!"

„Aber ich habe Angst um dich."

Auf einmal wendete sich Dmitri an Anna. „Was weißt du von der ganzen Geschichte, Anna?" fragte er. „Du sagtest doch, dein Bruder sei darin verwickelt, nicht wahr?" Seine Stimme klang alles andere als freundlich.

„Dmitri!" sagte Katrina vom Bett aus.

„Nach ihrer eigenen Aussage wußte ihr Bruder von Basils Vorhaben. Und er sollte uns informieren, wenn Gefahr drohte! Was ist denn aus der Warnung geworden, Anna? Und was für ein Zufall, daß ausgerechnet *dein* Bruder –"

„Hör sofort auf, Dmitri!" rief Katrina. „Anna hat ihr Leben aufs Spiel gesetzt, um meines und das des Kindes zu retten. Sie hätte mit mir zusammen getötet werden können, wenn ihr nicht dein Säbel in die Hand gefallen wäre."

„Ich weiß nicht, wie mein Bruder von all diesen Dingen erfahren hat", antwortete Anna. Tränen glitzerten in ihren Augen. „Aber ich bin sicher, daß er nichts mit alledem zu tun hat. Indem er mir davon erzählte, hat er selbst ein großes Risiko auf sich genommen. Das müssen Sie mir glauben."

„Natürlich, Anna!" erwiderte Katrina fest.

Dmitri fuhr sich mit der Hand durchs Haar. Eine unangenehme Stille folgte, die endlich durch das Klopfen an der Tür des Wohnzimmers unterbrochen wurde. Erleichtert ging Anna zur Tür, um zu sehen, wer dort war.

Iwan stand draußen. „Der Leutnant ist hier, Euer Exzellenz", sagte er, als Dmitri hinter Anna zur Tür kam.

„Der Leutnant ... um Himmels willen, welcher Leutnant? Ich möchte nicht gestört werden!"

„Der Kosak, Herr", erwiderte Iwan und warf Anna vorsichtig einen Blick zu.

„Euer Exzellenz", sagte Anna und wendete sich Katrinas Mann zu, „ich habe mir die Freiheit genommen und nach einem vertrauenswürdigen Freund geschickt."

„Du scheinst das Haus meines Schwiegervaters ja gut im Griff zu haben, Anna", sagte Dmitri irritiert.

„Ich war der Meinung, die Prinzessin sollte jemanden zu ihrem Schutz haben, falls Sie nicht erreichbar wären", antwortete Anna. „Verzeihen Sie mir, wenn ich voreilig gehandelt habe."

Dmitri zuckte bei ihren Worten leicht zusammen, sagte aber nichts weiter. „Wer ist dieser Freund?" fragte er. „Ein Kosak, sagst du?"

„Leutnant Grigorow. Vielleicht erinnern Sie sich, er hat mir einst geholfen –"

„Ich erinnere mich", sagte Dmitri. Anna wußte nicht zu sagen, ob die Schärfe in seinem Tonfall von den gegenwärtigen Spannungen oder von denen der Vergangenheit herrührten.

Er wendete sich an Iwan. „Bring ihn herauf. Ich möchte die Prinzessin jetzt nicht allein lassen."

Dmitri entließ die anderen beiden Männer, die vor der Tür gestanden hatten, und wies sie an, im Flur zu bleiben. Als die Tür sich hinter ihnen geschlossen hatte, wendete er sich Anna zu. Der Ärger, der auf seinem Gesicht gelegen hatte, war verflogen.

„Vergib mir meine harten Worte, Anna", sagte er. „Ich weiß nicht, was ich mir dabei gedacht habe. Du bist deiner Herrin gegenüber immer treu gewesen."

„Vielen Dank, Euer Exzellenz."

„Manchmal denke ich, daß du Katrina mehr liebst als ich."

„Aber Graf Remisow! Das stimmt doch nicht!"

„*Du* warst hier und hast sie gerettet, ich nicht. Ich darf gar nicht darüber nachdenken, was geschehen wäre, wenn du nicht –"

Überwältigt von seinen Gefühlen brach er ab. Er schluckte und versuchte, fortzufahren.

„Ich hätte sie heute abend nicht allein lassen dürfen", fuhr er fort. „Anscheinend tue ich nie das, was für sie richtig ist!"

„Aber, Euer Exzellenz, Sie konnten doch nicht wissen, was geschehen würde", wandte Anna ein. „Und die Prinzessin sagte mir, daß Sie gar nicht gehen wollten, sondern einem Kameraden helfen mußten."

„Katrina hat mich verteidigt?" fragte Dmitri erstaunt. Dann seufzte er und schüttelte den Kopf.

Dmitri erzählte nichts von dem wirklichen Grund seines Kummers. Er wußte nur zu gut, daß er an diesem Abend früher hätte zu Hause sein können.

Nachdem Leutnant Plaksa in Haft genommen worden war, hatte Dmitri versucht, seine Beziehung zu dem Hauptmann Sajatschmetew zu verbessern. Die beiden Offiziere waren in den *Delphin* gegangen. Dort hatte Dmitri den Hauptmann reichlich mit Wodka versorgt und darauf geachtet, daß er beim Faro gewann, damit er seine Wut über den Zwischenfall mit Plaksa vergaß.

Das eigene Vergnügen und die Pflicht, einem Freund zu helfen, lagen nicht weit auseinander. Und Dmitri wußte das nur zu gut.

Jetzt fiel es ihm schwer, Anna auch nur in die Augen zu

schauen. Und Katrina gegenüberzutreten, in dem Wissen, daß sie ihn verteidigt hatte, würde noch schwieriger werden. Wieder einmal hatte er an ihr versagt.

Dmitris Selbstvorwürfe wurden durch das Erscheinen von Mischa Grigorow unterbrochen.

63

Steif schüttelten sich der Kosak und der Graf die Hand.

Dmitri war die Gegenwart des Kosaken nicht angenehm, zumal sie um so mehr die Tatsache betonte, daß er nicht dagewesen war, um seine Frau zu verteidigen. Er konnte Grigorows Zurückhaltung spüren, obwohl der Kosak nichts sagte, und genau das brachte den Grafen auf. Er war ein Russe von altem Adel und dieser Mann bloß ein Kosak! Dmitri hatte genügend Wodka getrunken, um ihm allein das schon zu verübeln.

Doch er war praktisch genug veranlagt zu erkennen, daß er seinen Stolz hinunterschlucken mußte. Denn im Augenblick brauchte er diesen Mann.

„Vielen Dank, daß Sie gekommen sind, Leutnant Grigorow“, sagte er.

„Anna sagte, daß sie Hilfe braucht“, erwiderte Mischa. Wahrscheinlich hatte er das nicht absichtlich so gesagt, aber seine Worte machten deutlich, daß er sich der Zofe Anna viel mehr verpflichtet fühlte als der Remisow-Familie.

Einen Augenblick lang ließ sich Dmitri von seiner Eitelkeit überwältigen. „Nun, alles scheint jetzt unter Kontrolle –“ begann er und brach dann ab. Wen wollte er damit eigentlich zum Narren halten? Gar nichts war unter Kontrolle. „Hören Sie, Leutnant“, begann er wieder. Jedes Wort, das er sagte, kostete ihn große Mühe. Er war es nicht gewohnt zu bitten. „Was ich gesagt habe, stimmt nicht ganz. Wir könnten wirklich Hilfe brauchen – falls Sie bereit wären, uns zu helfen ... um Annas und ihrer Herrin willen, wenn schon nicht um meintewillen.“

„Ich bin dazu bereit, Graf Remisow. Was soll ich tun?"

„Der Mann, der heute abend in unser Haus eingebrochen ist, muß gefunden werden. Solange er auf freiem Fuß ist, wird unser Leben in Gefahr sein."

„Haben Sie schon Anzeige erstattet?"

„Ich werde morgen früh zur Polizei gehen."

„Ich weiß, wo sich Diebe und Banditen oft aufhalten – Orte, die selbst die Gendarme gern meiden."

„Wir suchen keinen Dieb", fuhr Dmitri fort, „sondern einen Wahnsinnigen." Er erläuterte dem Kosaken kurz die Situation, wobei er Annas heroische Tat in dem Drama besonders betonte. Der Leutnant warf Anna einen bewundernden Blick zu. „Dieser Mann ist geistesgestört und deshalb unberechenbar. Er wird schwer zu finden sein. Aber ich zweifle nicht daran, daß wir ihn finden. Wenn wir Glück haben, wird er es uns wahrscheinlich sogar leichtmachen, ihn aufzuspüren."

„Ich verstehe nicht."

„Er wird es mir leichtmachen, sollte ich vielleicht sagen. Ich bin sicher, daß er die Absicht hat, auch mich zu töten, und wahrscheinlich wird er sich auf mich konzentrieren, wenn sich die Gelegenheit bietet."

„Sie wollen doch nicht sagen, daß Sie selbst als Köder dienen wollen?"

„In gewisser Weise schon. Aber ich werde nicht einfach nur auf ihn warten, sondern ihn jagen. Ich habe die Absicht, Anikkin zu finden, bevor er mich findet. Und darum muß ich ihn aus dem dunklen Loch aufscheuchen, in das er sich verkrochen hat."

„Bitte, Euer Exzellenz." Anna unterbrach die Unterhaltung. „Ich mache mir Sorgen um die Sicherheit der Prinzessin."

„Willst du damit andeuten, daß ich mir keine Gedanken darum mache?" fragte Dmitri aufbrausend.

„Nein, Euer Exzellenz. Ich dachte nur, daß es vielleicht das beste wäre, wenn Sie einige Zeit bei ihr bleiben, bevor Sie wieder weggehen. Das Baby wird bald kommen, und sie wird Sie brauchen –"

„Willst du mir etwa vorschreiben, was ich mit meiner Frau und meinem Kind tun soll?" brüllte er sie an. Schuldgefühle und Ärger stiegen in ihm auf. Das Auftauchen des Kosaken und Annas Verhalten verärgerten ihn. Sie verletzten seinen Stolz und seine Männlichkeit an einer ganz empfindlichen Stelle. Innerhalb von wenigen Sekunden hatte er vergessen, wie freundlich er noch vor kurzem zu ihnen gewesen war und wieviel er ihnen schon verdankte.

„Verzeihen Sie mir, Graf Remisow", sagte Anna. „Ich habe nur an die Prinzessin gedacht."

„Es gibt nur einen Weg, wie wir uns vor diesem Irren schützen können – und der ist, daß ich ihn töte!"

Dmitri ging ins Schlafzimmer und nahm seinen Säbel auf, der immer noch getrocknete Spuren von Basils Blut zeigte. Er steckte ihn wieder in die Scheide, beugte sich zu Katrina herunter und küßte sie. Dann wendete er sich zitternd und mit rotem Gesicht zum Gehen.

„Dmitri ... bitte, verlaß mich jetzt nicht!" schluchzte Katrina hinter ihm her.

„Es ist der einzige Weg", sagte er und schaute sie noch einmal an. „Du hast Anna, Iwan, Peter ... den ganzen Haushalt. Ich bin sicher, auch Leutnant Grigorow wird bleiben, wenn Anna ihn darum bittet. Hier kann ich nichts ausrichten. Für mich gibt es nur eines, nämlich deine Sicherheit zu gewährleisten. Und das werde ich jetzt tun. Du brauchst mich nicht. Du hast mich nie gebraucht. Ich habe dir nur Kummer und Leid gebracht! Jetzt habe ich die Chance, das alles wiedergutzumachen!"

Er drehte sich wieder um und verließ, ohne noch ein Wort mit Anna oder Mischa zu wechseln, das Zimmer.

Nachdem sich die Tür hinter ihm geschlossen hatte und seine Schritte verklungen waren, hörte man nur noch Katrinas leises Schluchzen.

Anna ging zu ihr, setzte sich neben sie und streichelte sanft den Kopf ihrer Herrin.

„Anna, ich habe Angst", sagte Katrina und schaute sie an.

„Er wird bald zurück sein, Prinzessin, dessen bin ich sicher."

„Nein, Anna. Nicht, wenn er so ist."

„Wie?"

„Er hat getrunken, Anna. Hast du es nicht gerochen? Wenn er böse ist, besonders, wenn er auf sich selbst böse ist und

Alkohol getrunken hat, sehe ich ihn oft tagelang nicht wieder. Er wird nicht zurückkommen, fürchte ich, bevor nicht etwas Schreckliches passiert ist!“

„Ich bin sicher, daß er sich wieder beruhigt. Er war verärgert über das, was ich gesagt habe. Aber er wird wieder zu sich kommen.“

„Du kennst ihn nicht so, wie ich ihn kenne, Anna“, jammerte Katrina. „Ich habe Angst, Anna, nicht nur um ihn, sondern auch vor Basil. Vielleicht lungert er immer noch hier herum, und wo Dmitri so wütend ist – oh, Anna, du mußt mich hier fortbringen, fort, irgendwohin, wo wir sicher sind!“

„Die anderen Männer, Ihr Vater und Mischa sind doch hier. Es kann uns nichts –“

„Nein, Anna!“ wandte Katrina ein. „Ich sage dir, hier sind wir nicht sicher. Basil würde nicht davor zurückschrecken, das ganze Haus in die Luft zu sprengen. Mein Vater kann mir nicht helfen. Ich bin genauso um seine Sicherheit besorgt wie um meine eigene! Nein, wir müssen hier fort.“

„Zurück in Ihr Haus, Prinzessin?“

„Nein, nein – das wäre auch nicht gut. Basil wird es beobachten. Vielleicht das Anwesen auf der Krim ...“ überlegte Katrina. „Nein, das ist zu weit! Aber wir müssen unverzüglich St. Petersburg verlassen!“

„Aber das Kind, Prinzessin. Es ist bald soweit. Eine Reise –“

„Ich weiß, daß ein Risiko damit verbunden ist, Anna. Aber wenn wir sowieso alle durch Basils Hand sterben müssen, was bleibt uns dann? Nein, wir müssen von hier fort.“

„Vielleicht sollten Sie vorher den Doktor noch einmal konsultieren“, schlug Anna vor.

„Oh, nein!“ rief Katrina erschaudernd. „Ich glaube nicht, daß ich den guten Doktor Anickin nach dieser Nacht noch einmal sehen kann, ohne an seinen Sohn zu denken! Nein, Anna, du wirst selbst für mich sorgen müssen – du und dein treuer Kosak –, bis ich an einem sicheren Ort bin und wir einen anderen Arzt gefunden haben.“

Sie brach mitten im Satz ab und riß die Augen auf. „Was ist, Prinzessin?“ fragte Anna alarmiert.

„Ich habe gerade an das Haus von Dmitris Mutter in Moskau gedacht", erwiderte Katrina. „Aber selbst da würde Basil mich finden können. Und die Frau würde mich zweifellos sowieso abweisen. Aber jetzt kommt mir ein neuer Gedanke." Sie machte eine Pause, und ihr Gesicht hellte sich auf.

„Anna ... bring mich zu deinen Eltern!"

„Nach Katyk?"

„Das ist perfekt, Anna. Dort wird Basil uns niemals suchen!"

„Wir haben aber nur eine Hütte, Prinzessin – eine *Bauernizba*!"

„Es ist dein Zuhause, Anna. Was kann sich eine Prinzessin mehr wünschen?"

„Ich bin sicher, daß mein Vater und meine Mutter Sie willkommen heißen würden ... Sie würden es als große Ehre ansehen ... aber was ist mit Ihrem Vater, Prinzessin?"

„Im Augenblick sieht es nicht so aus, als könnte ich ihm eine Hilfe sein. Nein, mein Vater sollte davon nichts erfahren. Ich werde ihm sagen, daß ich nach Hause gehe, bis das Baby geboren ist, und danach beabsichtige, einige Monate in Lividia zu verbringen. Wenn das in der Stadt bekannt wird, ist Vater vielleicht vor Basils üblen Absichten sicher. Niemand sonst darf es wissen ... das heißt, meinst du, daß dein Leutnant Grigorow uns helfen wird?"

„Ich bin sicher, daß er tut, worum ich ihn bitte."

„Dann müssen wir uns unverzüglich bereitmachen!"

„Sind Sie ganz sicher, Prinzessin?"

„Ja ... ja, Anna. Das ist der einzige Weg, mich und mein Kind in Sicherheit zu bringen. Jetzt geh – sprich mit deinem Kosaken. Ich möchte noch vor Morgengrauen abreisen!"

Aufgewühlt rannte Anna ins Wohnzimmer, wo Mischa noch immer geduldig auf sie wartete.

64

Mischa brauchte nicht lange, um die Prinzessin von ihren mitternächtlichen Fluchtplänen abzubringen.

„Falls der Mann zufällig noch ums Haus streicht, oder noch schlimmer, falls er Freunde hier im Haus hat, die ihm Informationen geben, können wir Ihre Abreise am hellichten Tag viel besser tarnen."

Katrina erschauderte bei dem Gedanken, Basil Anickin könnte Informanten im Haus ihres Vaters haben.

„Ich verstehe Sie immer noch nicht, Leutnant", sagte sie.

„Wenn wir jetzt durch die stillen und verlassenen Straßen fahren, wird das sehr auffällig sein. Glauben Sie mir, wenn die Sonne erst hoch am Himmel steht und die Geschäftigkeit des Tages begonnen hat, werden Sie viel weniger Aufsehen erregen und ihre Abreise besser geheimhalten können."

„Ich vertraue Ihnen, Leutnant."

„Versuchen Sie, den Rest der Nacht noch etwas Schlaf zu bekommen, Prinzessin, und ich werde die notwendigen Vorkehrungen treffen."

Am nächsten Morgen stand die Sonne schon hoch am Himmel, und der Tau auf dem Gras war verdunstet. Es war warm und roch nach Sommer. Anna stand an einem der großen Fenster und beobachtete die Szene im Hof. Sie war schon fleißig gewesen und hatte ihren Anteil an den Vorbereitungen für Mischas Scharade erledigt. Jetzt machte sie sich bereit, mit der Prinzessin abzureisen. Nur wenige treue Dienstboten waren ins Vertrauen gezogen worden, und die anderen erfuhren tatsächlich nur, was Mischa sie wissen lassen wollte. Wenn es Gerede über die Ereignisse der vergangenen Nacht und dieses Morgens geben würde, würde es genau in die Richtung weisen, in die er es haben wollte – zum Haus der Remisows.

Nur Polja, der Anna mehr vertraute als allen anderen, kannte den ganzen Plan, obwohl auch ihr das Ziel der Reise nicht genannt worden war. Mrs. Remington, deren Hauptaufgabe darin bestand, die Verbindung zwischen Prinz Viktor und der Prinzessin aufrechtzuerhalten, würde Katrina sicher in ihrem Bett am anderen Ende der Stadt vermuten. Katrinas

Vater bekam von den Vorgängen im Haus nichts mit, und zu seinem Besten sollte das auch so bleiben. An diesem Morgen erinnerte er sich kaum noch daran, daß seine Tochter überhaupt auf einen Besuch gekommen war! Mrs. Remington wollte ihm auch den Angriff auf Viktors Tochter verschweigen.

Die Nachricht, daß Anna Polja gebeten hatte, mit ihr in das Haus der Remisows zu kommen, um ihr bei ihren Pflichten als Zofe der Prinzessin zu helfen – Wäsche zu waschen, der Prinzessin Tee oder Essen aufs Zimmer zu bringen oder zu tun, was sonst noch an Arbeit anfiel –, verbreitete sich an diesem Morgen wie ein Lauffeuer im Haus der Fedortschenkos. Begeistert eilte Polja in der Küche umher und erzählte jedem von ihrer neuen Aufgabe. Allerdings behielt sie für sich, daß sie eigentlich in einem leeren Haus dienen würde.

Nicht lange danach fuhr Prinzessin Katrinas persönliche Kutsche vor. Sie war geschlossen, und niemand konnte die Insassen erkennen. Leutnant Grigorow hatte ihnen in den Wagen geholfen, noch bevor Leo Moskalew, den die Prinzessin zu kutschieren gebeten hatte, von seinem Kutschbock gestiegen war.

„Anna trug mir auf, Sie auf Wunsch der Prinzessin zu bitten“, sagte Mischa, „zum Hintereingang des Hauses zu fahren und darauf zu achten, daß niemand sie sieht, wenn sie aussteigt. In ihrem Zustand möchte sie nur ungern gesehen werden.“

„Ich verstehe, Herr Leutnant“, erwiderte Leo. „Niemand wird die Prinzessin zu sehen bekommen, mich eingeschlossen.“

„Anna hat mir versichert, daß Sie vertrauenswürdig sind. Paß gut auf deine Herrin auf, Anna!“ rief er ins Innere der Kutsche und gab Leo dann das Zeichen, zum Vordereingang zu fahren, wo Polja zusteigen würde.

Mit viel Getue öffnete Polja die Tür und kletterte in die Kutsche hinein, während sie sich die ganze Zeit mit Anna unterhielt und ab und zu auch ein mütterliches Wort mit Katrina wechselte. Einige andere Dienstboten beobachteten die Szene aus der Entfernung. Polja schloß die Tür von innen, und Leo setzte die beiden Pferde in Bewegung. Die Kutsche rollte langsam die Auffahrt hinunter und auf die Straße, in Richtung auf das Heim der Remisows.

Einige Minuten später erschienen zwei Kosaken. Mischa ging ihnen entgegen und postierte den einen an der Vordertür und den anderen an der Rückseite des Hauses. „Die Prinzessin hat gerade ihr Elternhaus verlassen, um nach Hause zu fahren“, sagte er so laut, daß das Hauspersonal es hören konnte. „Aber wir müssen auf der Hut sein vor weiteren Angriffen der Einbrecher. Ich werde in Kürze zum anderen Haus hinüberreiten, um sicherzustellen, daß die Prinzessin auch dort wohlbehalten und beschützt ist.“

Jetzt kam die schwierigste und letzte Phase des Plans.

Etwa zehn Minuten, nachdem die Kutsche der Prinzessin mit Moskalew und Polja das Anwesen verlassen hatte, fuhr die Droschke des Personals hinter dem Haus vor. Mischa hatte dafür gesorgt, daß weder draußen noch drinnen irgend jemand in der Nähe war. Zwei Dienstmädchen in einfachen Kleidern verließen das Haus durch den Hinterausgang. Der Gärtner am anderen Ende des Rasens schaute auf. Olga schickte fast täglich jemanden zum Einkaufen. An dieser Szene war nichts Ungewöhnliches, und deshalb wendete sich der Gärtner seiner Arbeit wieder zu, ohne den Vorgängen noch weitere Beachtung zu schenken. Eine der beiden war ziemlich dick und trug ein großes Kopftuch um ihren Kopf, das ihr Gesicht fast völlig verdeckte. Jede von ihnen trug einen Korb. Allem Anschein nach wollten sie zum Markt fahren. Der Kutscher, ein alter Mann, der seit Jahren ein wenig sonderbar war, saß hinter den Pferden und starrte gedankenversunken vor sich hin. Er kannte die Pferde, und er kannte den Weg zum Markt. Mehr brauchte er nicht zu wissen an diesem oder jedem anderen Tag.

Mischa schenkte der kleinen, wackeligen Kutsche keine Beachtung, als sie sich in Bewegung setzte. Allerdings schaute er verstohlen in ihre Richtung, als sie das Grundstück verließ, aber niemand war in der Nähe, der das Aufleuchten in seinen Augen bemerken konnte. Schnell konzentrierte er sich wieder auf seine Pflichten.

65

Katrina war noch nie zuvor in der Kutsche für das Personal gefahren. Es war ungewohnt, auf einer harten Holzbank zu sitzen.

Die Kutsche war alles andere als bequem, und Katrinas Ansehen bei denjenigen, die sie vor einigen Jahren noch als das verwöhnte junge Mädchen gekannt hatten, wäre beträchtlich gestiegen, wenn sie das gewußt hätten.

Anna fiel es schwer, ihre Herrin als ihresgleichen zu behandeln. Unterwegs konnte sie dann aber wieder ihr übliches Verhalten an den Tag legen.

„Möchten Sie eine Decke haben, Prinzessin?“ fragte sie.

„Vielleicht, um mich daraufzusetzen, nicht, um sie über meine Beine zu legen. Es wird bereits warm.“

„Ich frage mich, ob wir nicht ein wenig übertreiben“, sagte Anna, als sie Katrina half, eine Decke auf den Sitz zu legen. „Ich mag es gar nicht leiden, daß Sie so unbequem reisen.“

„Aber du hast doch großes Vertrauen zu deinem Kosaken, nicht wahr?“

„Natürlich. Ich glaube, ich muß mich immer wieder an Basil Anickins Gesicht erinnern, um mir ins Gedächtnis zu rufen, wie wichtig es ist, daß niemand weiß, wo wir uns aufhalten.“

„Sonst könnte es ein großer Spaß sein, nicht, Anna?“ Katrinas Augen funkelten. „Sich zu verkleiden wie Flüchtlinge in Romanen, Losungswörter und Parolen auszutauschen – und Polja, die sich mit einer leeren Kutsche unterhält.“

Anna lächelte. „Ein Gutes hat die ganze Geschichte. Sie werden mein Zuhause sehen, Prinzessin. Wie habe ich mir gewünscht, daß meine Mama und mein Papa Sie kennenlernen!“

„Falls ich bis dahin durchhalte“, fügte Katrina hinzu und legte eine Hand auf ihren Bauch. „Ich fürchte, die Zeit ist schon überschritten, Anna.“

„Vielleicht hätten wir doch bei Ihnen zu Hause bleiben sollen“, sagte Anna nervös.

„Nein, nein – ich bin fest entschlossen. In der Stadt würde

ich mich auch nicht einen Augenblick entspannen können. Wir wollen einfach darum beten, daß das Kind noch einige Tage auf sich warten läßt."

Anna seufzte. Ihr gefiel es gar nicht, daß Katrina sich so gewollt zuversichtlich gab.

„Ich freue mich auf dein Katyk", fuhr Katrina fort. „Vermutlich verblaßt mit zunehmendem Alter der Glanz von St. Petersburg ein wenig. Das stille Landleben hat auch einiges für sich. Mein Papa war immer begeistert davon, obwohl er nie dort war. Er stellte nur Dienstboten vom Land ein. Vielleicht wäre er jetzt besser dran, wenn er nicht in der Stadt gelebt hätte. Vielleicht, wenn der schreckliche Druck des Lebens am Hof nicht gewesen wäre, hätte es ... hätte es ein besseres Ende mit ihm genommen."

„Ende, Prinzessin? Sie sehen keine Hoffnung mehr für ihn?"

„Was für eine Hoffnung kann es noch geben? Wird Mama jemals zurückkommen? Und Sergei? Papa wird seine Schuld immer mit sich herumtragen. Und jetzt habe sogar ich mich aus der Stadt geschlichen, ohne es ihm auch nur zu sagen!"

Katrina seufzte. „Vielleicht wäre er über alles hinweggekommen, wenn er noch seine Arbeit hätte. Das würde seinem Leben einen Sinn geben. Aber selbst die ist ihm genommen worden. Ich frage mich, ob unser Zar wohl die Auswirkungen seiner Rachsucht bedacht hat. Ich frage mich, ob es ihm überhaupt etwas ausgemacht hätte!"

„Vielleicht, wenn er am Leben geblieben wäre ..."

„Die Bombe der Attentäter hat nicht nur Alexander getötet, sondern auch noch andere Menschen. Aber ich kann die Revolutionäre nicht hassen, Anna. Die Macht des Zaren ist wirklich zu groß und die Regierung zu korrupt. Mein Vater war immer ein loyaler Diener des Zaren, und sieh nur, was mit ihm und denen, die er liebt, geschehen ist. Seine Loyalität konnte weder Sergei vor seinem Schicksal retten noch ihn selbst vor Rachefeldzügen und Intrigen des Hofes schützen. Auch wenn Sergei sich nicht im kaiserlichen Netz verfangen hätte, hätte mein Vater die Gunst des Zaren verloren. Er war zu ehrlich, zu aufrichtig. Er hing an dem früheren Zaren, weil Alexander II. Mensch genug war – zumindest für eine bestimmte Zeit –, einen Mann wie meinen Vater zu schätzen.

Aber der neue Zar und sein Regent hätten ihn auch ohne Sergeis Schwierigkeiten zum Teufel geschickt."

Sie seufzte tieftraurig.

„Nein, Anna", fuhr sie fort, „dein kleines Katyk erscheint mir jetzt wie das Paradies. Ich bin sicher, es wird uns schwerfallen, wieder in die Stadt zurückzukehren. Das heißt, falls –"

Sie bekreuzigte sich plötzlich und sagte nichts mehr. Sie wollte nicht, daß ihre Traurigkeit noch mehr Unheil über sie brachte. Es hatte keinen Sinn, irgendwelche Befürchtungen auszusprechen.

„Was ist, Prinzessin?"

„Ach, nichts. Glaubst du, Anna, daß wir jemals wieder so glücklich sein werden wie früher?"

„Ja, Prinzessin. Ich bin sicher, daß alles sich zum Guten wendet – so, wie Gott es gewollt hat."

„Aber er läßt nicht alles gut ausgehen, nicht wahr, Anna?"

„Nein, ich glaube nicht ... aber wenn wir ihm vertrauen, denke ich, wird es so ausgehen, wie er es für richtig hält."

„Nun, auf jeden Fall werden wir in Katyk glücklich sein. Ich hoffe nur, daß Dmitri schnell nachkommt. Ich kenne Polja nicht so gut wie du, Anna ... bist du sicher –"

„Ich gab ihr Ihren versiegelten Umschlag mit den strikten Anweisungen, ihn an einem sicheren Ort in Ihrem Haus zu verstecken und ihn dem Grafen sofort nach seinem Erscheinen zu übergeben."

Katrina schien zufrieden und lehnte sich gegen den harten Sitz zurück. Sie schloß die Augen.

Doch diese Ruhe dauerte nur kurze Zeit.

Die Droschke hielt vor einer kleinen Teestube einige Meter vom Markt entfernt in der Wladimir-Straße. In dieser Straße befanden sich einige Antiquitätengeschäfte und mehrere Buchläden. Viele Menschen waren auf der Straße. Um diese Zeit am Morgen herrschte reges Treiben, und eine haltende Droschke erregte kein Aufsehen.

„Was wollen wir hier, Anna?" fragte Katrina. Sie öffnete die Augen.

„Wir werden Tee trinken, Prinzessin ... und warten", erwiderte Anna. Sie trat auf die Straße hinaus. Zu ihrer großen Überraschung stand auf einmal Mischa neben ihr – genau zum richtigen Zeitpunkt, um ihrer Herrin aus der Kutsche zu helfen. Wie ein Kind, das eine Rolle in einem Märchen spielt, gehorchte Katrina, ohne Fragen zu stellen.

Sie fühlte sich etwas schwach, daher nahm sie Annas Arm, als Mischa sie hineinführte.

„Aber ... wie sind Sie denn hierhergekommen?" fragte Anna ungläubig.

„Was glaubst du denn, wer die ganze Zeit die Kutsche gefahren hat?" lächelte Mischa.

„Aber was ist aus dem alten Mann geworden?"

„Er wartet am Markt, um die Kutsche nach Hause zu bringen. Er hat von all dem keine Ahnung. Jetzt trinkt ihr beide in aller Ruhe Tee, und ich werde innerhalb von einer Stunde zurück sein. Zuerst muß ich meine Uniform wieder anziehen, der Polizeistation einen Besuch abstatten und mich von meinen Pflichten im Palast entschuldigen."

Zum ersten Mal fiel Anna auf, warum Mischa so ungewohnt aussah. Noch nie zuvor hatte sie ihn anders als in der rot-schwarzen Uniform der kaiserlichen Kosakengarde gesehen. Er trug jetzt die leuchtendblaue Dienstbotenkleidung der Fedortschenkos. Aber auch dadurch wurde seine prächtige Erscheinung nicht beeinträchtigt. Seine Gestalt und sein wildes Kosakengesicht hätte jedem zufälligen Beobachter verraten, daß dieser Mann kein Kutscher sein konnte.

Die beiden Frauen betraten die Teestube und bestellten Tee. Sie setzten sich an einen wackeligen kleinen Tisch. Kaum hatte der Besitzer die dampfenden Tassen vor sie hingestellt, als zwei Frauen, von denen die eine etwas dünner war als die, die kurz zuvor ausgestiegen war, in die Fedortschenko-Droschke einstiegen. Aber niemand auf der Straße achtete darauf. Der Kutscher schnalzte mit der Zunge, und die Kutsche setzte sich in Bewegung.

Langsam tranken sie ihren Tee und unterhielten sich leise. Anna machte sich Sorgen um ihre Herrin. Es war offensichtlich, daß sie bereits erschöpft war, und ihre Reise hatte noch nicht einmal begonnen.

Fünfzig Minuten später erschien Mischa wieder. Er betrat die Teestube durch die Hintertür, diesmal in eine rote Bauerntunika gekleidet, mit braunen Hosen und ausgetretenen Lapti, die bis zum Knie geschnürt waren. Er bezahlte. Anna hatte den Eindruck, daß er dem Mann mehr Rubel gegeben hatte, als die ganze Kanne Tee wert war, aber an diesem Tag hatte es schon so viele Überraschungen und Ungereimtheiten gegeben, daß sie das Tun ihres Freundes nicht in Frage stellte. Bereitwillig legte sie ihr eigenes und das Leben ihrer Herrin in die fähigen Hände des Kosaken. Sergei hatte dasselbe getan, bevor er nach Zentralasien abgereist war. Und obwohl Mischa niemals geglaubt hatte, daß er diese Schuld jemals würde bezahlen müssen, erfüllte er nun gewissenhaft sein Versprechen.

Die beiden Frauen erhoben sich und folgten Mischa durch die Teestube zur Hintertür hinaus.

Auf der Rückseite des Hauses wartete eine andere Kutsche, die bedeutend bequemer war als die, die sie gerade verlassen hatten. Mischa half Anna und Katrina hinein. Er schwang sich auf den Kutschbock und setzte die Pferde in Bewegung.

Wie er das alles arrangiert hatte, war Anna ein Rätsel. Aber sie war sicher, daß niemand in ganz St. Petersburg wußte, daß Prinzessin Katrina, als Dienstmädchen verkleidet, in einer offenen Kutsche die Stadt verließ und auf staubigen Landstraßen in Richtung Süden nach Gatschina reiste. Dort würden sie die Nacht in einem angenehmen Gasthaus verbringen und, falls die Prinzessin dazu in der Lage war, am Morgen den Zug nach Süden besteigen. Als Bauern verkleidet würde den drei Reisenden, deren Bestimmungsort Pskow war, niemand die geringste Aufmerksamkeit schenken.

Nach einer erneuten Übernachtung in einem Gasthaus würde Mischa eine Droschke mieten, die sie zu Annas Geburtsort bringen sollte.

66

Der Polizeichef beobachtete, wie der Mann in Uniform sein Büro verließ. Als die Tür sich hinter ihm schloß, legte sich ein breites Grinsen auf sein Gesicht.

Er schaute sich den Bericht an, den er gerade auf Bitten des

Mannes hin hastig ausgefüllt hatte, und lehnte sich in seinem Stuhl zurück. Langsam verwandelte sich das Grinsen in ein leises Lachen, das sich zu lautem Gelächter steigerte.

Cyril Wlasenko hätte sich kein vollkommeneres Szenario ausdenken können, selbst mit der größten Phantasie nicht! Der Fall des Hauses Fedortschenko war beinahe perfekt!

Er hatte die Angelegenheit des jungen Prinzen mit stiller Freude verfolgt – seine Versetzung nach Asien, die Schwierigkeiten mit seinen Vorgesetzten, die Gerichtsverhandlung und seine Verbannung. Zu Nataljas Tod hatte er die üblichen Beileidsbekundungen geschickt. Seine Frau hatte wirklich um sie getrauert, aber er war mehr an Viktors Schmerz und Trauer interessiert.

Und jetzt das – zu erfahren, daß ein Anschlag auf das Leben der Tochter verübt worden war! Wie konnte es nur sein, daß so viel Tragisches ein und dieselbe Familie traf?

Er würde genau so handeln, wie er es dem Burschen gesagt hatte: Anickin suchen lassen, das Anwesen bewachen – alles, was er seiner Position gemäß zu tun hatte. Aber er würde nicht allzu gründlich suchen lassen. Es wäre nicht gut, Anikkin zu finden, bevor er sein Vorhaben ausgeführt hatte. Andererseits würde es ihn in den Augen des neuen Zaren gut dastehen lassen, wenn er einen Revolutionär, und dazu noch einen Mörder, fangen würde.

Natürlich war er sich der Gefahr bewußt. Er hatte ernst genickt, als Grigorow ihm Viktors „instabilen" Zustand erklärt hatte. Dem Prinzen ging es augenblicklich nicht gut, und jede Vorsichtsmaßnahme mußte getroffen werden. Ja … ja, er verstand vollkommen. Er würde alles in seiner Macht stehende tun, um den ehemaligen Vertrauten des Zaren so diskret wie möglich zu schützen.

Ha, ha! lachte Wlasenko in sich hinein. *Es stimmte also! Viktor war verrückt geworden! Das war zu schön! Ha, ha, ha!*

Er hatte Gerüchte gehört, sich aber nicht gestattet zu glauben, daß sie wirklich auf Tatsachen beruhen könnten.

Was der Kosak mit der ganzen Angelegenheit zu tun hatte, war ihm allerdings unklar. Ein Freund der Familie, hatte er gesagt. Cyril war immer der Meinung gewesen, er würde alle kennen, die mit den Fedortschenkos in Verbindung standen. Von diesem Burschen jedoch hatte er nie etwas gehört. Aber er trug die Uniform der Leibgarde des Zaren im Winterpalast. Es wäre also nicht sinnvoll gewesen, ihn zu intensiv zu befragen. Vielleicht war er ein Freund dieses Tunichtguts von einem Grafen.

„Wo hält der Graf sich auf?“ hatte Wlasenko den Kosaken gefragt und ihn dabei genau beobachtet.

„Er ist dienstlich unterwegs“, hatte dieser ohne zu zögern geantwortet.

Das war vage, dachte Cyril. Aber der Mann hatte mit keiner Wimper gezuckt. Er hatte also keinen Grund, an seiner Aussage zu zweifeln.

„Und die junge Prinzessin?“

„Sie ist bei dem Angriff nicht verletzt worden, obwohl es sie sehr mitgenommen hat. Sie erwartet in Kürze ein Baby“, hatte Grigorow geantwortet. „Wußten Sie davon?“

Cyril hatte ernst genickt, obwohl er nicht sicher war, daß er davon gehört hatte.

„Sie war nur für eine Nacht im Haus ihres Vaters, als der Angriff geschah“, sagte der Kosak, „und hat sich nun wieder in ihr eigenes Heim zurückgezogen, wo sie bis zur Geburt ihres Kindes bleiben wird. Das Kind wird täglich erwartet, und die Prinzessin ist gut versorgt. Wir sollten zur Vorsicht sowohl das Fedortschenko- als auch das Remisow-Anwesen bewachen lassen.“

„Ja, ja“, hatte Wlasenko zugestimmt. „Ich werde mich für ihren Schutz einsetzen.“

Wieder lachte Cyril in sich hinein, als er sich an die kurze Unterhaltung erinnerte. Dann warf er den Bericht auf einen Stoß anderer Papiere, der sich in einer Ecke seines Schreibtisches türmte. Er würde einige seiner Männer über die Situation informieren ... aber nicht vor nächster Woche.

Das sollte Anickin genug Zeit geben, sein Vorhaben auszuführen.

Juni 1881

Kampf und Abschied

67

Anna streckte sich behaglich im Bett aus. Ein Lichtrahl von dem kleinen Fenster fiel quer über das Bett. Wenn das Licht sie auch nicht direkt wärmte, gab es ihr doch zumindest ein Gefühl der Behaglichkeit.

In ihrem verträumten Dämmerschlaf waren die letzten fünf Jahre wie ausgelöscht. Sie war wieder ein junges Mädchen und freute sich auf den Sommertag. Ihr Vater würde jetzt schon draußen im Stall sein und die treue, alte Lukiv versorgen, und ihre Mutter würde Frühstück zubereiten oder sich um die Kleinen kümmern. Paul war wahrscheinlich –

Langsam kehrte sie aus ihrer Traumwelt zurück.

Die Helligkeit zeigte an, daß es schon viel später sein mußte, als sie gewöhnlich aufstand. Und sie hatte Katyk vor langer Zeit verlassen. Sie lebte jetzt in St. Petersburg, bei ihrer Herrin. Aber ... das war nicht St. Petersburg!

Sie war wirklich in Katyk!

Jetzt erinnerte sie sich wieder.

Sie waren drei Tage unterwegs gewesen – ein heruntergekommenes Gasthaus ... die lange Zugfahrt, während derer die Prinzessin einmal wegen ihrer Unterleibsschmerzen ohnmächtig geworden war ... Annas Furcht, daß Katrinas Kind kommen würde, bevor sie zu Hause waren ... Mischas Ruhe ... Katrinas Tapferkeit trotz ihrer Schmerzen ... die Übernachtung in Pskow ... der Regen auf der Fahrt von Pskow nach Katyk ... die häufigen Aufenthalte, damit die Prinzessin sich ausruhen konnte.

Jetzt erinnerte sie sich wieder an den gestrigen Tag. Sie waren erst zu Hause angekommen, als der Mond schon am Himmel stand und sein fahles Licht durch die Wolken warf. Die Kutsche hatte mehrere undichte Stellen. Mischa auf dem Kutschbock war bis auf die Haut durchnäßt, und auch sie und

Katrina im Inneren der Kutsche waren naß und zitterten vor Kälte, als sie Katyk erreichten.

Umarmungen, Erklärungen und Gelächter wurden ausgetauscht, obwohl sich Anna nicht an ein einziges Wort erinnern konnte, das gesagt worden war. Neues Holz wurde aufs Feuer getan und die nassen Kleidungsstücke abgelegt. Für Katrina wurde ein weiches Bett in einer Ecke des Hauses errichtet, während Mischa Pauls altes Bett im Stall zugewiesen bekam.

Nachdem ihre Freunde gut untergebracht waren und sie sich davon überzeugt hatte, daß die Prinzessin es für die Nacht bequem hatte, sank Anna ins Familienbett. Sie konnte nicht einmal mehr darüber nachdenken, wie lange sie die warme Nähe von Vater, Mutter und Geschwistern nicht mehr gespürt hatte.

Sie war wieder zu Hause! Wie gut das tat!

Doch mit dem Erwachen kam auch die schreckliche Erinnerung an die Ereignisse, die sie veranlaßt hatten, nach Katyk zu fahren.

Jetzt war sie ganz wach. Sie riß die Augen auf. Wo war Prinzessin Katrina? Sie blickte zum Bett hin, in dem die Prinzessin gelegen hatte. Es war leer! Dann hörte sie Stimmen von der anderen Seite des Raumes.

Katrina saß am Tisch und hielt ein Glas dampfenden Tees in der Hand. Sie unterhielt sich mit Annas Mutter, die abwechselnd Brotteig knetete, in einem Topf mit Kascha rührte und gleichzeitig die Unterhaltung mit Katrina in Gang hielt.

Anna entspannte sich wieder und mußte lächeln. Katrina wirkte gelassener und zufriedener, als sie seit Tagen gewesen war, und wenn nicht ihre beträchtliche Leibesfülle gewesen wäre, hätte niemand angenommen, daß die Geburt ihres Kindes schon seit mehreren Tagen überfällig war. Der ängstliche Zug um ihren Mund war verschwunden, und sie sah viel frischer aus.

Sie waren erst seit wenigen Stunden hier, und Katyk war schon Balsam für ihre Seele. Was hatte diese kleine Hütte nur an sich, daß sie betrübte Seelen – wie damals die von Sergei – auffing, als wären sie weiche Wolken am blauen Himmel?

Ihre Augen schweiften über die Szene und blieben an ihrer Mutter hängen. Ihr offenes, unkompliziertes Gesicht, die dikken, von der Arbeit muskulös gewordenen Arme und die geschäftigen Hände, das breite, offene Lächeln und ihre direkte Sprache, die keine schönen Umschreibungen kannte, sondern in aller Einfachheit die Wahrheit sagte – wo gab es solche Frauen in einer Stadt wie St. Petersburg? Kein Wunder, daß Katrina ihr wie gebannt lauschte. Sie war eine erwachsene Frau und würde bald Mutter sein, und doch gab es eine einfache Menschlichkeit, der sie noch nie in all den Salons und bei all den gesellschaftlichen Veranstaltungen ihrer Jugendzeit begegnet war.

Es sind Mama und Papa, die den beruhigenden und heilenden Einfluß ausüben, dachte Anna. Es lag nicht an dem Dorf oder der *izba* oder dem Land. Von *ihnen* ging der Friede aus, der den aufgewühlten Seelen Ruhe brachte. Zwar konnten sie der harten Realität des Lebens nicht für immer entfliehen, aber zumindest fanden sie hier vorübergehend einen Hafen.

Dafür war Anna wirklich dankbar. Katrina brauchte das jetzt mehr denn je. *Und ich auch,* dachte Anna.

Wie sehr wünschte sie sich, Sergei könnte jetzt diesen Augenblick des Atemholens mit ihr teilen. Sie hatte sich so auf Zuhause gefreut, daß ihr erst jetzt die schmerzlichen Erinnerungen an die Zeit kamen, die sie mit Sergei hier verbracht hatte. Sie fragte sich, ob die Freude darüber, daß sie wieder zu Hause war, wohl ewig durch die Traurigkeit getrübt sein würde.

Sie seufzte und erhob sich. Schnell kleidete sie sich in einer abgelegenen Ecke des Raumes an und ging zu Katrina und ihrer Mutter in die Kochecke.

„Da ist ja endlich meine verschlafene Tochter!“ sagte Sophia augenzwinkernd.

„Eine wohlverdiente Ruhepause, Sophia Iljanowna.“ Ihren Worten konnte man entnehmen, wie dankbar Katrina war. „Seit drei Nächten hat sie kaum geschlafen, weil sie mein Leben retten und für mich sorgen mußte.“

Sophia glühte vor Stolz auf ihre Tochter. Sie gab dem Teig einen letzten Klaps, bevor sie ihn auf den Schrank legte, damit er gehen konnte. „Dann wird sie sich heute hinsetzen, und ich werde *sie* bedienen!“

„Vielleicht sollte *ich* sie bedienen!“ meinte Katrina.

„Nicht in meinem Haus, Prinzessin!“ Sophia rang die Hände, als sei allein der Gedanke daran unvorstellbar.

„Ich habe gehört, daß mein Bruder hier arbeiten durfte."

„Er war ein Mann, und wir waren nicht in der Situation, daß wir etwas dagegen hätten einwenden können. Mein Mann war todkrank. Sollte er noch einmal herkommen, würden wir ihm all die Ehre erweisen, die ihm zukommt."

Sophia wußte nichts von Sergeis Schicksal und sprach ganz unschuldig. Der Schatten, der die Gesichter der beiden Mädchen plötzlich überzog, erstaunte Annas Mutter.

„Und er war nicht in einem solchen Zustand wie Sie, Prinzessin!" fuhr Sophia fort. „Nein, nein! Sie werden keinen Handschlag tun und sich in diesem Haus von uns bedienen lassen! Jetzt setzt du dich neben deine Prinzessin, Anna, und ich werde dir Tee bringen. Die anderen haben bereits gefrühstückt. Nur dein Kosak scheint noch müder zu sein als du – doch ich bin sicher, mit gutem Grund, ja?"

„Das stimmt allerdings", erwiderte Anna. „Aber Mama, ich kann mir doch gut meinen Tee selbst holen –"

„Nein, nein", unterbrach sie Sophia. „Du bist auch unser Gast – und zwar ein so geehrter, als wärst du auch eine Prinzessin! Und seit wann widersprichst du deiner Matuschka?"

Anna gab nach. Es war ein wenig seltsam, zusammen mit ihrer Herrin am Tisch zu sitzen und wie die Prinzessin bedient zu werden.

Sie brauchte nicht lange darüber nachzudenken, denn im nächsten Augenblick flog die Tür auf, und ihr Vater kam lachend herein.

„Ha, ha! Mischa, das ist eine lustige Geschichte!" Es war offensichtlich, daß er bei besserer Gesundheit war als das letzte Mal, als Anna hier war. Die Jahre waren nicht spurlos an ihm vorübergegangen, aber ein wenig seiner alten Vitalität war zurückgekehrt.

Mischa ging hinter Jewno her. Der alte Russe drehte sich um und schlug dem Kosaken freundschaftlich auf die Schulter. Mischa erwiderte das mit herzlichem Gelächter.

„Haben Sie etwas dagegen, wenn ich das meinen Freunden erzähle?"

„Natürlich nicht, Jewno Pawlowitsch", erwiderte Mischa. „Die Geschichte ist wirklich passiert, genau so, wie ich es erzählt habe."

„Am besten erzählen Sie die Geschichte nachher selbst im Dorf, ja? Sie kommen als mein Gast."

Jewno schlug die Tür hinter sich zu, bekreuzigte sich vor der Ikone und wandte dann seine Aufmerksamkeit seiner Frau und der Szene in der Küche zu, wo die beiden jüngeren Frauen am Tisch saßen und Sophia gerade hölzerne Schüsseln vor sie setzte.

„Ah ... Sie sehen, Sie sind nicht zu spät, mein kosakischer Freund!" Und an Sophia gewandt sagte er: „Hast du genug, um noch einen hungrigen Reisenden zu füttern, Frau?"

„Ich habe noch nie einen kräftigen Kosaken gefüttert", erwiderte Sophia, indem sie Mischa ein wenig skeptisch ansah. „Und in diesen wird zweifellos eine Menge reingehen! Aber kein Gast ist jemals hungrig von meinem Tisch aufgestanden."

„Wahr gesprochen!" lachte Jewno. „Und ihr kennt ja die Legende von dem geheimnisvollen Kosakenreiter. Wir als Familie haben die Pflicht, gut für unsere kosakischen Gäste zu sorgen, besonders für diejenigen, die ihr Leben für unsere Sicherheit aufs Spiel setzen!"

„Was ist das für eine Legende?" fragte Mischa mit großem Interesse.

„Sie sind nicht der erste Kosak, der unser schönes Land hier besucht", nahm Jewno den Faden auf. „Der Reiter vor vielen, vielen Jahren hatte, wie Sie, die Mission, Leben zu retten. Wir schulden Ihrer wilden Rasse eine Menge."

„Du kannst Mischa wohl kaum als *wild* bezeichnen, Papa", warf Anna ein. „Ein sanfterer und freundlicherer Mann wird nirgends zu finden sein. Was meinen Sie, Prinzessin?"

„Nach dem, was ich gehört habe, hat er einmal das Leben des Zaren gerettet", sagte Katrina, „und jetzt verdanke auch ich meine Sicherheit seiner Fürsorge. Ja, Anna hat ganz recht."

Mischa mußte über das große Lob lachen.

„Ich meinte nur, daß man mit einem Kosaken Wildheit und Gewalt verbindet."

„Ich bekenne mich schuldig, was den Namen und meine Herkunft betrifft", sagte Mischa noch immer lachend. „Aber ich hoffe, daß mein Charakter doch im Gegensatz zu dem Ruf meines Volkes steht."

„Daran zweifle ich nicht!“ sagte Jewno. „Jetzt kommen Sie, und füllen Sie Ihren Kosakenmagen mit der Kascha meiner Frau!“

„Einverstanden, aber ich möchte noch die Geschichte von dem geheimnisvollen Kosaken hören, von dem Sie eben gesprochen haben.“

„Er verbrachte einige Zeit hier, als er versuchte, die polnischen Juden vor einem Angriff seines eigenen Volkes zu warnen. Er war verletzt worden und schenkte den alten Bauern, die ihn wieder gesund gepflegt hatten, seine eigene Bibel. Diese Bibel ist seither in unserer Familie von Generation zu Generation weitergegeben worden. Anna hat sie jetzt.“

Mischa schaute Anna an, während Jewno sprach, und ließ sich dann neben Jewno auf der Bank nieder. Sophia setzte jedem von ihnen eine Schüssel vor.

Die nächste halbe Stunde verbrachten alle in angeregter Unterhaltung. Sie genossen Sophias einfache, aber wohlschmeckende Kascha. Für kurze Zeit hatten sie alle ihre Sorgen in St. Petersburg zurückgelassen. Sie wurden verdrängt durch Jewnos herzhaftes Gelächter und Sophias fröhliche Gastfreundschaft.

68

Die friedliche Erholungspause auf dem Land war nicht von allzu langer Dauer. Der erste Tag war angefüllt mit Entspannung, angenehmer Unterhaltung, Teetrinken, Ausruhen, Gelächter – genau so, wie ein Wiedersehen mit Menschen, die man liebt, verlaufen sollte – und natürlich mit viel einfachem, aber schmackhaftem Essen. Jewno hatte Mischa sofort ins Herz geschlossen und zeigte ihm seinen kleinen Hof. Auch nahm er ihn mit, um die Männer des Dorfes zu treffen. Er war sehr stolz auf den Freund seiner Tochter. „Das ist der Mann, der das Leben des Zaren gerettet hat!“ erzählte er jedem, dem er begegnete. Die Tatsache, daß es den revolutionären Kräften im Endeffekt doch gelungen war, den Zaren zu töten, verschwieg er. Auch Paul erwähnte den ganzen Tag über niemand. Man wollte sich den Tag nicht verderben.

Doch die Wirklichkeit holte die Burenins bald ein, und zwar durch einen plötzlichen Aufschrei der Prinzessin Katrina in der zweiten Nacht in Katyk.

Anna saß sofort kerzengerade im Bett. Für einen Augenblick vergaß sie ihre Familie, die neben ihr schlief. Der Schrei aus der Ecke der Prinzessin hatte sie hellwach gemacht. Innerhalb von wenigen Sekunden war sie aus dem Bett und an der Seite ihrer Herrin.

„Oh, Anna", weinte Katrina, „noch nie waren die Schmerzen so schlimm. Es tut mir leid, daß ich dich geweckt habe."

„Aber Prinzessin ... das macht doch überhaupt nichts! Ist es soweit?"

„Ich weiß es nicht ... die Schmerzen haben mich vor etwa einer Stunde geweckt. Ich dachte, sie würden wieder verschwinden, aber sie wurden immer schlimmer. Schließlich konnte ich nicht mehr anders als schreien."

Anna strich ihr das Haar zurück, lächelte und küßte sie auf die Stirn. Katrina ergriff die Hand ihrer Zofe. Der Griff war nicht so fest wie gewöhnlich, und Anna war klar, daß sie schon ziemlich erschöpft sein mußte.

Sophia kam heran und stellte sich neben Anna. Sie nahm Katrinas andere Hand. Im selben Augenblick bäumte Katrina sich leicht auf und zuckte zusammen. Sie klammerte sich an den beiden Händen fest und sackte aufs Bett zurück, als der Schmerz nachließ. Mehr brauchte Sophia als erfahrene Mutter von fünf Kindern nicht zu wissen.

„Es ist an der Zeit", sagte sie leise. „Wir werden für Sie tun, was wir können, Prinzessin", fügte sie hinzu und lächelte Katrina mütterlich an. Dann drehte sie sich um und ging. Es gab viel zu tun, und man durfte keine Zeit verlieren.

Innerhalb von wenigen Minuten herrschte in der Hütte reges Treiben. Sophia zündete die Lampen und das Feuer im Ofen wieder an, während Jewno sich anzog und nach draußen ging, um Wasser für den großen Kessel zu holen, der über dem Feuer hing. Kochendes Wasser und ruhige Anweisungen waren das wichtigste für eine erfolgreiche Geburt. Jewno kümmerte sich um das erstere, während Sophia Anweisungen erteilte. Anna saß vorerst nur am Bett ihrer Herrin. Mit der einen Hand wiegte sie Katrinas Kopf, mit der anderen kühlte sie deren Stirn und Wangen.

Die jetzt dreizehnjährige Vera sollte mit Tanja und Ilja zu Tante Polja gehen.

„Die Geburt eines Babys ist nichts für Kinder", sagte Sophia.

„Tante Polja wird herüberkommen wollen, Mama", sagte Vera.

„Sag ihr, daß wir nach ihr schicken werden, und vielleicht auch nach dir, wenn wir euch brauchen. Aber sie soll nicht früher kommen."

Nachdem sich die Tür hinter den drei jüngeren Kindern geschlossen hatte, meinte sie lächelnd zu Anna: „Was deine Prinzessin jetzt braucht, ist Ruhe – und nicht die liebe Tante Polja!"

Sophia hatte schon vielen Babys auf die Welt geholfen. Trotzdem war sie sichtlich erschüttert, als sie, nachdem sie mit den Vorbereitungen fertig war, die Prinzessin eingehender untersuchte. Sie runzelte die Stirn. Dann legte sie langsam die Decke wieder über Katrina und bedeutete Anna, ihr zur anderen Seite des Raumes zu folgen.

„Das Kind scheint mir viel zu groß zu sein", flüsterte sie, „und das Becken deiner Prinzessin ist sehr eng. Wie lange ist sie schon überfällig?"

„Ich weiß nicht, Mama", antwortete Anna. „Ich glaube, die Prinzessin hat schon vor einer oder zwei Wochen mit der Geburt gerechnet."

„Wenn ich es nicht besser wüßte, würde ich sagen, daß die Schwangerschaft schon zehn Monate dauert, obwohl das unmöglich ist. Ich habe Angst um das Kind."

„Was können wir denn tun, Mama?" fragte Anna, die die Furcht ihrer Mutter spürte.

Sophia dachte eine Weile nach und antwortete dann: „Wir müssen Jewno nach Akulin schicken."

„Aber das ist weit, Mama. Und es ist Nacht."

„Ja, aber die Wehen können lange dauern. Und je länger sie dauern, desto mehr brauchen wir den Doktor."

Als Jewno Lukiv angespannt hatte, war auch Mischa angezogen und fragte besorgt, was er tun könnte.

„Wir brauchen bald mehr Holz für das Feuer", sagte Anna. Dann erklärte sie ihm, wo er es finden könnte.

Die Wehen kamen jetzt regelmäßig, und die Schreie Katrinas zeigten nur zu deutlich, wie stark sie sein mußten. Der Arzt in Akulin war der einzige im Umkreis von vielen Werst, und die Chancen, daß Jewno ihn würde ausfindig machen können, waren sehr gering. Als er losfuhr, erklärte er, daß er, wenn es nötig sein sollte, bis nach Pskow fahren würde.

Sophia seufzte, als sie seine Worte hörte. Ihr war klar, daß bis dahin hier längst alles vorüber wäre. Falls er den Arzt in Akulin nicht finden würde, und zwar schnell, würden sie und Anna alles für die Prinzessin tun müssen, was in ihrer Macht stand ... und zwar allein.

Eine halbe Stunde später saßen Anna und Sophia an Katrinas Bett und taten alles, um es der Prinzessin so bequem wie möglich zu machen, während Mischa draußen auf und ab ging. Er wollte erreichbar sein, aber nicht im Wege stehen.

„Anna, wo ist er ... wo ist Dmitri?" weinte Katrina.

„Ich bin sicher, er hat Ihre Nachricht bereits erhalten, Prinzessin."

„Ich brauche ihn ... ich möchte, daß er hier ist!" schluchzte Katrina.

„Bestimmt ist er bereits unterwegs, Prinzessin. Er wird bald hier sein."

Unglücklicherweise entbehrten Annas gutgemeinte Worte jeglicher Grundlage. Hätte sie die Wahrheit gewußt, hätte sie sie zweifellos um ihrer Herrin willen ignoriert.

69

Vier erfolglose und beinahe schlaflose Nächte waren für Dmitri Gregorowitsch Remisow, Graf und Regimentsgardist in der Armee des Zaren, vergangen.

Er hatte viel mehr Wodka und Kwaß getrunken, als selbst er gewohnt war, aber er hatte es nicht geschafft, seine Schuldgefühle oder seinen Haß zu ertränken. Tagsüber hatte er die Polizei verfolgt, und nachts war er in jedes Rattenloch der Unterwelt gekrochen, von dessen Existenz er wußte, angefangen mit der Wassili-Insel bis hin zu den entlegensten Teilen der russischen Hauptstadt.

Aber er fand keine Spur von Anickin, nicht den leisesten Hinweis auf ihn. Der Mann mußte sich in einen Geist verwandelt haben, um Dmitri und der Handvoll Gendarmen zu entkommen, die dem Grafen bei der Suche halfen. Diese Polizisten nahmen nicht auf Geheiß des Polizeichefs an der Aktion teil, sondern waren von Dmitri privat angeheuert worden. Er ließ in jeder schmutzigen Taverne und in jedem Farozimmer bekanntwerden, daß er den Rechtsanwalt suchte, der die Verteidigung der Revolutionäre übernommen hatte, und daß Anickin, falls er überhaupt Rückgrat habe, Dmitri von Angesicht zu Angesicht gegenübertreten solle, statt wehrlose Frauen anzugreifen.

Er machte sich selbst zur Zielscheibe, aber es hatte keinen Sinn. Entweder war Anickin schon lange aus der Stadt geflohen, oder er hatte sich in seinen verrückten Plan verbissen, Katrina zu töten, bevor er sich mit ihrem Mann beschäftigte.

Dmitri brütete über einem Glas Wodka. In dieser Taverne war er noch nie gewesen. Bisher hatte er immer nur in anderen Teilen der Stadt getrunken, aber im Augenblick konnte er nicht wählerisch sein, wenn er hoffte, Anickins Versteck ausfindig zu machen. Er hatte schon daran gedacht, den Alkohol zu meiden, bis er Anickin gefunden hatte, es aber nicht geschafft. Niemand konnte sich dieser Anspannung, dieser Herausforderung stellen, wenn er nichts hatte, das ihm Halt gab.

Er trank langsam, als sei dies sein letztes Glas dieses Gebräus, das verantwortlich dafür war, daß seine kurze Ehe fast in die Brüche gegangen war. Zum hundertsten Mal ging er gedanklich die letzten drei Tage durch. Was könnte er übersehen haben? Wo war er noch nicht gewesen? Er hatte die Insel sorgfältig durchkämmt. Diese Taverne, in der er jetzt seine müden Knochen ausruhte, war die letzte und ganz sicher die schlimmste von allen. Doch der größte Teil seiner Nachforschungen mußte ohne die Hilfe der Einheimischen vonstatten gehen. Sie zeigten ihm offen ihr Mißtrauen. Einige hatte er kaufen können, doch ihre Informationen waren genauso zweifelhaft gewesen wie ihre Gier.

Dmitri konnte nicht glauben, daß Anickin die Stadt so schnell verlassen hatte. Er war einige Male bei seinem Haus gewesen, und von den Wachen her zu urteilen, die um das Grundstück herum postiert waren, hatte es den Anschein, daß Annas Kosakenfreund alles unter Kontrolle hatte. Wenn er den mörderischen Anwalt heute nacht nicht finden würde, würde er sich morgen baden und rasieren, frische Kleider anziehen und Katrina einen Besuch abstatten. Vielleicht würde er sie sogar nach Hause bringen, Grigorow wegschicken und den Schutz seiner Frau selbst in die Hand nehmen. Aber zuerst würde er noch einen letzten Versuch machen, den Rechtsanwalt in seinem Versteck aufzuscheuchen.

Dmitri hob sein Glas, schnitt eine Grimasse, als er feststellen mußte, daß es leer war, und bestellte abwesend ein neues.

Er versuchte, sich an alles zu erinnern, was Katrina ihm von dem Angriff erzählt hatte, alles, was Anickin gesagt hatte. Irgendwo mußte ein Schlüssel liegen.

Auf einmal erinnerte er sich an das Blut! Es hatte an seinem Säbel geklebt. Er hatte auch einige Blutflecken auf dem Teppich gesehen, ohne sie zu registrieren. Natürlich ... Anna hatte Anickin durch ihren Angriff verwundet!

Er fragte sich, wie ernst die Verletzung wohl gewesen sein mochte. Den Blutflecken nach zu urteilen mußte die Wunde beachtlich gewesen sein. Zweifellos hatte Anickin ärztliche Hilfe in Anspruch nehmen müssen. Kein Wunder, daß er nicht gesehen worden war! Er war verletzt ... vielleicht lag er irgendwo im Bett!

Dmitri trank schnell seinen Wodka aus und sprang auf. Er warf einige Münzen auf den Tisch und eilte hinaus.

Es mußte eine Menge Ärzte in der Stadt geben. Dmitris erster Gedanke war Anickins Vater. Aber so, wie er Basil kannte, wußte er, daß dessen Vater der letzte Mensch sein würde, an den Basil sich um Hilfe wenden würde. Das wäre zu auffällig gewesen. Außerdem hatte Dr. Anickin sich offiziell von seinem Sohn losgesagt, als dieser verhaftet worden war. Die meisten anderen respektablen Ärzte würden auch nicht in

Frage kommen; denn einem entflohenen Sträfling zu helfen, konnte einen, besonders unter der Regierung des neuen Zaren, ins Gefängnis bringen ... oder Schlimmeres bedeuten. Er würde seine Suche bei den weniger angesehenen Ärzten beginnen müssen.

70

Den restlichen Tag bis weit in die Nacht hinein versuchte Dmitri, alle skurrilen Ärzte ausfindig zu machen, angefangen auf der Wassili-Insel.

Seine Suche führte ihn schließlich zur Grafski-Straße.

Es war schon spät. Zum Glück waren die Nächte nicht so dunkel und boten ihm wenigstens einen geringen Schutz vor den üblen Subjekten, die die Dunkelheit lieben und in der Grafski-Straße stets anzutreffen waren. Vorsichtig ging Dmitri weiter. Die Pistole in seiner Jacke gab ihm ein wenig Sicherheit.

Eine seiner Unterredungen und fünfzig Rubel hatten ihn auf die Spur eines gewissen Dr. Bobow gebracht.

Der Kerl war, wie man ihm erzählt hatte, ein gescheiterter Medizinstudent, der sich aber gleichwohl *Doktor* nannte. Er nutzte das wenige Wissen, das er sich auf der Universität angeeignet hatte, um die Unglücklichen zu verarzten, die sich noch nicht einmal die etwas geschickteren Scharlatane leisten konnten, die Dmitri auf dem Mali-Prospekt getroffen hatte.

Es fiel Dmitri nicht schwer, Bobow ausfindig zu machen. Er betrieb sein Handwerk unter den Augen der Obrigkeit, die mehr mit den Revolutionären beschäftigt war als mit einem harmlosen alten Quacksalber, der sein Examen nicht geschafft hatte. Das wilde Klopfen von Dmitris Faust gegen seine Tür mußte den alten Mann erschreckt haben, denn ein Glas fiel zu Boden und ein Schwall Flüche ertönte, bevor die Tür geöffnet wurde.

„Was wollen Sie?“ rief Bobow, während er sich seine Hosenträger über die Schulter streifte. Sein fettiges, graues Haar hing ihm in Strähnen in die Stirn. Ein dicker Stoppelbart zierte sein Gesicht, und er blinzelte mit blutunterlaufenen Augen aus dem dunklen Raum heraus, als ob das helle Licht der längst untergegangenen Sonne ihn blendete. Hinter ihm im Zimmer bemerkte Dmitri ein zerwühltes Bett und einen Tisch, auf dem eine leere Flasche stand. Auf dem Boden lagen Glasscherben in einer Lache von Kwaß, offensichtlich der Grund für den Lärm und die Flüche.

„Ich würde gern mit Ihnen sprechen“, sagte Dmitri. „Allein.“

Die Augen des Mannes wurden bei diesen rätselhaften Worten noch kleiner. Er schaute Dmitri über die Schulter, als ob er hinter ihm eine Polizeipatrouille vermutete.

„Wozu?“ fragte Bobow mißtrauisch.

Dmitri war nicht in der Stimmung für Feinheiten oder Verzögerungen. Er schob den sogenannten Doktor beiseite, als käme tatsächlich die Geheimpolizei hinter ihm her. Bobow stolperte, als Dmitri sich umdrehte und die Tür zuknallte.

„Ich suche einen Ihrer Patienten“, sagte er mit funkelnden Augen.

Bobow starrte ihn schweigend an. Sein Gesicht zeigte keine Regung.

„Stellen Sie sich nicht dumm“, fuhr Dmitri ohne zu zögern fort. „Der Mann hat eine Wunde an seinem rechten Arm, vielleicht auch an der Hand oder dem Handgelenk. Er dürfte sich vor zwei oder drei Tagen in Ihre Behandlung begeben haben.“

„Kennen Sie seinen Namen?“

„Er heißt Anickin, obwohl ich bezweifle, daß er seinen richtigen Namen benutzt hat. Jetzt sagen Sie mir – was wissen Sie über ihn?“

„Angenommen, ich hätten einen solchen Mann gesehen, wie Sie ihn beschreiben, was ich nicht zugebe –“

„Sehen Sie, Bobow“, unterbrach ihn Dmitri. Drohend ging er einen Schritt auf den Mann zu. „Ich weiß sehr gut, daß Sie ihn gesehen haben! Und jetzt geben Sie mir die Information, die ich haben möchte, oder *Sie* selbst werden einen Arzt benötigen – und zwar einen richtigen, nicht so einen, wie Sie es sind!“

„Sie brauchen nicht grob zu werden“, winselte der Doktor und trat einige Schritte zurück.

Doch Dmitri schätzte die Absichten des Mannes falsch ein. Schnell sprang er vor, packte den Mann bei seinem schmutzigen Hemd und drückte ihn gegen die geschlossene Tür.

„Ich habe doch gesagt, daß ich nicht in der Stimmung bin, mich zum Narren halten zu lassen“, schrie er drohend. „Habe ich nicht erwähnt, daß ich bewaffnet bin?“

„Ich wollte doch gar nichts tun. Aber Sie haben mich aufgeweckt. Lassen Sie mir doch nur ein wenig Zeit, die Spinngewebe in meinem Gehirn zu entfernen.“

„Dafür habe ich keine Zeit ... jetzt reden Sie!“

„Es war Evies Freund“, begann Bobow.

„Evie ... wer ist Evie?“

„Eine Prostituierte – sie lebt hier in der Nähe.“

„Wie sah der Mann aus?“

„Er war übel zugerichtet – überall Blut. Doch als wir das gesäubert hatten, war es gar nicht mehr so schlimm, wie es ausgesehen hatte.“

„Was haben Sie für ihn getan?“

„Einige Stiche genäht, das war alles.“

„Wo ist er hingegangen?“

„Woher soll ich das wissen?“

Doch als Dmitri dem Mann seine Faust vor die Nase hielt, verbesserte sich auf einmal sein Erinnerungsvermögen.

„Zu Evies Wohnung“, sagte er. „Zumindest habe ich keinen Grund anzunehmen, daß er woanders hingegangen ist. Er hatte viel Blut verloren und war blaß. Also sagte ich ihm, er solle sich besser hinlegen und –“

„Wo ist das?“ unterbrach ihn Dmitri ungeduldig.

„Um die Ecke – Sie werden es erkennen. Ein Schild an der Tür, das Alkohol und so etwas ankündigt, ein ständiges Kommen und Gehen.“

„Wo ist er dort?“

„Die Treppe hoch, in Evies Zimmer.“

Die einzige Belohnung, die der zweifelhafte Doktor von dem aufgebrachten Grafen erhielt, war ein Schubs, der ihn zu Boden schickte, neben das zerbrochene Glas und den verschütteten Kwaß.

71

Wie Bobow gesagt hatte, war das Haus leicht zu finden.

Der Gang, der zu der heruntergekommenen, stinkenden Taverne führte, war von mehrere Tage altem Müll gesäumt. Ein Kater schlich um Dmitris Füße, als er durch den dunklen Gang schritt, aber der Graf war so auf sein Ziel und den Höhepunkt seiner Jagd konzentriert, daß er es gar nicht bemerkte. Er betrat diesen üblen Ort, als würde er eine türkische Festung angreifen – allerdings ohne die Gewissensbisse seines Schwagers.

Seine Erfahrungen als Soldat erwiesen ihm jetzt gute Dienste. Denn er wußte, daß in der Schlacht das Überraschungsmoment die beste Waffe war, die jemand haben konnte. Ein Zögern, wenn auch nur für einen kurzen Moment, könnte ihn den Vorteil verlieren lassen, den er besaß.

Er stürmte durch den leeren Schankraum, orientierte sich einen Moment, machte die Treppe aus und hastete, ohne Zeit zu verlieren, nach oben. Während er immer zwei Treppenstufen auf einmal nahm, zog er seinen Revolver aus der Tasche und hielt ihn schußbereit.

In dem Obergeschoß gab es nur eine Tür. Sie war geschlossen.

Dmitri machte nur eine kleine Pause, atmete tief durch – und trat die Tür ein. Der Riegel hielt der Wucht nicht stand, und die Tür flog splitternd auf. Dmitri stürmte ins Zimmer.

Basil lag ausgestreckt auf dem Bett, nur drei Meter von ihm entfernt. Er schaute so erstaunt und ungläubig drein, daß Dmitri fast gelacht hätte, wenn die Situation nicht so ernst gewesen wäre. Eine Frau in einem dünnen, blaßroten Morgenmantel saß auf einem verschlissenen Stuhl neben dem Bett. Sie war einige Jahre älter als Anickin; zumindest wirkte sie älter, obwohl sie diese Tatsache durch eine dicke Schicht Puder und Rouge zu vertuschen suchte.

In einem Sekundenbruchteil nahm Dmitri die ganze Szene in sich auf, sein Blick fiel besonders auf den Verband um Basils rechtes Handgelenk. Dieser kurze Moment erstaunten Schweigens dauerte, bis Basil sich wieder in der Gewalt hatte.

„Aha", schnaubte er, „hat der stolze Graf mich endlich gefunden." Er schien sich über die Wende der Ereignisse fast zu freuen.

„Ja, Anickin", sagte Dmitri. „Nun werden wir sehen, wie es jemandem ergeht, der wehrlose Frauen angreift."

„Wehrlos, ha!" Basil lachte krächzend, doch in seinen Augen war alles andere als Fröhlichkeit zu lesen.

„Steh auf!" befahl Dmitri.

„Warum töten Sie mich nicht gleich hier im Bett?" Sein Ton war herausfordernd.

„Ich zumindest nehme Rücksicht auf die Gefühle einer Frau." Dmitri deutete mit dem Kopf auf Evie. „Aber entweder töte ich dich heute oder sorge dafür, daß du hinter Gitter kommst! Und jetzt vorwärts!" Er spannte die Pistole.

Basil musterte seinen Gegner einen kurzen Moment, bevor er seine Beine aus dem Bett schwang. Dmitri ließ den Rechtsanwalt auch nicht einen Augenblick aus den Augen und verfolgte seine Bewegungen mit der Pistole. Er würde diesem Wahnsinnigen keine Chance geben! Doch trotz seiner Wachsamkeit gelang es Basil, Dmitri mit seiner nächsten Bewegung zu überraschen.

Als Anickins Füße den Boden berührten, noch bevor er ganz aufgestanden war, packte er plötzlich den Arm der Frau und zog sie mit einem solchen Ruck zu sich heran, daß er sie mühelos vom Stuhl zerrte. Sie hatte nicht einmal Zeit, überrascht aufzuschreien, bevor sie von seinen kräftigen Armen als lebendiges Schutzschild vor seinen Körper gehalten wurde.

„Wie viele Menschen wollen Sie denn töten, Remisow?" rief er.

„Sie sind ein dreckiges Schwein!" brüllte Dmitri. Er hielt seine Waffe weiterhin auf Basil gerichtet, mit gespanntem Hahn und bereit, bei der ersten Gelegenheit zu schießen. Es konnte kein Gedanke an eine ehrenhafte Auseinandersetzung sein. Dieser Mann war ein wildes Tier. Man mußte sich ihm als solches nähern und ihn so behandeln.

Basil bewegte sich jetzt langsam – mit Evie als Schutzschild und mit auf Dmitri gerichteten Augen – auf die Tür zu. Obwohl die Frau erschrocken aussah, machte sie keinen Versuch zu entfliehen, ja, sie kämpfte nicht einmal gegen seine Umklammerung an. Dmitri fragte sich, ob diese ganze Geiselnahme nicht nur eine Inszenierung war, und ob er auf Anikkins Bluff hereinfallen sollte.

Aber da war keine Zeit für moralische Bedenken. Basil war schon an der Tür angekommen, als er plötzlich die Frau gegen Dmitri schleuderte und zur Tür hinaussprang.

Die Pistole ging unkontrolliert los, als der Körper der Frau gegen Dmitri prallte, und fiel zu Boden.

Dmitri war zu Tode erschrocken, als er sah, was er angerichtet hatte. Doch innerhalb von wenigen Sekunden kam er wieder zu sich. Ohne die Pistole aufzuheben, sprang er über den Körper der Frau und spurtete die Treppe hinunter, um Basil zu verfolgen.

Basil war geschwächt und konnte sich mit der Kraft und Geschwindigkeit von Dmitris Angriff nicht messen. Noch bevor der verwundete Rechtsanwalt die Außentür erreicht hatte, fühlte er einen festen Griff an seiner Schulter. Dmitri riß ihn herum und schleuderte ihn mit einer schnellen, kräftigen Bewegung gegen die Außenwand des Schankraumes. Basil hatte kaum Zeit, nach Luft zu schnappen, als schon unaufhörlich Schläge auf ihn herniederprasselten.

Die überlegene Stärke, die er bei ihrer letzten Begegnung an den Tag gelegt hatte, hatte ihn fast vollkommen verlassen, und Basil war unfähig zurückzuschlagen. Dmitri packte ihn bei der Kehle, und nach einigen kräftigen Schlägen ins Gesicht schlug er Basils Kopf gegen die Ziegelmauer.

Auf einmal wurde die Luft von einem Knall zerrissen.

Durch die Wucht des Schusses verlor Dmitri das Gleichgewicht. Er fühlte einen scharfen, stechenden Schmerz in seiner Schulter, als er auf dem Boden aufschlug.

„Gutes Mädchen!“ sagte Basil durch seine geschwollenen, blutenden Lippen.

Die Frau stand über ihnen auf dem Treppenabsatz, vorgebeugt und blaß wegen ihrer eigenen Wunde. Sie hielt Dmitris Pistole in ihren zitternden Händen.

„Ich ... ich konnte doch nicht zulassen, daß er dich tötet, Basil“, keuchte sie. Sie zuckte vor Schmerzen zusammen, als sie die Treppe herunterstieg.

„Gib mir die Pistole“, sagte Basil. „Ich werde ihn erledigen.“

Sie humpelte auf ihn zu. „Du mußt jetzt fliehen, nicht wahr?“ sagte sie.

„Dafür ist jetzt keine Zeit, Evie – gib mir die Pistole.“

„Nimm mich mit, Basil. Sie werden mich jetzt sicher verhaften und ... ich weiß nicht, ob ich stark genug bin, den Mund zu halten. Sie werden mich fragen, wie ich zu der Wunde gekommen bin. Wie kann ich ... nimm mich mit ... bitte.“

„Natürlich werde ich dich mitnehmen. Jetzt laß mich erst diese Ratte erledigen.“ Er riß ihr die Pistole aus der Hand. Seine Lippen verzogen sich zu einem schrecklichen Grinsen, als er auf sie zielte und seine Finger den Abzug drückten.

Sie schrie nicht einmal auf, als die Kugel ihr Herz durchschlug. Sie war tot, noch bevor sie auf dem Boden aufschlug. Als sie zusammenbrach, trug ihr Gesicht den Ausdruck von Erleichterung, ja fast von Zuneigung, der von den wenigen Sekunden herrührte, als sie geglaubt hatte, sie würde Basil begleiten können.

In dem Moment, als der Schuß durch den Raum hallte, kam Dmitri wieder zu sich. Den brennenden Schmerz in seiner Schulter ignorierend, warf er sich gegen die Füße des Mörders. Basil stolperte über Evies Körper und fiel zu Boden. Die Pistole flog ihm dabei aus der Hand.

Dmitri rollte sich nach links, streckte seine Hand aus und hob schnell die Waffe auf.

Basil war jetzt wieder auf den Beinen. Dmitri feuerte.

Ihm verschwamm alles vor Augen. Sein Ziel war so weit entfernt. Immer noch feuerte er ... wieder ... und wieder. Erst als die Pistole leergeschossen war, konnte er wieder einigermaßen sehen, und er bemerkte, daß er in die Luft gefeuert hatte.

Schnell schaute er sich im leeren Raum um. Basil war nirgends zu sehen. Dmitri rappelte sich hoch, doch seine Beine versagten ihm den Dienst. In seinem Kopf drehte sich alles, und auf einmal fing die Wunde in seiner Schulter an, höllisch zu schmerzen. Er taumelte kurz und fiel dann über Evies toten Körper.

Als er wieder zu sich kam, hatte Dmitri keine Ahnung, wieviel Zeit vergangen war. Es konnten Stunden oder Minuten gewesen sein.

Er erinnerte sich sofort wieder an alles, was vorgefallen war. Das erste, was er wahrnahm, war ein schrecklicher Schmerz in seiner geschwollenen Schulter – und dann den toten Körper, der neben ihm lag.

Angeekelt kroch er von Evies Körper fort und versuchte aufzustehen. Seine steifen Glieder und das getrocknete Blut zeigten ihm, daß mehr als nur wenige Minuten vergangen sein mußten, doch sein Gehirn verarbeitete diese Information nicht richtig. Sein erster Gedanke war, daß er Basil verfolgen mußte.

Er taumelte, sich an der Wand abstützend, zur Tür und torkelte dann nach draußen. Die kühle Nachtluft belebte ihn, doch der Gestank des Mülls, der überall herumlag, war schrecklich. Der Hof drehte sich um ihn, und nur mit Mühe gelang es ihm, die Übelkeit zu überwinden. Zentimeter um Zentimeter tastete er sich durch den verlassenen Gang.

Aber es hatte keinen Zweck. Basil Anickin war längst verschwunden.

Dmitri wurde bereits wieder bewußtlos, doch er merkte, daß er nicht allein war.

Wie durch einen Nebel nahm er wahr, daß diese Menschen, die ihn festhielten, Freunde waren. Ihre Uniformen ließen auf ein kaiserliches Regiment schließen. Wahrscheinlich waren sie geschickt worden, um ihn zu suchen, um ihm zu sagen, daß alles in Ordnung war. Sie brachten ihn jetzt nach Hause. In einer feinen Kutsche. Es würde guttun, nicht mehr auf den müden Beinen stehen zu müssen.

Doch sein Kopf und seine Schulter schmerzten fürchterlich, und er konnte seine Augen nicht mehr länger offenhalten.

Als Dmitri wieder ohnmächtig wurde, packten die beiden Gendarme ihn unter den Armen und schafften ihn in die Polizeikutsche. Sie setzten sich neben ihn und riefen dem Kutscher zu, daß er sich beeilen solle.

Mit einem so bedeutenden Mann im Schlepptau durften sie ihren Chef Wlasenko nicht warten lassen.

72

Anna bekreuzigte sich mit einer Hand und betete inständig, während sie mit der anderen Katrinas Hand hielt.

Die Prinzessin schrie auf, der Klang ihrer Stimme hallte durch die kleine Hütte. Katrina hatte es schon lange aufgegeben, die Haltung zu bewahren, die von ihrer Klasse erwartet wurde. Dies war der größte Schmerz, die größte Anspannung im Leben einer Frau. Und für den Augenblick war Katrina Viktorowna Remisow nur eine Frau und keine Prinzessin.

Die Wehen kamen jetzt in schneller Folge. Der Schweiß tropfte schneller von Katrinas Stirn, als Anna ihn wegwischen konnte. Sophia hatte mit ihrer Vorhersage in der Nacht recht gehabt – das Kind war groß, wahrscheinlich überfällig, und Katrinas Becken war zu klein. Die Prinzessin hatte schon mehr Blut verloren, als sie sollte, doch sie hielt sich tapfer. Anna hatte bereits drei Bettücher gewaschen und Mischa zu den Nachbarn geschickt, um neue zu holen. Trotz dieser Schwierigkeiten wäre das Baby vermutlich schon vor Stunden geboren worden, wenn nicht noch als zusätzliche Komplikation seine Steißlage hinzugekommen wäre. Die schlimmste Phase der Wehen dauerte nun schon seit Tagesanbruch, und der Blutverlust machte sich bereits bei Katrina bemerkbar. Wieviel länger sie noch durchhalten würde, konnte die alte Bäuerin nicht sagen. Sie versuchte, ihre Befürchtungen für sich zu behalten, doch sie wußte, daß auch ihre Tochter sich Sorgen machte.

Der Tag war bereits weit fortgeschritten. Es mußte Nachmittag sein. Wo konnte der Doktor nur stecken?

Jewno war bei Tagesanbruch aus Akulin zurückgekehrt – allein. Man hatte ihm gesagt, der Arzt sei in der Nähe und versorge das gebrochene Bein eines Bauern in einem Dorf südlich von Katyk. Das Unglück war passiert, als der Mann von seinem wütenden Bullen fast aufgespießt worden wäre. Jewno war nur so lange geblieben, bis er ein Glas heißen Tee getrunken und etwas gegessen hatte. Dann hatte er sich wieder auf den Weg gemacht und diesmal Mischa mitgenommen. Wenn sie alle Höfe absuchen und von Tür zu

Tür gehen mußten, dann waren zwei Männer besser als einer.

Das war vor vier oder fünf Stunden gewesen, und sie waren immer noch nicht zurück. Insgeheim befürchtete Sophia, daß es, selbst wenn die drei Männer in dieser Minute durch die Tür träten, wahrscheinlich schon zu spät war.

Sie schaute über das Bett hinweg zu ihrer Tochter, die jetzt selbst eine erwachsene Frau war. Die arme Anna litt genauso schlimm, wie der Mann oder die Mutter der Prinzessin gelitten hätten, wenn sie da gewesen wären. Durch deren Abwesenheit schien Anna die volle Verantwortung für das Leben ihrer adeligen Freundin auf ihren Schultern zu tragen.

Auf einmal spannte sich Katrinas ganzer Körper. Schnell holte sie zweimal tief Luft und hielt dann ungewollt die Luft an. Sie klammerte sich an Annas Hand. Nach etwa zehn Sekunden entspannte sie sich wieder, und erst dann entrang sich ihr ein lauter Schmerzensschrei.

„Anna ... Anna", wimmerte sie, „... ich kann nicht mehr –"

Aber ihre Worte wurden durch einen erneuten Schrei unterbrochen.

Oh, Gott, betete Anna, *bewahre die Prinzessin ... gib, daß ihr Kind schnell und gesund geboren wird! Tröste sie ... bitte, Herr!*

Während ihre Tochter im stillen betete, setzte Sophias Herz wegen des schrecklichen Aufschreis einen Moment lang fast aus. Sie hatte schon bei vielen Geburten geholfen, aber keine war so schwierig gewesen wie diese. Sie beugte sich vor und untersuchte Katrina.

„Gott sei Dank!" rief sie. „Das Kind hat sich gedreht. Ich kann seinen kleinen Kopf sehen!"

„Heißt das, daß es jetzt kommt, Mama?" fragte Anna.

„Ich weiß es nicht, Kind. Wir wollen hoffen, daß Gott Gnade walten läßt."

„Sie schreit immer noch so schrecklich, und es sieht so aus, als hätte sie keine Kraft mehr."

„So ist das eben bei einer Geburt, Anna."

Noch bevor sie mehr sagen konnte, ertönte ein erneuter Schrei vom Bett. Angsterfüllt schaute Anna ihre Mutter an. Der Schrei ging ihr durchs Herz. Es war, als würde sie den Schmerz ihrer Herrin mitempfinden.

„Jetzt dauert es nicht mehr lange", sagte Sophia. „Hier,

Prinzessin", sagte sie zu Katrina, „beißen Sie darauf." Sie schob Katrina ein zusammengerolltes Tuch in den Mund, und Katrina biß zu. „Das wird ihr helfen, den Schmerz zu ertragen", fügte sie zu Anna gewandt hinzu.

Katrina atmete heftig, ihr Gesicht war blaß und feucht. Sie hielt die Augen geschlossen, und ein Ausdruck lag auf ihrem Gesicht, den Anna niemals für möglich gehalten hätte. Die Wehen kamen jetzt in schneller Folge. Wieder schrie Katrina und bäumte sich im Bett auf. Sie drückte die Hände der beiden Frauen, so fest sie konnte, und zog sich hoch.

„Prinzessin", sagte Sophia, „Sie müssen jetzt pressen."

„Ich kann nicht", stöhnte Katrina, vollkommen erschöpft.

Bitte, lieber Gott, betete Anna im stillen, *gib, daß das Baby gesund auf die Welt kommt.*

„Prinzessin, Sie müssen!" ermahnte Sophia, während Anna mit einem feuchten Tuch über Katrinas Gesicht fuhr. „Danach werden Sie sich wochenlang ausruhen können", fügte Sophia noch hinzu.

Katrina stöhnte, dann biß sie die Zähne aufeinander und preßte, so gut sie konnte. Anna spürte, wie die Knöchel an ihrer Hand hervortraten.

„Ja ... Gott sei Dank! Das ist gut, Prinzessin!" sagte Sophia, und Freudentränen liefen ihre Wangen hinunter.

Die Wehe dauerte etwa fünfzehn Sekunden; dann entspannte sich Katrina und legte sich wieder zurück. Sie atmete heftig. Langsam öffnete sie die Augen einen Spalt und lächelte schwach in Annas Richtung. Dann schloß sie die Augen wieder und lag ganz still. Es war das erste Lächeln seit vielen Stunden. Sie konnte spüren, daß die Geburt kurz bevorstand.

Sophia ging zu dem Wassertopf, der immer noch über dem Feuer hing. Mit einem Stock fischte sie ein Handtuch aus dem kochenden Wasser und hielt es hoch, damit es so weit abkühlen konnte, daß sie es auswringen konnte. Das Handtuch brachte sie zum Bett. Während sie die Decke zurückschlug und das Tuch auf Katrinas Unterleib legte, nahm ihr Gesicht wieder einen sorgenvollen Ausdruck an. Katrina blutete noch immer, und die Blutung schien sogar noch stärker zu werden. Aber Sophia konnte nichts tun, womit sie sie zum Stillstand bringen konnte, und das Baby mußte doch geboren werden.

„Vielen Dank ... das tut gut", murmelte Katrina.

„Anna, geh und wring noch mehr Tücher aus", sagte Sophia. „Wir müssen ihren Unterleib warm halten."

Anna tat, wie ihr geheißen. Gerade, als sie mit zwei frischen Tüchern zurückkehrte, kam eine neue Wehe.

Katrina zuckte zusammen, biß die Zähne aufeinander und schrie plötzlich laut auf. Sie bäumte sich auf und hielt wieder die Luft an. Mittlerweile hatte Anna ihrer Mutter die Handtücher gegeben, die sie über den Geburtsgang legte, und sich wieder neben Katrina gesetzt. Katrina klammerte sich an die Hand ihrer Freundin, bis der Schmerz wieder nachließ.

So ging es einige Zeit. Zwischen den Wehen wechselte Sophia die Tücher. Innerhalb von zwanzig Minuten kamen die Wehen jede Minute, und der Kopf des Kindes war schon halb zu sehen.

Es kamen noch zwei weitere kurze Wehen und dann eine Pause. Auf einmal wurde Katrinas Körper von einem wilden Schmerz geschüttelt, so stark, daß sie nicht einmal mehr schreien konnte. Ihr Körper bäumte sich auf, und mit aller ihr noch verbliebenen Kraft preßte sie. Jetzt würde keine Wehen mehr kommen. Der große Moment war da.

Sophia ergriff die weiße Decke, die sie für diesen Augenblick bereitgehalten hatte, und hielt sie unter Katrinas Beine.

Es dauert nicht sehr lange ... dreißig Sekunden, vielleicht vierzig. Schließlich stieß Katrina einen langen Seufzer aus, so, als würde ihr das letzte bißchen Leben noch genommen, und sank in die Kissen zurück, vollkommen erschöpft und leer.

Das Kind, das vor Sophia auf der Decke lag, rührte sich nicht. „Mama ...?" fragte Anna angsterfüllt. Sie wollte nicht akzeptieren, was das bedeuten könnte.

Aber Sophia hörte nicht – oder konnte nicht hören. Sie war vollkommen auf die Aufgabe konzentriert, die sie bewältigen mußte. Sie beugte sich über das Kind, das schlaff vor ihr lag, fuhr mit dem Finger durch den kleinen Mund. Dann drehte sie es um – ziemlich grob, wie Anna fand – und gab ihm einen kräftigen Klaps auf sein bläuliches Hinterteil.

Anna stockte der Atem angesichts der unerwarteten Handlungsweise ihrer Mutter. Niemals hatte sie erlebt, daß Sophia ein Kind so hart geschlagen hätte.

Doch genauso plötzlich ertönte ein leises Wimmern. Dann schnappte das Kind nach Luft, und gleich darauf schrie es aus

Leibeskräften los. Sophia und Anna konnten ihre Tränen nicht mehr zurückhalten. Katrinas Baby lebte!

Sophia durchtrennte die Nabelschnur und band sie ab, säuberte das Baby schnell, wickelte es in die Decke und gab es Anna.

„Gib das Baby deiner Herrin, Anna", sagte Sophia. „Ich möchte, daß du ihr die gute Nachricht überbringst."

Beeindruckt von dem, was sie gerade miterlebt hatte, und in tiefer Ehrfurcht vor dem winzigen Leben vor ihr, nahm Anna das Bündel und legte es sich in den Arm. Sie konnte kaum ihre Augen von dem kleinen Gesicht und den winzigen Lippen nehmen, die wie eine Knospe zusammengepreßt waren, nachdem sie noch vor wenigen Minuten so nachhaltig ihren Anspruch auf das Leben kundgetan hatten. Ihr erster Gedanke war, wie sehr die Nase des Kindes der seiner Mutter ähnelte.

„Prinzessin", sagte Anna, „Sie haben eine Tochter."

Anna reichte Katrina das Bündel und beobachtete frohen Herzens, wie die Prinzessin ihre schwachen Arme danach ausstreckte. Ihr blasses, müdes Gesicht strahlte vor Glück.

„Ich bin so schwach", sagte sie. „Ich habe Angst, daß ich sie fallenlasse."

„Nein, das werden Sie nicht, Prinzessin. Ich bin ja bei Ihnen."

Anna legte das Baby in Katrinas Arm und stützte ihn mit ihrem eigenen Arm. Auf diese Weise konnte Katrina zum ersten Mal in das Gesicht ihrer Tochter blicken.

„Oh, Anna", rief sie leise, „sie ist wunderschön!"

„Natürlich, Prinzessin. Sie ist Ihre Tochter. Wie könnte sie anders als schön sein?"

„Das meine ich nicht, Anna", lächelte Katrina. „Oh ... kannst du dir das vorstellen, Anna – ich habe eine Tochter ... ein kleines Mädchen!"

„Eine neue kleine Prinzessin, die einmal genauso eine feine und hübsche Frau werden wird wie ihre Mutter", sagte Anna liebevoll.

„Ich wünschte, Dmitri wäre hier."

„Er wird bald hier sein, Prinzessin."

„Aber Anna, was, wenn er Poljas Nachricht nicht bekommen hat?"

Auf keinen Fall wollte Anna, daß ihre Herrin sich jetzt Sorgen machte. Sie brauchte unbedingt Ruhe. Daher lenkte sie die Unterhaltung wieder auf das Baby, das sie in ihren Armen hielten.

„Haben Sie schon einen Namen für sie, Prinzessin?" fragte sie.

„Ja, und es ist keiner dieser dummen Namen, über die wir einmal gesprochen haben."

„Welchen Namen soll sie bekommen?" fragte Anna aufgeregt.

Ein schwaches Lächeln flog über Katrinas Gesicht. „Ich möchte sie Mariana nennen."

„Das ist ein schöner Name ... ich mag ihn."

„Das ist der Name, den meine Mutter so geliebt hat – der Name meiner Großmutter. Mariana Natalja Dmitriewna Remisow."

„Ein guter russischer Name, Prinzessin."

„Den wird selbst mein Vater mögen, aber ..." Sie unterbrach sich einen Augenblick. „Anna, ich bin so müde. Nimmst du Mariana bitte?"

„Natürlich, Prinzessin. Sie ruhen sich jetzt einfach aus, und meine Mutter und ich werden gut auf Sie beide aufpassen."

„Und wenn ich aufwache, wird Dmitri hier sein."

„Ja, ich bin sicher, daß er dann hier ist."

Anna nahm den Säugling wieder in ihre Arme und deckte Katrina gut zu. Nachdem sie es der Prinzessin so bequem wie möglich gemacht hatte, ging sie zu ihrer Mutter in der Küchenecke.

Sophia goß gerade Tee in zwei Tassen, und die beiden Frauen setzten sich an den Tisch. Sophia schüttelte den Kopf, die Freude über die Geburt war verflogen.

„Es ist nicht gut, Anna."

„Was meinst du, Mama? Das Baby scheint gesund zu sein, die Prinzessin ruht sich aus ..." Ihre hoffnungsvollen Worte verebbten und wurden durch ein besorgtes Stirnrunzeln ersetzt, als sie sah, daß ihre Mutter auch weiterhin den Kopf schüttelte.

„Die Prinzessin blutet", sagte Sophia.

„Ist das nicht normal, Mama? Es blutet doch immer ein bißchen und –"

„Nicht nur, weil Haut gerissen ist, Anna. Sie blutet innerlich, und zwar sehr heftig."

„Du kannst doch sicher etwas dagegen unternehmen?"

„Ich habe schon erlebt, daß selbst der Arzt eine solche Blutung nicht zum Stillstand bringen konnte."

„Aber Mama –"

„Ich denke, ich werde den Priester holen müssen."

„Mama!"

„Schsch, Kind!"

Sophia erhob sich. „Ich werde bei Polja vorbeigehen und nach den Kindern sehen. Und das Baby braucht eine Amme. Ich habe hier einen Trank, Anna. Wenn die Prinzessin aufwacht, mische ihn mit etwas Tee und achte darauf, daß sie alles austrinkt."

Verzweifelt ergriff Anna die Hand ihrer Mutter.

„Mama!"

„Es tut mir leid, Kind. Ich weiß, wie sehr du sie liebst. Aber alles, was wir jetzt noch für sie tun können, ist beten."

73

Als sich die Tür hinter ihrer Mutter geschlossen hatte, starrte Anna auf das Baby, das immer noch in ihrem Arm lag. Sie bekreuzigte erst das Baby, dann sich selbst.

Gott hatte dieses Kind aus einem bestimmten Grund am Leben gelassen, den nur er kannte. Das war das Geheimnis des Lebens – nur der Vater im Himmel wußte alles. Aber was auch passieren würde, dieses süße Kind würde niemals allein sein – nicht, wenn Anna es verhindern konnte!

Was denke ich denn nur, schalt sie sich. *Sicher hat Mama diesmal unrecht. Die Prinzessin schläft jetzt, und alles wird wieder gut werden. Der Graf wird bald kommen und seine Familie mit nach Hause nehmen.*

Das Kind bewegte sich in Annas Armen und stieß einen leisen Seufzer aus. Es schien im Augenblick vollkommen zufrieden zu sein, nun, da sein Kampf, auf die Welt zu kommen, hinter ihm lag. Die winzige Mariana bemerkte den Aufruhr um sie herum nicht. Noch vor einigen Tagen hatte Katrina sich laut gefragt, ob sie wohl jemals wieder glücklich sein würden. Anna fragte sich das jetzt auch.

„Anna", ertönte eine leise Stimme vom anderen Ende des Zimmers.

Anna legte das schlafende Kind in einen Korb mit Wäsche, den sie und ihre Mutter als provisorische Wiege vorbereitet hatten.

Man stelle sich vor, dachte sie, *der erste Schlaf dieses adeligen Kindes in unserem Wäschekorb!*

Sie ging zu ihrer Herrin hinüber.

„Anna, ich bin so warm ... und feucht", sagte sie. Ihre Stimme war kaum zu hören.

„Sie haben gerade ein wunderhübsches Baby bekommen, Prinzessin", sagte Anna. „Ein bißchen Blut hinterher ist ganz normal."

„Bist du sicher, Anna? Ich fühle mich so schwach."

„Natürlich, Prinzessin", sagte Anna munter. Den Kloß in ihrem Hals schluckte sie hinunter. „Ich werde das Bettuch wechseln, damit Sie weiterschlafen können." Sie beugte sich hinunter und küßte die Prinzessin. Eifrig machte sie sich an ihre Aufgabe, damit Katrina die Tränen nicht sehen konnte, die aus ihren Augen strömten. Die blutgetränkten Bettlaken legte sie vor die Tür, nachdem sie sie durch frische ersetzt hatte.

Während Anna das Bett neu bezog, bemerkte sie, daß die Prinzessin schnell und flach atmete. Sie nahm an, daß Katrina wieder eingeschlafen war. Fünf oder zehn Minuten vergingen. Anna war fast überrascht, als sie die Stimme ihrer Herrin wieder hörte. Katrina sprach so leise, daß Anna zu ihr gehen und sich über sie beugen mußte, um sie zu verstehen.

„Anna", sagte Katrina schwach, „du wirst mich doch nicht verlassen, oder?"

„Niemals, Prinzessin."

„Anna, habe ich dir jemals gesagt, wie lieb ich dich habe ... daß du mir mehr eine Schwester bist als eine Zofe?"

„Das brauchen Sie mir nicht zu sagen, Prinzessin. Ich weiß es auch so."

„Ich wollte immer eine Schwester haben, Anna."

„Ich fühle mich geehrt, daß Sie so von mir denken, Prinzessin."

„Anna, würdest du mich bitte beim Namen nennen? Das hast du nie getan."

„Natürlich."

„Ich möchte meinen Namen von deinen Lippen hören, so, als wären wir Freundinnen."

„Wir sind Freundinnen. Die besten Freundinnen ... *Katrina*."

Katrina lächelte. Es bedeutete ihr mehr, als sie jemals gedacht hätte.

„Vielen Dank, Anna", murmelte sie und schloß wieder die Augen. „So sollst du mich jetzt immer nennen."

Noch bevor die Worte verklungen waren, war sie wieder eingeschlafen.

74

Anna döste in einem Stuhl neben Katrinas Bett. Das Baby schlief immer noch friedlich inmitten der ganzen Wäsche. In der Hütte war es still.

Als die Tür sich öffnete, fuhr Anna mit einem Ruck aus dem Schlaf hoch.

Ihre Mutter war mit dem Priester zurückgekommen. Die Angst packte Anna. Der Anblick des Priesters, in seinen besten Kleidern, die normalerweise nur für die höchsten Festtage reserviert waren, brachte sie augenblicklich in die Wirklichkeit zurück. Angesichts der Kleider und der Eile, mit der er zu der ärmlichen Bauernhütte gekommen war, mußte ihre Mutter dem Priester die Identität ihres hohen Gastes verraten haben.

Der Priester ging zum Bett hinüber. Anna erhob sich und knickste respektvoll. „Anna Jewnowna", sagte er mit einem ernsten Kopfnicken. Sein langer, grauer Bart ging ihm bis zur Brust.

„Vater Korigow“, gab Anna zurück.

Der Priester besah sich die Gestalt, die im Bett lag. „Ach, noch so jung“, sagte er, dann beugte er den Kopf und machte das Kreuzeszeichen über ihrem Körper und begann ein Gebet zu singen. *Herr Christus, Sohn Gottes, vergib uns unsere Sünden. Gnadenreicher Gott, dein Wille geschehe; du möchtest, daß alle Menschen vor dir in Heiligkeit der Seele und im Wissen der Wahrheit wandeln. Erweise dieser deiner Dienerin, deine Gnade, wenn sie …*

Katrina wachte auf und öffnete, ohne sich zu bewegen, leicht die Augen, um zu sehen, was los war. Aber die heilige Bedeutung dessen, was da vor sich ging, schien sie nicht zu erfassen.

„Anna …“

„Ich bin hier, Katrina.“ Anna trat einen Schritt vor und ergriff Katrinas Hand. Der Priester fuhr mit seiner Zelebration fort, als sei außer ihm niemand im Raum. Anna verstand nichts von dem, was der Priester sagte, doch allmählich begriff sie die schreckliche Wahrheit. Tränen liefen ihre Wangen hinunter, doch sie gab keinen Laut von sich. Schließlich tauchte Vater Korigow seinen Finger in ein Gefäß mit Weihwasser, das er zu diesem Zweck immer bei sich hatte, und machte ein Kreuz auf Katrinas Stirn.

„Möchten Sie noch einmal beichten, Prinzessin Katrina Viktorowna?“

„Ja, Vater“, murmelte Katrina. Ihre Stimme war kaum zu hören.

„Bitte laß uns allein, Anna“, sagte der Priester.

„Anna …“ Zum ersten Mal klang Katrinas Stimme fast furchtsam. Mit der wenigen Kraft, die ihr noch geblieben war, klammerte sie sich verzweifelt an Annas Hand.

„Sie wird in der Nähe bleiben“, beruhigte sie Vater Korigow. Er sprach mit einer Stimme, die keinen Widerspruch duldete, nicht einmal von einer Prinzessin.

Eine halbe Stunde später verabschiedete sich der Priester mit grimmigem Gesicht. Bevor er ging, verweilte er vor dem Wäschekorb, um das neugeborene Kind zu segnen und für es zu beten.

Der Nachmittag schleppte sich dahin. Sophia ging noch einmal fort und kam mit einer Frau aus dem Dorf zurück, die das Baby stillen sollte. Anna wechselte wieder Katrinas Bettuch. Es war genauso rot wie das, das sie erst vor einer Stunde gewaschen hatte. Ihr Herz sank.

Als Anna wieder hereinkam, ging sie sofort zum Bett ihrer Herrin. Die Prinzessin war wach und schien aufgewühlt und ruhelos zu sein.

„Anna, ich muß mit dir sprechen“, sagte sie. Ihre Stimme war schwach, aber nicht so schwach wie vorher. Ihre angeborene Entschlossenheit kam wieder durch, und Anna schöpfte neue Hoffnung.

„Ja, Prinzessin ... ich bin direkt neben Ihnen.“

„Du mußt mir ein Versprechen geben, Anna.“

„Alles, was Sie wollen, Prinzessin.“

„Ich habe viel darüber nachgedacht, Anna“, fuhr Katrina fort. „Es ist möglich, daß ... Dmitri nicht kommt.“

„Katrina“, unterbrach Anna, „ich weiß, daß er kommen wird! Er liebt Sie viel zu sehr –“

„Anna“, fiel ihr Katrina ins Wort. Obwohl sie leise sprach, war sie doch fest entschlossen, das, was sie auf dem Herzen hatte, auszusprechen. „Anna ... wir wissen nicht, was passieren kann“, fuhr sie fort. „Falls es eintreten sollte ... falls ich ihn nicht wiedersehe –“

Sie brach ab, von ihren Gefühlen und von der Schwäche überwältigt.

„Anna, versprich mir eines“, fuhr sie fort. Sie holte tief Luft. „Versprich mir ... daß *du* Mariana aufziehen wirst. Ich möchte, daß du sie hier in Katyk aufziehst.“

„Ich weiß, daß der Graf kommen wird!“ Anna war ganz verzweifelt und weinte jetzt hemmungslos.

„Ich möchte nicht, daß sie der Falschheit und Zwietracht der Stadt ausgesetzt wird. Und ich möchte nicht, daß sie von Fremden aufgezogen wird. Mein Vater ist noch nicht einmal in der Lage, für sich selbst zu sorgen, geschweige denn für seine Enkelin. Dmitris Mutter – du kannst nicht zulassen, daß ich sterbe in dem Gedanken, daß das Kind vielleicht bei dieser Frau aufwächst!“

„Oh, Prinzessin ... sprechen Sie doch nicht so!“

„Du bist die einzige, der ich meine Tochter anvertrauen würde, Anna ... die einzige, die sie mit der Liebe lieben würde ... die ich ihr nicht geben kann. Ich weiß, ich erwarte viel von dir, liebe Anna, aber du bist meine beste Freundin, meine geliebte Schwester ..."

„Prinzessin", antwortete Anna, „ich würde für Sie sterben, wenn ich könnte. Das, um was Sie mich bitten, ist nichts, was ich nicht gern und freudig für Sie tun würde! Aber bedenken Sie, um was Sie mich bitten. Wir sind doch nur arme Bauern. Mariana ist die Erbin eines Vermögens –"

„Und von Kummer – vergiß das nicht, Anna."

„Kummer gibt es auch in Orten wie Katyk."

„Vielleicht ... aber ich werde wissen, daß du immer hier sein und sie lieben wirst – so, wie du mich geliebt hast. Wenn du willst, daß ich in Frieden sterbe, dann weise meinen Herzenswunsch nicht zurück. Ich muß wissen, daß sie bei dir in Sicherheit ist."

Anna konnte ihrer Herrin diese Bitte nicht abschlagen. Dafür liebte sie sie zu sehr und hatte zuviel Angst um sie. Doch das, was sie dann sagte, waren eher die Worte einer Freundin oder Schwester als die einer Zofe.

Anna kniete an Katrinas Bett nieder und weinte offen und ohne Scham. „Ich verspreche es, Katrina", sagte sie. „Ich werde tun, worum Sie mich bitten. Ich werde Ihrer Tochter dienen und sie lieben, so, wie ich ihre Mutter geliebt habe."

„Danke, Anna", ertönte es schwach vom Bett her.

Die Worte waren kaum zu verstehen. Katrinas Kraft war fast aufgezehrt. Aber ein Lächeln umspielte ihre Lippen.

Sie schloß die Augen. Auf einmal durchzuckte es Anna. Sie griff sich ans Herz. Einen schrecklichen Augenblick lang glaubte sie, das Ende sei gekommen. Aber im nächsten Moment hörte sie einen leisen Atemzug, und ein gleichmäßiges, wenn auch schwaches und angestrengtes Atmen setzte wieder ein.

76

Kurze Zeit später öffnete sich dieTür. Herein kam Mischa, der sehr müde aussah, gefolgt von dem Doktor. Jewno kam schwer atmend drei Minuten später nach. Zu der Zeit stand der Arzt bereits an Katrinas Bett. Jewno ging geradewegs zum Familienbett und ließ sich erschöpft hineinfallen.

Allen drei Männern war sofort klar, daß ein heiliger Moment gekommen war, und keiner sagte ein Wort. Mischa suchte Annas Blick und hielt ihn mehrere Sekunden lang fest. Er spürte ihre Angst und wollte ihr sein Mitgefühl und sein Verständnis übermitteln.

Der Arzt brauchte nicht lange, um Sophias Diagnose zu bestätigen. Er untersuchte das Baby und verkündete, daß es vollkommen gesund sei, für die Mutter aber könne er leider nichts mehr tun. Selbst wenn er bei der Geburt dabeigewesen wäre, hätte er sie wahrscheinlich nicht retten können. Nur Gott könne eine solche Blutung zum Stillstand bringen.

Er tat, was er konnte, um es Katrina bequem zu machen, und fragte dann, ob er sich irgendwo zum Schlafen hinlegen könne. Er war fast die ganze vergangene Nacht auf den Beinen gewesen, wollte aber nicht nach Hause zurückkehren, falls seine Anwesenheit noch einmal benötigt würde. Mischa brachte den Doktor sofort zu seinem Bett im Stall.

Eine weitere Stunde schlich dahin. Jewno schlief, der Doktor schlief, Katrina schlief. Die Amme saß mit dem Baby in der Ecke. Anna, Sophia und Mischa saßen zusammen, warteten und beteten, und die beiden letzteren versuchten, Anna so gut wie möglich zu trösten.

Anna setzte sich neben Katrinas Bett und nahm ihre Hand. Ihr war das Herz schwer. Ohne bewußt darüber nachzudenken, was auf sie zukommen könnte, machte sie sich innerlich doch bereit für das Unausweichliche.

Eine leichte Bewegung ließ sie wissen, daß ihre Herrin zu sich kam. Sie beugte sich nieder und küßte das blasse Gesicht. Katrina öffnete die Augen. Sie lächelte.

„Habe ich dir schon gesagt, daß ich dich liebhabe, Anna?“ fragte sie schwach.

„Ja, Katrina ... ja, das haben Sie. Ich habe Sie auch lieb."

„Wie kannst du mich liebhaben, Anna. Ich bin manchmal so häßlich und ungeduldig. Du bist so gut und rein."

„Bitte, Prinzessin, sagen Sie doch so etwas nicht", erwiderte Anna. Ihre Augen füllten sich erneut mit Tränen.

„Erinnerst du dich noch an den Tag, als wir uns das erste Mal trafen ... im Garten?"

„Ja, natürlich. Das könnte ich niemals vergessen."

„Wir waren so unterschiedlich, wie zwei Menschen nur sein konnten, nicht wahr, Anna?" fragte Katrina. Ihre Stimme schien nach dem Schlafen etwas gestärkt zu sein.

Anna nickte.

„Jetzt sind wir gar nicht mehr verschieden, glaube ich! Ich hoffe, daß ich dir ein wenig ähnlicher geworden bin."

„Oh, Prinzessin, Sie haben mir so viel gegeben! Ich denke, auch ich habe mich verändert – zum Besseren ... so daß ich Ihnen ein wenig ähnlicher geworden bin."

„Meine Freundschaft zu dir ist das Schönste und Kostbarste, das ich je im Leben besessen habe, Anna. Weißt du das? Ich möchte, daß du das weißt."

„Vielen Dank, Katrina. Sie sind die beste Freundin, die ich mir je hätte wünschen können."

„Du hast mir das Leben lebenswert gemacht, Anna." Während sie sprach, hatte sie einen fast heiteren Gesichtsausdruck. Tiefer Friede strahlte aus ihren Augen, ein Friede, der größer war als alles, was sie in ihrem Leben je gekannt hatte. Anna konnte ihre Tränen nicht zurückhalten, sie wollte es auch gar nicht. Sie fühlte, daß ihre Herrin an der Grenze zwischen dieser Welt und der nächsten stand. Katrina war selbst wie ihr neugeborenes Baby. Die Geburt des einen geleitete den anderen durch die Rückseite der Tür, Tod genannt, in ein viel größeres Leben. Und wenn Katrina ihre kleine Mariana auch für eine gewisse Zeit verlassen mußte, so würde es nicht lange dauern, bis sie – und auch Anna – in einer anderen Welt Schwestern sein würden.

Katrina schaute tief in Annas Augen. Der Frieden, der in ihrem Gesicht zu lesen war, ließ sie, die Lernende, für kurze Zeit zur Lehrenden werden.

„Du darfst nicht um mich weinen, Anna", sagte sie leise. „Siehst du, ich weine auch nicht. Ich glaube, ich bin nie glücklicher gewesen im Leben als jetzt, wo ich hier liege."

„Verzeihen Sie, Prinzessin. Ich kann nicht anders", antwortete Anna. Wie sollte sie auch? Sie liebte ihre Herrin; sie liebten sich gegenseitig und schienen zu einem Menschen verschmolzen zu sein. Sie war ihre Dienerin und Freundin gewesen, hatte sie geliebt und ihr freudig gedient. Wie konnte es anders sein, als daß ihr jetzt das Herz brach?

„Du darfst nicht vergessen, was du mir die ganze Zeit über immer wieder gesagt hast – daß der Wille Gottes über allem steht. Du hast mir das beigebracht, und noch so vieles andere über unseren himmlischen Vater, und ich liebe dich. Ich hoffe, daß ich auch Gott liebe, aber ich könnte meine Liebe zu dir niemals von meiner Liebe zu Gott trennen. Wenn du nicht gewesen wärst, Anna, wäre Gott mir niemals so nahe gekommen. Ich bin so froh, daß er dich mir geschickt hat!"

Anna weinte immer noch. Sie konnte nicht sprechen.

Eine lange Stille folgte. Katrina schloß die Augen wieder und entspannte sich. Anna war der Meinung, ihre Herrin würde schlafen. Auf einmal weiteten sich Katrinas Augen.

„Anna!" rief sie leise. „Anna ... halte meine Hand."

„Ich halte sie in meiner, Prinzessin."

„Ich ... ich kann sie nicht spüren ... ich kann nicht ... Anna, wo bist du?"

„Neben Ihnen, Katrina – ich bin ja hier."

„Ich kann dich nicht sehen ... es kommt ... das Licht ist so hell ... Anna, halt mich fest, Anna ..."

Anna erhob sich von ihrem Stuhl, setzte sich auf das Bett und nahm die zerbrechliche Gestalt in ihre Arme. Sie bettete den Kopf der Prinzessin in ihren Schoß und streichelte sanft Katrinas Haare und Wangen.

„Ich danke dir ... du hast mich so glücklich gemacht ... ich liebe dich, Anna ... ich – ich ... auf Wiedersehen, Anna ... ich –"

„Prinzessin ... Katrina! Ich liebe Sie, Katrina!"

Anna spürte, wie der Körper geschüttelt wurde, und ein Ausdruck der Zufriedenheit legte sich auf Katrinas Gesicht. Und so, eingebettet in die Liebe ihrer Freundin und Zofe, starb Katrina in Annas Armen.

76

Die sanfte Nachmittagsbrise brachte die süßen Wohlgerüche des Sommers mit sich – den Duft der aufblühenden Blumen, des reifenden Getreides auf den Feldern und der grünen Weide.

Vierundzwanzig Stunden lang hatte Anna das Haus kaum verlassen. Doch jetzt trat sie vor die Haustür. Sie mußte die frische Landluft einatmen und versuchen, wieder zu sich selbst zu finden.

In der Ferne hörte sie das Rauschen des Flusses, der sich durch die Wiese schlängelte. An seinem Ufer wuchs ihre alte Weide, unter der sie in der Vergangenheit so oft die Einsamkeit gesucht hatte. Es war gut, wieder an die Welt da draußen erinnert zu werden, und daran, daß das Leben trotz ihres nagenden Schmerzes weiterging.

Anna fand ihren Papa im Hühnerhaus, wo er die Eier einsammelte. Mit seinen großen Händen nahm er jedes Ei unglaublich sanft hoch. Jewnos Körper widersprach seinem inneren Wesen. Dieser große, stämmige Bauer trug in sich eine Sanftheit, mit der er den Flügel eines Schmetterlings heilen oder dem gebrochenen Herzen seiner Tochter wieder Hoffnung geben konnte. Er konnte zwar nicht lesen, und in seinem ganzen Leben war er nie weiter als zweihundert Werst von seinem Geburtsort entfernt gewesen – und doch hatte er mehr Lebensweisheit als jeder Gelehrte an den besten Universitäten des Landes.

Sie sprachen lange miteinander. Jewno tröstete seine Tochter, so gut er es vermochte. Anna weinte viel, aber an der breiten Brust ihres Vaters fand sie Trost, Zuflucht und die ersten, zarten Schößlinge neuer Hoffnung.

Sie erzählte ihm von ihrem Versprechen, das sie Katrina gegeben hatte, und fragte ihn, ob sie wohl richtig gehandelt hätte.

„Diese Frage kann nur dein Herz beantworten, kleine Annuschka“, erwiderte er. „Gott spricht zu dir, genauso wie zu mir. Wenn du zuhörst, wirst du es wissen.“

„Wie werde ich es wissen, Papa?“

„Das kann ich dir nicht sagen, mein Kind. Du wirst mit dem Vater des Kindes sprechen müssen. Du dienst jetzt ihm genauso wie dem Kind."

Er lächelte und küßte ihre Wange. „Aber falls ihm etwas zustoßen sollte oder bis die gegenwärtige Gefahr vorüber ist, ist unser Haus immer noch groß genug für so ein kleines Wesen, nicht? Wie würde es mein altes Herz erfreuen!"

Annas Augen füllten sich mit Tränen.

„Meine arme Annuschka!" Jewno stellt den Korb mit den Eiern ab und nahm sie in die Arme. „So viel Kummer ist über dich gekommen. Aber er wird dich stärker machen, Anna. Du brauchst keine Angst zu haben. Deine Schultern scheinen dir vielleicht schmal zu sein, doch sie sind stark genug, auch diese Last zu tragen. Und denk daran, du bist niemals allein. Helfer sind immer in der Nähe – ganz besonders der große Helfer über uns."

Anna verließ das Hühnerhaus. Ihr war jetzt etwas leichter ums Herz. Sie ging zum Fluß und setzte sich unter ihre alte Weide.

Wieviel Zeit vergangen war, wußte sie nicht. Als sie Schritte hinter sich hörte, drehte sie sich um und stand auf.

„Oh, Mischa!" sagte sie und ließ sich in seine Arme fallen. Sie klammerte sich an ihn, als sie erneut zu weinen anfing. „Ich habe sie so liebgehabt!"

Mischa sagte nichts, hielt sie nur liebevoll an sich gedrückt und streichelte ihren Kopf.

Den ganzen Tag über hatten sie nicht viel miteinander gesprochen. Mischa war mit Jewno unterwegs gewesen und hatte für die Überführung von Katrinas Leichnam nach St. Petersburg Vorbereitungen getroffen.

„Alles ist bereit", sagte er schließlich. „Dein Vater und ich, wir müssen uns auf den Weg machen, wenn wir noch vor Einbruch der Dunkelheit in Pskow eintreffen wollen."

Anna nickte. „Ich verlasse dich nur ungern", fuhr Mischa fort. „Nicht jetzt ..."

„Ich weiß", sagte Anna. „Aber Sie müssen."

Sanft löste sich Mischa aus ihrer Umarmung, nahm ihre Hand und führte Anna zum Baum zurück.

„Setz dich, Anna", sagte er. „Da ist noch einiges, das wir besprechen müssen, bevor ich reise."

Sie gehorchte und versuchte, sich auf die Entscheidungen zu konzentrieren, die getroffen werden mußten.

„Der Leichnam wird anonym reisen, damit Anickin, sollte er es versuchen, Katrinas Spur nicht zurückverfolgen und das Baby ausfindig machen kann. Wenn ich ankomme, werde ich sofort den Grafen suchen. Sollte es mir gelingen, ihn zu finden, werde ich ihm alles überlassen. Falls nicht, werde ich zu Polja und Mrs. Remington gehen. Sie werden die Angelegenheiten in beiden Häusern regeln, bis ich Graf Remisow gefunden habe oder wir anderweitig entscheiden, was zu tun ist."

„Was ist mit dem armen Prinzen Fedortschenko?" fragte Anna.

„Ja, ich habe auch an ihn gedacht. Die ganze Angelegenheit muß jedem verdächtig erscheinen: ihm, dem Grafen, Mrs. Remington. Hier sind wir – ein Kosak, der keinerlei Verbindung zur Familie hat, und eine Zofe –, die sagen, daß die Prinzessin uns befohlen hat, sie aus der Stadt zu bringen und ihr Kind hier in einer Bauernhütte zu behalten, anstatt es zu ihrer eigenen Familie zu bringen. Wer sind wir denn schon, daß man uns glauben sollte?"

Anna seufzte. „Wir müssen dafür beten, daß Sie den Grafen Remisow finden", meinte sie. „Er ist der einzige, der wußte, wie groß die Gefahr war. Und er ist wahrscheinlich auch der einzige, der Katrina gut genug kannte, um zu wissen, daß das, was sie getan hat, das einzig Richtige in der Situation war."

Sie machte eine Pause und seufzte wieder. „Ich wünschte nur –" Dann brach sie ab. „Nein, so etwas darf ich nicht denken. Ich darf auch seinen Namen nicht mehr aussprechen. Er ist nicht hier, und wir müssen darum beten, daß Gott uns zeigt, was wir tun sollen."

Mischa schwieg. Er kannte ihr Herz, und er wußte, wem es gehörte.

„Du sollst wissen, daß ich dir helfen werde, wo ich kann", sagte Mischa schließlich.

Anna schaute zu ihm auf und lächelte. „Ja, Mischa, das weiß ich", erwiderte sie sanft. „Sie sind immer dagewesen, wenn ich Sie gebraucht habe."

Sie schwiegen eine Weile. „Oh, Mischa!" rief Anna schließlich. „Ich habe einfach Angst. Ich habe Katrina versprochen, für ihre Tochter zu sorgen, falls Graf Dmitri nicht zurückkommt. Aber wie Sie gesagt haben, alles ist so … so verwirrend und ungewöhnlich. Ich weiß gar nicht, wie ich so etwas tun konnte."

„Du hast es versprochen."

„Natürlich! Ich würde alles für Katrina tun. Ich würde ihr Kind genauso lieben, wie wenn es mein eigenes wäre. Aber was für ein Leben kann ich ihm bieten? Ich habe so viele Fragen. Werde ich eines Tages in die Stadt zurückkehren oder für immer hierbleiben? Ich bin so verwirrt und weiß gar nicht, was das richtige ist."

„Ich kann deine Fragen nicht beantworten, Anna. Ich weiß nur, daß du Prinzessin Katrinas Tochter trotz Armut ein glücklicheres Leben bieten könntest, als sie je in allen Palästen Rußlands finden würde. Sie würde deine Liebe haben."

Mehrere Minuten lang sprach niemand ein Wort. Mischa schien tief in Gedanken versunken zu sein. Schließlich riß er sich von den wogenden Feldern los und blickte Anna ernst an.

„Wir kennen uns nun schon seit einigen Jahren, nicht wahr, Anna Jewnowna?"

Anna nickte.

„Seit dem Tag, an dem ich dich so verängstigt und nervös im Winterpalast getroffen habe. Du warst nicht einmal geistesgegenwärtig genug, dich vor dem Zaren zu verbeugen", fügte er lächelnd hinzu.

Anna lachte hell. Es war eine so angenehme Erinnerung, und es tat gut, an glücklichere Zeiten zurückzudenken.

„Sie waren in der Tat immer da, um mir zu helfen, Mischa", meinte sie.

„Und ich möchte es auch heute sein."

„Sie sind es."

Für eine Weile wendete Mischa seinen Blick wieder ab, dann schaute er Anna stirnrunzelnd wieder an.

„Du bist nicht die einzige, die ein Versprechen einzulösen hat, Anna", sagte er. „Auch ich habe dem Haus Fedortschenko ein Versprechen gegeben. Aber mein Versprechen war, daß ich alles mir mögliche tun werde, um für dich zu sorgen."

Anna schaute weg.

„Es hat den Anschein, daß die Zeit vielleicht gekommen ist, mein Versprechen einzulösen –"

„Ich möchte nicht, daß Sie mir gegenüber eine Verpflichtung empfinden", unterbrach ihn Anna.

„Bitte, hör mich zu Ende an", fuhr Mischa fort. „Das Wort ‚Verpflichtung' war vielleicht nicht gut gewählt. Verpflichtet, wie du sagst, fühle ich mich nur der Liebe. Wie du dein Versprechen, das du der Prinzessin gegeben hast, einlösen willst, so möchte ich gern meines, das ich ihrem Bruder gegeben habe, einlösen ... dauerhaft."

„Mischa, wovon sprechen Sie?"

„Daß ich das Land bestellen, Pacht zahlen und tun möchte, was notwendig ist, um dir und dem Kind ein gutes Leben zu ermöglichen. Ich möchte dich heiraten, Anna – um für dich zu sorgen und das Leben mit dir zu teilen, damit auch nicht der leiseste Schatten wegen des Kindes auf deinen Ruf fällt."

„Oh, Mischa ...!" Anna fehlten die Worte. Sie brauchte eine Zeit, um sich wieder zu fassen. Endlich sagte sie mit leiser Stimme: „Ich könnte so etwas niemals erwarten ..."

„Ich möchte das nicht tun, weil du es vielleicht erwartest oder wegen meines Versprechens ... sondern weil ich dich mag. Es wäre mir eine große Ehre, dir zu dienen und dich zu lieben – und dich meine Frau zu nennen."

Anna seufzte tief, und ihre Augen füllten sich mit Tränen. Sie mußte an Katrinas Bruder denken. Niemals hatte sie darüber nachgedacht, sich einem anderen Mann zuzuwenden. Aber vielleicht war ihre märchenhafte Romanze wirklich nur das gewesen – ein Märchen. Auf einmal wurde sie mit der harten Wirklichkeit konfrontiert. Wie sollte sie ein Kind allein aufziehen können? Wie würde sie ihren Lebensunterhalt verdienen? Ihre Eltern würden nicht ewig für sie sorgen können; sie waren schon alt. Und wie sollte sie verhindern, daß über sie geredet wurde, besonders, wo sie geheimhalten mußte, wer die Eltern des Kindes waren? Ihr selbst würde das nichts ausmachen, aber Katrinas Tochter hatte etwas Besseres verdient.

„Sie würden mich heiraten", sagte sie schließlich, „in dem Wissen, daß ein Teil meines Herzens immer einem anderen Mann gehören würde?"

„Meinst du, daß ich über all das nicht schon viel nachgedacht hätte?" antwortete Mischa. „Aber das Leben ist kein Märchenbuch für kleine Kinder. Es ist voller Schwierigkeiten und Kummer, voll von Unerwartetem. Auch ich habe jemanden geliebt – oder es zumindest gedacht, bevor ich dir begegnet bin. Und wenn du geliebt hast, und vielleicht immer noch liebst, dann bete ich dafür, daß es vielleicht einen Teil deines Herzens gibt, der lernt, auch mich zu lieben. Ja, Anna, ich würde dich trotzdem heiraten, und ich hoffe sehr, daß du mich heiraten wirst."

„Haben Sie mit meinem Vater gesprochen?"

„Noch nicht. Ich wollte zuerst dich fragen, ob es Sinn hat, mit ihm zu sprechen. Mit deiner Erlaubnis werde ich ihn noch heute um deine Hand bitten."

„Sie können mit ihm sprechen, Mischa", sagte Anna schließlich. „Aber wir brauchen ja noch nichts zu entscheiden. Wir müssen mit dem Grafen Remisow sprechen. Und ich brauche Zeit, um alles, was geschehen ist, zu verarbeiten."

„Natürlich, Anna. Ich verstehe. Zuerst muß ich ja die Prinzessin nach St. Petersburg bringen, dann unbedingt den Grafen finden und schließlich auch meine Angelegenheiten im Palast in Ordnung bringen."

„Was werden Sie tun, Mischa?"

„Falls ich mein Leben hier mit dir verbringen werde, werde ich meinen Posten im Palast aufgeben. Aber für den Augenblick werde ich versuchen, meinem Kommandeur die Gründe für meine Abwesenheit so gut wie möglich zu erklären. Ich werde es eine Familienkrise oder so etwas nennen. Dann komme ich so schnell wie möglich mit Neuigkeiten zu dir zurück."

„Schreiben Sie mir, sobald Sie etwas erfahren."

„Ich würde die Informationen lieber meinen eigenen Lippen anvertrauen, überbracht auf dem Rücken eines Pferdes. Du weißt doch, wir Kosaken lieben es zu reiten!"

„Das habe ich schon gehört", lächelte Anna.

„Sei versichert, daß ich dich so schnell wie möglich benachrichtige, wie die Dinge in der Hauptstadt und in den beiden Häusern stehen. Du wirst hier in Sicherheit und gut versorgt sein, dessen bin ich sicher."

„Meine Familie wird mich ohne Zweifel behandeln, als sei ich eine Prinzessin!"

„Und das Kind?"

„Meine Mutter und ich werden für es sorgen, als wenn es unser eigenes wäre. Aber jetzt müssen Sie und mein Vater gehen!"

Mischa erhob sich und ging zur Hütte zurück.

„Du wirst in Kürze von mir hören, Anna“, sagte er. „Ich bete darum, daß du mein Angebot annimmst.“

„Sie können sicher sein, daß ich ernsthaft darüber nachdenken werde.“

Nachdem Mischa gegangen war, blieb Anna noch bei der Weide. Sie weinte wieder, obwohl sie nicht wußte, ob sie nun um Katrina, Mariana oder um ihrer selbst willen weinte.

77

Jewno verbrachte die Nacht in Pskow und kehrte erst am folgenden Morgen nach Katyk zurück.

Eineinhalb Wochen vergingen. Dann kam ein Brief aus der Stadt. Hastig öffnete sie ihn und begann zu lesen:

„Liebe Anna Jewnowna,

Ich hatte gehofft, Dir persönlich berichten zu können, aber bestimmte Umstände hindern mich daran, und hier gibt es immer noch viel zu tun. Ich muß meine Pflichten im Palast wahrnehmen, doch mir wurde viel Freiheit eingeräumt. Daß ich einmal dem Vater des Zaren das Leben gerettet habe, bringt mir immer noch viele Vorteile.

Ich bin glücklich, Dir berichten zu können, daß ich den Grafen Remisow ausfindig gemacht und auch schon mit ihm gesprochen habe. Leider muß ich Dir mitteilen, daß er im Augenblick im Gefängnis ist. Eine Frau wurde auf der Wassili-Insel tot aufgefunden, erschossen mit seiner Pistole. Seine Uniform war über und über mit ihrem Blut bespritzt. Eine Untersuchung des Falles ist eingeleitet. Wahrscheinlich wird er freigelassen, aber Anickin ist immer noch in Freiheit und zu allem fähig. Er hat auch diese Frau umgebracht. Remisow ist verzweifelt über den Tod der Prinzessin, und im Augenblick ist er in einer sehr schlechten Verfassung. Daher habe ich ihm nichts von seiner Tochter erzählt. Wenn ich seine Entlassung erwirken kann, werde ich ihn über den Stand der Dinge informieren und zu dir bringen.

Soweit bekannt ist, hat die Prinzessin Dich beauftragt, sie aus der Stadt zu bringen, um Anickin zu entfliehen. Über das Ziel ihrer Flucht habe ich Stillschweigen bewahrt. Ich habe darauf geachtet, daß die Nachricht, die die Prinzessin für den Grafen bei Polja hinterlassen hat, vernichtet wurde und Polja die Angelegenheit für sich behält. Ich hoffe sehr, daß mir meine Lüge vergeben wird: ich habe nämlich erzählt, das Baby der Prinzessin sei in einem Landgasthaus geboren worden, das Kind sei tot gewesen, und der Doktor, den wir zur Geburt hinzugezogen hätten, habe für die Beerdigung des Kindes gesorgt, sei aber nicht in der Lage gewesen, das Leben der Prinzessin zu retten, die eine starke Blutung gehabt habe als Folge der Geburt. Ich habe weiter erzählt, daß ich Dich in Deinem Kummer nach Hause zu Deinen Eltern geschickt und den Leichnam der Prinzessin nach St. Petersburg begleitet habe. Für den Augenblick waren dadurch alle aufkommenden Fragen beantwortet.

Aber Mrs. Remington ist natürlich ziemlich neugierig, obwohl sie in ihrer momentanen Trauer keinen Grund hat, meine Geschichte anzuzweifeln. Prinz Fedortschenko weiß von all dem nichts, obwohl man ihn über alles informiert hat. Mrs. Remington hat alle Vorbereitungen getroffen. Der Prinz hat zwar an der Beerdigung seiner Tochter teilgenommen, als er ging, murmelte er aber etwas davon, daß alles in Ordnung kommen würde, wenn Natalja und Katrina von der Krim zurückkämen.

Ich bin davon überzeugt, daß der Graf, wenn ich ihn nach Katyk begleite und ihm seine Tochter in den Arm lege, wieder zu sich kommen wird. Dann, so hoffe ich, wird jemand, der etwas vernünftiger ist, entscheiden, was zu tun ist.

Hier herrscht große Traurigkeit, wie wahrscheinlich auch in Deinem Herzen. Ich teile Deinen Kummer.

Ich hoffe, daß ich den Grafen bald zu Dir bringen und Dich wiedersehen kann. Was immer er auch in bezug auf seine Tochter entscheiden wird, mein Angebot an Dich gilt, und ich werde mir von Tag zu Tag sicherer.

Ich bin
Dein Diener,
LT. MICHAIL IGOROWITSCH
GRIGOROW“

Gegen Ende Juli kamen der Kosak und der Graf nach Katyk geritten. Vor der Hütte von Jewno Pawlowitsch stieg Mischa als erster ab und rannte zur Tür. Dmitri wunderte sich, daß er die Zofe seiner Frau mit solcher Wärme und Zuneigung umarmte, sagte aber nichts. Dann kam Anna auf ihn zu.

„Graf Remisow", sagte sie, „ich bin untröstlich über Prinzessin Katrinas Tod."

Dmitri zwang sich zu einem Lächeln. „Vielen Dank, Anna Jewnowna. Nach dem, was Leutnant Grigorow erzählt hat, hast du viel für meine Frau und meine Tochter getan. Du warst treuer, als die meisten deines Standes gewesen wären. Ich stehe tief in deiner Schuld."

„Vielen Dank, Graf Remisow. Möchten Sie Ihre Tochter sehen?"

„Ja ... ja, natürlich!"

Anna führte ihn in die Hütte, stellte ihn ihren Eltern vor und beugte sich nieder, um das schlafende Kind hochzunehmen. Liebevoll legte sie es in die Arme des Vaters.

„Graf Remisow, darf ich Ihnen Mariana Natalja Dmitriewna Remisow vorstellen? Diesen Namen hat ihr Ihre Frau kurz nach der Geburt gegeben."

Dmitri nahm sie etwas ungeschickt und schaute in das kleine, schlafende Gesicht, als wollte er sich in ihr wiederfinden.

„Sie ist wunderschön, finden Sie nicht?" fragte Anna nach einer Weile. Dmitri nickte. Er war es nicht gewohnt, Gefühle zu zeigen, und wußte nicht, wie er mit den Emotionen fertig werden sollte, die in ihm hochstiegen. Angestrengt versuchte er, etwas zu sagen, brachte aber keinen Ton heraus. Schnell gab er das Kind Anna zurück, drehte sich um und ging zur Hintertür hinaus, in der Hoffnung, sich in der frischen Luft wieder fassen zu können.

Anna und Mischa schauten sich seufzend an. Dann erzählte Mischa kurz, was sich seit seinem letzten Brief ereignet hatte, wie er Dmitris Entlassung erwirkt und daß er ihm auf der Reise nach Katyk alles erklärt habe. In St. Petersburg wußte niemand von Marianas Existenz. Seit dem Angriff hatte niemand etwas von Basil Anickin gehört.

Nach einigen Minuten verließ Anna die Hütte, um den Mann ihrer Herrin zu suchen. Sie sah ihn, wie er sich von der Hütte entfernte. Schnell eilte sie hinter ihm her.

„Graf Remisow“, sagte sie, als sie ihn eingeholt hatte, „was soll ich jetzt tun?“

„Was meinst du, Anna?“ fragte er, immer noch weitergehend.

„Ich war die Zofe von Prinzessin Katrina. Ich werde jetzt Ihnen dienen, falls Sie das wünschen.“

„Ja ... ja, ich verstehe. Danke, Anna“, erwiderte Dmitri abwesend. Auf einmal blieb er stehen und wandte sich Anna zu, legte seine Hand auf ihren Arm und sprach mit gänzlich veränderter Stimme.

„Aber ... wie kannst du mir dienen wollen?“ fragte er. „Warum bist du so freundlich zu mir nach allem, was ich getan habe?“

„Meine Herrin hat Sie geliebt, Euer Exzellenz. Da ich in ihrem Dienst stand, werde ich auch Ihnen dienen, denn Sie sind mein Herr, wie sie meine Herrin war.“

„Aber ich habe euch beide alleingelassen!“

„Sie konnten doch nicht wissen, daß Basil Anickin einbrechen würde.“

„Es ist mehr als das, Anna – das weißt du sicher. Ich habe als Ehemann versagt! Als ich erfuhr, daß sie ein Baby bekommen würde, wurde ich von einer solchen Angst gepackt, daß ich in meinen alten Lebensstil zurückverfallen bin. Du weißt, in wie vielen Nächten ich Katrina alleingelassen habe oder erst spät und betrunken nach Hause gekommen bin. Ich habe niederträchtig gehandelt, Anna – du allein weißt das ganz genau, du, deren Unschuld und Reinheit und Güte Katrina immer so bewundert hat. Wie kannst du mir dienen wollen?“

Er wandte sich ab, doch nichts konnte die Flut aufhalten, die ihm schließlich in die Augen trat. Tränen der Verzweiflung und der Selbstvorwürfe rannen ihm die Wangen hinunter.

„Und dann, in der Stunde ihrer größten Not“, fuhr er schließlich fort, „war ich nicht Manns genug, an ihrer Seite zu bleiben! Wie ein Narr bin ich wieder fortgegangen, und als Anickin versucht hat, euch beide zu töten, habe ich Faro gespielt und Wodka getrunken! Ich verdiene es nicht, ein Mann genannt zu werden!“

„Sie dürfen nicht sich die Schuld geben – Sie konnten es doch nicht wissen“, sagte Anna eindringlich.

„Wenn ich sensibel genug gewesen wäre, wäre ich bei euch

geblieben. Doch statt dessen bin ich losgezogen, um ihn zu finden – und habe gar nichts erreicht. Ich hatte Katrina gar nicht verdient, und ich verdiene es nicht, der Vater ihrer Tochter zu sein! Anickin ist noch immer in Freiheit, und wir werden immer in Furcht vor seiner Rache leben. In meinem Haus wird es niemals Frieden geben! Katrina kannte mich gut, Anna. Sie wußte, daß sie sich nicht auf mich verlassen konnte, deshalb wollte sie die Stadt verlassen, um dich, sich selbst und das Kind zu schützen. Und ich habe sie nie wiedergesehen! Ich war nicht da, als sie mich am meisten gebraucht hätte! Und wo war ich? Im Gefängnis, in einen schrecklichen Mord verwickelt, den mein Leichtsinn verschuldet hat!"

Anna hatte ihn niemals so niedergeschlagen gesehen, so von Schuldgefühlen zerfressen über das Unglück, das über ihn hereingebrochen war. Seine Lebensfreude, seine frühere Arroganz waren vollkommen verschwunden. Er war ein Mann, der im Angesicht seiner größten Prüfung erkennen mußte, daß er versagt hatte.

„Guter Gott … weißt du, was ich getan habe?"

„Katrina hat nie etwas anderes als Liebe für Sie empfunden", sagte Anna. In ihrem Herzen erwachte eine große Zuneigung zu diesem Mann, vor dem sie sich immer gefürchtet hatte. „Sie müssen mir glauben, daß sie Sie für nichts verantwortlich gemacht hat. Sie wußte, daß Sie sie schützen wollten, indem Sie versuchten, Basil Anickin aufzuspüren."

„Aber ich habe ihn nicht erwischt! Dieses Ungeheuer ist immer noch in Freiheit und auf meinen Kopf aus. Wenn er von der Geburt des Kindes erfährt, wird er auch hinter meiner Tochter her sein, daran habe ich keinen Zweifel. Es ist nur eine Frage der Zeit. Ich konnte ihn nicht aufhalten. Ich war nicht stark genug!"

„Ich bin sicher, Sie werden einen Weg finden, sich vor ihm zu schützen, wenn wir erst wieder in der Stadt sind und –"

Anna brach plötzlich ab. „Das heißt", fuhr sie fort, „falls Sie mich behalten wollen, Euer Exzellenz, um Ihnen mit dem Kind zu helfen und Ihnen in der einen oder anderen Weise zu dienen."

„Natürlich möchte ich deine Hilfe, Anna", sagte Dmitri. „Katrina würde nichts mehr wollen, als daß du ihrer Tochter dienst, wie du ihr gedient hast."

„Es würde mir eine Ehre sein, Euer Exzellenz."

„Aber verstehst du denn nicht, Anna ... ich kann Mariana – oder dich – nicht mit in die Stadt zurücknehmen! Keiner von euch beiden wäre sicher dort. Und ich bin wohl kaum fähig, ihr ein Vater zu sein oder einen Haushalt zu führen."

„Mariana ist doch Ihre Tochter, Graf Remisow. Sie gehört zu Ihnen."

„Vielleicht ... natürlich – sicher hast du recht, Anna. Eigentlich. Aber im Augenblick ... ich glaube nicht – das heißt, ich wüßte sie viel lieber hier bei dir ... hier ... weit weg von allem, was ihr schaden kann."

„Euer Exzellenz –"

„Bitte, Anna, ich habe mich entschieden. Es ist das Beste so. Bitte ... erweise deiner Herrin diesen Dienst. Ich werde für euch beide sorgen. Wenn die Gefahr beseitigt ist und ich der Vater sein kann, den sie braucht – ein Vater, auf den ihre Mutter stolz sein könnte –, werde ich nach dir schicken. Aber bis dahin wird sie viel besser bei dir aufgehoben sein."

Anna schwieg. War das die Bestätigung, daß sie die Bitte Katrinas wirklich erfüllen sollte? Daß es so am besten war? Mischa hatte ihr versichert, daß er dem Grafen von Annas Versprechen nichts erzählt hatte.

Und doch wußte sie, daß sie alles in ihrer Macht stehende tun mußte, um Katrinas Tochter mit ihrem Vater zusammenzubringen, ob er sich nun als Vater geeignet fühlte oder nicht.

„Dmitri –" sagte sie, kaum bemerkend, daß sie ihn mit seinem Vornamen anredete, „nichts von alledem kann etwas daran ändern, daß Sie jetzt eine Tochter haben, die Ihre Fürsorge braucht."

„Meine Fürsorge! Hast du denn nicht zugehört, Anna? Ich bin mehr als wertlos für sie, so, wie ich es für Katrina gewesen bin – auch schon vor diesem Angriff Anickins. Du selbst mußt es doch wissen – auch wenn du so etwas niemals zugeben würdest."

„Aber Ihre Verantwortung –"

Aufstöhnend wendete sich Dmitri ab, entfernte sich einige Schritte von ihr und barg sein Gesicht in seinen Händen. Dieses Wort hatte ihn bis ins Herz getroffen. Anna zitterte vor dem, was sie angerichtet hatte. Sie stand still und beobachtete seinen Rücken und seine zuckenden Schultern.

Endlich beruhigte er sich wieder und drehte sich langsam zu Anna um. Seine Qual und Schuld standen ihm ins Gesicht geschrieben. Traurigkeit ergriff Besitz von Annas Herz. Er sah aus wie ein Kind, das sich verirrt hatte und nicht wußte, wo es hingehen sollte. Einen Augenblick fürchtete Anna um seinen Geisteszustand. Doch als er schließlich sprach, war seine Stimme gefaßt und kontrolliert, als ob er sich gezwungen hätte zu sprechen, damit er nicht vollkommen in Unvernunft und Wahnsinn versank.

„Verantwortung", sagte er langsam und leise, „Verantwortung war noch nie meine Stärke. Katrina wußte, daß sie sich nicht auf mich verlassen konnte, und jetzt mußt du ihrem Vorbild folgen, Anna. Wie ich schon sagte, ich habe meine Entscheidung getroffen."

Anna zögerte, ihm noch weiter zuzureden.

„Die kleine Mariana wird bei dir glücklich und zufrieden sein", fuhr Dmitri fort. „Liebe sie, wie du Katrina geliebt hast. Ich werde in die Hauptstadt zurückkehren und alles tun, was erforderlich ist. Wenn ich zurückkomme, werde ich Mischas Geschichte bestätigen, daß das Kind bei der Geburt gestorben ist. Ich werde einen kleineren Grabstein anfertigen lassen, der neben dem von Katrina stehen wird, und zu gegebener Zeit werden Basil Anickin und alle anderen vergessen, daß es je ein Baby gegeben hat. Ich werde nach dir und dem Kind schicken ... in zwei Monaten, sechs Monaten ... vielleicht in einem Jahr. Bitte, Anna, tu es für mich ... und für deine Herrin."

Anna seufzte und schaute Dmitri in die Augen.

Endlich nickte sie. „Natürlich", sagte sie, „ich werde Ihnen und Ihrer Tochter so dienen, wie Sie es für das Beste halten, Euer Exzellenz."

„Vielen Dank, Anna. Du bist eine vertrauenswürdige junge Frau."

„Aber ich werde Mariana um ihrer selbst dienen, Euer Exzellenz", fügte Anna hinzu, „und um Ihretwillen. Ich habe meine Herrin geliebt, und ich bin sicher, daß ich zunehmend auch lerne, für die zu sorgen, die sie liebte."

Herbst 1881 – Frühjahr 1882

Triumph und Neubeginn

78

Jewno schlurfte die Straße entlang und zog die alte Lukiv hinter sich her. Der Schritt des alten Bauern war in letzter Zeit müder, und er atmete auch schwerer. Doch im Traum wäre ihm nicht eingefallen, das treue Tier zu reiten.

„Auf dem Rücken eines Pferdes zu sitzen ist etwas für *moujiks* und die *promieschiks*", murmelte er in einer Unterhaltung mit seinem vierbeinigen Begleiter. „Du und ich, Lukiv, wir sind gleichberechtigt, nicht? Du gehst, ich gehe, und wir beide werden miteinander müde."

Er kicherte in seinen zerzausten grauen Bart. Das Pferd wieherte zustimmend.

Jewno blieb einen Augenblick stehen, um nach Luft zu schnappen, und blickte sich im Tal um. Zum Schutz vor der gleißenden Mittagssonne legte er die Hände schützend vor seine Augen. Eine leichte, kühle Brise spielte mit den Blättern der Birken und Buchen; die Blätter waren schon nicht mehr so grün wie noch eine Woche zuvor.

Die Zeit verging wirklich schnell.

Wie der kurze, warme Sommer in den kühlen Herbst übergeht, so schlagen wir neue Wege ein, dachte Jewno. Die besondere Stimmung des Tages ließ ihn philosophisch werden. Trotz seiner fehlenden „Bildung" war er ein Mann, der die feinen Töne und Schwingungen des Universums wahrnahm. Und in der Tat, so wie die Luft mit der neuen Jahreszeit umschlug und die Blätter gelb und braun wurden, genauso deutlich konnte Jewno spüren, daß die Trauer, die sich vor drei Monaten auf sein Haus gelegt hatte, bald vorbei sein würde.

Die Russen konnten vielleicht mit ihren melancholischen Liedern in Moll in Traurigkeit und Unglück schwelgen. Aber wie bei allem in Rußland, stand auf der anderen Seite eine wilde, überschäumende Lebensfreude. Trauer und Freude, das machte Rußland aus.

Der alte Jewno konnte den Anfang der Veränderung bereits spüren. Während er die alte Holzbrücke überquerte, schweifte sein Blick über den kleinen Fluß zu der alten Weide hinüber, wo seine Tochter in altvertrauter Pose saß. Doch diesmal lag kein Buch auf ihrem Schoß, sondern ein kleines, in Decken gehülltes Bündel.

Einmal in Pskow hatte er sich mit einem Eisenwarenhändler unterhalten, während er ihm bei seiner Arbeit zugeschaut hatte. Über den großen Kessel gebeugt, in dem das Metall geschmolzen wurde, hatte er ihm erzählt, daß er, indem er bestimmte Metalle zusammenschmolz, viel haltbarere Werkzeuge herstellen konnte, als wenn er nur ein Metall verwendete.

So war es mit seiner geliebten Anna.

Sie hatte das Feuer der Trauer und des Verlustes durchlebt – oder durchlebte es noch. Sie hatte Personen kennengelernt, Situationen gemeistert und Entscheidungen getroffen, die ihr niemals begegnet wären, wenn sie unter seinem Dach geblieben wäre. Das Feuer ihres Leidens zerschmolz sie zu einem neuen Wesen, es zerbrach sie nicht, zerstörte sie nicht, zehrte sie nicht auf, sondern machte sie stärker – und gab ihr eine Charaktertiefe, die sie anders nicht hätte erreichen können.

Er wußte sehr gut, daß das nicht immer so war. Graf Remisow war das traurige Beispiel eines Mannes, der sich von seinem Kummer zerstören ließ – zumindest im Augenblick. Anstatt ein neues Leben für sich und seine Tochter aufzubauen, hatte er es vorgezogen, sein Leben allein zu meistern. Er wendete sich von der Realität ab, anstatt sich mit ihr abzufinden. Seit seinem kurzen Besuch mit Leutnant Grigorow im Juli hatten sie nichts mehr von ihm gehört. Und so sehr sie seiner Tochter auch alle zugetan waren, machte es sie doch traurig, daß ihr eigener Vater nicht den Wunsch hatte, sein Leben mit ihr zu teilen.

Aber seine Anna ließ sich durch das Feuer der Anfechtung läutern, so wie das Zusammenschmelzen die schwächeren Metalle stärkte. Jeden Tag nahm sie an innerer Stärke zu und entwickelte sich zu einer Frau, auf die ein Vater nur stolz sein konnte.

79

Anna betrachtete das Kind auf ihrem Schoß.

Sie konnte nicht anders – jedesmal, wenn sie ein wenig zur Ruhe kam, mußte sie sich den Inhalt dieses kleinen Bündels anschauen. Eigentlich hätte sie mittlerweile jede winzige Nuance dieses geliebten Gesichtchens kennen müssen. Und doch fiel ihr immer, wenn sie es anschaute, eine neue Facette von Marianas Persönlichkeit und Individualität auf.

Jeden Tag veränderte sich Mariana ein wenig. In diesem Augenblick staunte Anna über die lebendige Farbe der großen Augen des Kindes. Sie erinnerten sie an Sergeis Augen, ein blasses Grau, fast durchsichtig. Marianas unschuldiger Kinderblick gab Anna das Gefühl, als ob tatsächlich die Mutter des Kindes und ihr Onkel durch seine Augen in ihre Seele blickten.

Während diese Gedanken ihr ungewollt durch den Kopf gingen, erkannte Anna, daß sie zum ersten Mal an Sergei denken konnte, ohne diesen schrecklichen Schmerz zu spüren. Ihn in den Augen der kleinen Mariana zu sehen vermittelte ihr eine neue und stille Freude, fast so, als ob unerklärlicherweise das Kind zum Teil ihr eigenes sei.

Allerdings hatte das Baby auch so viel von Katrina, daß absolut kein Zweifel darüber bestehen konnte, wer die Mutter war. Die seidigen schwarzen Haare wurden mit jedem Tag dicker und voller. Der ausdrucksvolle Mund, das kleine Kinn, das sie schon im Alter von drei Monaten entschlossen nach vorne schob – das alles erinnerte Anna an ihre Herrin. Und selbst Katrinas Selbstbewußtsein begann sich schon bei ihr zu zeigen. Marianas Schreien mitten in der Nacht weckte oft die ganze Familie, und die Amme bestätigte den gesunden Appetit des Kindes.

Seltsamerweise behaupteten viele im Dorf trotz der starken Familienähnlichkeiten, die Anna bei Katrinas Tochter feststellte, daß sie genauso aussähe wie Anna. Diese Kommentare bereiteten Anna Vergnügen, aber sie waren gleichzeitig auch beunruhigend. Dabei fiel Anna ein, daß sie Mischa immer noch keine Antwort gegeben hatte. Er war ein sehr geduldiger Mensch, aber der Tag würde kommen, an dem sie zu einer Entscheidung kommen mußte. Und es war keine leichte Entscheidung.

„Kleine Mariana", sagte sie leise zu dem Kind, „in deinen grauen Augen liegt so viel Weisheit. Es ist zu schade, daß du nicht mit mir sprechen kannst."

Sie streichelte mit der Hand über den weichen Kopf und küßte das Kind auf die Stirn.

„Ach, du liebe Kleine", fuhr sie zärtlich fort, „was werden die Dorfbewohner nur von deiner plötzlichen Ankunft halten? Sie waren freundlich zu mir, aber ich nehme an, sie ziehen ihre eigenen Schlüsse. Vielleicht ist es am besten, sie gewähren zu lassen. Dein Papa –"

Anna wurde etwas ernster, faßte sich aber schnell wieder.

„Ich werde auch weiter beten, daß im Laufe der Zeit seine Wunden heilen werden. Wieviel du von all dem erfahren mußt, mein Kleines, weiß ich nicht. Vielleicht wird mir das mit der Zeit noch klarwerden. Wie mein Papa immer sagt, ist das eine Brücke, die ich erst überqueren muß, wenn ich den Fluß erreiche, und nicht früher.

Eines Tages würde ich dir gern etwas über deine Familie erzählen. Es sind adelige Leute. Nicht nur in gesellschaftlicher Hinsicht, sondern vor allem von ihrer Herzenseinstellung her. Du kommst aus einer guten Familie, kleine Mariana. Wenn du nur deinen Großvater kennenlernen könntest – so, wie er früher war. Ein Mann mit Prinzipien und Weisheit. Aber stolz, vielleicht mehr, als gut war. Letztendlich war das sein Verderben. Vielleicht wirst du ihm eines Tages begegnen, aber nicht, bevor dein Vater kommt und dich holt.

Ach, Mariana, mit der Zeit werden wir alle geheilt werden! Gott wird uns seine Weisheit schenken, damit wir wissen, was wir tun sollen. Hör mal, was ich gerade gelesen habe." Anna nahm das Buch auf, das neben ihr lag, und schlug die Psalmen auf, in denen sie gerade gelesen hatte. *Denn, Gott, du hast uns geprüft und geläutert, wie das Silber geläutert wird; du hast uns in den Turm werfen lassen, du hast auf unseren Rücken eine Last gelegt, du hast Menschen über unser Haupt kommen lassen, wir sind in Feuer und Wasser geraten. Aber du hast uns herausgeführt und uns erquickt.*

Ja, du liebe Kleine, die fruchtbaren, grünen Täler liegen vor uns! Und wenn noch mehr Versuchungen kommen, was ganz sicher der Fall sein wird, können wir frohen Mutes Seinem Weg folgen."

Anna schwieg und strich langsam mit ihrem Finger über die zarte Wange.

„Aber was auch immer kommen wird, du wirst immer geliebt sein. Ich werde nie deine Mutter ersetzen können, aber ich werde dich nicht weniger lieben. Ich liebe dich bereits, als wärst du meine eigene Tochter!"

Anna drückte das Kind an sich und küßte es. Als sie wieder in das Gesicht des Kindes blickte, gluckste es zufrieden, und die kleinen, rosa Lippen verzogen sich zu einem Lächeln. Anna lächelte zurück. Es kümmerte sie nicht, was die alten Frauen im Dorf sagen mochten. Sie wußte, daß dieses Lächeln echt und allein für sie bestimmt war.

Mariana hatte diesen Augenblick erkoren, um die Welt mit diesem ersten Zeichen ihrer Zuneigung zu beglücken. Besser konnte Gott seine ewige Hoffnung gar nicht bestätigen.

80

Anna blickte auf und sah ihren Vater herankommen. Seine Gegenwart brachte ihr ihre augenblickliche Unschlüssigkeit wieder zu Bewußtsein. Mischa war erst vor einer Woche wieder in Katyk gewesen, und obwohl er geduldig und freundlich wie immer gewesen war, wußte Anna nur zu gut, daß ihr Freund hoffte, eine Entscheidung würde nun nicht mehr allzu lange auf sich warten lassen.

Jewno band Lukiv an einen herunterhängenden Ast des Baumes und setzte sich neben Anna. Ihre Augen trafen sich.

„Oh, Papa", sagte sie, „was soll ich nur tun?"

„Meinst du mit deinem Baby oder mit deinem Kosaken?"

„Mach dich nicht lustig über mich, Papa – ich meine alles! Was soll ich tun? Soll ich Mischa heiraten? Wenn du es mir nur sagen würdest, ich würde deinen Rat gern befolgen."

Jewno nickte ernst. „Das weiß ich, Tochter. Du bist so gehorsam wie die Sonne, die jeden Tag ohne Ausnahme aufgeht. Und weil ich weiß, daß du meinen Rat befolgen würdest, darf ich nichts sagen. Du bist jetzt einundzwanzig, und dein Herz muß dir sagen, was du tun sollst – nicht dein Papa."

„Dann sage mir wenigstens, was du denkst, Papa."

„Ich denke, daß dein Kosak ein genauso feiner Mann ist wie dein Prinz. Daß meine kleine Anna von zwei so hervorragenden Männern geliebt wird, macht einen alten Bauern wie mich sehr stolz. Aber leider kannst du nur einen von ihnen heiraten, und da scheint nur einer übrigzubleiben."

„Dann meinst du also, ich sollte Mischa heiraten?"

„Nein, Tochter, ich sage nur, daß Mischa hier ist, und du deinen Prinzen, falls er überhaupt noch lebt, vielleicht nicht mehr wiedersehen wirst. Wenn du den Leutnant liebst, dann solltest du ihn heiraten."

„Für die kleine Mariana wäre es das beste, wenn ich verheiratet wäre", sagte Anna und schaute wieder auf das Kind in ihren Armen.

„Aber du kannst nicht sagen, wann Graf Remisow wiederkommt, um sie zu holen", meinte Jewno. „Vielleicht sogar euch beide. Du darfst nicht um des Kindes willen heiraten, es geht um dich. Es ist sehr wahrscheinlich, daß du nicht länger als ein Jahr für das Kind zu sorgen brauchst und daß der Graf in dieser Zeit seine Krise überwindet, vielleicht selbst sogar wieder heiratet und seine Tochter zu sich nimmt. Nein, Anna, in diesem Fall mußt du deinem Herzen folgen – und nicht deiner Liebe und Loyalität zu deiner früheren Herrin."

„Ich könnte mir keinen besseren Mann wünschen als Mischa", sagte Anna. „Und wie er selbst mir einst gesagt hat, ist das Leben kein Märchen."

„Er hat recht", stimmte Jewno zu.

„Und so lange ich für Mariana sorgen muß, erschrecke ich vor dem Gedanken, daß Prinzessin Katrinas Tochter für ... du weißt schon, Papa – für das Kind einer unverheirateten Bauerntochter gehalten wird."

„Machst du dir Gedanken darum, was die Leute von dir denken könnten, Anna?" fragte Jewno ernst.

„Nein, Papa. Ich mache mir nur Sorgen darum, was sie von dir und Mama denken könnten. Ich möchte nicht, daß eure

Freunde und Nachbarn schlecht von euch denken, weil sie einen unsauberen Verdacht gegen eure Tochter hegen."

„Anna, du bist eine Tochter, auf die deine Mutter und ich stolz sind und die wir von ganzem Herzen lieben. Es macht uns nichts aus, was andere denken."

„Das weiß ich, Papa. Ich sorge mich nur um das, was sie von dir denken."

„Das interessiert mich nicht."

„Aber ich muß doch in Betracht ziehen, was die Leute von der Tochter der Prinzessin denken. Und aus allen diesen Gründen scheint es mir das Beste zu sein, Mischa zu heiraten."

„Vielleicht ... vielleicht, Tochter. Aber vor allem mußt du deinem Herzen folgen."

„Ja, Papa."

Anna legte Mariana einen Moment ins Gras und umarmte Jewno. Er legte seine kräftigen Arme um sie und drückte sie an sich. Der vertraute Geruch seines Körpers und Hemdes trieb ihr die Tränen in die Augen. Sie lag einige Zeit an seiner Brust, und das kleine Mädchen in ihr wünschte sich, so könnte es immer bleiben.

Doch schließlich löste sie sich von ihm, wischte sich mit dem Ärmel ihres Kleides über die Augen und schaute ihn an. „Ich habe dich lieb, Papa", sagte sie.

Ein langes zufriedenes Schweigen folgte. Schließlich ergriff Jewno das Wort. „Nun, Tochter, und was sagt dir dein Herz?" fragte er.

„Daß er ein guter und sanfter Mann ist, und daß ich ihn vielleicht heiraten sollte. Aber ... wenn mehr Zeit vergangen ist."

„Du hast recht. Es ist niemals gut, solche Dinge zu überstürzen. Unser Gott ist nicht in Eile."

81

Es war Frühling geworden, doch die Kälte des Winters war in diesen nördlichen Regionen Rußlands noch nicht ganz gewichen.

Während des Winters war Leutnant Michail Igorowitsch Grigorow so oft in Katyk gewesen, wie das Wetter und seine Pflichten im Winterpalast es zuließen. Und nun, da die Sonne anfing, das Land wieder aufzutauen, regte sich die Hoffnung auf eine helle Zukunft in der Erde. Dieser Aufenthalt des Kosaken in dem kleinen Dorf südlich der Hauptstadt würde anders sein. Er kam nicht mehr als Fremder, sondern als Freund, als Bruder – um sich mit einer Bauernfamilie als Mann und Sohn zu verbinden.

Anna erwachte früh am Morgen. Ihre Mutter, die in den vergangenen Wochen mit den Vorbereitungen für die Hochzeit beschäftigt gewesen war, schlief noch. Von der Ecke aus, in der einst die Prinzessin geschlafen hatte, hörte Anna, daß auch ihr Vater noch schnarchte.

Sie lächelte. Wie sie sie alle liebte! Es tat gut, wieder zu Hause zu sein. Und doch war ihr klargewesen, daß dieser Aufenthalt nur vorübergehend war. Die zehn Monate alte Mariana schlief friedlich neben ihr. Sie machte Anna deutlich, daß sie niemals wieder zu der Einfachheit ihrer Kindheit im geliebten Katyk zurückkehren konnte. Und an diesem Tag warteten sogar noch größere Veränderungen auf sie. Wie würde es sein, eine Ehefrau zu sein, vielleicht eine Mutter – nicht die des Kindes der Prinzessin, sondern eines Tages vielleicht eines eigenen Kindes? Sie hatte sich nicht gestattet, über diese Dinge nachzudenken, trotz des langen Winters, in dem sie mit Mischa verlobt war. Dies alles war durch eine fast träumerische Unwirklichkeit verhüllt, durch ein Gefühl in ihr, daß sie ihrem vorgeschriebenen Weg folgte, daß die Ereignisse einfach auf sie einstürmten und daß sie mit ihnen Schritt halten mußte. Selbst als ihre Mutter und Tante Polja in den vergangenen Wochen die letzten Vorbereitungen getroffen hatten, hatte sie sich wie ein Zuschauer gefühlt.

Bis heute nacht. Sie war eingeschlafen mit dem Gedanken,

wie gut es sein würde, Mrs. Remington und Polja noch einmal wiederzusehen – ja, und selbst Olga Stephanowna! Mischa hatte Vorsorge getroffen, daß alle zur Hochzeit nach Katyk kamen. Wie sie der Dienerschaft der Fedortschenkos allerdings Marianas Anwesenheit erklären sollte, machte Anna große Sorgen. Keiner von ihnen, einschließlich des Prinzen, wußte von Katrinas Tochter. Doch alles war von den Freunden ihrer Mutter arrangiert worden, Freunde, die trotz ihrer angeborenen Neugier in bezug auf das Kind keine falschen Schlüsse auf Annas Charakter ziehen würden.

Für alles war gesorgt worden, damit diese Hochzeit ein denkwürdiges Ereignis in dem kleinen Dorf Katyk würde – ein Zwischending zwischen den religiösen Sitten der Bauernschaft und dem kaiserlichen Pomp von St. Petersburg. Für alles war gesorgt worden – für ihr Kleid, das Essen, Musik, die Gäste aus der Stadt und vom Land – außer einer Sache.

Anna wachte mitten in der Nacht auf und erkannte, was es war.

Die ganze Zeit über, seit sie Mischa ihre Entscheidung mitgeteilt hatte, hatte sie ihre Zukunft als entschieden betrachtet. Doch auf einmal lösten sich all die Monate in Luft auf, und sie hatte das Gefühl, wieder genauso verwirrt zu sein wie damals im Herbst. Sie versuchte, ihre Zweifel beiseite zu schieben, und legte sich auf die andere Seite, um wieder einzuschlafen. Doch sie konnte es nicht. Die Fragen wurden immer drängender, und in ihrem Herzen nagte der Zweifel, ob sie wirklich das Richtige getan hatte, als sie eingewilligt hatte, Mischa zu heiraten.

Vorsichtig stahl sich Anna aus dem Bett, um Mariana nicht aufzuwecken. Sie zog sich leise an und ging nach draußen. Die Sonne würde den Boden später erwärmen, doch im Augenblick war er von der Nacht noch gefroren. Heute suchte sie nicht Trost bei ihrer Weide, sondern im Stall ihres Vaters.

Sie ging hinein, froh, daß Mischa und die anderen im Gasthaus von Akulin übernachteten. Sie mußte jetzt allein sein – mit ihren Gedanken, mit Gott … und mit sich selbst. Wie verzweifelt sehnte sie sich nach der Weisheit ihres Vaters. Wie tröstlich wäre es, wenn sie ihn fragen könnte, was sie tun sollte! Aber er hatte ihr schon vor vielen Monaten gesagt, daß sie in bezug auf ihre Hochzeit ihrem Herzen folgen müsse.

Dies war ein Tal, das sie nicht mit anderen teilen konnte. Sie mußte allein hindurch.

Wahrscheinlich gab es immer Zweifel in der letzten Minute. Wenn jede Hochzeit, bei der die Braut oder der Bräutigam noch im letzten Moment von Zweifeln und Unsicherheit ergriffen wurde, nicht stattfände, würden wohl kein Mann und keine Frau jemals vereint werden! So etwas war wohl ganz normal.

Aber irgend etwas ließ ihr keine Ruhe. Die Entscheidung, Mischa zu heiraten, trug alle Merkmale rationaler Sicherheit. Es stimmte alles. Sie hatte den Segen und die Zustimmung ihres Vaters und ihrer Mutter. Mischa war ein feiner Mann. Es gab nichts an ihm, das ihr Sorgen machte oder womit sie nicht einverstanden war. Sie hatte das Für und Wider ein dutzendmal gegeneinander abgewogen, und immer war sie zu der Überzeugung gekommen, daß sie keine bessere Entscheidung hätte treffen können.

Aber wie sah es mit ihrem Herzen aus?

Auf den ersten Blick gab es auch da nichts, was zur Besorgnis Anlaß gab. Sie konnte sich gut vorstellen, ihr Leben mit ihm zu verbringen, seine Kinder zur Welt zu bringen und sein Haus zu versorgen. Er würde gut zu ihr sein, das wußte sie.

Doch die eigentliche Frage hatte sie sich nie gestellt. Immer hatte sie, bevor sie sich ihr aufdrängte, an Mischas Integrität gedacht und daran, wie geehrt sie sich fühlen mußte, daß er sie zu seiner Frau machen wollte. Aber jetzt war der Augenblick gekommen – in wenigen Stunden würde es zu spät sein –, wo sie dieser Frage nicht mehr ausweichen konnte. Sie mußte sich selbst prüfen. Sie mußte in sich hineinhorchen und die Frage stellen, die sie die ganze Zeit verdrängt hatte.

In dem kalten, stillen Stall, in der Dämmerung ihres Hochzeitstages, fragte sich Anna Jewnowna, ob sie den Mann wirklich liebte, den sie heiraten wollte.

Sie mochte ihn. Er war ihr bester und treuster Freund. Einen hingebungsvolleren und galanteren Kavalier konnte sich eine junge Dame wohl kaum wünschen – einen Mann von Integrität, Benehmen und Ehre. Aber ... liebte sie ihn auch?

Diese Unruhe, die sie aufgeweckt und aus dem Bett getrieben hatte, wurde immer stärker. Anna war vielleicht unschuldig und unkompliziert, aber sie war nicht dumm. Sie wußte, daß eine Ehe auf dem Fels gegenseitiger Zuneigung, Hingabe und Opferbereitschaft gegründet sein mußte und nicht auf den oberflächlichen Leidenschaften eines Schulmädchens. Und doch konnte sie nicht leugnen, daß ihre Zweifel darüber hinausgingen. Eigentlich müßte sie Mischa lieben. Und was immer bei dieser Liebe an ihrem Hochzeitstag noch fehlte, würde im Laufe der Jahre hinzukommen.

Die Frage, ob sie Mischa liebte oder nicht, führte sie hin zu der noch brennenderen Frage, ob sie richtig handelte. War ihre Ehe mit Mischa in Gottes Augen richtig?

Und was war mit ihrer Liebe zu Sergei? In den langen Jahren seiner Abwesenheit hatte sich daran nichts geändert. Natürlich, Mischa wußte das, aber konnten sie einschätzen, wie dieser Zwiespalt ihre Ehe beeinträchtigen würde? Und selbst wenn Mischa eine Vernunftehe und einseitige Liebe akzeptierte, konnte *sie* sich denn damit abfinden? Konnte sie damit glücklich werden? Ihr Papa hatte wirklich weise gesprochen, als er sagte, sie dürfe nicht um anderer Leute willen heiraten. Im Endeffekt würde es niemandem nützen.

Außerdem, durfte sie so schnell aufgeben? Sie hatte doch um Sergeis Rückkehr gebetet. Vielleicht war es Gottes Wille, daß sie und Sergei für immer getrennt wären. Vielleicht war er auch schon tot. Doch war sie jetzt schon bereit, ein neues Leben zu beginnen, wo die Zweifel noch so groß waren und noch immer Hoffnung in ihrem Herzen wohnte?

Eine Ehe war eine zu schwerwiegende Angelegenheit, zu endgültig und zu wichtig, als daß man sie mit solchen Zwiespalten belastet eingehen konnte. Vielleicht konnten nicht *alle* Zweifel ausgeräumt werden, aber zumindest sollte es keine Zweifel an der Wahrhaftigkeit geben.

Tränen stiegen Anna in die Augen. Sie wußte, was auf sie wartete. Sie mußte diese Zweifel in der letzten Minute entweder für sich behalten, die Vorbehalte, die in ihr aufgestiegen waren, zum Schweigen bringen und den Tag so verleben, wie er geplant war – lächeln, als ob alles in Ordnung wäre –, oder sie müßte allen Mut zusammennehmen und tun, was richtig war.

Es würde mehr Mut erfordern, als sie je für möglich gehalten hätte! Diese Demütigung … diese Kränkung! Was würden die Leute sagen ... ihre Eltern ... und Mischa? Nach all den Vorbereitungen ... wie konnte sie nur?

Und doch, wäre es nicht schlimmer, Mischa in der Hochzeitsnacht gegenüberzutreten, ihm vorheucheln zu müssen, daß alles in Ordnung sei, und ihm ihre Zweifel verheimlichen zu müssen? Und das vielleicht in all den Jahren, die sie miteinander verbringen würden?

Nichts konnte schlimmer sein als das.

Sie konnte Mischa das nicht antun. Sie konnte es sich selbst nicht antun. Sie mochte ihn viel zu sehr, als daß sie mit solchen Zweifeln behaftet eine Ehe mit ihm eingehen würde.

Wenn sie ihn heiraten würde, dann von ganzem Herzen. Vielleicht würde es noch Monate, vielleicht Jahre dauern, bis ihre Zweifel beseitigt sein würden. Sie durfte es nicht eiliger haben als Gott. Alle Fragen, besonders die, die Sergei betrafen, mußten zur Ruhe kommen, bevor sie einen so wichtigen Schritt wagen konnte.

Sie hatte keine Wahl, wenn sie sich selbst treu bleiben wollte. Sie würde es durchstehen.

Anna wußte, was sie zu tun hatte.

82

Der Tag nach der abgesagten Hochzeit war hell, frisch und klar. Während der Nacht war es wärmer geworden. Zwar würde der Frost noch nicht auf Dauer verschwinden, doch wenigstens würden sie einige Tage lang das warme Wetter genießen können.

Anna hatte am Abend zuvor noch lange wachgelegen. Alle anderen waren schon eingeschlafen. Gedanklich ging sie der Ereignisse des Tages noch einmal durch. Es war schlimmer gewesen, als sie befürchtet hatte, so viel Aufregung, Gerede, Verwirrung, so viele Fragen.

Die einzigen, die sie wirklich verstanden hatten, waren ihr Vater und Mischa gewesen. Beide hatten ihr tief in die Augen gesehen und dann gelächelt, voller Respekt vor dem, was sie getan hatte. Welche Art von Liebe sie auch immer für Mischa hegte – die einer Schwester oder Freundin oder vielleicht eines Tages einer Ehefrau –, durch seine Reaktion auf ihre Handlungsweise wurde diese Liebe auf jeden Fall vertieft. Er übernahm einen großen Teil der Verantwortung und verbrachte den ganzen Tag damit, zu beruhigen, zu erklären und neue Vorbereitungen zu treffen, damit die Last dieser Peinlichkeit nicht allein auf Annas Schultern lag. Dieser ganze Tag bestätigte allen nur, aus welchem Holz der Kosak geschnitzt war. Dadurch fiel es Anna einerseits leichter, bei ihrer Entscheidung zu bleiben, andererseits wurde sie ihr dadurch gleichzeitig auch erschwert.

Und doch hatte sie sich erleichtert gefühlt, als sie an diesem Abend im Bett lag. Sie hatte diese Unsicherheit seit Monaten mit sich herumgetragen, und erst in der Nacht vor der Hochzeit war sie ihr bewußt geworden. In dieser Nacht schlief sie fest und erwachte am nächsten Morgen viel frischer und optimistischer, als sie seit langer Zeit gewesen war. Was die Zukunft ihr bringen würde, wußte sie nicht. Doch als sie in den neuen Morgen hinausging und tief die für die Jahreszeit ungewöhnlich warme Luft einatmete, fühlte sie sich leicht und unbeschwert.

Gestern war in der Tat ein schwieriger Tag gewesen. Schrecklich! Solange sie lebte, wollte sie so etwas nicht noch einmal durchmachen müssen!

Doch jetzt hatte sie innerlich wieder ein gutes Gefühl. Sie war im Einklang mit sich selbst ... mit Gott, selbst mit Mischa. So lange waren sie schon gute Freunde, wie Bruder und Schwester. Ihre Verlobung hatte alles ein wenig verändert, obwohl keiner von ihnen es ausgesprochen hatte. Jetzt, so hoffte Anna, würden sie wieder die Freunde sein können, die sie vorher gewesen waren.

Sie hatte auch ein gutes Gefühl in bezug auf ihre Zukunft. Jetzt konnte Gott tun, was er für sie vorgesehen hatte. Sie würde warten können.

Anna ging nach draußen. Es war noch früh, obwohl es schon taghell war. Sie ging zu ihrer Weide und sog tief die frische Luft ein – den Duft der feuchten Erde, das neue Leben, das sich regte ... den Duft von Hoffnung und Neuanfang.

Lieber Gott, betete sie still für sich, *was hast du für mich vorgesehen? Was möchtest du mich lehren, was soll ich aus all dem lernen? Zeig mir, Vater, was ich tun soll. Ebne mir die Wege meines Lebens, meiner Zukunft. Wenn ich Mariana allein großziehen soll, wenn ich eines Tages nach St. Petersburg zurückkehren soll, wenn ich heiraten soll ... führe mich, lieber Gott. Gib, daß ich auch nicht einen Meter von deinem Weg abweiche. Laß mich deinen Willen erkennen – und nicht tun, was mein eigener Verstand mir sagt. Laß mich erkennen, was DU willst, das ich tun soll.*

Anna schwieg und seufzte tief. Neben Mischa gab es noch jemand anderen in ihrem Herzen, jemanden, der seinen Platz dort immer behalten würde. Und ihr war klar, daß *er* der Grund für alle ihre Zweifel war. Sie war sich seiner Liebe so sicher gewesen. Sie konnte nicht die eine Hand ergreifen, ohne die andere loszulassen.

Und, Herr, fuhr sie fort, *gib mir ein Zeichen in bezug auf Prinzessin Katrinas Bruder. Laß mich nicht immer im Zweifel leben. Falls er tot ist ...*

Sie konnte den Satz nicht zu Ende sprechen, nicht einmal in ihrem stillen Gebet. Eine Träne bildete sich in ihrem Auge. Unbewußt wischte sie sie fort.

Anna ging weiter und setzte sich unter ihren Baum. Dort blieb sie mehr als eine Stunde lang sitzen, allein mit ihren melancholischen, nostalgischen und träumerischen Gedanken an den Mann, dessen Blick sie in den Augen des unschuldigen Kindes sah.

83

Als der Tag voranschritt, legte sich eine unangenehme Schwüle auf Katyk. Der Himmel war noch klar, doch es sah nach einem Sturm aus. Reb Plotnik ging unruhig in seinem Haus auf und ab. Von Wind war kein Hauch zu spüren, aber irgend etwas lag in der Luft.

Mischa kam am Vormittag. Er hatte Polja, Olga und Mrs.

Remington zum Zug nach St. Petersburg gebracht und sagte, er selbst werde am nächsten Tag zurückkehren, nachdem er sich davon überzeugt habe, daß mit Anna und ihrer Familie alles in Ordnung sei. Auch er machte eine Bemerkung, daß eine seltsame Stimmung herrschte.

Dieser Frühlingstag schien zu still zu sein. Mischa traf am frühen Nachmittag auf Jewno, der an der Tür zu seinem Stall stand und mit einem ganz seltsamen Gesichtsausdruck den Weg hinunterstarrte, als erwarte er etwas. Mischa schirmte seine Augen mit der Hand gegen das Sonnenlicht ab und folgte Jewnos Blick. Aber auch er konnte nichts entdecken.

Die Unruhe wich langsam einer vagen Vorahnung, die dann in eine Erwartungshaltung umschlug. Noch bevor der Tag zu Ende gehe, erklärte Jewno endlich, würden Sturmwolken im Norden aufziehen. Es gab keine andere Erklärung.

Anna war nicht sicher, ob dieser Tag ihnen wirklich einen Frühlingssturm bringen würde. Auch sie spürte die besondere Atmosphäre, hatte Vorahnungen, seit sie unter ihrer Weide gesessen und gebetet hatte. Im Laufe des Tages wurde ihr Gang leichter. Ganz unbewußt hatte ihr Herz angefangen, schneller zu schlagen, und sie summte Melodien, die sie schon lange vergessen hatte.

Selbst die Kinder schienen unruhig zu sein. Am Spätnachmittag hatte diese Stimmung auf ganz Katyk übergegriffen. Anna wurde immer geschäftiger. Mischa traf seine Vorbereitungen zur Abreise. Sie wußte nicht, wann sie ihn wiedersehen würde. Vielleicht war das der Grund für ihre Unruhe.

Anna ging nach draußen. Da stand ihr Vater. Er schirmte mit den Händen seine Augen ab und blickte nach Südosten. Sie ging zu ihm hin.

Das Geräusch von schnellen Schritten ließ die beiden herumfahren. Der kleine Paplanowitsch, ein zwölfjähriger Junge, der neben der Taverne wohnte, rannte auf sie zu und rief etwas, das Anna zuerst nicht verstehen konnte.

„Ich soll dich holen, Jewno Pawlowitsch. Sie sagen, er sei zurückgekommen!"

„Wer hat dir das gesagt?" fragte Jewno.

„Die Männer in der Taverne. Sie sagten, du sollst kommen!"

„Wer ist zurückgekommen?"

„Der Mann ... der Mann aus St. Petersburg! Du mußt kommen!"

Jewno folgte Anna, die langsam losging.

„Es hat den Anschein, als sei der Vater des Babys doch endlich zurückgekommen", sagte Jewno zu ihr. „Paplanowitsch sagt, er sei im Dorf."

Was aber ihr Vater oder der Junge antworteten, hörte sie nicht mehr. Auf einmal rannte sie los, auf das Dorf zu. Die Gestalt auf dem Pferd war in der Entfernung nur undeutlich zu sehen. Doch sie kannte Dmitri gut genug, um zu wissen, daß er es nicht sein konnte, genausowenig wie sonst irgendein *Promieschik* aus der Gegend!

Ihr Herz schlug wild. Tränen strömten ihre Wangen hinunter.

Es konnte doch nicht sein! Aber mit jedem Schritt wurde sie sicherer, daß es kein anderer war. Das Pferd war jetzt gut zu sehen. Es galoppierte auf sie zu, Erde spritzte auf. Auf seinem Rücken schlug der Reiter wild mit den Zügeln, so, wie er einst die Sense durch das Feld gezogen hatte, über das er jetzt ritt.

Noch während Anna hysterisch lachend und weinend auf ihn zurannte, brachte er das Tier inmitten eines Durcheinanders von Staub und Hufen und Schnauben zum Stehen.

Noch bevor es ganz zum Stehen gekommen war, sprang er ab und rannte auf sie zu, um sie in seine Arme zu schließen. Bei der Berührung des Gesichtes, von dem er Tag und Nacht geträumt hatte, konnte er auch seine eigenen Tränen nicht mehr zurückhalten.

„Sergei ... Sergei!" weinte Anna. Er drückte sie an sich, seiner Brust entrangen sich Schluchzer der Befreiung, der Heilung und der Liebe.

„Oh, Anna", flüsterte er ihr ins Ohr, „wie ich dich liebe!"

Für die beiden wiedervereinten Liebenden schien die Zeit stillzustehen. Sie standen eng umschlungen und hatten alles um sich herum vergessen. All die vielen Fragen würden später gestellt werden. In diesen kostbaren Augenblicken gab es nichts anderes als die lang vermißte Gegenwart des anderen. Was waren Worte im Vergleich zu der langersehnten, langerwarteten Umarmung?

So standen sie, mit geschlossenen Augen, immer noch heftig atmend von der Anstrengung, und weinten und küßten sich abwechselnd. Sie nahmen Jewno nicht wahr, der seine Tochter endlich eingeholt hatte, sie merkten nicht, daß auch die Bewohner der Hütte jetzt rufend und schreiend auf sie zurannten, und hörten auch nicht Jewnos ungestümen Willkommensgruß an den Adeligen, den er einst als Freund betrachtet und dem er die Hand seiner Tochter versprochen hatte.

Ganz allmählich drangen die Geräusche in Sergeis und Annas Bewußtsein. Der Rest der Welt drängte. Sie konnten ihn nicht mehr ignorieren.

Langsam und sehr widerwillig lösten sie sich voneinander und hielten gerade lange genug inne, um sich anzusehen. Dieser Blick, genau wie die Umarmung, sagte alles, was es zu sagen gab.

Dann kamen die Stimmen, das Händeschütteln, Sophias Tränen und Sergeis Versuche, die vielen Fragen zu beantworten, mit denen die Kinder ihn bestürmten.

Als letzter kam Mischa. Er ging auf Sergei zu. Ihre Blicke trafen sich, sie schüttelten sich die Hände und umarmten sich. Mischa trat zurück. Er hatte Tränen in den Augen – aber nicht Tränen des Verlustes, sondern der Freude.

„Willkommen zu Hause, mein Freund", sagte er leise und rauh. „Ihre Anna ist, wie Sie sehen, wohlauf. Ich habe mein Versprechen gehalten und mich um sie gekümmert."

„Dessen bin ich sicher", erwiderte Sergei.

„Sie wird Ihnen alles erzählen", meinte Mischa.

Er wendete sich Anna zu, umarmte sie herzlich, nahm ihre Hand und legte sie in Sergeis. „Anna", sagte er, „du bist eine wunderbare Frau, und ich bin froh, dich zu kennen. Und jetzt ... übergebe ich dich deinem Prinzen."

84

Mischa kehrte noch am selben Tag nach Pskow zurück und reiste am nächsten nach St. Petersburg weiter. Falls er Bedauern empfand, dann nur darüber, daß seine Liebe zu Anna zu spät gekommen war. Doch für sie und ihren Prinzen freute er sich von ganzem Herzen. Er erkannte wahre Liebe, wenn er sie sah, und er war froh, daß Anna sie gefunden hatte. Er fühlte sich geehrt, daß ihre schwesterliche Zuneigung zu ihm so stark wie eh und je war, und er würde zufrieden sein, ihr bester Freund und Bruder zu sein. Und auch Sergei schätzte Mischa als einen Freund und Bruder, und das würde sich sein ganzes Leben lang nicht ändern.

Sergei bezog wieder sein altes Quartier im Stall. Nie war das Stroh so weich gewesen oder der Duft des Heus so süß. Er war abgemagert, aber im großen und ganzen wohlauf, obwohl seine Gesundheit noch nicht vollkommen wiederhergestellt war. Dieses eine Jahr seiner Wanderung durch Sibirien hatte ihn bis ins Innerste erschöpft und ausgelaugt. Eine Woche lang tat er kaum etwas anderes als essen, schlafen und Tee trinken. Sophia versorgte ihn wie eine Mutter ihren eigenen Sohn, und er gehorchte ihr aufs Wort, blinzelte nur dann und wann zu Anna oder Jewno herüber, als wolle er sagen, daß er nur um Sophias willen auf alles einging. Annas einziger Wunsch war, ihn ganz für sich allein zu haben, damit sie ihm alles erzählen konnte, was sie in den fast zwei Jahren seiner Abwesenheit gedacht und gefühlt hatte!

So mußte alles in Bruchstücken herauskommen. Allmählich kehrte seine Kraft zurück, das Fleisch auf seinen Knochen wurde mehr und seine Muskeln wieder kräfiger. Er begann, Jewno wieder zu helfen, wo er nur konnte, und die Spaziergänge mit Anna wurden länger und immer häufiger.

Sergei trauerte um seine Schwester und regte sich über die Verantwortungslosigkeit seines besten Freundes auf, aber im Endeffekt weinte er um beide.

Er war seiner kleinen Nichte sehr zugetan, und ein sehnsüchtiges Verlangen trat in seine Augen, wenn er sie betrachtete. Anna erzählte ihm einfühlsam von dem Unfall seiner

Mutter und dessen Auswirkungen auf seinen Vater. Sergei war still, und die Traurigkeit, die er empfand, schien echt zu sein. Eine bemerkenswerte Veränderung schien in ihm vorgegangen zu sein; sie war ihr gleich beim Wiedersehen aufgefallen. Er war jetzt ein erwachsener Mann, viel gelassener und ohne die frühere Schärfe. Wenn er von seinem Vater sprach, tat er es mitleidig und ohne Bitterkeit. Es schien ihm ein Bedürfnis zu sein, sich mit ihm zu versöhnen. Er war jetzt ruhiger und schien im Frieden mit sich selbst zu leben.

Doch der Grund für Sergeis Veränderung war nicht nur, daß er reifer geworden war. Oft trat ein abwesender Blick in seine Augen, und es war offensichtlich, daß er die Ereignisse der Vergangenheit noch einmal neu durchlebte. Anna wußte, daß er ihr irgendwann alles erzählen würde. Und bis dahin würde sie warten. Es war genug, daß sie ihn wiederhatte.

Auch Anna hatte sich verändert. Sie war kein Kind mehr, sondern eine liebenswerte junge Frau, zerbrechlich, und doch entschlossen, anmutig und stark. Seltsamerweise erinnerte sie Sergei an Katrina, besonders wenn sie Katrinas Kind im Arm hielt. Mehr als einmal, wenn die Stimmung heiter und gelöst war, erinnerten sie sich gegenseitig an ihren ersten Tag zusammen auf der gefrorenen Newa. Doch es gab auch Tage, an denen sie eher deprimiert als froh waren. Es gab so vieles zu entscheiden. Und in Anbetracht des Zustandes seines Vaters befand sich Sergei in dem Dilemma, daß er eigentlich seine Pflicht tun und die Führung der Familie übernehmen müßte.

Aber das würde nicht unproblematisch sein. Es konnte sie alle in Gefahr bringen, wenn Basil Anickin seinen Rachefeldzug auf ihn ausdehnen würde. Doch was immer Sergei in bezug auf seinen Vater unternehmen würde, er mußte auf jeden Fall zuerst mit Dmitri sprechen. Sie waren nun miteinander verwandt, und seine Verantwortung der kleinen Mariana gegenüber war genauso groß wie für das Haus Fedortschenko.

Wie diese Verantwortung wahrgenommen werden konnte, war eine Frage, die enorme Probleme aufwarf. Sergei mußte sich eingestehen, daß seine Situation jetzt so übel war, daß sie sogar sein Verhältnis zu Anna beeinträchtigen konnte.

„Nichts kann etwas an meinen Gefühlen dir gegenüber ändern, Sergei Viktorowitsch", sagte Anna eines Abends, während sie durch die Felder spazierten.

„Aber verstehst du denn nicht, Anna", erwiderte er. „Meine Situation hat sich im Vergleich zu damals deutlich verschlechtert. Ich bin jetzt ein Flüchtling, ein entflohener Strafgefangener." Er berührte die Narbe auf seiner Stirn, wo die Tätowierung entfernt worden war. „Wenn ich gefunden werde, werde ich aller Wahrscheinlichkeit nach erschossen."

„Sergei, bitte, sag so etwas nicht!"

„Aber wie kannst du mich heiraten wollen in dem Wissen, daß diese Wolke immer über uns schweben wird?"

„Ich würde dich heiraten, und wenn es nur für einen Tag wäre", sagte Anna. „Wir wollen darum beten, daß Gott uns zeigt, was wir tun sollen. Vielleicht wirst du ja eines Tages begnadigt. Wenn du mir jetzt sagen würdest, du wolltest das Land verlassen, würde ich nicht mehr dagegen sein, sondern hoffen, daß du mich mitnehmen würdest."

„Hoffen, Anna? Natürlich würde ich wollen, daß du mit mir gehst! Aber wir müssen auch Marianas Zukunft bedenken, und das Versprechen, das du meiner Schwester gegeben hast."

„Gott wird uns zeigen, was zu tun ist. Ich bin so froh, daß du jetzt hier bist und mir die Entscheidungen abnimmst. Es war so schrecklich, daß ich auf einmal die Entscheidungen für zwei adelige Häuser treffen und dazu noch für eine neugeborene Prinzessin sorgen mußte, wo ich doch nur ein Bauernmädchen bin."

„Du bist niemals *nur* ein Bauernmädchen gewesen, Anna Jewnowna", sagte Sergei lächelnd. „Ich habe das gleich bemerkt, als ich dich zum erstenmal sah. Und bald wirst du die Frau eines Prinzen sein."

„Oh, Sergei, ich kann kaum glauben, daß du wirklich hier bist! Werden wir doch endlich heiraten dürfen und uns nie mehr trennen müssen?"

„Ja, Anna. Dieses Mal verspreche ich es. Du wirst die Frau von Sergei Viktorowitsch Fedortschenko, selbst wenn ich meinen Namen ändern und verborgen leben muß. Auch wenn es niemand sonst erfahren wird – du wirst die Frau eines Prinzen!"

„Du machst mich so glücklich!"

„Ich möchte nichts anderes mehr tun, als dich glücklich zu machen, Anna, meine Liebe. Und da wir gerade von Versprechen reden, da ist noch ein anderer Grund, warum ich nach

St. Petersburg zurückkehren muß – außer, daß ich mit Vater und Mrs. Remington sprechen, die Angelegenheiten des Hauses regeln, Dmitri finden und ihm etwas Verstand in seinen Schädel klopfen muß."

„Welcher andere Grund?"

„Ein Versprechen, daß ich dir vor meiner Abreise gegeben habe."

Annas verwirrter Blick ließ Sergei in Gelächter ausbrechen.

„Erinnerst du dich nicht? Dein Lapislazuli-Kreuz! Ich habe dir versprochen, daß ich es in deine Hände zurücklegen würde, wenn ich wiederkomme. Aber wie du siehst, habe ich es nicht."

„Wo ist es denn?" fragte Anna.

„Nach meiner Verurteilung habe ich meinem Vater ein kleines Päckchen zur Aufbewahrung gegeben. Er hat es mit nach St. Petersburg genommen. Mir war klar, daß es mir sonst innerhalb kürzester Zeit gestohlen werden würde. Wenn das, was du über seinen Zustand sagst, stimmt, erinnert er sich vermutlich überhaupt nicht mehr daran, aber ich bin sicher, daß es irgendwo im Haus ist. Und ich habe die Absicht, mein Versprechen einzulösen!"

„Du wirst dich vorsehen, wenn du gehst?"

„Ich werde jede nur mögliche Vorsichtsmaßnahme treffen", beruhigte Sergei sie. „Ich werde mich verkleiden, damit niemand mich erkennt, weder Basil Anickin noch Wlasenko, selbst mein Vater wird mich nicht erkennen. Aber ich bezweifle, daß das Haus beobachtet wird. Ich bin sicher, daß kurz nach der Nachricht von meiner Flucht verkündet wurde, ich sei gestorben. Niemand kehrt im Winter aus Sibirien zurück. Aber um sicherzugehen, werde ich zuerst zu Dmitris Haus gehen."

„Wie ist es gekommen, daß du am Leben geblieben bist und den ganzen Weg bis hierher geschafft hast, Sergei? Du hast mir noch nichts von deiner Reise erzählt. Du hast dich verändert, und ich würde gern den Grund dafür wissen."

Wieder trat dieser abwesende Blick in Sergeis Augen.

„Ich werde dir alles erzählen, Anna", sagte er. „Aber ich möchte warten, bis wir in aller Ruhe darüber sprechen können. Vielleicht können wir, wenn wir verheiratet sind, irgendwo zusammen hinfahren."

„Ich kann es kaum erwarten!“

„Wo sollen wir hingehen, Anna – nach England, auf die Krim, in die Schweiz oder nach Italien?“

„Solange wir zusammen sind, ist es mir egal, wo wir hinfahren!“

„Dann muß ich mich beeilen, um die Dinge in der Stadt zu regeln. Ich werde schnell abreisen, damit ich bald wieder bei dir bin.“

„Wieder ein Abschied“, sagte Anna.

„Aber dieses Mal ganz bestimmt der letzte“, erwiderte Sergei und küßte sie zärtlich.

85

Sergei erfüllte beide Versprechen, die er Anna gegeben hatte. Innerhalb von einer Woche kehrte er nach Katyk zurück und legte das Lapislazuli-Kreuz in ihre Hände. Sie behielt es nur so lange, um es ihm an ihrem Hochzeitstag zurückzugeben. Von da an gehörte es ihm.

Das andere Verprechen, daß es keinen Abschied mehr geben sollte, erfüllte er auch. Viele Jahre lang gab es wirklich keinen entscheidenden Abschied mehr.

Er hatte alles in seiner Macht stehende getan, um die Angelegenheiten der beiden Häuser zu regeln. Aber es würde auch in Zukunft schwierig sein, die Geschäfte zu führen, da ja niemand von ihm wissen durfte. Doch Mrs. Remington sei gerissen, sagte er lächelnd, und er hatte vollstes Vertrauen in sie, daß sie es schaffen würde. Das Zusammentreffen mit seinem Vater war sehr enttäuschend gewesen. Viktor schien Sergei kaum zu erkennen – nicht wegen seiner Verkleidung, sondern weil Viktor nicht aus dem Schutzwall seiner geistigen Abgeschiedenheit treten wollte. Sergei hatte nichts von dem Kind erzählt, um Marianas Sicherheit nicht zu gefährden, und auch nicht, daß er in Katyk gewesen war. Er würde auch nichts von seiner Hochzeit erzählten. Um ihrer eigenen Sicherheit willen – der von Annas Familie eingeschlossen – würden sie die meiste Zeit ihres Lebens in Abgeschiedenheit, fern von den Augen und Ohren der St. Petersburger Gesellschaft verbringen. Selbst die ihnen Nahestehenden würden nichts wissen. Über verschiedene Umwege würde er Kontakt halten mit dem Haus seines Vaters. Anna und er würden als gewöhnliche Menschen leben, ohne daß auch nur irgend jemand wußte, daß er ein Prinz war.

Sergei und Anna heirateten in der ersten Juniwoche des Jahres 1882 in Katyk.

Der Prinz war gekleidet wie ein Bauer, und sein richtiger Name und sein Titel wurden nicht erwähnt. Im Dorf wurden Spekulationen angestellt. Niemand wußte so recht, was er von dieser plötzlichen Hochzeit halten sollte in Anbetracht der erst vor kurzem abgesagten. Nur wenige hatten Mischa getroffen, und in der Vorstellung der Landbevölkerung war der Prinz, der Jewno vor drei Jahren besucht und zusammen mit ihm in den Feldern gearbeitet hatte, zu einer mythischen Gestalt vergangener Zeit geworden. Die Gesichter des Prinzen und des Kosaken waren daher nicht bekannt und nicht unterscheidbar. Die meisten Leute gingen davon aus, daß die beiden Männer identisch waren und die Hochzeit sich nur um zwei Monate verzögert hatte. Keiner der Burenin-Familie versuchte, dieses Gerede zu widerlegen. Je größer die Verwirrung, desto weniger wahrscheinlich war es, daß die Wahrheit herauskommen und Sergeis Identität nach St. Petersburg durchsickern würde.

Von Sergeis und Annas Bekannten aus der Stadt war nur Mischa bei der Hochzeit zugegen. Er kam nicht in Uniform, sondern, wie Sergei, als Bauer gekleidet. Wer er war, wußte niemand so recht, doch man hörte Gerüchte, ein entfernter Cousin sei vor einiger Zeit angekommen. Woher dieses Gerücht stammte, war unklar, obwohl sich Sophias Lippen, wann immer sie davon hörte, zu einem leichten Lächeln verzogen.

Mit der Liebe wahrer Freundschaft wünschte Mischa der Braut und dem Bräutigam alles Gute und verabschiedete sie für zwei Wochen in den Süden. Daraufhin kehrte er in die Stadt und zu seinen Pflichten zurück.

86

„Bist du jetzt bereit, alles zu hören?" fragte Sergei in der Mitte ihrer ersten gemeinsamen Woche.

„Wenn du bereit bist, mir alles zu erzählen", erwiderte Anna.

„Ich habe mich in Sibirien sehr verändert."

„Das wußte ich von dem Moment an, als ich in deinen Armen lag."

„Sibirien verändert jeden Menschen", sagte Sergei. „In erster Linie macht es sie verbittert. Bei mir war es die *Rückkehr* aus Sibirien, die mich verändert hat. Und in meinem Fall hat mich die lange Abwesenheit von meiner Bitterkeit geheilt und sie nicht noch vergrößert."

„Auch das weiß ich. Du empfindest jetzt Mitleid und Liebe für deinen Vater, das habe ich gemerkt."

„Ich bete nur darum, daß ich noch einmal die Gelegenheit bekomme, mich richtig mit ihm auszusöhnen. Ich habe versucht, mit ihm zu sprechen, als ich dort war. Aber das wird seine Zeit brauchen. Hoffen wir, daß durch eine Versöhnung auch sein Verstand wieder zurückkommt."

„Vor allem aber, Sergei", sagte Anna zärtlich, „lebst du jetzt im Frieden mit dir selbst."

„Und mit Gott", fügte Sergei hinzu. „Das gehört alles zusammen: die Verbitterung, die ich empfunden habe, die Schuld, selbst der Haß – nichts von alledem hätte ohne die Berührung Gottes geheilt werden können. Ich war auch ihm gegenüber verbittert. Ich hatte eine Menge zu lernen ... über mich und darüber, was es heißt, ein Mann zu sein."

„Wie hast du das gelernt?"

Sergei seufzte und führte sie ein Stück weiter des Wegs, den sie gerade gingen. Er dachte einen Augenblick nach, bevor er fortfuhr. „Wenn man allein ist, ohne Gesellschaft, ist man gezwungen, tiefer in sich hineinzuschauen, als man es sonst tun würde. Aber selbst dann kann das eigene Ich immer noch dein schlimmster Feind sein, wenn du nicht die richtige Sichtweise hast. Nein, Anna, manchmal braucht man die Augen eines anderen, die einem helfen, sich selbst zu sehen, wie man wirklich ist."

„Und du hast einen solchen Menschen gefunden?"

„Ja. Ich habe einen Mann gefunden, der fast dasselbe suchte wie ich – zu erkennen, was wirkliche Männlichkeit ist."

„War es dieser Kaplan, mit dem du entflohen bist?"

Sergei lachte. „Nein, nicht Kaplan, obwohl es auch über ihn viele Geschichten gibt, die ich erzählen könnte."

„Wer dann?"

Sergei lächelte nachdenklich. „Wie ich diesem Mann über den Weg gelaufen bin, ist mir im nachhinein unbegreiflich. Das kann nur Gottes Vorsehung gewesen sein. Es ist eine lange Geschichte."

„Ich gehe hier nicht eher fort, als bis ich jedes Wort gehört habe", sagte Anna. Sergei schwieg eine Weile. Dann holte er tief Luft.

„Es war schwierig, aus Kara herauszukommen. Der Strom war wild, und bis ich Kaplan eingeholt hatte, war ich halb ertrunken. Meine Ketten hatten mich auf den Grund gezogen, doch der Strom war so schnell, daß das Wasser mich mit sich gerissen hat, obwohl ich ständig unterging. Ich mußte mich immer wieder abstoßen und nach oben kommen, um Luft zu holen. Kaum war ich oben, wurde ich wieder nach unten gezogen. Ich bekam gerade genügend Luft, um am Leben zu bleiben, und allmählich gelangte ich in das seichtere Wasser in der Nähe des Ufers. Kaplan und ich fanden uns wieder. Er ging in den Wald und suchte einen dicken Ast. Wir wickelten meine Ketten darum. Er fand auch für sich einen Ast, und so ließen wir uns ein gutes Stück flußabwärts treiben, wo wir vor den Patrouillen der Gefängnisse sicher waren.

Bei Tagesanbruch waren wir schon viele Kilometer weit gekommen. Wir verließen den Fluß und gingen an Land weiter, meistens durch die Wälder. Die Dörfer mieden wir, obwohl es dort sowieso nicht viele gibt."

„Warum habt ihr die Dörfer gemieden?"

„In der Nähe der Minen haben die Leute Angst vor den Flüchtlingen und sind nicht geneigt, ihnen zu helfen."

„Was habt ihr gegessen?"

„In den Wäldern gibt es viel Eßbares – Beeren, Honig, Insekten, selbst einige Gräser kann man essen. Und wir haben gestohlen – es tut mir leid, das sagen zu müssen", meinte Sergei. „Wenn wir auf eine Hütte oder ein kleines Dorf gestoßen sind, warteten wir, bis es Nacht wurde, und krochen dann in Ställe oder Speisekammern und suchten nach Getreide oder Käse."

„Was war mit deinen Ketten? Wie konntest du damit laufen?"

„Ich konnte nur sehr langsam laufen. Schon viele Tage waren wir nur unter größten Schwierigkeiten vorangekommen, als wir ein Dorf von mittlerer Größe erreichten. Wir warteten, bis es Nacht war, und schlichen uns hinein. Dort fanden wir nicht nur ausreichend Nahrung für zwei bis drei Tage, sondern auch eine Schmiede. Es war nicht schwierig, hineinzukommen, obwohl man nichts sehen konnte. Aber alles, was wir brauchten, waren ein Hammer, ein Amboß und ein spitzes Werkzeug. Durch einige kräftige Schläge war ich von meinen Ketten befreit."

„Habt ihr nicht schrecklichen Lärm gemacht?"

„Ja, und deshalb sind wir auch anschließend sofort weggelaufen. Die Ketten haben wir da liegengelassen, wo sie hingefallen waren. Wir hatten die Bäume noch nicht erreicht, als wir schon Stimmen und Rufe hinter uns hörten."

„Ich bin froh, daß sie euch nicht gekriegt haben!"

„Nicht halb so froh wie ich es war. Kaplan und ich marschierten die ganze Nacht hindurch, um diesen Ort so weit wie möglich hinter uns zu lassen. Und nun, da ich frei war, kam ich auch viel schneller voran. Bisher hatte Kaplan die Führung übernommen, aber nachdem ich meine Ketten los war, hatte er Schwierigkeiten, mit mir Schritt zu halten!

Kaplans Plan war immer gewesen, die Berge zu überqueren und nach Süden in die Mongolei zu gehen, um noch vor Wintereinbruch wärmere Gebiete zu erreichen. Doch als wir anfingen, das Gebirge zu besteigen, mußten wir erkennen, daß unsere Kräfte für einen solchen Aufstieg nicht ausreichten. Selbst wenn wir die Steigungen hätten überwinden können, wären wir wahrscheinlich verhungert, weil wir in dem Ödland nichts zu essen gefunden hätten. Also kehrten wir um und stiegen hinunter in der Tal des Schilka-Flusses. Wir folgten dem Tal bis zum Fluß Amur, dessen Ebene grün und fruchtbar war. Ich glaube, in dieser Zeit haben wir mehr und besser gegessen als in Kara. Doch jetzt war es die Kälte, die jeden Tag unser Leben bedrohte. Ganz gewiß haben wir nur durch Gottes Gnade überlebt.

Die Berge erhoben sich zu unserer Rechten. Als sie sich in das Sungari-Tal öffneten, wandten wir uns wieder nach Süden. Ich wollte nach Wladiwostok gehen, doch Kaplan war dagegen. Solange wir uns noch auf russischem Boden befänden, sagte er, würden wir nicht sicher sein. In dem großen russischen Hafen am Japanischen Meer hofften alle Flüchtlinge eine Passage nach Hause zu finden. Statt dessen wurden dort alle wieder eingefangen. Schließlich war ich mit seinem Plan einverstanden, zum Gelben Meer und den Häfen Nordchinas zu gehen. Der Gedanke an die Chinesen machte mir Angst, doch er versicherte mir, sie seien gar nicht so furchterregend. In den nördlichen Provinzen würden wir uns sogar verständigen können. In den Häfen fänden wir bestimmt ein europäisches Schiff, auf dem wir für die Überfahrt nach Nordafrika oder Portugal, den Niederlanden oder England arbeiten könnten. Wenn wir wieder zu Kräften fänden, würde es die Kapitäne nicht interessieren, woher wir kämen. Gute Matrosen waren selten in China, und die Schiffe, die sich für die Rückfahrt bereit machten, hatten oft akuten Mannschaftsmangel auf Grund von Desertion, Krankheit und Tod. Ich weiß nicht, woher Kaplan das alles wußte, aber er hatte mit allem recht.

Wir erreichten Dandong mitten im Winter und fanden tatsächlich eine Passage nach Tsingtau als Lohn für unsere Arbeit. In dem Hafen dort lagen viele deutsche Schiffe. Wir hatten keine Probleme, auf einem Schiff anzuheuern, das um Afrika herum nach Lissabon segelte. Doch ich war ein Adeliger, der in seinem Leben noch nie hart gearbeitet hat, und Kaplan hatte fünfzehn Jahre in Kara verbracht. Aber irgendwie überlebten wir die Arbeit als Matrosen auf dem Schiff.

Nie zuvor hatten mein Rücken und meine Schultern so geschmerzt, und wir beide waren immer noch schwach vom Gefängnis und unserer Reise über Land. Doch mit der Zeit gewöhnten wir uns an das neue Leben an Bord.

In unserer ersten Woche auf See kam ein Sturm auf. Wir liefen auf Grund und nahmen eine große Menge Wasser auf. Deshalb lief der Kapitän Shanghai an, wo wir liegenbleiben sollten, bis das Schiff repariert und wieder seetüchtig war. Kaplan und ich fanden einen Mann, der unsere Tätowierungen entfernte.“ Sergei fuhr sich mit der Hand über die Stirn und zuckte bei der Erinnerung daran zusammen. „Und in Shanghai habe ich auch den Mann getroffen, von dem ich gesprochen habe."

„War er ein Chinese?" fragte Anna.

„Nein, wohl kaum", lachte Sergei.

„Erzähl mir von ihm. Ich kann es kaum erwarten, mehr über ihn zu erfahren."

„Bevor du seinen Einfluß auf mich verstehen kannst", erwiderte Sergei, „mußt du erfahren, wie ich mich damals gefühlt habe."

Er schwieg eine Weile und sprach dann sehr nachdenklich weiter.

„Seit Jahren war ich in einem großen Loch der Verzweiflung versunken. Du hast es sicher bemerkt – die Schwierigkeiten mit meinem Vater, mein innerer Zwiespalt in bezug auf meine Stellung in der Armee: all diese Enttäuschungen machten sich in meiner Schriftstellerei Luft. Dann die Gerichtsverhandlung, meine Verurteilung. Anna, ich sage dir, nachdem ich dich verlassen hatte, wurde ich die verlorenste Seele, die jemals über diesen Erdboden gekrochen ist. Einmal, auf halbem Weg nach Kara, habe ich versucht, mir das Leben zu nehmen. Ich vegetierte nur noch dahin. Ich dachte, ich würde den Verstand verlieren – zerfressen von Schuldgefühlen, Bitterkeit, Wut, Verzweiflung, Enttäuschung. Und ganz sicher gab es in meinem Herzen keinen Platz für Gott. Ich hatte überall versagt – in meiner Familie, bei meinem Vater, bei der einzigen Frau, die ich je geliebt hatte. Ich hatte an meinem Land versagt, in meinem Beruf ... in allem!

Ich habe mich als einen Mann gesehen, der keine Spur von Männlichkeit mehr besaß. Ich hätte genausogut tot sein können. Ich war kein Mann mehr – was immer Männlichkeit sein mag, ich hatte sie verloren. Wer weiß, ob ich jemals genau wußte, was darunter zu verstehen war. Mein eigener Vater war in meinen Augen nicht der ideale Mann. Stark, autoritär, starrköpfig ... doch ohne Herz, unsensibel und kaum fähig, sich seinen Mitmenschen zu öffnen. Dein Vater dagegen, Anna, ist mir so nahegekommen wie sonst niemand. Er zeigte mir, was es auch bedeuten kann, ein Mann zu sein. Und doch, Anna, obwohl ich mich schäme, das zuzugeben, hatte ich mich gefragt, ob die Tatsache, daß dein Vater ein

Bauer war, den Unterschied zwischen ihm und mir ausmachte."

„Es gibt bestimmte Unterschiede in der Art, wie wir aufgewachsen sind, Sergei", sagte Anna.

„Aber keine Unterschiede in dem, was Männlichkeit ausmacht. So hat es für mich jetzt auf jeden Fall den Anschein. Damals jedoch habe ich viel darüber nachgedacht."

„Was ist in Shanghai passiert?"

„Wie ich schon sagte, habe ich dort einen Mann getroffen. Das Schiff zu reparieren dauerte zwei bis drei Wochen. Wir gingen von Bord und sahen uns in der Stadt um. Auf einmal beobachteten wir in einer Straße eine Menschenansammlung. Mitten drin befand sich ein großer, gutaussehender Mann. Er überragte alle anderen, und offensichtlich war er ein Europäer. Wir hielten das für einen Aufruhr und wollten sehen, ob wir etwas tun konnten, aber dann erkannten wir, daß es sich gar nicht um einen Kampf handelte. Der Bursche, der chinesisch sprach, sich aber nicht verständlich machen konnte, war in einen Unfall verwickelt, der sich gerade ereignet hatte, und versuchte, die Chinesen dazu zu bewegen, ihm zu helfen, einen Bauern unter einem umgestürzten Wagen hervorzuziehen.

Noch bevor ich wußte, wie uns geschah, arbeiteten wir Seite an Seite mit diesem Hünen. Wir drei schafften es, den Wagen wieder aufzustellen. Er drehte sich zu uns um, schüttelte uns die Hand und bedankte sich bei uns."

„Auf Chinesisch?"

„Nein", lachte Sergei. „Aber ich verstand ihn nicht besser, als wenn er chinesisch gesprochen hätte."

„Welche Sprache sprach er denn?"

„Englisch. Ich kann Englisch recht gut lesen, aber ich spreche es nicht genug, um mich verständlich zu machen. Es dauerte nicht lange, und wir unterhielten uns auf Französisch. So konnten wir uns recht gut verständigen. Ich habe es ja schon immer gewußt, daß mein Französisch eines Tages noch mal zu etwas gut sein würde!"

„War der Mann Franzose?"

„Nein, er war Schotte. Und sein Französisch war nicht viel besser als sein Chinesisch. Aber ich konnte ihn verstehen, und wir unterhielten uns eine Weile."

„Was machte er in Shanghai?"

„Er war Seemann. Oder besser gesagt, er war es früher. Etwa eineinhalb Jahre zuvor war er in die Stadt gekommen. Er hatte Schiffbruch erlitten und war an die Küste Chinas gespült worden, wo englische Missionare ihn gefunden hatten."

„Das klingt aufregend."

„Es ist die faszinierendste Geschichte, die ich je gehört habe. Im Vergleich zu Robbies Abenteuern auf hoher See erscheinen mir meine eigenen in Asien und Sibirien gar nichts zu sein."

„Robbie ... ist das sein Name?"

„Ja, Robbie Taggart."

„Du hörst dich an, als seist du sehr von ihm begeistert."

Sergei antwortete nicht sofort. Er atmete tief, schaute in die Ferne und dachte über Annas Worte nach.

Schließlich nickte er langsam. „Von ihm begeistert ...", überlegte er, indem er wiederholte, was sie gesagt hatte. „Anna, ich kann es nicht anders ausdrücken, als daß mein ganzes Leben durch ihn anders geworden ist. Der Mann hat meine ganze Sichtweise verändert ...! Er wurde mir ein Freund, aber noch viel mehr als ein Freund. Er ist einfach ein bemerkenswerter Mann. Ich kann nicht beschreiben, wie tief ich in seiner Schuld stehe. Ohne ihn, Anna, hättest du jetzt keinen Mann – zumindest nicht den, den du jetzt hast. Ich möchte, daß du ihn eines Tages kennenlernst. Zwar weiß ich nicht, wie, auch nicht, wann, aber eines Tages wirst du ihn treffen. Weil auch ich ihn wiedersehen muß, und wenn es nur ist, um ihm in die Augen zu schauen und ihm zu sagen, was er für mich getan hat."

„Er weiß es gar nicht?"

„Die meiste Zeit, die wir zusammen verbracht haben, habe ich ihm und seinem Schwiegervater, einem Missionar mit Namen Wallace, zugehört und vor allem Robbie beobachtet. Natürlich haben wir geredet, aber in erster Linie habe ich beobachtet und in mich aufgenommen. Erst auf der Rückfahrt, in jenen langen Monaten auf hoher See, hatte ich Zeit, das alles auf mich wirken zu lassen. Ich denke, ich kann sagen, daß die Veränderung erst vonstatten gegangen ist, nachdem Robbie und ich getrennt wurden."

„Wie lange wart ihr zusammen?"

„Nachdem wir ihn kennengelernt hatten, sind Kaplan und ich mit ihm zu seiner Missionsstation gegangen. Er war nach Shanghai gekommen, um Vorräte zu kaufen. Wir haben die Abfahrt unseres Schiffes versäumt, und ich blieb zwei Monate in der Station, bevor Robbie mir half, eine Passage auf einem anderen Schiff zu buchen."

„Und was war mit deinem Freund?"

„Kaplan? Er ist ganz dortgeblieben!" lachte Sergei.

„Er muß sehr beeindruckt von ihm gewesen sein. Er hat nicht viel gesagt, aber ich hatte das Gefühl, daß auch er sich eine Menge Fragen in bezug auf sein eigenes Leben stellte."

„Du hast mir immer noch nicht erzählt, was du an Robbie so bewundert hast", sagte Anna.

„Es war einfach sein Wesen; der Mann, der er war", antwortete Sergei. „Es gab so viele Ähnlichkeiten zwischen uns. Wir waren ungefähr im selben Alter. Er hatte Schottland etwa um dieselbe Zeit verlassen wie ich St. Petersburg, als ich ans Kaspische Meer versetzt worden war. Wir beide haben Frauen zurückgelassen, die wir liebten, und keiner von uns hatte auch nur eine Ahnung von dem, wer wir wirklich waren oder was vor uns lag. Unsere Wege hatten uns nach Osten geführt – ihn um das Kap herum und schließlich nach China, mich in die Minen von Kara. Vielleicht hat er deshalb einen so großen Eindruck auf mich gemacht, weil ich mich in ihm wiederfinden konnte."

Sergei unterbrach sich kurz. „Doch mein Weg hat mich in die Verzweiflung und Bitterkeit geführt; er fand etwas anderes am Ende seiner Pilgerreise."

„Was ... was hat er gefunden?" fragte Anna mit weitaufgerissenen Augen.

„Sich selbst ... er hat sich selbst gefunden", antwortete Sergei. „Und das war *alles!* Man brauchte ihm bloß in die Augen zu blicken, um zu sehen, daß wir, so sehr wir uns vielleicht auch am Anfang unserer Reise geähnelt haben mochten, jetzt vollkommen verschieden waren. Robbie besaß etwas. Und in dem Augenblick, als ich den Frieden in seinen Augen las, wußte ich, daß ich das auch haben wollte ... und daß ich das brauchte, was er entdeckt hatte. Wie er es bekommen hatte, woher es gekommen war und was es überhaupt war, wußte ich nicht. Ich konnte einfach nur sehen, daß er ein Mann war, der im Frieden lebte mit seiner Seele – mit sich selbst, mit seiner Umgebung, mit dem, was es heißt, ein Mann zu sein. Ich mußte herausfinden, was es war. Ich mußte es wissen. Ich mußte es haben! Und darum habe ich ihm von Anfang an Fragen gestellt, ihm aufmerksam zugehört und jede seiner Bewegungen verfolgt, seinen Gesichtsausdruck, seinen Blick. Ich lernte ihn vielleicht sogar besser kennen, als er gemerkt hat. Ich mußte einfach wissen, was ihn von jedem anderen Mann unterschied, den ich je gekannt hatte!"

„Hast du es herausgefunden?"

„Ich glaube schon. Nein ... ich weiß es! Was Robbie so anders machte, war, daß er entdeckt hatte, was es wirklich bedeutet, ein Mann zu sein. Dmitri hat seinen Wert immer an seinen „männlichen" Taten gemessen. Mein Vater war bis zum Schluß unerschütterlich und ohne Emotionen. Männer waren so, mußten so sein. Doch dann stand ich Robbie Taggart gegenüber – einem Mann, der genauso stark, unerschütterlich und zäh war wie jeder Mann in der Armee des Zaren. Aber er sprach von Sanftheit; er erzählte mir von einem Wandel, den Gott in ihm gewirkt habe, und von einer viel tieferen Männlichkeit, als er sie je auf hoher See erfahren habe. Ich sage dir, Anna, ihm zuzuhören, wenn er seine Geschichte erzählte – die Abenteuer auf See, das Drama, wie sie Piraten bekämpften, die Liebe, die er zurückgelassen, und die Liebe, die er gefunden hatte, und was er in sich selbst entdeckte – das reichte aus, um jemanden zu verändern. Wenn Robbie Taggart nicht gewesen wäre, hättest du mich vielleicht nie wiedergesehen. Entweder wäre ich irgendwo gestorben oder nur noch ein Wrack von einem Mann gewesen. Aber so fühle ich mich jetzt zum ersten Mal in meinem Leben wie ein *vollständiger* Mensch – *heil* nennt man das wohl."

„Dann möchte ich deinen Mr. Taggart auf jeden Fall treffen. Ich muß ihm persönlich danken, daß er mir meinen Mann zurückgegeben hat."

„Nach einigen Monaten auf See segelte ich in Richtung Norden die Westküste Afrikas entlang", fuhr Sergei fort. „Auf einmal stand mir alles, was Robbie mir erzählt hatte, und meine Vergangenheit ganz lebendig vor Augen. Zum ersten Mal sah ich mich, wie ich wirklich war – daß ich ganz und gar nicht so war wie Robbie Taggart oder der Gott, von dem er so viel gesprochen hatte. Und in diesem Augenblick wurde mir klar, wie verzweifelt ich so sein wollte wie Robbie.

Ich war allein an Deck. Es war spät. Das Meer war ziemlich ruhig, und wir kamen bei vollen Segeln schnell voran. Der Mond war aufgegangen, der Himmel ein wenig bewölkt. Auf einmal schlugen all die Jahre der Bitterkeit meinem Vater gegenüber, all meine Schuldgefühle über mein eigenes Versagen, all meine Enttäuschungen und meine Wut – und vermutlich auch mein Groll auf Gott – wie eine große Welle über mir zusammen.

Plötzlich, bevor ich überhaupt wußte, was ich tat, lag ich auf meinen Knien auf diesem verlassenen Deck und schrie zu Gott, wie ich es nie zuvor getan hatte. *Lieber Gott,* betete ich, *ich möchte so nicht weiterleben! Bitte nimm die Wut und die Verbitterung und Unversöhnlichkeit aus meinem Herzen fort. Ich bin nicht der Mann gewesen, der ich hätte sein sollen – nicht meiner Familie gegenüber, nicht meinem Land ... nicht einmal mir selbst gegenüber. Aber, lieber Gott, ich möchte ein MANN sein! Ich möchte ganz sein, ich möchte sanft und freundlich sein wie Robbie Taggart. Gib mir ein Herz voller Liebe, Gott, und nimm den Groll und den Schmerz fort, die so lange in meinem Herzen waren. Vergib mir, und hilf mir, auch zu vergeben. Ich ... ich brauche dich, Gott! Mach mich zu dem Menschen, der ich nach DEINEM Willen sein soll!"*

Sergei brach ab. Anna hatte seine Hand genommen, während er sprach, und schaute ihn nun mit Tränen in den Augen an.

„Ich weiß nicht einmal, wie ich alles, was geschehen ist, was ich gefühlt und gebetet habe, in Worte fassen soll", fuhr Sergei fort. „Ich muß fast zwanzig Minuten dort gekniet haben, so viel ging mir durch den Sinn. Ich stellte fest, daß ich mich von einer Last befreite, die ich schon lange mit mir herumgetragen hatte, genau wie damals, als die Ketten von meinen Füßen fielen. Nur, daß diese Last auf mein Herz gelegt war. Ich konnte auf einmal meinem Vater vergeben, Rustaweli, dem Wärter, der mich geschlagen hatte, und Gott bitten, mir mein Verhalten und meine Worte ihnen gegenüber zu vergeben. Vor allem aber konnte ich Gottes Vergebung für mich selbst annehmen. Robbie hatte mir davon erzählt, aber bis zu jener Nacht auf dem Schiff hatte ich es nicht verstanden. In dieser Nacht erkannte ich, daß dies die größte Last, die schwerste Kette um mein Herz war.

Als ich mir schließlich alles von der Seele geredet hatte, merkte ich, daß ich geweint hatte. Mein Gesicht war tränennaß. Langsam stand ich auf, und ich konnte förmlich sehen, wie die Ketten sich lösten und in das schwarze Meer unter mir fielen.

Wie soll ich es anders ausdrücken, Anna, ich wußte einfach, daß eine Veränderung stattgefunden hatte. Zum ersten Mal in meinem Leben fühlte ich mich wie ein *wirklicher* Mann, weil ich endlich den Stolz abgelegt hatte, den die Männer in der ganzen Welt – einschließlich mir selbst – für Männlichkeit halten. Und zum ersten Mal, glaube ich, fühlte ich mich bereit, nach Hause zu kommen ... bereit, dir gegenüberzutreten und in deine Augen zu schauen ... und dir zu sagen, daß ich endlich ein wenig von dem verstehe, was Liebe wirklich bedeutet."

Anna drückte die Hand ihres Mannes.

„Ich liebe dich, Anna", sagte er. „Ich habe dich auch schon vorher geliebt, aber jetzt bedeutet das so viel mehr als damals."

„Oh, Sergei", erwiderte sie, „du kannst nicht ermessen, wie glücklich es mich macht, daß du Frieden gefunden hat. In dem Moment, als ich dich sah, wußte ich, daß die Last der Vergangenheit von dir abgefallen war. Ich konnte spüren, daß du leichter und freier warst. Ich liebe dich so sehr!"

Sie umarmte ihn, und sie gingen engumschlungen schweigend weiter. Nun, da sie Sergeis Geschichte kannte, konnten sie ihr gemeinsames Leben wirklich beginnen. Zärtlich legte sie ihren Kopf an seine Schulter. Lange hatten sie auf diesen Tag warten müssen, und in dieser Zeit hatten sie beide viel Leid erlebt. Doch nun, da dieser Tag endlich gekommen war, verblaßten diese Jahre, und Anna und Sergei wurden von großer Freude erfüllt.

Sie gehörten einander. Ihre Herzen waren eins, und alles war gut.

Epilog

Während seines Aufenthaltes in St. Petersburg hatte Sergei Dmitri nicht ausfindig machen können. Auch in den Monaten mit Anna nach seiner Rückkehr in Katyk konnte er keine Spur von ihm entdecken. Sergei selbst hielt sich im Hintergrund, aber mit Mischas Hilfe konnten sie in Erfahrung bringen, daß Dmitri um eine Beurlaubung von seinen Pflichten im Regiment gebeten hatte und daß diese ihm auch gewährt worden war. Man nahm an, daß er die Stadt für einige Zeit verlassen hatte.

Daher hatte es den Anschein, daß die junge Prinzessin des Hauses Remisow noch für einige Zeit in der Obhut der Zofe ihrer Mutter und des Bruders ihrer Mutter bleiben würde.

Anna und Sergei beteten täglich für Annas Bruder Paul in Sibirien, aber es würde noch viele Jahre dauern, bevor sie auch nur eine Nachricht von ihm erhalten würden.

Die Liebe zwischen Anna und Prinzessin Katrina Viktorowna lebte fort durch Annas Liebe zu dem heranwachsenden kleinen Mädchen. Mariana besaß die Stärke beider jungen Frauen, die sich gegenseitig mit so ungewöhnlicher Liebe zugetan waren. Sergei betrachtete oft das kleine Gesicht, lachte dann leise vor sich hin und meinte, er könne sowohl Anna als auch Katrina in seiner kleinen Nichte sehen. In dem Kind verschmolzen die Persönlichkeiten von Anna, dem Bauernmädchen, und Katrina, der Prinzessin, zu einer.

Als Mariana ein Jahr alt war und zu laufen, zu sprechen und herumzutollen begann, fingen die Leute im Dorf an, sich über ihre Herkunft Gedanken zu machen. Die reichlich vorhandenen Spekulationen wurden unterdrückt. Niemand zweifelte an Annas Charakter, und Jewno und Sophia waren angesehen genug, daß niemand das Undenkbare für möglich hielt: nämlich, daß es Annas Kind war.

Die Leute unterhielten sich über Anna und ihren Ehemann – und über den Großvater, von dem man annahm, daß er mehr wußte, als er zugeben wollte. Man hatte Jewno immer für einen etwas seltsamen und in geistlichen Dingen ungewöhnlichen Mann gehalten. Daher war es nicht unwahrscheinlich, daß seine Älteste einige dieser Eigenschaften geerbt hatte. Diese ganze Geschichte war geheimnisvoll, so viel war sicher.

Die Gerüchte erreichten ihren Höhepunkt in der Geschichte, Anna habe einen bedeutenden Mann geheiratet, der aber durch Vorfälle in seiner Vergangenheit zu Fall gekommen sei. Einige erzählten sich, er sei ein Kosak aus dem Süden, der in der Armee des Zaren gekämpft und sogar das Leben des Großfürsten gerettet habe. Andere beharrten darauf, daß er, trotz aller Geheimnisse, ein Bauer sei wie sie, der aus dem Norden, aus der Ukraine, gekommen war. Was das Kind betraf, die wilde Natur der Kosaken wurde in ihm wohl sichtbar.

Aber die meisten der Gerüchte verliefen allmählich im Sand, und Annas Mann wurde als Bauer akzeptiert. Seine königliche Haltung ließ auf etwas anderes schließen, doch die Art, wie er neben dem alten Jewno auf den Feldern arbeitete, vermittelte den Eindruck, als habe er sein ganzes Leben lang nichts anderes getan. Und die Gerüchte wurden ein für alle Mal zum Schweigen gebracht, als er eine kleine Bauernhütte fünf Werst südwestlich von Katyk kaufte, in der er mit seiner kleinen Familie leben konnte.

Das Kind blieb allen ein Rätsel. Einige der alten Frauen behaupteten, daß der Kosak – ein guter und mitleidiger Mann – es auf seinen Reisen irgendwo verlassen aufgefunden und mit nach Hause zu seiner Verlobten gebracht habe.

Das Gerücht, die Kleine sei eigentlich eine Prinzessin, hielt sich länger als die anderen Spekulationen. Und obwohl die meisten sagten, daran sei nicht ein Wort wahr, waren die Bauern in Rußland doch immer nur zu gern bereit, aus allem ein Märchen zu machen.